Sylvan J. Muldoon / Hereward Carrington

Die Aussendung des Astralkörpers

Sylvan J. Muldoon / Hereward Carrington

Die Aussendung des Astralkörpers

Hermann Bauer Verlag
Freiburg im Breisgau

Die englische Originalausgabe erschien unter dem Titel
THE PROJECTION OF THE ASTRAL BODY.

Ins Deutsche übertragen von Rudolf Meldau.

4. Auflage 1980
ISBN 3-7626-0073-2

Satz und Druck: Verlagsdruckerei Zluhan, Bietigheim.
Bindung: Walter Verlag GmbH, Buchbinderei, Heitersheim.
Printed in Germany.

INHALT

ABBILDUNGEN ZWISCHEN DEN SEITEN 160 UND 161

VORWORT

Als ich meine ersten Astralwanderungen erlebte, war ich zwölf Jahre alt, d. h. noch so jung und unreif, daß ich ihre Bedeutung nicht verstand. Diese Erlebnisse waren unbeabsichtigt und wiederholten sich häufig, bis ich mich tatsächlich so daran gewöhnt hatte, daß ich sie als nichts Ungewöhnliches empfand und sie sogar meinen Familienangehörigen gegenüber kaum erwähnte. Ich dachte auch nicht daran, sie aufzuschreiben, obwohl viele Menschen, die sich dafür interessierten, mich dazu drängten.

Es war mir von Leuten, die es zu wissen vorgaben, gesagt worden, daß eine bewußt empfundene Astralwanderung nichts Ungewöhnliches sei, und daß viele Medien sie nach Belieben bewirken könnten. Auch ich wünschte, sie nach Belieben zu verursachen, und ich gebe zu, daß ich die Menschen beneidete, die, wie mir gesagt worden war, dazu imstande waren. Ich begann daher, nach jemand zu suchen, der fähig war, diese Phänomene absichtlich zu erzeugen. Aber mein Suchen war vergeblich, und ich kam schließlich zu dem Schluß, daß ich einen solchen Menschen nicht finden könne. So begann ich, selbst Versuche auf diesem Gebiet anzustellen, und in diesem Buche finden sich die Ergebnisse meiner Bemühungen.

Obwohl wir im zwanzigsten Jahrhundert leben, gibt es bei uns immer noch die Unduldsamkeit des Mittelalters, und ich bin nicht optimistisch genug, zu glauben, daß sehr viele Menschen unvoreingenommen lesen werden, was ich zu sagen habe. Ich habe dieses Buch in der Absicht geschrieben, die Ergebnisse meiner Versuche anderen okkulten Forschern bekanntzugeben. Leider sind viele Okkultisten der Meinung, daß die sogenannte bewußte Astralwanderung nichts als mehr oder weniger ein Traum ist.

Ich weiß sehr wohl, daß man selbst mit Bewußtsein eine Astralwanderung erleben muß, bevor man daran glauben kann, und ich gebe zu, ich würde sie vielleicht auch nicht als wahr ansehen, wenn ich sie nicht selbst erlebt hätte und *wüßte*, daß sie wahr ist.

Der Zweifler sagt: „Ich wünsche den Beweis, dann will ich es glauben." Und der Astralwanderer antwortet: „Einen objektiven Beweis gibt es nicht. Du mußt die Astralwanderung *erleben*, dann hast du den Beweis." Der Hinweis, der Astralwanderer könne dem Zweifler nicht beweisen, daß es sich nicht nur um einen Traum handelt, nützt nichts, denn der Zweifler kann auch dem Astralwanderer nicht beweisen, daß die sogenannte Astralwanderung nur ein Traum ist. Dieser Streit ist nutzlos, genauso nutzlos wie der Streit um die erste Ursache oder die letzte Wirkung in der Weltgeschichte.

Der Fall erscheint mir ganz klar. Ich sage: „*Erlebe* die Astralwanderung! Probieren geht über Studieren!" Ich habe nicht versucht, etwas zu verbergen oder meine Zuflucht zu unbegründeten Hinweisen auf die damit verbundenen „Gefahren" zu nehmen, wie es die meisten Autoren tun, die über diesen Gegenstand schreiben. Ich habe — soweit ich sie kenne — die besonderen Verfahren aufgezählt, die eine Abspaltung des Astralkörpers bewirken können, und ich bin bereit, die Richtigkeit meiner Behauptungen einfach nach den Ergebnissen beurteilen zu lassen, die ich durch Anwendung dieser Verfahren erzielt habe. Wer einen Beweis wünscht, dem muß ich sagen, daß er ihn haben kann, daß er ihn aber *erleben* muß. Wer wissen will, wie er ein solches Erlebnis ermöglichen kann, dem sage ich, was er dafür zu tun hat. Mehr kann ich nicht tun.

In diesem Buch habe ich viele meiner Erlebnisse berichtet; sie sind jedoch bei weitem nicht alle solche Erlebnisse, die ich je gehabt habe. Ein Buch von diesem Umfang würde kaum ausreichen, um sie alle wiederzugeben. Die Kenntnisse, die ich in diesem Buch vermittle, hätte ich niemals durch die wenigen Versuche erwerben können, die ich angeführt habe.

Der Durchschnittsmensch kümmert sich nicht um die Erfahrungen anderer; ihm sind nur seine eigenen Erfahrungen wichtig, und ich habe in diesem Buch vorausgesetzt, daß der Leser wissen möchte, *wie* das Phänomen erzeugt wird und nicht nur von solchen Erlebnissen *lesen* will. Obwohl ich, wie ich gesagt habe, nicht optimistisch genug bin, zu glauben, daß viele Menschen vorurteilslos lesen werden, was ich zu sagen habe, bin ich doch so optimistisch, zu glauben, daß jemand, der die von mir geschilderten Verfahren gewissenhaft und gründlich anwendet, Erfolg haben wird.

Man darf das Buch nicht nur mit dem Verstand beurteilen. Man muß es nach den Ergebnissen der Versuche beurteilen. Ich wünsche nicht, daß jemand einfach glauben soll, was ich geschrieben habe. Ich sage: „Erlebe es! Folge den Anweisungen und beurteile den Wert meiner Angaben nach den Ergebnissen der Versuche!" Das ist die richtige Zeit, ein Urteil abzugeben, — nach den Versuchen, nicht vorher!

Ich bin beschuldigt worden, „abergläubisch" zu sein, weil ich von dem Vorhandensein der Astralkörper lebendiger und toter Menschen überzeugt bin. Gewöhnlich finde ich, daß die Menschen, die mich so beschuldigen, selbst abergläubisch — in anderer Hinsicht — sind. Kürzlich sagte mir ein eifriger Kirchgänger, daß er nicht verstehe, wie ich oder sonst jemand glauben könne, daß er einen „Geist" in sich habe. Aber dieser selbe Zweifler behauptete, an jedes Wort in der Bibel zu glauben, sogar daran, daß Christus im Tode „den Geist aufgab."

Ferner denkt der Materialist, es sei Aberglaube, wenn jemand glaubt, das Bewußtsein könne außerhalb des Gehirns bestehen. Seine Theorie ist, das Gehirn „sondere" Gedanken „ab", gerade wie die Leber Galle absondert. Und der Materialist (der nicht beweisen kann, daß das Gehirn Gedanken absondert) vergißt, daß er seine Behauptung nicht beweisen kann, — fordert aber Beweise von dem Spiritisten. Wenn man den Materialisten auffordert, Beweise zu liefern, so sagt er, daß Versuche *bewiesen* (man denke, Versuche!), daß das Gehirn Gedanken erzeuge. Und gerade das Gegenteil davon sagt der Spiritist, nämlich, daß Versuche bewiesen, daß das Gehirn *keine Gedanken erzeugt!* Sowohl der Materialist wie der Spiritist sollten aufhören, sich auf die Vernunft zu berufen und vielmehr zum *Versuch* ihre Zuflucht nehmen.

Und das ist alles, was ich den Leser zu tun bitte: sich selbst von dem Wert dessen zu überzeugen, was ich geschrieben habe. Er lasse die Vernunft außer acht und stelle Versuche an! Ich hoffe, daß alle, die dabei erfolgreich sind, auch diejenigen, die nur Ergebnisse von geringer Bedeutung erzielen (wenn sie die in diesem Buch angegebenen Verfahren anwenden), mir diese Ergebnisse mitteilen, denn ich möchte diese sammeln. Ich ergreife diese Gelegenheit, um Mr. Carrington für seine wertvolle Mitarbeit und Unterstützung und meiner Verlobten, Miss Goodrich, für Ihre Hilfe beim „Tippen" des Manuskriptes zu danken.

Sylvan Muldoon

EINFÜHRUNG

Der Astralkörper kann als Doppelgänger oder als astrales Gegenstück des physischen Körpers bezeichnet werden, dem er ähnelt und mit dem er normalerweise verschmolzen ist. Man nimmt an, daß er aus einem halbflüssigen oder sehr feinen Stoff besteht, der für das körperliche Auge unsichtbar ist. Er ist in der Vergangenheit Ätherkörper, Mentalkörper, Geistkörper, strahlender Körper, Auferstehungskörper, Doppelkörper, Wunschkörper, Geistkörper, Leuchtkörper, feinstofflicher Körper, fließender Körper, scheinender Körper, Phantom und vieles andere genannt worden. In dem neueren psychischen Schrifttum sind zwischen diesen Körpern Unterscheidungen gemacht worden, für unsere gegenwärtigen Zwecke brauchen wir auf diese Unterscheidungen kaum Rücksicht zu nehmen, sondern können vom Astralkörper einfach als einem Körper in einer feinstofflicheren Form sprechen, der sich von den organischen Körpern unterscheidet, die der westlichen Wissenschaft bekannt sind und von unseren Physiologen untersucht werden.

Die umfassende, allgemeine Lehre ist, daß jedes menschliche Wesen einen Astralkörper hat, geradeso, wie es ein Herz, ein Gehirn und eine Leber hat. In der Tat ist der Astralkörper wahrhaftiger der wirkliche Mensch als der physische Körper, denn der letztere ist lediglich eine Maschine, die dazu ersonnen ist, auf der physischen Ebene wirken zu können. Man darf aber auch nicht denken, daß der Astralkörper die Seele des Menschen ist. Das ist ein häufiger Fehler. Der Astralkörper ist das *Gefäß* der Seele — genauso, wie der physische Körper ein Gefäß ist — und stellt eines der wesentlichen Verbindungsglieder zwischen Geist und Körper dar. Dem Materialisten, der den Geist nur als ein Erzeugnis gewisser Gehirntätigkeiten ansieht, erscheint eine solche Theorie natürlich überflüssig und unsinnig. Aber das vorliegende Buch ist nicht für Materialisten geschrieben worden. Es ist für Menschen geschrieben worden, die von der Wirklichkeit gewisser ungewöhnlicher (psychischer) Phänomene und von der wenigstens theoretischen Existenz des Astralkörpers überzeugt sind. Für alle diese Wahrheitssucher wird dieses Buch, dessen bin ich sicher, eine wahre Fundgrube für wertvolle und einzigartige Kenntnisse sein.

Die Lehre

Nach der Lehre ist der Astralkörper während der Stunden des vollen, wachen Bewußtseins mit dem physischen Körper verbunden; während des Schlafes aber trennt sich der Astralkörper mehr oder weniger vom physischen Körper; gewöhnlich schwebt er unmittelbar über ihm, weder mit Bewußtsein noch gelenkt. In Trance, während einer tiefen Bewußtlosigkeit, während einer Ohnmacht, wenn wir unter der Wirkung eines Betäubungsmittels stehen usw., trennt sich der Astralkörper in ähnlicher Weise vom physischen Körper. Solche Fälle der Abtrennung des Astralkörpers sind Beispiele für eine automatische oder unfreiwillige Astralwanderung.

Das Gegenteil dieser Art Astralwanderung ist die bewußt empfundene oder beabsichtigte Astralwanderung, bei welcher der Astralwanderer den physischen Körper verlassen *will* und dies auch wirklich tut. Er ist dann in seinem Astralkörper durchaus aufnahmefähig und bei vollem Bewußtsein; er kann seinen eigenen körperlichen Organismus sehen und sich nach Belieben fortbewegen, um dann vielleicht Ereignisse zu beobachten und Örtlichkeiten zu besuchen, die er niemals zuvor gesehen hat. Später kann er die Wahrheit seines Erlebnisses überprüfen, indem er die betreffende Örtlichkeit aufsucht. Wenn er im Astralkörper bei vollem Bewußtsein ist, scheint er ungewöhnliche, über das Normale hinausgehende Fähigkeiten zu besitzen. Er kann nach Belieben in seinen physischen Körper zurückkehren oder automatisch in ihn zurückgezogen werden als Folge eines Schocks, eines Erschreckens oder einer starken Gemütsbewegung.

Der astrale und der physische Körper sind stets durch eine Art Schnur oder Kabel verbunden, das den Strom der Lebenskräfte leitet. Wenn dieses Band vom physischen Körper getrennt wird, tritt sofort der Tod ein. Der einzige Unterschied zwischen der Astralwanderung und dem Tod ist der, daß das Astralband im ersteren Falle mit dem Körper verbunden und im letzteren Falle von ihm getrennt ist. Dieses Band — das „Silberband" im Prediger Salomonis — kann sich ausdehnen, und zwar bis zu einer großen Entfernung. Es ist das lebenswichtige Verbindungsglied zwischen den beiden Körpern.

Dies ist ein allgemeiner und sehr kurzer Überblick über das Grundsätzliche und über die Lehre vom Astralkörper und seiner Abspaltung vom physischen Körper.

Obwohl nun das Schrifttum über diesen Gegenstand ziemlich umfangreich ist, habe ich nirgends viel Material von wissenschaftlichem Wert finden können, vor allem nichts, was einen praktischen Wert hätte hinsichtlich eines Verfahrens, den Astralkörper auszusenden. Wenn es einen solchen Körper wirklich gibt und er nach Belieben ausgesandt werden kann — wozu viele Menschen nach ihren Angaben imstande sind —, warum sind dann bislang so wenige praktische Anweisungen und Anleitungen dazu veröffentlicht worden? Es ist schön und gut, auf die möglichen „Gefahren" bei der vorsätzlichen Astralwanderung hinzuweisen. Jeder vernünftige Mensch weiß, daß es sie wohl gibt, möchte aber den Versuch trotzdem unternehmen. Aber es ist fast unmöglich, brauchbare und genaue Auskunft von den Menschen zu erhalten, die behaupten, sie könnten ihren Astralkörper nach Belieben „aussenden", und darin, dessen bin ich sicher, stimmen alle Erforscher des Psychischen mit mir überein. Warum ist dies so? Ich bin ganz derselben Meinung wie Mr. Muldoon, der glaubt, daß der Grund für all diese Geheimnistuerei nicht in dabei vorhandenen theoretischen „Gefahren" besteht, sondern einfach der ist, daß die „Lehrer", wie sie sich selbst nennen, nichts darüber wissen. Sie wissen, daß Astralwanderung möglich ist; sie haben sie vielleicht selbst erlebt, aber die wirklichen Einzelheiten des Vorganges — wie die Astralwanderung sich abspielt — kennen sie nicht und können sie infolgedessen auch nicht mitteilen. Der große Wert des vorliegenden Buches besteht in der Tatsache, daß die Kenntnis davon der Welt zum erstenmal vermittelt wird; und ich bin überzeugt, daß wir in dem Buch ein Dokument von größtem Wert haben, daß es uns Kenntnisse vermittelt, auf die psychische Forscher lange gewartet haben, und die vielleicht niemals veröffentlicht worden wären, wenn dies nicht durch ein Zusammentreffen glücklicher Umstände möglich geworden wäre. Es mag daher für den Leser wissenswert sein, zu erfahren, wie das vorliegende Buch entstanden und was für ein Mensch der Verfasser ist.

Wie dieses Buch entstanden ist

In meinem Buch "Modern Psychical Phenomena" („Moderne psychische Phänomene") habe ich ein Kapitel der experimentellen Astralwanderung gewidmet; darin habe ich das Buch von Charles Lancelin zusammengefaßt, von dem später ausführlich gesprochen wird. Dieses Material wird in dem Buch "Higher Psychical Development" („Höhere psychische Entwicklung") beträchtlich erweitert. Jenes Buch befaßte sich jedoch ausschließlich mit den Forschungen anderer, und ich habe immer das Gefühl, daß dies alles nicht ausreicht; das Buch faßte jedoch alles zusammen, was ich auf diesem wichtigen Gebiet hatte entdecken können. Im November 1927 erhielt ich einen Brief von Mr. Sylvan Muldoon, in dem er schrieb:

„Ich habe kürzlich Ihr Buch über "Occult and Psychical Sciences" („Okkulte und psychische Wissenschaften") gelesen ... Der Abschnitt "Astral Projection" („Aussendung des Astralkörpers") hat mich besonders angeregt, da ich seit zwölf Jahren „Astralwanderer" bin, also schon lange, bevor ich wußte, daß noch andere Menschen Astralwanderer sind ... Was mich am meisten verwundert, ist Ihre Bemerkung, daß Monsieur Lancelin so gut wie alles mitgeteilt habe, was über Astralwanderungen bekannt ist. Nun, Mr. Carrington, ich habe Monsieur Lancelins Buch nicht gelesen; wenn Sie aber den wesentlichen Inhalt in Ihrem Buch wiedergegeben haben, dann kann ich ein Buch über die Dinge schreiben, die Lancelin nicht weiß! ... Ich habe mich gefragt, ob Monsieur Lancelin tatsächlich bewußt empfundene Astralwanderungen erlebt hat. Aus dem, was Sie berichten, habe ich geschlossen, daß Lancelin überhaupt keine Astralwanderungen erlebt oder daß er bei seinen Astralwanderungen nicht das klare Bewußtsein gehabt hat. Ist dies nicht einleuchtend? Wenn Monsieur Lancelin oder seine Astralwanderer bei klarem Bewußtsein gewesen wären, könnten sie dann nicht jede Einzelheit des Phänomens berichten? Natürlich könnten sie das! Aber sie haben es nicht getan ... Ich habe nun dies alles erlebt und kenne jede Gefühlsregung, jede Bewegung, jede unbedeutende Einzelheit bei diesen Vorgängen, da ich dabei das klare Bewußtsein hatte sowohl im physischen Körper wie im Astralkörper bei der Astralwanderung und bei der Rückkehr in den physischen Körper ... Worüber ich mich aber am meisten wundere, ist der Umstand, daß so wenig über das Astralband gesagt wird, über diese Grundtatsache des ganzen Phänomens. Ist es möglich, daß niemand von Lancelins „Astralwanderern" es jemals untersucht oder auch nur gesehen hat? ... Nichts wird uns darüber gesagt, wie dieses Band wirkt, wie es den Astralkörper zur Ruhe bringt oder in Bewegung versetzt. Wie dick ist es, wenn die beiden Körper miteinander verschmolzen sind? Wie nimmt es bis zu einer gewissen Entfernung (die ich genau gemessen habe) an Umfang und Widerstand ab usw.? Lancelin sagt, der Astralkörper erwecke den Anschein, als würde er vom Winde hin und her bewegt, aber er sagt nicht, was die Ursache dafür ist ... Lancelin sagt nicht, wie man das Astralband lenken kann, d. h. das „Organ", das der wichtigste Faktor bei der Astralwanderung ist. Er sagt, daß der Astralkörper aus dem Sonnengeflecht austritt, — was alles andere als richtig ist. Die beiden Körper trennen sich an allen Stellen gleichzeitig. Das Astralband geht von einem bestimmten Nervengeflecht aus, und der beste Ort dafür ist das verlängerte Mark, das die Atmungsorgane in dem darum unbekümmerten physischen Körper unmittelbar lenkt. Lancelin sagt nichts über unterdrückte Begierden und den im Kabel spürbaren Herzschlag; auch sagt er nichts darüber, wie der Astralkörper zur Ruhe gebracht werden kann, wenn er sich von dem physischen Körper völlig getrennt hat. Er sagt nichts von der Gestalt des Astralkörpers, sagt nicht, wie er sich bewegt, wenn er den Körper verläßt, wie der Zustand der Starre entsteht, wenn der Astralkörper vom Unterbewußtsein gelenkt wird, aber dennoch bei Bewußtsein ist ... Er hat nichts von den verschiedenen Stufen der Seh- und Hörfähigkeit im Astralkörper gesagt, nichts davon, wie er sich fortbewegt oder wie er in einen Zustand gerät, in dem er hilflos und außerstande ist, sich von der Stelle zu bewegen ... Die Rolle der Willenskraft bei dem Vorgang wird stark überbetont. Es gibt andere Möglichkeiten, eine Astralwanderung zu bewirken als mit Hilfe der Willenskraft, in der Tat mehrere andere Möglichkeiten. Und der Gedanke, daß eine gute Gesundheit notwendig sei, ist nichts anderes als ein grober Irrtum. Ich sage und kann es beweisen, daß, je näher jemand dem Tode ist, um so leichter es für ihn ist, den Astralkörper auszusenden ... Ich könnte Ihnen noch vieles andere über Astralwanderungen sagen, aber ich vermute, daß Sie dann sagen werden: „Beweisen Sie es!" Aber es ist nicht so schnell zu beweisen! Es wäre dazu eine ganze Abhandlung über diesen Gegenstand erforderlich. Ich hatte einmal die Absicht, ein Buch darüber zu schreiben, gab aber diesen Plan auf, als mir jeder sagte, ich sei „verrückt" und erkannte, daß mir niemand zuhören wollte ... Trotzdem habe ich so viele Astralwanderungen erlebt, daß, wenn Sie das Wesentliche dessen, was darüber bekannt ist, wiedergegeben haben, dann noch viel Unklarheit hinsichtlich dieses Gegenstandes besteht ... Ich könnte hinzufügen, daß ich ein junger Mann von fünfundzwanzig Jahren bin und daß es schon eine Ehre für mich sein wird, wenn Sie diesen Brief nur lesen und ernst nehmen ... "

Ich brauche kaum darauf hinzuweisen, daß ich sogleich erkannte, daß ich jemand entdeckt hatte, der umfassende und höchst wertvolle Kenntnisse über Astralwanderungen besaß. Ich verlor daher keine Zeit, ihm ausführlich zu antworten und ihn zu drängen, sein Buch sofort zu beginnen; ich versprach ihm, es durchzusehen, herauszugeben und mit einer Einführung zu versehen. Das vorliegende Buch ist das Ergebnis. Ich darf sagen, daß Mr. Muldoon und ich in bestem Einvernehmen daran gearbeitet haben. Er ist auf viele Punkte zu sprechen gekommen und hat viele Versuche durchgeführt, die ich ihm vorgeschlagen habe, und in jeder Hinsicht hat er seine völlige Aufrichtigkeit und seine gewissenhafte Wahrheitsliebe bewiesen. Er behauptet nichts, was er nicht begründen kann; er stellt keine Theorien auf, die nicht auf wirklichen Erlebnissen beruhen; wenn er etwas nicht weiß, so sagt er es offen. Die beigefügten Auszüge aus seinen Briefen werden dies noch deutlicher zeigen und werden auch dem Leser viel wertvolles Material liefern, das in diesem Buch nicht enthalten ist. Ich will hinzufügen, daß der größte Teil dieses Werkes geschrieben wurde, als Mr. Muldoon so krank war, daß er sich nicht aus seinem Bett erheben konnte und niemals sicher war, ob der nächste Tag nicht sein letzter Tag sein würde. Wenn man jemals von einem Menschen erwarten kann, daß er wahrheitsliebend und aufrichtig ist, dann ist das in einer solchen Zeit der Fall. Des Verfassers Wahrheitsliebe und Aufrichtigkeit sind in jeder Zeile erkennbar.

Ich möchte die Aufmerksamkeit des Lesers besonders auf die Tatsache lenken, daß nirgends in diesem Buch wilde oder törichte Behauptungen aufgestellt werden hinsichtlich dessen, was bei diesen Astralwanderungen erreicht worden ist. Mr. Muldoon behauptet nicht, entfernte Planeten besucht zu haben und zurückgekehrt zu sein, um uns mit allen Einzelheiten davon zu erzählen; er behauptet nicht, ausgedehnte und schöne „Geisterwelten“ erforscht zu haben; er gibt nicht vor, in die Vergangenheit oder Zukunft eingedrungen zu sein, auch nicht, irgendwelche der früheren „Verkörperungen“ neu erlebt, irgendwelche „astralen Aufzeichnungen“ gelesen zu haben, den Fluß der Zeit rückwärts gereist zu sein und die Geschichte der Menschheit an sich vorüberziehen gesehen oder die geologische Entwicklung der Erde beobachtet zu haben. Er erklärt lediglich, daß er imstande gewesen ist, seinen physischen Körper zu verlassen, und zwar in der Gegenwart, in seiner unmittelbaren Umgebung und bei vollem Bewußtsein. Dies ist völlig vernunftgemäß und genau das, was wir auf Grund der Annahme, daß diese „Astralwanderungen“ wirkliche Erlebnisse sind, erwarten sollten. Wenn wir annehmen, daß es eine Wesenheit wie den Astralkörper wirklich gibt und daß er zuweilen absichtlich vom physischen Körper abgetrennt werden kann, so stimmt dazu alles andere, was gesagt worden ist, und ist genau das, was man unter solchen Umständen erwarten muß.

Die Schwierigkeit des „Beweises"

Man kann natürlich antworten: „Sehr richtig, vorausgesetzt, daß das Vorhandensein des Astralkörpers erwiesen ist. Wenn man die Hauptsache anerkannt hat, braucht man sich mit Kleinigkeiten nicht aufzuhalten." Aber die Beweise für das Vorhandensein einer solchen Wesenheit wie Astral- oder Ätherkörper sind immer zahlreicher geworden, ganz abgesehen von den Fällen einer bewußten oder absichtlichen „Astralwanderung". Das allererste, was den Forschern der "Society for Psychical Research" („Gesellschaft für psychische Forschung") auffiel, als sie ihre Untersuchungen begannen, war die große Zahl von Erscheinungen beim Tode der Personen, die zu sein diese Erscheinungen vorgaben; und das Ergebnis der ersten Zählung, die in "Phantasms of the Living" („Erscheinungen lebender Menschen") angeführt wird, und der zweiten und weit umfassenderen Zählung, veröffentlicht im 10. Band der Akten der Gesellschaft für psychische Forschung, bestätigt die Ansicht, daß solche Vorkommnisse mehr als nur Zufälle waren, denn es bestand ein ursächlicher Zusammenhang zwischen der Erscheinung und dem Tod des Menschen, dessen „Doppelgänger" erschien. Ganz logisch wurde der Versuch gemacht, die Mehrheit dieser Erlebnisse als „telepathische Täuschungen" zu erklären. Aber nicht alle diese Vorfälle konnten so einfach erklärt werden, und schon als Ergebnis der ersten Zählung hatte Mr. Myers Zweifel, ob diese Erklärung wohl ausreiche, wie seine "Note on a Suggested Mode of Psychical Interaction" („Bemerkungen zu einer möglichen Art psychischer Wechselwirkung") klar zeigt. Die Beweise für die Wirklichkeit gewisser Erscheinungen schienen in der Tat so stark, daß Mr. Andrew Lang genötigt war, in "Cock Lane and Common Sense" („Cock Lane und gesunder Menschenverstand"[1]), S. 206) zu schreiben: „... einige Erscheinungen sind „Geister“, wirkliche, objektiv vorhandene Wesenheiten, die einen Raum ausfüllen.“ Und es kann gesagt werden, daß die Beweise dafür in den letzten Jahren viel zahlreicher geworden sind, — ganz abgesehen von den „Materialisationen“ und ähnlichen Phänomenen. Wir haben jedoch leider keine Zeit, uns jetzt mit diesen Beweisen zu befassen.[2])

Es kann daher mit großer Sicherheit behauptet werden, daß die Beweise für das Vorhandensein einer Art „Astralkörper“ als Ergebnis unserer Forschungen immer zahlreicher geworden sind und daß dieser Nachweis jetzt fast vollkommen ist. Es braucht kaum darauf hingewiesen zu werden, daß, wenn das Vorhandensein des Astralkörpers endgültig anerkannt würde, uns dies sehr leicht die Erklärung für eine große Zahl sonst unverständlicher Phänomene liefern könnte, für Spukhäuser, für geisterhafte Erscheinungen, die von mehreren Menschen gleichzeitig gesehen werden, für Geisterphotos, Hellsichtigkeit usw. und (wenn wir annehmen, daß er sich gelegentlich fortbewegen oder auf Materie wirken kann) für Klopfgeräusche, Fernbewegung von Gegenständen, „Poltergeister“ und andere physikalische Phänomene. In der Tat, wenn das objektive Vorhandensein eines Astralkörpers vorausgesetzt werden kann, wird viel Licht auf psychische Phänomene sowohl physikalischer wie geistiger Art geworfen.

Ganz abgesehen nun von solchen sekundären Beweisen hat es immer Menschen gegeben, die behauptet haben, daß sie ihren physischen Körper nach Belieben verlassen und sich in einer Art „Astralkörper“ längere oder kürzere Zeit bewegen könnten und daß sie dabei das Bewußtsein behielten. Die Schwierigkeit hat aber immer darin bestanden, Beweise für solche Behauptungen zu liefern. In der Tat ist dies äußerst schwierig angesichts der Tatsache, daß das betreffende Erlebnis notwendigerweise subjektiv ist; und es ist sogar eine unentschiedene Frage, ob solche Beweise im vorliegenden Buch geliefert worden sind. Es ist jedoch der Versuch dazu unternommen worden; und die besonderen im Buch gegebenen Anweisungen werden andere Menschen befähigen, den Astralkörper „auszusenden“, so daß diese Anweisungen das beste Mittel sind, die Richtigkeit der gemachten Angaben nachzuprüfen. Sollte eine Anzahl (sonst vernünftiger) Menschen auftreten, die behaupten, auch ihnen sei es gelungen, ihren Astralkörper nach Belieben „auszusenden", so würde diese Frage sogleich eine ganz andere Bedeutung haben.

Im vorliegenden Buch hat Mr. Muldoon sowohl über „Fall-" wie „Flugträume" gesprochen und die kluge Theorie aufgestellt, daß viele dieser Träume auf tatsächliche Wanderungen des Astralkörpers zurückzuführen sind. Natürlich war Mr. Muldoon der erste, der zugab, daß die Mehrzahl solcher Träume auf gewöhnliche psychologische — oder sogar physiologische — Ursachen zurückzuführen ist, und als Beispiel für die Selbsttäuschung der „Levitation", die durch den rein physiologischen Organismus verursacht werden kann, führe ich am besten in gekürzter Form die lehrreichen Artikel von Mr. Lydiard H. Horton an, die er im "Journal of Abnormal Psychology" („Fachblatt für abnorme Psychologie") (April 1918, August 1919) veröffentlicht hat, in denen er versucht, diese Tatsache zu beweisen, daß solche Selbsttäuschung der „Levitation" auf diese Weise erzeugt werden kann, — sogar ohne Schlaf. Er veranlaßte eine Anzahl Versuchspersonen, sich auf ein Bett oder eine Couch zu legen und sich vollständig zu entspannen. Von dem Grad der so erreichten Entspannung hängt der Erfolg des Versuches ab. Wenn die Versuchsperson diese vollständige Entspannung des Muskelsystems erzielen kann, ohne einzuschlafen, wird sie die Selbsttäuschung einer Levitation erleben. Von dreißig Versuchspersonen, die sich vollständig entspannten, und von denen etwa zwanzig das Bewußtsein bewahrten, nachdem sie sich völlig entspannt hatten, berichteten acht, sie hätten das Gefühl, eine Levitation zu erleben.

Die folgende Beispiele sind kennzeichnend für diese Erlebnisse:

„Einer von ihnen sprang von dem Stuhl auf und fürchtete sich, den Versuch fortzusetzen, so realistisch war seine Empfindung, in die Luft emporzuschweben.

Eine andere Versuchsperson, dieses Mal eine Frau, umklammerte den Stuhl in dem Glauben, daß sie fortschwebe; zwei andere berichteten, sie hätten das Gefühl, sie würden von einer Woge „fortgeschwemmt"; gleichzeitig aber wurden sie von ihrem Verstand beruhigt.

Ein anderer hatte die Empfindung des Emporschwebens so stark, daß sie ganz natürlich erschien und er vermutete, sie sei ein Teil seiner „Behandlung". Noch ein anderer sagte, daß er, wenn sein Kopf so leicht wäre wie sein Körper, sicherlich fortgeschwebt wäre. Er berichtete, er sei einfach „emporgehoben worden" und diese Empfindung sei überwältigend realistisch gewesen ... "

Mr. Horton versucht, alle solche Fälle folgendermaßen zu erklären:

„Der Mechanismus, der dem „Flugtraum" und der Selbsttäuschung der Levitation zugrundeliegt, ist hauptsächlich in der Wirkungsweise des sympathischen Nervensystems der Nebennieren zu sehen ... Die Entstehung der Selbsttäuschung einer Levitation ist nicht auf die Verminderung der Tastempfindung zurückzuführen. Ob sie gänzlich auf eine Behinderung der Weiterleitung der Druckempfindung (der starken Empfindungsfähigkeit, meine ich) zurückzuführen ist oder lediglich auf ein Nachlassen der Muskeltätigkeit, ist fraglich. Ich denke, dies ist ein wichtiger Faktor, glaube aber, daß die Behinderung der Empfindungsfähigkeit hierbei eine wichtige Tatsache ist ... Dies ist an sich noch keine angemessene oder wirksame Grundlage für die Selbsttäuschung der „Levitation", wenn nicht die Entspannung der die Gefäße beeinflussenden Nerven dazukommt. Aus diesem Zusammenwirken entsteht der körperliche „Anreiz" (in diesem Falle negativ), der die Grundlage für die Illusion des Aufschwebens wird ..."

Dieser Erklärungsversuch, wird man feststellen, weicht wesentlich von dem ab, den Horace G. Hutchinson unternahm (in seinem Buch "Dreams and their Meanings" = „Träume und ihre Bedeutung") und auch von dem Versuch von Havelock Ellis (in "World of Dreams" = „Die Welt der Träume"), der darin besteht, daß „Flugträume" am besten durch ein Zusammenwirken der Atemempfindungen und der Unempfindlichkeit der Haut zu erklären sind. Es ist durchaus möglich, daß schließlich eine andere Erklärung für viele gewöhnliche „Flugträume" gefunden wird, aber es muß nachdrücklich betont werden, daß solche Träume von klaren Beispielen der „Astralwanderung" völlig verschieden sind und daß jede solche Erklärung der Astralwanderung völlig unberechtigt ist, ebenso unberechtigt wie z. B. der Versuch, die abnormen Kenntnisse zu erklären, die Mrs. Piper in tiefer Bewußtlosigkeit offenbart hat, indem man eine physiologische Ursache für ihre Bewußtlosigkeit annimmt. Das wesentliche Problem bleibt davon unberührt. Bei allen Fällen der Astralwanderung muß betont werden, daß der Astralwanderer das klare Bewußtsein von sich selbst behält, wenn er außerhalb des Körpers ist; er kann zurückblicken und seinen Körper sehen; er kann seine gegenwärtige Umgebung überblicken; er kann Menschen beobachten und entfernte Örtlichkeiten und Ereignisse genauso sehen, wie sie sind oder sich abspielen, die er unmöglich im Körper hätte sehen oder kennen können, die er aber später nachprüfen und als richtig bezeugen könnte. Dies ist dabei ein zweifellos abnormer Faktor, der die Hauptschwierigkeit der ganzen Angelegenheit darstellt, und dafür gibt es keinerlei physiologische Erklärung. Bei seinem Versuch gelang es Mr. Horton nur, die Selbsttäuschung der Levitation zu erzeugen, die nicht einmal ein „Flugtraum" ist; und ein Flugtraum ist nach Mr. Muldoon wieder etwas ganz anderes als eine bewußt empfundene Astralwanderung.

Geschichtliches

Es ist kaum notwendig, den Leser daran zu erinnern, daß die Ägypter fest an das Vorhandensein der „Ka" glaubten, von der man sagen kann, daß sie unserer Vorstellung vom „Astralkörper" entspricht. Diese „Ka" war wohlgemerkt nicht die Seele des Menschen, sondern ihr Träger, geradeso, wie man heute annimmt, daß der Astralkörper der Träger der Seele und des Geistes ist. Es ist diese „Ka", die den mumifizierten Körper von Zeit zu Zeit besuchte und schließlich als eine Art vogelähnlicher Doppelgänger des Verstorbenen dargestellt wurde. Viele der älteren ägyptischen Malereien zeigen dies. Die Wanderungen und Qualen des Toten werden in dem ägyptischen Totenbuch und in anderen frühen Schriftstücken ausführlich dargestellt.

Von unserem Standpunkt aus noch auffallender und wichtiger ist jedoch das kürzlich übersetzte tibetanische Totenbuch, das von Dr. W. Y. Evans-Wentz herausgegeben und von der Oxford University Press (1927) veröffentlicht worden ist. Dieses Buch — Bardo Thödol — wurde wahrscheinlich im achten Jahrhundert vor Christus geschrieben und enthält Lehren, die noch viel älter sind. Das Manuskript, wonach die gegenwärtige Übersetzung angefertigt worden ist, wird von Sachverständigen auf ein Alter von 150 bis 200 Jahren geschätzt. Wie der Leser wohl schon vermutet hat, befaßt es sich mit demselben allgemeinen Gegenstand wie das ältere ägyptische Buch; von unserem modernen Standpunkt aus ist es jedoch weit „vernunftgemäßer", und viele seiner Lehren entsprechen in bemerkenswerter Weise denen der okkulten und psychischen Wissenschaft. Eine kurze Zusammenfassung jener Teile des Buches, die sich mehr oder weniger unmittelbar mit unserem Thema befassen, wird zweifellos lehrreich sein.

Wenn ein Mensch im Begriff ist zu sterben, so wird ein Lama-Priester gerufen, dessen Pflicht es ist, dem Sterbenden beizustehen und ihm richtig zum Eintritt in die nächste Welt zu verhelfen. Die Schlagadern an den Seiten seines Halses werden gepreßt. Dies geschieht, um den Sterbenden bei Bewußtsein zu erhalten und das Bewußtsein richtig zu lenken, denn die Art des Bewußtseins im Augenblick des Todes bestimmt den zukünftigen Zustand des „Seelenkomplexes", da das Leben in einer fortwährenden Umwandlung von einem Bewußtseinszustand in einen anderen besteht. Das Pressen der Schlagadern regelt den Weg, den der ausströmende Lebensstrom (Prana) nimmt. Der richtige Weg ist der, welcher durch die Monro-Öffnung[3]) führt. Wenn die Atmung im Begriff ist, aufzuhören, so wird der Sterbende auf die rechte Seite gedreht; diese Haltung wird die „liegende Haltung eines Löwen" genannt. Die klopfenden Schlagadern (auf der rechten und linken Seite des Halses) sind zu pressen. Wenn der Sterbende dazu neigt, einzuschlafen, oder wenn der Schlaf tiefer wird, so sollte dem entgegengewirkt, die Adern sollten vorsichtig, aber fest gepreßt werden. Dadurch wird es der Lebenskraft unmöglich gemacht, von den mittleren Nerven zurückzuströmen und wird mit Sicherheit aus der brahmanischen Öffnung ausströmen. Jedoch ist dafür zu sorgen, daß die Gesichter der beiden Körper in dieser Lage einander entsprechen. In diesem Augenblick wird der erste Schimmer des Bardo, d. h. des klaren Lichtes der Wirklichkeit . . . von allen empfindenden Wesen wahrgenommen. „Während der ganzen Zeit des Sterbens ermahnt der Lama-Priester den Sterbenden, seinen Geist ruhig und im Gleichgewicht zu halten, so daß er das klare Licht der Wirklichkeit sehen und in ihm eintauchen kann und nicht durch Sinnestäuschungen und „Gedankenformen" irregeführt wird, die keine objektive Existenz haben. Der Lama-Priester überwacht den ganzen Vorgang der Trennung des Astralkörpers vom physischen Körper beim Tode. Es wird gewöhnlich angenommen, daß der Vorgang (der Trennung) dreieinhalb bis vier Tage dauert, falls nicht ein helfender Priester zugegen ist, der *hpho-bo* (gesprochen fo-o) oder „Ablöser des Bewußtseins" genannt wird, und daß, selbst wenn dem Priester die Ablösung des Bewußtseins vom physischen Körper gelingt, der Verstorbene die Tatsache, daß er von seinem physischen Körper getrennt ist, gewöhnlich nicht vor Ablauf der genannten Frist erkennt."

Wenn das Bewußtsein des Sterbenden nicht genügend auf das „klare Licht" gerichtet worden ist, so ist es möglich, daß er Dutzende von Teufeln und Dämonen aller Art sieht. Aber es wird in diesem Buch immer wieder betont, daß diese Dämonen keine wirkliche, objektive Existenz haben; sie sind nur Sinnestäuschungen oder „Gedankenformen", die keinen wirklichen Bestand haben außer im Bewußtsein des Sterbenden. Sie sind alle nur symbolisch. Das Bewußtsein ist imstande, sie zu „erzeugen" oder zu erschaffen, so wie wir es jede Nacht in unseren Träumen tun. Der Sterbende muß durch sie hindurch seinen Weg in das klare Licht des Raumes nehmen. Je eher er das tun kann, um so eher ist seine „Befreiung" vollendet.

Die Lehren über den Astralkörper sind sehr klar und knapp: „Wenn du aus der Bewußtlosigkeit des Todes aufgewacht bist, so muß dein wahres Ich sich in seiner ursprünglichen Form zeigen und ein strahlender Körper, der dem früheren Körper ähnelt, muß sichtbar geworden sein . . . Er wird der Wunschkörper genannt. Von dem „Bardo"-Körper ist gesagt worden, daß er der Träger aller Sinnesempfindungen sei ... Unbehinderte Fortbewegung bedeutet, daß dein gegenwärtiger Körper, der nur ein Wunschkörper ist, nicht ein Körper von grober Materie sein kann ... In Wirklichkeit hast du die Gabe einer wunderbaren Bewegungsfreiheit ... Du wirst unaufhörlich und unfreiwillig umherwandern. Allen denen, die über dich weinen, sollst du sagen: „Hier bin ich. Weine nicht!" Wenn sie dich aber nicht hören, wirst du denken: „Ich bin tot." Und dann wirst du dich wieder sehr elend fühlen. Aber fühle dich nicht so elend! ... Es wird ein graues Dämmerlicht sein, sowohl bei Tag wie bei Nacht und zu allen Zeiten ... Und obwohl du einen Körper suchst, wird nichts als Mühe dein Lohn sein. Unterdrücke den Wunsch nach einem Körper und erlaube deinem Geist, im Zustand der Entsagung zu bleiben und handle so, daß du darin bleibst ... Dies sind die Hinweise für das Umherwandern im Mentalkörper, im Sidpa Bardo. Glück und Elend sind dabei vom Karma abhängig ... "

Das Schrifttum über Astralwanderungen

In der Vergangenheit ist viel über den Astralkörper geschrieben worden, meist in Büchern, die der Zauberei und dem Okkultismus gewidmet sind. Ich glaube, daß ich die besten dieser Bücher sorgfältig gelesen habe, in meinem Bemühen, einige wirklich anwendbare Hinweise zu dieser Frage zu finden, aber mit geringem Erfolg. Es gibt zahlreiche Bemerkungen zum Astralkörper, z. B. in Eliphas Levi, "Doctrine and Ritual of Magic" („Lehre und Bräuche der Zauberei") oder in seinem Buch "Key of the Mysteries" („Schlüssel zum Geheimnisvollen"), bei A. E. Waite, "Mysteries of Magic" („Geheimnisse der Zauberei") und in seinem Werk "Occult Sciences" („Okkulte Wissenschaften"), bei Dr. Franz Hartmann, „Weiße und schwarze Magie" und in den verschiedenen Schriften des Paracelsus. In den älteren Werken über Zauberei und Hexenkunst gibt es natürlich zahlreiche Hinweise auf Astralwanderungen. Das thesophische Schrifttum ist voll davon, aber auch hier bin ich nicht imstande gewesen, irgendwo genaue Erklärungen zu finden, und zwar brauchbare Hinweise über das Verfahren zur Bewerkstelligung einer Astralwanderung. Das gilt nicht nur für die älteren Werke wie Leadbeater, "The Astral Plane" („Die Astralebene") und Anni Besant "Man and His Bodies" („Der Mensch und seine Körper"), sondern auch für die neueren und umfangreicheren Werke, wie die von Major Arthur E. Powell, "The Etheric Double, the Astral Body, the Mental Body" usw. („Der ätherische Doppelgänger, der Astralkörper, der Mentalkörper" usw.). In allen diesen Büchern wird viel theosophische Kenntnis vermittelt (natürlich vom streng theosophischen Standpunkt aus), aber sehr geringe praktische Anleitung gegeben. Dasselbe gilt für D'Assier, "Posthumous Humanity: A Study of Phantoms" („Die Menschen nach dem Tode: eine Untersuchung geisterhafter Erscheinungen"). Einige lehrreiche spontane Erlebnisse werden berichtet in "Little Journeys into the Invisible: A Woman's Actual Experiences in the Fourth Dimension" („Kleine Wanderungen in das Reich des Unsichtbaren: wirkliche Erlebnisse einer Frau in der vierten Dimension") von M. Gifford Shine, "Some Occult Experiences" („Einige okkulte Erlebnisse") von Johan van Manen, "My Travels in the Spirit World" („Meine Wanderungen in der Geisterwelt") von Caroline D. Larsen und in anderen ähnlichen Büchern, während einige seltsame Angaben allgemeiner Art in "The Astral Light" („Das astrale Licht") von „Nizida" enthalten sind. Eine lehrreiche geschichtliche Untersuchung dieses Gebietes ist in G. R. S. Mead, "Doctrine of the Subtle Body in Western Tradition" („Die Lehren vom feinstofflichen Körper in der westlichen Überlieferung") enthalten, wo der Verfasser die Ansichten der frühen Kirchenväter ebenso wie die späteren Vorstellungen über dieses Gebiet zusammenfaßt. Charles Hallocks Buch "Luminous Bodies: Here and Hereafter" („Leuchtende Körper: im Diesseits und im Jenseits") enthält wenig zu unserem Thema. Gelegentliche Hinweise auf das, was Mr. Myers in "Human Personality" („Die menschliche Persönlichkeit") "self projection" („Aussendung des Ich") nennt, kann man verstreut in den Nummern der Zeitschrift und in den Akten der Gesellschaft für psychische Forschung in London finden, und der ganz besondere Fall von Dr. Wiltse ist natürlich klassisch (Akten Band 8, S. 180—194). Der Fall des Reverend L. J. Bertrand (S. 194—200) ist auch außerordentlich lehrreich, und das kann auch von dem Fall gesagt werden, der von Dr. I. K. Funk in seinem Buch "Psychic Riddle" („Rätsel der Seele"), S. 179—185 berichtet wird. Mr. A. Cambell Holmes macht einige Bemerkungen über "The Double" („Der Doppelgänger") in "Facts of Psychic Science and Philosophy" („Tatsachen der Wissenschaft und der Philosophie von der Seele"), während ich selbst dem Thema einige Kapitel in "Modern Psychical Phenomena" („Moderne psychische Phänomene") und "Higher Psychical Development" („Höhere seelische Entwicklung") gewidmet habe. Vor einigen Jahren veröffentlichte Mr. Prescott Hall in der Zeitschrift der Gesellschaft für psychische Forschung eine Anzahl „Botschaften" von großer Bedeutung, die er über den Astralkörper durch Vermittlung eines blinden Mediums empfangen hatte. Ihr Wert hängt natürlich völlig davon ab, wie zuverlässig ihre Quelle ist.

Dies ist so ziemlich das ganze bislang veröffentlichte Material über den Astralkörper und seine Aussendung, das ich finden konnte, mit Ausnahme der Artikel von Mr. Oliver Fox in "Occult Review" („Zeitschrift für Okkultismus"), von denen ich gleich sprechen werde, und zwei Büchern in französischer Sprache. Es sind «Le Fantôme des Vivants» („Der Geistkörper der Lebenden") von H. Durville und «Méthode du Déboulement Personnel» („Verfahren zur Abspaltung des Ich") von Monsieur Charles Lancelin. Auf diese Bücher werde ich ausführlich zurückkommen. Aber, wie ich gesagt habe, von diesen Ausnahmen abgesehen habe ich in dem gesamten Schrifttum über unser Thema so gut wie nichts von Wert gefunden; und dies gilt auch, wenn wir uns dem wichtigsten und bedeutendsten Problem zuwenden, nämlich, wie man den Astralkörper experimentell aussenden und dabei das Bewußtsein behalten kann. Über dieses Kernproblem schweigen sich unsere Fachleute aus.

Und gerade auf diesem Gebiet gibt Mr. Muldoon ganz klare Anweisungen. Er erklärt mit allen Einzelheiten, wie die

Aussendung des Astralkörpers zu bewirken ist, und er beschreibt genau, was im Bewußtsein und Körper eines Astralwanderers während einer Astralwanderung vor sich geht, zusammen mit vielen anderen damit verbundenen Einzelheiten. Jeder unvoreingenommene Leser wird, denke ich, der Schlußfolgerung zustimmen, daß es Mr. Muldoon unmöglich gewesen wäre, so zu schreiben, wie er es getan hat — diese Kenntnisse erworben zu haben —, ohne in gewisser Weise das zu erleben, was er erlebt zu haben behauptet. Was er zu dem Thema gelesen hatte, war sehr bescheiden; seine Verbindung mit irgend jemand, der auch nur einen Bruchteil dieser Kenntnisse besaß, ist fast unmöglich, wenn wir berücksichtigen, daß er in einem abgelegenen Dorf im Mittleren Westen lebt. Nein, seine Kenntnisse hat er durch sich selbst erworben, als Ergebnis wirklicher eigener Versuche; das ist ganz klar. Wie er solche Kenntnisse sonst erworben haben könnte — wenn er diese Erlebnisse nicht wirklich selbst gehabt hätte —, überlasse ich dem Leser zu entscheiden.

Spontane Fälle

Wie ich schon gesagt habe, gibt es zwei Arten oder Abarten der Astralwanderung, die spontane und die experimentelle Astralwanderung. Bei der ersteren findet sich der Mensch, der ein solches Erlebnis hat, plötzlich im „Astralkörper", ohne zu wissen, wie und warum; er findet sich außerhalb seines physischen Körpers — den er deutlich sehen kann —, aber wie er dahin gekommen ist, weiß er nicht. Bei der letzteren Form der Astralwanderung unternimmt der Experimentator einen entschlossenen und freiwilligen Versuch, den Astralkörper auszusenden — gewöhnlich zu einem entfernten Ort —, und wenn er aufwacht, befindet er sich dort oder auf dem Wege dahin. Natürlich enden die weitaus meisten Versuche dieser Art mit einem Mißerfolg; Erfolge sind außerordentlich selten. Oder der Astralwanderer wird vielleicht von irgend jemand an dem fraglichen Ort „gesehen" und bleibt seines offensichtlichen Erfolges ganz unbewußt. Beispiele für alle Arten oder Abarten der Astralwanderung finden sich in diesem Buch, zusammen mit einer Untersuchung der damit verbundenen Vorgänge und einer Erklärung des Erfolges oder Mißerfolges, je nachdem.

Wir wollen erst einmal einige bezeichnende Fälle für die „spontane“ Astralwanderung untersuchen. Sie kann, wie gesagt, theoretisch eintreten, wenn der Astralwanderer schläft, sich in tiefer Bewußtlosigkeit, unter dem Einfluß eines Betäubungsmittels usw. befindet. Oder sie kann eintreten, wenn der Astralwanderer wach und bei Bewußtsein, aber entspannt, ist, — wenigstens zu Beginn des Versuches. Ein gutes Beispiel dafür kann man in einem Buch von Caroline D. Larsen finden, das erst vor kurzem veröffentlicht worden ist und den Titel "My Travels in the Spirit World" („Meine Wanderungen in der Geisterwelt“) trägt. Wir lesen in diesem Buch:

„... Plötzlich hatte ich ein seltsames Erlebnis. Es überkam mich ein Gefühl tiefer Bedrückung und großer Furcht, nicht unähnlich dem Gefühl, das man vor einem Ohnmachtsanfall hat. Ich wehrte mich dagegen, aber ohne Erfolg. Das starke Gefühl der Bedrückung wurde noch stärker, und bald überkam mich eine Starre, bis jeder Muskel gelähmt war. In diesem Zustand blieb ich einige Zeit. Mein Bewußtsein arbeitete jedoch noch so klar wie je. Zuerst hörte ich deutlich die Musik (im Erdgeschoß), aber bald entfernte sich die Musik allmählich von mir, bis schließlich ein großes Nichts um mich war und ich für das Leben und die Welt um mich herum keine Empfindung mehr hatte. Wie lange dieser Zustand anhielt, kann ich nicht sagen. Was während dieser Zeit geschah, kann ich auch nicht sagen. Das nächste, was ich wußte, war, daß ich auf dem Fußboden neben meinem Bett stand und aufmerksam auf meinen darin liegenden Körper sah ... Ich erkannte jeden Zug in dem mir wohlbekannten Gesicht, das bleich und still war wie im Tode; die Augen waren geschlossen, und der Mund war ein wenig geöffnet. Die Arme und die Hände lagen schlaff und leblos neben dem Körper ... Ich wandte mich um und ging langsam nach der Tür, ging durch sie hindurch auf den Vorplatz, der zum Badezimmer führte ... Durch die Macht der Gewohnheit machte ich die Bewegung des Lichtanschaltens; ich konnte das Licht natürlich nicht wirklich anschalten. Aber es bestand auch keine Notwendigkeit einer Beleuchtung, denn von meinem Körper und Gesicht ging ein starkes, weißes Licht aus, welches das Zimmer hell erleuchtete ...

Bei dem von Dr. J. K. Funk in seinem Buch "Psychic Riddle" („Rätsel der Seele") (S. 179—185) veröffentlichten Fall beschreibt der Verfasser, wie er die „Herrschaft über seinen Körper" verlor — infolge einer mit einem Kältegefühl verbundenen Starre, die sich in seinem Körper zu wiederholten Malen ausbreitete —, bevor er seine erste bewußt empfundene Astralwanderung erlebte. Bei dem fraglichen Erlebnis wurde er nach diesen anfänglichen Symptomen für einen Augenblick bewußtlos: „... In meinen Augen blitzte es, und in meinen Ohren hallte es; es schien einen Augenblick, als ob ich das Bewußtsein verloren hätte. Als ich diesen Zustand überwunden hatte, schien ich in der Luft zu wandeln. Es gibt keine Worte, mit denen ich die Fröhlichkeit und Freiheit beschreiben könnte, die ich empfand. Keine Worte können die Klarheit der geistigen Sicht wiedergeben. Zu keiner Zeit meines Lebens war mein Bewußtsein so klar und so frei gewesen ... Ich wurde mir bewußt, daß ich mich in einem Zimmer befand und auf einen im Bett aufgestützten Körper hinabsah, den ich als meinen eigenen erkannte. Ich kann nicht sagen, welche seltsamen Gefühle mich überkamen. Dieser Körper war allem Anschein nach tot. Es war kein Anzeichen des Lebens in ihm, und doch war ich hier, von meinem Körper getrennt, mit völlig klarem und wachem Bewußtsein, und zwar mit dem Bewußtsein eines anderen Körpers, dem Materie in jeder Form keinen Widerstand bot ... Nach etwa ein oder zwei Minuten begann ich, wobei ich auf den Körper niedersah, zu versuchen, auf ihn einzuwirken, und nach kurzer Zeit schwand jedes Gefühl der Trennung vom physischen Körper, und ich empfand nur meine Bemühung, ihn zu bewegen. Nach einer Zeitspanne, die mir sehr lang erschien, war ich imstande, mich zu bewegen, stand vom Bett auf, zog mich an und ging zum Frühstück hinunter ..."

Zu der unfehlbar dazu geäußerten Kritik — dies sei nur ein „lebhafter Traum" gewesen — schreibt der Verfasser:

„Ich weiß, daß viele Leute denken mögen, daß der hier gegebene Bericht nur das Ergebnis einer lebhaften Phantasie oder vielleicht eines Traumes sei, aber weder das eine noch das andere ist richtig. Wenn die ganze Welt sich gegen mich wenden würde ... es würde meiner Ansicht nach keinen Unterschied bedeuten, da ich felsenfest überzeugt bin, daß ich so frei von meinem physischen Körper gewesen bin, wie ich es nur je sein werde, und daß meine Lebenstätigkeit außerhalb meines physischen Körpers weit wunderbarer war als irgend etwas, was ich jemals im physischen Körper erlebt habe ... "

Der Fall von Dr. Wiltse ist sehr gut bekannt. Er wurde zuerst in der Zeitschrift "St. Louis Medical and Surgical Journal" („Medizinische und chirurgische Fachzeitschrift von St. Louis") im September 1898 abgedruckt und später in Band 8 der Akten der Gesellschaft für psychische Forschung. Er wurde auch teilweise in "Human Personality" (Band 2, S. 315—322) abgedruckt. In Anbetracht dieses Umstandes will ich nur einige kurze Auszüge zu dem lehrreichen Fall machen; für den ganzen Bericht verweise ich den Leser auf die eben genannte Quelle. Nach einigen Vorbemerkungen und einleitenden Angaben fährt Dr. Wiltse fort:

„... Mit all der Aufmerksamkeit eines Arztes sah ich die Wunder meiner Körperbeschaffenheit, meines Körpers, mit dem ich Zoll um Zoll eng verbunden war, ich selbst, die lebendige Seele dieses toten Körpers ... Ich beobachtete den fesselnden Vorgang der Trennung von Seele und Körper. Durch irgendeine Kraft, offensichtlich nicht meine eigene, wurde mein Ich (mein Astralkörper) hin und her „geweht", nach den Seiten, wie eine Wiege geschaukelt wird, wodurch seine Verbindung mit dem Körper unterbrochen wurde. Nach einer kleinen Weile hörte diese Bewegung auf, und an den Sohlen der Füße, mit den Zehen beginnend, dann schnell zu den Absätzen übergehend, fühlte und hörte ich, wie es schien, das Zerreißen zahlloser kleiner Fäden. Als dies zu Ende war, begann ich mich langsam von den Füßen aus nach dem Kopf zu aus meinem Körper herauszubewegen, wie sich eine Gummischnur verkürzt ... Als ich aus dem Kopf heraustieg, schwebte ich auf und ab und nach den Seiten wie eine Seifenblase, die einem Pfeifenkopf anhaftet, bis ich mich schließlich ganz von dem Körper trennte und leicht auf den Boden fiel, wo ich mich langsam erhob und mich zu der vollen Größe eines Mannes ausdehnte. Ich schien durchsichtig zu sein, von einer bläulichen Färbung und ganz nackt ... Ich wandte meinen Blick auf das Bett und sah meinen eigenen toten Körper. Ich lag geradeso, wie ich mich mit großer Mühe hingelegt hatte, teilweise auf der rechten Seite, die Füße eng zusammen und die Hände über der Brust gefaltet ... Ich wandte mich um und ging durch die offene Tür ... "

Dr. Wiltse berichtet dann von einer Anzahl geistiger Erlebnisse, die er während seiner ausgedehnten Astralreise hatte; dazu gehörte die Wahrnehmung gewisser Dinge, von deren Vorhandensein er nichts gewußt hatte; doch wurde dies später nachgeprüft und stellte sich als richtig heraus. Am Ende seiner Astralreise wurde er plötzlich durch etwas aufgehalten, was wie eine dicke, schwarze Wolke aussah: „Eine kleine, tiefschwarze Wolke erschien vor mir und schwebte auf mein Gesicht zu. Ich wußte, daß ich zurückgehalten werden würde. Ich fühlte, wie die Kraft, mich zu bewegen oder zu denken, mich verließ. Meine Hände fielen kraftlos an meinen Seiten herab, meine Schultern und mein Kopf neigten sich nach vorn, die Wolke berührte mein Gesicht, und ich verlor das Bewußtsein ... "

Als er das Bewußtsein wiedererlangte, war er in seinem physischen Körper.

Der Fall des Reverend L. J. Bertrand, der auch in den Akten, Band 8, S. 194, aufgezeichnet ist, wird von Mr. Myers folgendermaßen zusammengefaßt:

„Während einer gefährlichen Besteigung des Titlis setzte sich Mr. Bertrand, der von seinen Gefährten getrennt war, zum Ausruhen nieder und wurde steif vor Kälte. Sein Kopf blieb jedoch klar, und er empfand das von Dr. Wiltse beschriebene Gefühl, als verließe er seinen Körper, bliebe aber mit ihm durch eine Art „dehnbare Schnur" verbunden. Während er sich in diesem Zustand befand, sah er hellsichtig seine entfernten Gefährten und setzte sie bei ihrer Rückkehr stark dadurch in Verwunderung, daß er ihnen beschrieb, was sie getan hatten ... "

Experimentelle Fälle

Jetzt kommen wir zu den Fällen freiwilliger oder experimenteller Astralwanderung. Diese sind, wie ich schon gesagt habe, viel seltener und beschränken sich, abgesehen vielleicht von einigen einzelnen Fällen in "The Phantasms of the Living" mehr oder weniger auf die Berichte von Mr. Fox in der Zeitschrift "Occult Review" (Berichte, die ich in Kürze wiedergeben werde) und ein paar zweifelhafte Fälle der Vergangenheit, die schon ziemlich weit zurückliegen. Es gibt jedoch zwei französische Bücher, die sich mit der Astralwanderung befassen, das eine von Monsieur Charles Lancelin, das andere von Monsieur Hector Durville. Beide Bücher behandeln den Versuch, den Astralkörper aus der magnetisierten Versuchsperson, die sich im Zustand tiefer Bewußtlosigkeit befindet, auszusenden. Keines der beiden Bücher enthält jedoch Beispiele für die Aussendung des eigenen Astralkörpers. Die Versuchsperson wurde in einen Zustand tiefer magnetischer oder mesmerischer (zum Unterschied von hypnotischer) Bewußtlosigkeit versetzt, und es wurden ihr dann Anweisungen gegeben, sie solle, wenn möglich, ihren Körper verlassen und sich längere Zeit außerhalb des Körpers aufhalten. Es wurde dann eine Reihe klug ersonnener Versuche durchgeführt, um, soweit möglich, festzustellen, daß die Aussendung des Astralkörpers gelungen war.

Ich will mich jetzt nicht damit aufhalten, das Werk von Monsieur Lancelin zu untersuchen, da ich eine zusammenfassende Darstellung in meinen Büchern "Modern Psychical Phenomena" („Moderne psychische Phänomene") und in "Higher Psychical Development" („Höhere psychische Entwicklung") gegeben habe; auch hat Mr. Muldoon sich damit ziemlich ausführlich in dem vorliegenden Buch befaßt. Ich will jedoch kurz zusammenfassen, was Monsieur Durville in seinem Buch «Le Fantôme des Vivants» („Der Geistkörper lebender Menschen") festgestellt hat.

Das Buch besteht aus zwei Teilen: Teil I ist geschichtlich und theoretisch, befaßt sich mit der allgemeinen Theorie des „Doppelgängers" und führt eine Anzahl alter und neuer

Fälle an, die möglicherweise als Beispiele für das Sichtbarwerden des „Doppelgängers“ gelten können. Teil II beschreibt Versuche, die sich mit Fällen befassen, bei denen der Astralkörper offensichtlich abgespalten wurde, während die Versuchsperson sich in tiefer „magnetischer“ Bewußtlosigkeit befand. Einiges von diesem Material ist recht lehrreich und stimmt in bemerkenswerter Weise mit dem überein, was Mr. Muldoon beschrieben und erlebt hat. So lesen wir (S. 189): „Die Versuchsperson ist beständig mit dem „Doppelgänger“ durch ein halbflüssiges Band verbunden, das die Fähigkeit hat, sich auszudehnen ... Gewöhnlich ist dieses Band zylinderförmig, scheint aber manchmal eine Art flaches Band zu sein ... Was die Kleidung des Doppelgängers betrifft, so scheint sie aus einer Art „halbflüssiger Gaze“ zu bestehen (S. 215). Verschiedene Sinneseindrücke werden dem Astralkörper mit Hilfe des Astralbandes übermittelt (S. 235). Die Frage der Temperatur ist wichtig, und zu viel Licht hat einen schädlichen Einfluß auf den Astralkörper. Versuche mit einem Kraftmesser ergaben, daß die Muskelstärke (das Greifvermögen) der Versuchsperson nach der Astralwanderung immer größer war als vorher (S. 152). Im Gegensatz dazu war die Temperatur der Hand — besonders der rechten Hand — als Ergebnis des Versuches fast immer gefallen (S. 195—197). Ein Kapitel ist der Wirkungsweise des Geistkörpers gewidmet a) auf den „Doppelgänger“ eines anderen Menschen — der gleichzeitig von seinem physischen Körper getrennt war — und b) auf den physischen Körper eines anderen Menschen. In beiden Fällen wurden offensichtlich einige positive Ergebnisse erzielt. Es wurde dann ein Kalciumsulphidschirm in einiger Entfernung von der Versuchsperson aufgestellt, und dem Geistkörper wurde dann die Anweisung gegeben, er solle sich diesem Schirm nähern. Während er dies tat, leuchtete der Schirm in stärkerem Glanze auf als Ergebnis der Nähe des Astralkörpers (S. 275—280). Es werden auch einige Erfolge bei der Bewegung von Gegenständen und der Hervorbringung von Klopftönen berichtet; es wurde der Strohhalm eines Sthenometers (Kraftmessers) in einiger Entfernung von der Versuchsperson durch den abgespaltenen Astralkörper bewegt (S. 297—332). Das letzte Kapitel handelt ausführlich von einer Reihe von Versuchen, den Astralkörper und verschiedene lebendige Ausstrahlungen zu photographieren, die von ihm oder von dem physischen Körper ausgingen. Monsieur Durville schließt sein Buch folgendermaßen:

1. „Die Aussendung des Astralkörpers ist eine Tatsache, die durch unmittelbar dazu dienende Versuche nachgewiesen werden kann. Diese Versuche zeigen uns auch, daß die Lebenskraft vom Stoff unabhängig ist und daß unser Ich aus einem physischen Körper und einer denkenden Seele sowie aus einem Bindeglied, dem Astralkörper, besteht.

2. Da dieser Astralkörper vom physischen Körper getrennt existieren und wirken kann, kann er auch nach dem Tode existieren, d. h. die Unsterblichkeit ist eine wissenschaftlich erwiesene Tatsache."

Dieses offenbar ziemlich unbekannte Werk von Monsieur Durville ist voll von merkwürdigem und lehrreichem Material, und wenn man sicher sein könnte, daß die erzielten Ergebnisse alle wissenschaftlich einwandfrei waren, wäre dieses Buch eine Abhandlung von hoher Bedeutung. Es muß festgehalten werden, daß viele seiner Ergebnisse in sehr auffälliger Weise mit denen von Mr. Muldoon übereinstimmen. Einige kritische Kommentare zu diesen Ergebnissen finden sich im eigentlichen Text dieses Buches.

Die Versuche von Mr. Oliver Fox

Die einzigen ausführlichen, wissenschaftlichen und unmittelbaren Berichte von einer Reihe bewußt empfundener und willkürlicher Astralwanderungen, die ich je kennengelernt habe, sind die von Mr. Oliver Fox, die in der Zeitschrift "Occult Review", Jahrgang 1920, veröffentlicht wurden (S. 256—264; 317—327). Diese Artikel waren benannt "The Pineal Doorway" („Die Zirbeldrüse als Torweg in die Astralwelt") und "Beyond the Pineal door" („Jenseits des Torweges der Zirbeldrüse") und enthalten die persönlichen Erfahrungen des Verfassers. Ich werde mich bemühen, nur einen ganz kurzen Überblick zu geben und werde dabei die besonders wichtigen Abschnitte wörtlich wiedergeben.

Mr. Fox beginnt sehr logisch damit, daß er den Leser sehr genau mit den beiden Theorien bekanntmacht, die zur Erklärung dieser Erlebnisse aufgestellt werden können. Diese sind a) außergewöhnlich lebhafte Träume und b) wirkliche Astralwanderungen. Welche dieser Theorien ist die richtige Erklärung? Mr. Fox gibt zu, daß es außerordentlich schwierig ist, die letztere Theorie objektiv zu beweisen und hält es daher für richtiger, sich auf eine Beschreibung seiner eigenen Erlebnisse und eine kurze Zusammenfassung seiner eigenen Verfahren zur Erzielung einer Astralwanderung zu beschränken, wobei er hofft, daß andere Menschen vielleicht dieselben Ergebnisse erzielen, wenn sie seinen Ratschlägen folgen und dadurch die Wirklichkeit der Astralwanderung für sich selbst nachweisen.

Der erste Schritt, sagt Mr. Fox, ist der, daß man die Fähigkeit einer gewissen Traumlenkung erwirbt, aber nicht dieselbe Art Traumlenkung, wie sie in diesem Buch im einzelnen beschrieben ist. Sie besteht darin, daß man in einem gewissen Widersinn oder Anachronismus die Kenntnis dessen erwirbt, was man träumt. Ich führe die eigenen Worte von Mr. Fox an:

„Vor acht Jahren, als ich an einer technischen Fachschule studierte, veranlaßte mich ein Traum, mit meinen Forschungen zu beginnen. Ich träumte, ich stände außerhalb meines Wohnhauses. Als ich nach unten blickte, entdeckte ich, daß die Pflastersteine auf geheimnisvolle Weise ihre Lage verändert hatten; ihre langen Seiten waren jetzt parallel dem Randstein, statt daß sie in einem rechten Winkel dazu verliefen. Dann kam mir die Lösung des Rätsels in den Sinn: Obwohl dieser wunderschöne Sommermorgen so wirklich erschien, wie nur etwas wirklich erscheinen kann, war alles nur ein Traum. Zugleich verstärkte sich das Lebensgefühl hundertfach. Niemals hatten Meer und Himmel und Bäume einen so schönen Glanz gehabt; sogar die einfachsten Häuser schienen voller Leben und von einer geheimnisvollen Schönheit. Niemals hatte ich mich so völlig gesund, so wunderbar kräftig gefühlt. Die Welt war wahrhaftig so glänzend wie eine Muschel geworden. Die

Empfindung war unwahrscheinlich schön; sie dauerte jedoch nur einige Augenblicke an, und ich erwachte. Wie ich später erfuhr, war mein geistiges Gleichgewicht durch meine Gemütsbewegung erschüttert worden; der schwerfällige Körper verlangte daher sein Recht und zog mich zu sich zurück. Und jetzt hatte ich einen (für mich) wunderbaren Gedanken: War es möglich, das Wunder des Traumes nach Belieben noch einmal zu erleben? Konnte ich meinen Traum länger andauern lassen?

Dies klingt einfach, aber in der Praxis fand ich es mit das Schwerste, was man sich vorstellen kann. Hundertmal bemerkte ich die offensichtlichsten Widersprüche nicht, bis schließlich irgend etwas Unlogisches oder Unnatürliches mir sagte, daß ich träumte; und diese Erkenntnis bewirkte immer die Veränderung, die ich beschrieben habe. Ich fand, daß ich dann imstande war, nach Belieben kleine Tricks auszuführen, daß ich in die Höhe schweben, durch offenbar feste Wände gehen, Materie in neue Formen verwandeln konnte usw.; bei diesen frühen Versuchen konnte ich jedoch nur kurze Zeit im Astralkörper verweilen, und dieses Traumbewußtsein konnte ich nur nach Zwischenräumen von jeweils einigen Wochen wiedererlangen. Zuerst waren meine Fortschritte sehr langsam, aber plötzlich machte ich zwei weitere Entdeckungen:

1. Die geistige Anstrengung, den Traum länger dauern zu lassen, verursachte bei mir einen Schmerz in der Gegend der Zirbeldrüse; er war zuerst dumpf, wurde dann aber schnell immer stärker, und ich wußte instinktiv, daß dies für mich eine Warnung war, dem Verlangen des physischen Körpers nicht länger zu widerstehen.

2. In den letzten Augenblicken des verlängerten Traumes und während ich den eben beschriebenen Schmerz empfand, erlebte ich das Gefühl eines doppelten Bewußtseins. Ich konnte mich selbst im Traum sehen und die Vorkommnisse beobachten, aber gleichzeitig fühlte ich mich im Bett liegen und sah mein Schlafzimmer. Während das Verlangen des physischen Körpers stärker wurde, wurde das Traumbild schwächer; dadurch aber, daß ich mich zwang, weiterzuträumen, konnte ich das Bild des Schlafzimmers schwächer werden und das Traumbild seine offensichtliche Wirklichkeit wiedererlangen lassen."

Dann kam Mr. Fox der Gedanke: Was würde geschehen, wenn er den Schmerz nicht beachtete und sein Traumbewußtsein noch stärker werden ließe? Nicht ohne einige Besorgnis tat er dies schließlich; in seinem Gehirn gab es dabei eine Art „Knacken“, und er fand sich im Traum „ausgesperrt“. Er schien mit seinem physischen Körper nicht mehr verbunden, die Empfindung eines doppelten Bewußtseins verging, die gewöhnliche Zeitempfindung ging ebenfalls verloren, und er fand sich frei, in einer neuen Welt. Dies war seine erste bewußt empfundene Astralwanderung. Sie dauerte nur kurze Zeit. Teilweise infolge seines Gefühls, völlig verlassen zu sein, empfand er eine Art Panik. Sofort hörte er wieder das seltsame Knacken im Gehirn, und er befand sich wieder in seinem physischen Körper, aber vollständig erstarrt. Sehr allmählich nur gewann er wieder die Herrschaft über seinen Körper, bewegte zuerst den einen Muskel und dann einen anderen. „Plötzlich erwachte ich aus meiner Erstarrung, ich öffnete meine Augen und war frei. Ich sprang mit großer Freude aus dem Bett und fiel sofort auf dem Fußboden zusammen, da mich ein starkes Gefühl des Unwohlseins überkam. Ich fühlte mich noch zwei oder drei Tage danach krank . . .“

An dieser Stelle zählt Mr. Fox die Gefahren auf, die nach seiner Ansicht bei diesen Versuchen auftreten können. Es sind die folgenden:

1. Herzschlag oder Geistesgestörtheit infolge eines Schocks.
2. Begräbnis bei lebendigem Leibe.
3. Besessenheit.
4. Durchtrennung des Astralbandes.
5. Ungünstige Auswirkung einer heftigen Wiedervereinigung der beiden Körper auf den physischen Körper.

Wie Mr. Fox richtig bemerkt, werden die letzten drei Möglichkeiten von dem orthodoxen Naturwissenschaftler vielleicht als lächerlich abgetan. Es mag hier noch bemerkt werden, daß alle diese Gefahren mehr eingebildet als wirklich sind und in diesem Buch sehr ausführlich behandelt werden.

Die haupsächlichen Kennzeichen dieser Astralwanderungen faßt Mr. Fox folgendermaßen zusammen:

1. Der Körper scheint in einem halberstarrten Zustand zu sein, der fast dem Zustand der Erstarrung gleichkommt, der schon beschrieben worden ist.
2. Obwohl die Augen geschlossen sind, ist der Raum klar sichtbar, ebenso die Atmosphäre, so daß es den Anschein hat, als wäre der Raum von Staubteilchen erfüllt, die in der Sonne glänzen, oder sie haben einen goldenen Glanz, der an Stärke sehr verschieden sein kann. Dahinter sozusagen und gerade an der Grenzlinie der Sichtweite befindet sich etwas, was wie Froscheier aussieht, blaugrau und in schwingender Bewegung.
3. Physikalische Geräusche sind deutlich hörbar.
4. In diesem Zustand ist man jeder denkbaren Selbsttäuschung im Sichtbaren und Hörbaren ausgesetzt, oder, um die andere Meinung auszudrücken, man ist sowohl hellsichtig wie hellhörend.
5. In diesem Zustand, besonders wenn man ihn mit dem Wachzustand verwechselt, wird man leicht von starker und unvernünftiger Furcht ergriffen.
6. Man ist sich ungewohnter atmosphärischer Verhältnisse bewußt; man hat ein Gefühl wie vor einem Sturm, hat diese Empfindung aber viel stärker als sonst.

Bislang hat Mr. Fox noch niemals eine echte Astralwanderung ohne eine Unterbrechung des Bewußtseins erzielen können. Er hat immer das Gefühl gehabt, als ob jemand oder etwas ihn zurückhielte. „Es war, als müßte ich an jemand vorbei, der auf der Schwelle stand." Dann erkannte er plötzlich die Lösung des Problems: „Ich mußte mein körperliches Ich durch den Torweg der Zirbeldrüse zwängen, so daß hinter mir ein Knacken hörbar wurde ... Das war dadurch möglich, daß ich, bevor ich in tiefe Bewußtlosigkeit fiel, mich auf die Zirbeldrüse konzentrierte und mir fest vornahm, durch sie den Körper zu verlassen. Die Empfindung dabei war die folgende: Mein körperliches Ich stürzte zu einem Punkt in der Zirbeldrüse und warf sich gegen die scheinbare Falltür, während das goldene Licht an Leuchtkraft immer stärker wurde, so daß es schien, als stände der ganze Raum in Flammen. Wenn der Ansturm meines körperlichen Ich nicht stark genug war, dann war die Empfindung eine entgegengesetzte; mein körperliches Ich fiel in sich zusammen und verschmolz wieder eng mit meinem physischen Körper, während das Astrallicht immer schwächer wurde, bis es wieder die normale Stärke hatte. Oft waren zwei oder drei Versuche notwendig, bis ich genügend Willenskraft erzeugen konnte, um mein anderes Ich durch die Tür zu drängen. Ich hatte das Gefühl, als ob ich wahnsinnig würde oder sterben müßte; sobald aber das Türchen hinter mir zugeschlagen war, erfreute ich mich einer geistigen Klarheit, welche die geistige Sicht des irdischen Lebens weit übertraf, und ich empfand keine Furcht mehr ... Den Körper zu verlassen, war jetzt ebenso leicht wie aus dem Bett aufzustehen ..." (Mr. Fox warnt seine Leser mit bewundernswerter wissenschaftlicher Vorsicht davor, das, was er über die Zirbeldrüse gesagt hat, allzu wörtlich zu nehmen; aber er versichert, daß dies die genauen Empfindungen seien, und er glaubt, daß das, was er gesagt hat, der Wahrheit sehr nahekommt.)

Bei der großen Mehrzahl seiner Versuche, versichert Mr. Fox, sei eine Unterbrechung des Bewußtseins eingetreten (offenbar nur für einige Augenblicke), und zwar zwischen seinem Versuch, durch die „Tür der Zirbeldrüse" zu gehen, und dem Augenblick, in dem er außerhalb des physischen Körpers das volle Bewußtsein erlangte.[4]) Schließlich gelang ihm jedoch eine Anzahl Astralwanderungen; — von Anfang an war er dabei bei vollem Bewußtsein. Er selbst sagt dazu: „Dies war der Höhepunkt meiner Untersuchungen. Ich konnte jetzt vom gewöhnlichen Wachzustand in diesen neuen Zustand des Bewußtseins übergehen (oder vom Leben zum „Tode") und zurückkehren, ohne eine Unterbrechung meines Bewußtseins. Dies ist leicht geschrieben, aber ich brauchte zur Erreichung dieses Zieles vierzehn Jahre."

Mr. Fox zählt drei verschiedene Verfahren der Fortbewegung im Astralkörper auf. Das erste ist das des waagerechten Fluges, der durch eine „rein geistige Anstrengung" bewerkstelligt wird. Gewöhnlich ist dies leicht; wenn aber der Zug des Astralbandes fühlbar wird, ist es alles andere als mühelos; „es ist, als zöge jemand an einem sehr starken Gummiseil."

Mr. Fox bemerkte auch, daß er, immer wenn er in den Körper zurückgezogen wurde, die Empfindung hatte, als würde er *rückwärts* in ihn hineingezogen. (Der Grund für dieses Gefühl wird in diesem Buch ausführlich erklärt.)

Das zweite Verfahren der Fortbewegung ist ein Art „Levitation", die einem typischen „Flugtraum" sehr ähnlich ist. Dieses Verfahren wird als „leicht und harmlos" beschrieben.

Das dritte Verfahren ist das, was Mr. Fox „Himmelsflug" nennt, und dabei scheint er mit großer Geschwindigkeit wie eine Rakete aufwärts zu schießen. Sie wird als „schwierig und gefährlich" bezeichnet. Ein typisches Erlebnis dieser Art wird in dem angeführten Artikel berichtet.

Was die Lebewesen angeht, die ein Astralwanderer antrifft, so weist Mr. Fox auf folgendes hin: 1. auf das völlige Fehlen der „Elementargeister" oder anderer erschreckender Wesen, von denen so oft berichtet wird, daß sie die Astralebene bewohnen, und 2. die Tatsache, daß er den anderen Wesen fast immer unsichtbar ist, obwohl sie seine Gegenwart vielleicht gelegentlich fühlen. Er weist jedoch darauf hin, daß dies immer nachteilig ist, denn wenn dies geschieht, ist das Wesen erschreckt und verängstigt, und dieser Gemütszustand verursacht in dem Astralwanderer einen entsprechenden Schreck, und das hat zur Folge, daß er sofort in seinen physischen Körper zurückgezogen wird. (Der Grund für all dies wird im eigentlichen Text dieses Buches sehr genau erklärt.) Was den Schauplatz betrifft, so ist er fast immer einem irdischen Ort ähnlich, obwohl natürlich oft auch unbekannte Örtlichkeiten gesehen werden, wahrscheinlich sogar häufiger als bekannte. Eine sehr seltsame und ungewöhnliche Eigenart der Erlebnisse von Herrn Fox ist, daß er niemals imstande war, seinen eigenen physischen Körper zu sehen, wenn er sich im Astralkörper befand, obwohl z. B. seine Frau ihn sehr deutlich im Astralkörper sehen konnte. Dies ist fast das einzige überlieferte Beispiel — soviel ich weiß —, bei dem dies der Fall war. Gewöhnlich ist der physische Körper das erste, was der Astralwanderer sieht. In dieser Hinsicht ist die Erfahrung von Mr. Fox fast einzigartig. Im ganzen jedoch sind seine Eindrücke und Erlebnisse durchaus typisch und stimmen genau mit denen anderer Forscher auf diesem Gebiet überein, wie später ausführlicher gezeigt wird. Raummangel verbietet es mir leider, zu berichten, in welcher dramatischen und ungewöhnlichen Weise Mr. Fox seine Fähigkeit der Astralwanderung wieder verlor, nachdem er sie mit so viel Mühe und Fleiß erworben hatte. Der Grund ist ausführlich in den genannten Artikeln wiedergegeben worden, die ich für diese zusammenfassende Darstellung benutzt habe.

Einige persönliche Erlebnisse

Ich kann diesen Abschnitt damit schließen, daß ich von einigen Versuchen berichte, die ich vor einigen Jahren mit „Astralwanderungen“ durchgeführt habe. Ich tat dies bei meinen Versuchen mit Yoga. Bei einer Reihe von Gelegenheiten „beschloß“ ich, einer gewissen jungen Dame zu erscheinen — natürlich im psychischen Körper —, indem ich einschlief. Die meisten dieser Versuche waren offensichtlich Mißerfolge, aber bei drei Versuchen wachte ich plötzlich auf und sah mich in ihrem Zimmer stehen oder auf ihrem Bett sitzen. Ich blieb ein paar Augenblicke sichtbar und „löste mich dann auf“. Einmal war ich mir eines offensichtlichen „Erfolges“ gar nicht bewußt. Ich wachte nur am Morgen wie gewöhnlich auf und wußte nicht, ob etwas „geschehen“ war oder nicht. Diese Versuche erstreckten sich über einen Zeitraum von einigen Wochen, und es ist kaum notwendig, zu sagen, daß ich der jungen Dame niemals irgendwie andeutete, welche Zeit ich für diese „Astralwanderungen“ gewählt hatte.

Diese Erscheinungen können natürlich wirkliche unbewußte Astralwanderungen gewesen sein; sie können aber auch rein subjektive Erlebnisse gewesen sein, die vielleicht durch Gedankenübertragung eingeleitet worden waren. Aber *ein* Erlebnis war ganz auffällig und sollte daher vielleicht ausführlicher berichtet werden:

Ich muß wohl bemerken, daß die fragliche junge Dame eine vollendete Pianistin ist und ein ganz außerordentliches musikalisches Gedächtnis hat. Wenn sie ein Musikstück einmal gespielt oder gehört hat, vergißt sie es nie wieder. Dies ist aus

Gründen wichtig, die später zu erkennen sein werden. Eines Tages fragte ich sie, ob sie jemals von dem alten Lied „When Sparrows Build" („Wenn Sperlinge ihr Nest bauen") gehört habe, das vor einigen Jahren durch Jenny Lind berühmt wurde und mir in meiner Kindheit ein Lieblingslied war. Sie antwortete, daß sie von diesem Lied noch nie gehört habe. Ich sagte ihr, daß ich die Noten beschaffen und sie ihr „einmal" schicken würde, da ich dachte, daß das Lied ihr gefallen werde. Das ist alles, was damals darüber gesprochen wurde, und es wurde ihm keine besondere Bedeutung beigemessen. Einige Nächte später versuchte ich, ihr zu „erscheinen" und wachte wie gewöhnlich am Morgen auf, ohne zu wissen, ob mein Versuch ein „Erfolg" gewesen war oder nicht. Ein wenig später rief die junge Dame mich an und teilte mir mit, daß ich ihr in der letzten Nacht „erschienen" sei — und zwar deutlicher als je zuvor — und daß sie sich daraufhin gedrängt gefühlt habe, automatisch zu schreiben und daß das Ergebnis eine Gedichtstrophe sei. Am Nachmittag besuchte ich sie, ließ sie mir ihr Erlebnis erzählen, mir die Gedichtstrophe zeigen und gebe zu, daß ich für einen Augenblick fast erschrocken war. Die „Gedichtstrophe" bestand aus den ersten Zeilen des Liedes „Wenn Sperlinge ein Nest bauen", und zwar genau, mit Ausnahme eines einzigen Wortes!

Ich berichte diesen Fall nur und überlasse es dem Leser, zu beurteilen, wie wertvoll er für unser Thema ist; ich kann keinen „Beweis" liefern, und der ganze Vorfall ist möglicherweise nur ein bemerkenswerter Zufall gewesen. Persönlich bezweifle ich, daß dies so war. Ich werde jedoch nicht näher darauf eingehen, sondern begnüge mich damit, den Fall zu berichten als eines der seltsamen Ergebnisse, die man erzielen kann, wenn man auf diesem verwirrenden Gebiet Versuche anstellt. Wie wir gesehen haben, waren die Ergebnisse anderer Forscher viel besser und überzeugender.

Ich muß diese Einführung nun abschließen. Es ist mir eine Ehre gewesen, mit Mr. Muldoon während der Niederschrift und Vorbereitung dieses Buches zusammenzuarbeiten; an manchen Stellen habe ich einige Fußnoten hinzugefügt und gewisse Versuche angeregt oder auf manche Punkte hingewiesen, die in dem Buch behandelt werden sollten. Davon abgesehen ist die Abfassung des Buches ganz das Werk Mr. Muldoons, und ich meine, daß die psychische Forschung ihm großen Dank schuldet für seine Opfer und Entschlossenheit, die mit der Niederschrift des Buches verbundene Mühe auf sich zu nehmen, insbesondere, da er bettlägerig war und körperlich große Schmerzen zu leiden hatte. Ich möchte hier meiner Überzeugung von seiner völligen Aufrichtigkeit, seiner Wahrheitsliebe und seiner bemerkenswert sachlichen und wissenschaftlichen Stellungnahme zu seinen eigenen Versuchen Ausdruck geben. All dies wird, dessen bin ich sicher, aus dem Buch selbst hervorgehen. Es ist ein Werk von größter Bedeutung und ist genau das Buch, auf das die psychischen Forscher in der ganzen Welt seit langem gewartet haben.

Hereward Carrington

AUSZÜGE AUS MR. MULDOONS BRIEFEN

Die folgenden Auszüge aus Briefen, die Mr. Muldoon mir geschrieben hat, enthalten viel lehrreiches Material, das im Text des eigentlichen Buches nicht zu finden ist. Sie dienen dazu, ein bemerkenswertes Streiflicht auf die Eigenart des Verfassers zu werfen; und da dies in einem Falle wie dem unseren sehr wichtig ist, bin ich sicher, daß ihr Abdruck in diesem Buch gerechtfertigt ist, — aus dem eben erwähnten, wenn nicht noch aus anderen Gründen. Es ist kaum notwendig, zu sagen, daß diese Auszüge mit Mr. Muldoons Einverständnis gemacht worden sind.

Die Ausdrucksweise des Verfassers — wie sie sich in diesen Auszügen wie auch in Teilen des Buches selbst zeigt — ist ebenfalls bemerkenswert und wird als weiteres Kennzeichen seiner Persönlichkeit dienen. Diese Briefe wurden mir natürlich während der Abfassung und Durchsicht des vorliegenden Buches geschrieben.

H. C.

Auszüge aus Briefen

Sie fragen mich, ob ich jemals den physischen Körper berührt habe, während ich im Astralkörper war. Nein! Das ist schwer zu bewerkstelligen. Ich habe es versucht und finde, daß es schwierig ist, die Rückkehr in den physischen Körper zu verhindern, und zwar wegen der kurzen Reichweite des Astralbandes. Haben Sie jemals eine Materialisationssitzung besucht, bei der Sie versucht haben, einen „Geist“ daran zu hindern, in das Kabinett zurückzukehren? Nun, wenn Sie dabei jemals den überaus starken magnetischen Zug erlebt haben, werden Sie verstehen, wie schwer es ist, die Rückkehr in den physischen Körper zu verhindern, wenn man sich ihm so weit nähert, daß der Astralkörper nicht mehr getrennt bleiben kann ...

Sie haben mich auch gefragt, ob ich im Astralkörper jemals etwas gesehen hätte, von dessen Vorhandensein ich nichts wußte, und was später dadurch bestätigt wurde, daß ich es im physischen Körper erlebte. Gewiß! Dies ist nichts Ungewöhnliches, wenn die Astralwanderung bei Bewußtsein erfolgt. Ich bin oft in Häuser gegangen und habe dort Dinge bemerkt, die ich später, wenn ich diese Häuser im physischen Körper aufgesucht habe, genauso gesehen habe wie im psychischen Körper ... Aber wenn die beiden Körper vereinigt waren, habe ich nie im Leben eine hellsichtige „Vision" gehabt, — nicht eine einzige. Die einzige Art, auf die ich astral sehen konnte, war im Astralkörper. Wenn ich im physischen Körper war, konnte ich keinen Geist sehen, auch wenn eine Million Geister im Raum waren! ... In einen Kasten hineinzusehen, wäre keine Schwierigkeit, obwohl ich es nie versucht habe, wenn ich im Astralkörper war. Es ist mir einfach niemals eingefallen, das zu tun, aber ich habe in das Innere von Häusern hineinsehen können, und ich habe Menschen darin gesehen usw., ohne jemals das Haus zu betreten ...

Auf einem Tisch im Wohnzimmer meines Hauses steht ein kleines Gerät, das den Takt schlägt für Schüler, die Noten lernen, — ein Taktmesser. Alles, was man tun muß, um das Gerät zu verwenden, ist, daß man das Pendel in Gang setzt, und es wird sehr laut ticken, bis die Feder abgelaufen ist. Ich schlafe in einem Raum neben dem Wohnzimmer. Kürzlich träumte ich nachts, daß ich sehr nahe an diesem Gerät stände. Im Traum schien ich im Begriff, den Taktmesser in Gang zu setzen. Ich hatte dies kaum geträumt, als ich schon im physischen Körper erwachte, im Bett. Ungefähr eine Sekunde später begann das Gerät im Nachbarzimmer zu ticken. Nun gibt es keine Möglichkeit, daß das Gerät sich selbst in Gang setzen kann; außerdem stand es monatelang auf dem Tisch, ohne gebraucht zu werden. Es schien, daß ich, kaum daß ich es berührt hatte — im Traum —, aufwachte und hörte, wie es im Nebenzimmer zu ticken begann. Wenn dabei nicht die Zeit eine Rolle gespielt hätte, wäre ich geneigt, zu glauben, daß ich den Taktmesser im Traumkörper in Gang setzte, der natürlich der Astralkörper des teilweise wachen Bewußtseins ist. Aber das Gerät begann nicht zu ticken, bevor ich im physischen Körper erwachte, obwohl ich es im Traum einen Augenblick vorher in Gang gesetzt hatte. War es möglich, daß die bewirkende Kraft sich auf das Gerät übertrug — während ich davon träumte —, dort blieb, bis ich wieder bei Bewußtsein war und es dann in Gang setzte? Wenn ich im Astralkörper gewesen wäre, hätte das Gerät dann nicht zu ticken angefangen, bevor ich in den physischen Körper zurückkehrte? Ich frage mich, ob es möglich ist, etwas Derartiges zu tun: zu versuchen, im Astralkörper etwas zu bewegen, das aber erst zu bewerkstelligen, nachdem der Astralkörper schon seit einiger Zeit in den physischen Körper zurückgekehrt ist? ...

Was ich gerade mitgeteilt habe, wurde vor einigen Tagen geschrieben. Gestern nacht setzte ich im Traum den Taktmesser wieder in Bewegung, geradeso, wie ich es das erstemal getan hatte. Nun habe ich versucht, Gegenstände zu bewegen, während ich im Astralkörper und bei Bewußtsein war; es ist mir aber niemals gelungen. Und das Seltsame daran ist, daß ich mir das niemals vorgenommen hatte, daß ich den Traum beide Male ganz unerwartet hatte. Wenn ich es nur absichtlich hätte tun können! Was ich nicht verstehe, ist folgendes: Warum setzte sich das Gerät nicht eher in Bewegung als zwei Sekunden, nachdem ich geträumt hatte, es in Gang gesetzt zu haben? Der Taktmesser ist etwa fünfzehn Fuß von meinem Bett entfernt. Dazwischen ist natürlich eine Wand, aber das ist unerheblich, wenn es der Traumkörper war, der das Gerät in Gang setzte. Vielleicht ist es so, daß wir nicht den Glauben, nicht die Überzeugung haben, während wir bei Bewußtsein sind und daß daher die bewirkende Kraft nicht stark genug ist (durch bewußte Suggestion), etwas zu bewegen. (Vgl. S. 384 Ihres Buches „Die zukünftige Wissenschaft ("The Coming Science"). Steht das, was ich gerade gesagt habe, nicht in ziemlich starkem Widerspruch zu dem, was da gesagt ist? Warum setzt sich der Taktmesser nicht in Bewegung, bevor ich wieder bei klarem Bewußtsein im physischen Körper bin? Sicherlich ist für die Rückkehr in den physischen Körper keine meßbare Zeit erforderlich, während man nicht bei Bewußtsein ist; aber dennoch erklärt das nicht den Zeitfaktor! Wenn ich träumte, daß ich den Taktmesser in Gang setzte und wenn ich dann aufwachte und ihn ticken hörte, so wäre das leicht zu erklären. Aber er beginnt nicht eher zu ticken, als bis ich wach bin ...

(Späterer Brief.) Der Vorfall mit dem Taktmesser! Nein, es war keine Ohrentäuschung. Ich mußte aufstehen und das Gerät abstellen. Das zweite Mal ließ ich es weiterticken, nur um zu sehen, ob jemand es oben im Haus hören würde. Mein Bruder hörte es wirklich, und nach einer Weile kam er herunter und stellte das Gerät ab. Es lief das erste Mal fünf oder sechs Minuten und etwa 20 Minuten das zweite Mal. Ein wirkliches Geschehen wie dieses kann man nicht Sinnestäuschung nennen, nicht wahr?

Glauben Sie nicht, daß es gute wäre, diesen Vorfall zu erwähnen als einen möglichen Beweis dafür, daß Gegenstände im Traum bewegt werden können, — obwohl es niemand beweisen kann? Natürlich könnte ich auch nicht beweisen, daß der Traum dabei eine Rolle spielte; aber wenn das nicht der Fall war, was um alles in der Welt setzte das Gerät dann in Bewegung — sogleich, nachdem ich geträumt hatte, es in Bewegung gesetzt zu haben —, wenn er nichts damit zu tun hatte?

Ich bin angewiesen worden, vier Wochen im Bett zu bleiben, aber ich kann wahrscheinlich weiterschreiben, wenn auch nicht mit großer Geschwindigkeit ... Mein Rücken ermüdet ziemlich, und ich muß mich daher für eine Weile hinlegen und für den Augenblick schließen. Ich werde Ihnen einen weiteren Stapel Manuskriptblätter in wenigen Tagen schicken ...

Heute morgen erlebte ich eine zufällige Astralwanderung, während ich bei hellem Licht auf dem Bauch lag. (Wenn das nicht den Gesetzen der Astralwanderung widerspricht, dann widerspricht ihnen überhaupt nichts.) Und dies ist, was ich entdeckte: Wenn man auf dem Bauche liegt, werden die Empfindungen während der Luftreise umgekehrt. Wenn man sich aufwärts bewegt, denkt man, man bewege sich abwärts und umgekehrt. Die einzige Möglichkeit, die wahre Richtung der Bewegung anzugeben, ist die Zuhilfenahme des Gesichtssinnes. Ich hätte schwören können, daß ich mich abwärts bewegte, aber als ich hinsah, bemerkte ich, daß ich mich aufwärts bewegte.

Vor einigen Tagen erwachte ich morgens etwa um sechs Uhr und lag ungefähr zwanzig Minuten wach. Dann schlummerte ich wieder ein und träumte, daß ich an derselben Stelle stände wie in dem Traum mit dem Taktmesser, wie in dem Beispiel, von dem ich Ihnen schon berichtet habe. Ich träumte, meine Mutter habe in einem Schaukelstuhl gesessen und zu mir gesagt: „Weißt du, daß du träumst?“ Ich antwortete: „Mein Gott, wahrhaftig, ich träume, nicht wahr?“ So endete der Traum, und es schien, als hätte ich kaum „mein Gott, wahrhaftig“ gesagt, als ich schon im physischen Körper, im Bett, erwachte. Ich war bei Bewußtsein, aber nicht imstande, mich zu bewegen. Ich konnte keinen Laut von mir geben, konnte meine Glieder nicht bewegen. Dieser Zustand hielt etwa drei Minuten an, und während der ganzen Zeit zuckte mein Körper; besonders zuckten meine Glieder. Dann wurde mein Zustand plötzlich wieder normal. Etwa zwei Minuten später ertönte ein lauter Schlag, als ob jemand mit einem schweren Holzhammer auf das eiserne Gestell des Bettes geschlagen hätte. Der Schlag war so laut, daß ich mich „duckte“, da er mich ziemlich erschreckte . . . Vergessen Sie nicht, daß ich etwa zwei Minuten vor dem Schlag bei Bewußtsein war! Niemand war in der Nähe, und es geschah bei hellem Licht. Diese physikalischen Erscheinungen sind sicherlich bemerkenswert — wenigstens für mich —, da ich etwas Derartiges niemals zuvor erlebt hatte. Ich habe es allerdings auch niemals versucht; diese Vorfälle ereigneten sich ganz von selbst.

Wie Sie wissen, besteht die Ansicht, daß Materialisationen ohne Zirkel nicht möglich sind. Nun, ich habe einmal drei Geister sich materialisieren, im Zimmer umhergehen sehen und miteinander sprechen hören! Meine Mutter war sehr krank, war schon mehrere Wochen bettlägerig. Eines Abends waren wir allein im Haus, — sie im Bett, unter dem Einfluß von Morphium, wobei sie so redete, wie man es unter dem Einfluß von Morphium oft tut. In der einen Minute sprach sie ganz vernünftig und in der nächsten nicht vernünftig. Ich saß im Nebenzimmer und las, mit dem Gesicht nach der Tür ihres Zimmers. Ich hatte auf ihr „Reden“ nicht besonders geachtet, da ich daran gewöhnt war . . .

Ich war beim Lesen, als ich plötzlich ein Stimmengewirr hörte; eine der drei Stimmen erkannte ich als die meiner Großmutter. Ich sah auf und erblickte drei völlig materialisierte Geister, die im Zimmer meiner Mutter standen und umhergingen. Zuerst dachte ich, daß sie aufgestanden sei, dann sah ich, daß es drei Geister waren. Ich erkannte sofort meine Großmutter, aber die anderen beiden kannte ich nicht. Einen Augenblick konnte ich nicht glauben, daß dies Wirklichkeit war. Dann rief meine Mutter: „Sylvan, komm schnell her! Hier sind deine Großmutter, dein Großvater und Louis. (Ich hatte die beiden zuletzt Erwähnten nie gesehen, hatte aber meine Großmutter vor ihrem Tode gekannt.)

Meine Großmutter war Deutsche und sprach deutsch. Ich hörte sie etwas sprechen wie: „Was fehlt dem Mädchen?“ Ich sprang auf und ging in das Zimmer der Mutter, langsam, wobei ich fürchtete, daß sie sich dematerialisieren würden. Meine Großmutter stand unter der Tür, mit dem Gesicht zu mir, und sagte: „Solbun!“ Sie konnte nicht „Sylvan“ sagen und nannte mich immer so, als ich klein war. Ich ging zu der Tür und sprach. Eine der Gestalten schien in den Fußboden zu sinken. Eine andere verschwand, aber meine Großmutter stand noch immer da, und ich sah an ihrem Gesichtsausdruck, daß sie wünschte, ich solle nicht noch näher an sie herantreten. Dann verschwand sie, und ich stürzte durch die Tür. Meine Mutter war bei klarem Verstand und sagte: „Warum bist du nicht früher hereingekommen? Alle drei waren materialisiert.“ Ich erklärte ihr, daß ich den ganzen Vorfall durch die offene Tür gesehen hatte. Es war ziemlich hell im Schlafzimmer und auch in dem Zimmer, in dem ich gelesen hatte. Ich fragte meine Mutter: „Was hat sie gesagt? Es klang wie: Was fehlt dem Mädchen?“ Meine Mutter sagte etwas auf deutsch, was ich nicht wiedergeben kann, was aber genau so klang wie das, was ich gehört hatte, und sagte: „Es bedeutet: Was ist mit dir, Mädchen?" Meine Mutter ist halb Engländerin und halb Deutsche und kann Deutsch verstehen und sprechen. Jedenfalls hat sich der Vorfall so abgespielt.

Jedesmal, wenn Sie eine dieser Einteilungslinien sehen, bedeutet das, daß ich innehalten und ausruhen muß, denn das Aufsitzen ermüdet mich sehr. Aber ich hoffe, daß ich bald längere Zeit in einem Stück schreiben kann. In den letzten Tagen bin ich sehr schwach gewesen und habe gedacht, daß ich letzten Montag das Versäumte nachholen könne ... Ich vermute, es wird einige Zeit vergehen, bevor ich einen weiteren Stapel Manuskriptblätter schicken kann, werde es aber tun, sobald ich kann ... Ich hoffe, Sie können dies lesen; es ist schwer, im Bett zu schreiben ...

Wenn ich eine Pause mache, um darüber nachzudenken, so fällt es mir schwer, zu glauben, daß die Aussendung des Astralkörpers nicht allgemein bekannt ist. Ich kann mir kaum vorstellen, daß solch ein wirkliches Phänomen jemals bezweifelt wird, daß es nicht anerkannt wird geradeso, wie das körperliche Leben anerkannt wird. Ich würde darüber aber nicht so denken wie jetzt, wenn ich nicht viele Male Astralwanderungen erlebt hätte. Wenn man im Astralkörper bei Bewußtsein ist, so ist an der Astralwanderung nicht zu zweifeln; man kennt sie; ich kenne sie, — ich weiß davon genauso gut, wie ich weiß, daß ich hier sitze und diesen Brief schreibe. Aber wie kann ich das irgend jemand sonst beweisen? Man könnte mir sagen, daß ich träumte statt körperlich bei Bewußtsein zu sein, und ich könnte nicht beweisen, daß dies nicht so gewesen ist. Die Astralwanderung beweist sich selbst ...

Ich bin aufgestanden und wieder bei der Arbeit am Manuskript. Ich wollte, ich hätte mich wohler gefühlt, als ich dieses Buch schrieb, denn dann hätte ich wahrscheinlich bessere Arbeit leisten können. Aber so wie es war, habe ich jedes Wort nur widerwillig geschrieben!

Ich habe niemals eine bewußte Astralwanderung erlebt, ohne dabei hier auf der irdischen Ebene geblieben zu sein, genauso, wie ich jetzt im Augenblick hier bin. Ich wüßte nicht, wo ich die höheren Ebenen suchen sollte! Seltsam ist es in der Tat, wie einige Astralwanderer in diese höheren Ebenen gelangen können, da doch viele Geister auf den niederen Ebenen versichern, daß sie es nicht können! Die meisten Astralwanderer, die behaupten, dazu imstande zu sein, sind so von sich überzeugt, daß sie sich einbilden, sogleich nach dem Tode auf einer höheren Ebene aufzuwachen. Ich kenne eine Frau in der Nachbarschaft, die immer von ihren Wanderungen in der Geisterwelt erzählt, aber immer etwas, was durch einen bloßen hellsichtigen Traum erklärt werden könnte. Sie sagt beständig, daß das Geheimnis der Aussendung des Astralkörpers ein „gefährliches Werkzeug" in den Händen der „Unwissenden" sei usw., so daß sie sich nicht drängen läßt, zu erklären, wie sie die Astralwanderung zustandebringt! ... Dies ist gerade, was sie, wie ich glaube, falsch macht. Ich denke, daß, wenn jemand weiß, wie man den Astralkörper aussendet, er ganz genau berichten sollte, *wie* das geschieht, so daß andere Menschen Versuche anstellen und er selbst ausprobieren können. Ich würde nicht die Kühnheit haben, anderen zu sagen, daß etwas für sie zu gefährlich sei, um es zu versuchen, daß es aber für mich nicht zu gefährlich sei, denn ich glaube nicht, daß ich so viel klüger bin als sie ...

Ich schicke Ihnen heute den letzten Stapel Manuskriptblätter. Wäre es nicht ein guter Gedanke, die Leser zu bitten, von ihren Ergebnissen zu berichten? Vielleicht könnte auf diese Weise wertvolles Material gesammelt werden. Die Aufforderung dazu könnte irgendwo im Buch eingeschoben werden ...

Kapitel 1

DAS VORHANDENSEIN DES ASTRALKÖRPERS IST SCHON LANGE BEKANNT

„Es gibt einen natürlichen (physischen) und einen geistigen Körper." So sagt Paulus im ersten Korintherbrief. Auch die psychische Forschung hat schon lange zu der Überzeugung geführt, daß in jedem körperlichen Wesen ein nichtkörperlicher „Doppelgänger" vorhanden ist, ein geheimnisvolles Wesen, das mit größter Genauigkeit an jedem Punkt und an jeder Stelle mit dem körperlichen Mechanismus übereinstimmt.

Es gibt zahlreiche Aufzeichnungen vertrauenswürdiger Wissenschaftler zur Bestätigung der Behauptung, daß dieses nichtphysische Wesen — der „Astralkörper", wie er gewöhnlich genannt wird — imstande ist, sich von seinem physischen Gegenstück zu trennen und völlig außerhalb seiner physischen Hülle zu bestehen, unberührbar für die umgebenden Wesen.

Dieses rätselhafte Geschehen werde ich Abspaltung (Aussendung) des Astralkörpers oder Astralwanderung nennen; beide Ausdrücke bedeuten das gleiche. In okkulten Schriften haben schon viele Menschen von diesem seltsamen Phänomen der Abspaltung des Astralkörpers gesprochen, aber trotz all des Wissens, das wir bislang dazu angesammelt haben, können wir uns immer noch als im Kindergarten der Schule des Okkulten befindlich betrachten, denn der Austritt aus dem physischen Körper ist in der Tat der erste Schritt in das Reich, das der „Tod" genannt wird, in das früher oder später jeder von uns eingehen muß. Wenn du daher, lieber Leser, dich für dieses rätselhafte Phänomen interessierst, wenn du an einem Sarge gestanden und auf den kalten Leichnam geschaut, wenn du dich in stiller Scheu gefragt hast, warum dieses Wesen, das noch vor kurzer Zeit voller Leben war, im Besitze von Verstand, Bewegungs-, Denkkraft und Redefähigkeit, genau wie du selbst, jetzt nur ein lebloser Erdklumpen ist, wie du, woran du mit Schrecken denkst, selbst einmal sein wirst, dann interessierst du dich für die Aussendung des Astralkörpers, denn sie und der Tod sind nicht unähnlich.

Für die vielen Menschen, die niemals diesem Phänomen begegnet sind, und selbst für diejenigen, die sich in irgendeiner Weise damit vertraut gemacht haben, muß es notwendigerweise zu den „Theorien“ gezählt werden; aber für den bei Bewußtsein befindlichen Astralwanderer ist die Abspaltung des nichtstofflichen Gegenstückes des physischen Körpers eine bedeutungsvolle Wirklichkeit, so selbstverständlich wie die Tatsache, daß er bei Bewußtsein und am Leben ist.

Zuerst einmal sollte der Leser verstehen, daß der Verfasser mit dem Phänomen vertraut ist, da er Hunderte von Astralwanderungen während eines Zeitraumes von zwölf Jahren erlebt hat, sowohl angenehmer wie unangenehmer Art, während er völlig oder teilweise bei Bewußtsein gewesen ist. Der größte Teil des in diesem Buch enthaltenen Materials stammt aus seiner eigenen Erfahrung.

Nach so vielen Jahren als Astralwanderer und nachdem ich ebensolange Versuche mit der Aussendung des Astralkörpers gemacht habe, konnte ich unzählige Tatsachen verzeichnen und Schlüsse aus diesen Tatsachen ziehen, von denen einige, soweit ich feststellen kann, noch niemals zuvor von anderen Autoren auf dem Gebiet des Okkulten entdeckt oder verbreitet worden sind.

Da ich mir darüber im klaren bin, daß die Welt voller Zweifler ist, die „mit beiden Füßen auf der Erde stehen“, sich als „Realisten“ bezeichnen und für neue Erkenntnisse nicht empfänglich sind, voller „Beweis-es!-Menschen“, die nicht einsehen, daß der Weg zur „Wirklichkeit“ von geheimnisvollen Nebeln verdeckt ist und an beiden Enden in die unendlichen Weiten des Geheimnisvollen führt, möchte ich sagen, daß, wenn der Leser einer von diesen Menschen ist, wenn er Beweise wünscht, die mit Hilfe seines beschränkten Verstandes und seiner fünf Sinne gemessen und gewogen werden können, er sie in diesem Buch nicht finden wird.

Der Materialist wird natürlich schon die Möglichkeit der Astralwanderung als Unsinn verwerfen. Die „Vernunft“ ist sein Götzenbild, das Licht, das seine Überzeugungen leitet. Er schwärmt für das, was er „die göttliche Fackel der Vernunft“ nennt. Seine göttliche Fackel hat nur einen Nachteil: Sie wirft nicht viel Licht auf die Geheimnisse des Lebens!

Das Leben selbst geht über das Begriffsvermögen des menschlichen Geistes hinaus, von der Vernunftmäßigkeit des Lebens ganz zu schweigen. Welcher der fünf Sinne des Materialisten es ist, der ihn das Leben, die Schöpfung, die Gedanken und geistigen Vorgänge verstehen läßt, teilt er uns nicht mit, aber wir sollen ihm glauben. In der Tat soll alles ohne gründliche Beweisführung geglaubt werden. Aber wir können alles und jedes versuchen und bis zum Jüngsten Gericht erforschen, wir werden immer dem Unerklärlichen gegenüberstehen . . .

Andererseits: „Es gibt keinen Punkt in der okkulten Lehre, der besser belegt, länger vertreten oder gründlicher bewiesen worden ist“, sagt William Walter Atkinson, „als das Vorhandensein des Astralkörpers.“ Diese Lehre der alten Okkultisten wird durch die Versuche und Untersuchungen der psychischen Forscher der gegenwärtigen Zeit bestätigt.

Der Astralkörper, der zu jedem Menschen gehört, ist ein genaues Gegenstück des vollkommenen physischen Körpers des Menschen. Er besteht aus feinen ätherischen Stoffen und ist gewöhnlich im physischen Körper eingeschlossen. Gewöhnlich ist die Aussendung des Astralkörpers aus seinem physischen Gegenstück nur mit großen Schwierigkeiten möglich, aber im Falle von Träumen, großer seelischer Belastung und unter gewissen Bedingungen der okkulten Entwicklung kann der Astralkörper abgespalten und auf lange Reisen geschickt werden, wobei er sich mit einer Geschwindigkeit bewegt, die nur ein wenig unter derjenigen der Lichtwellen liegt.

Bei diesen Reisen oder Wanderungen ist er immer mit dem physischen Körper durch eine lange, durchsichtige Verbindungsschnur vereinigt. Wenn diese Schnur zerreißt, stirbt der

Mensch sofort, aber dies ist ein Geschehnis, von dem man bei den gewöhnlichen Astralwanderungen nie gehört hat.

Der Astralkörper besteht lange Zeit nach dem Tode des physischen Körpers, aber er zerfällt allmählich. Manchmal schwebt er in der Nähe des Ruheplatzes der Leiche umher und wird für den Geist des Verstorbenen gehalten, obwohl er in Wirklichkeit nur eine Schale oder feinere äußere Hülle der Seele ist.

Der Astralkörper eines Sterbenden wird oft einige Augenblicke vor dem physischen Tode zu Freunden oder Nahestehenden ausgesandt; dieses Phänomen erklärt sich durch den starken Wunsch des Sterbenden, zu sehen und gesehen zu werden. Der Astralkörper entfernt sich oft von seinem physischen Gegenstück in psychomantischen Erscheinungen, besucht weit entfernte Orte und nimmt wahr, was dort geschieht.

Er verläßt auch den Körper während der sogenannten psychomantischen Träume, unter dem Einfluß von Betäubungsmitteln oder in einigen der tieferen Phasen der Hypnose; er besucht dann fremde Orte und Gebiete und führt oft geistige Unterhaltungen mit anderen Menschen im Astralkörper oder mit entkörperten Wesen. Die verworrenen und verzerrten Erinnerungen an diese Träume kommen dadurch zustande, daß dem Gehirn keine vollkommenen Eindrücke vermittelt worden sind, und zwar aus Mangel an Übung, Entwicklung usw.; das Ergebnis gleicht einer verschwommenen oder verzerrten photographischen Platte.

Ich habe vorausgesetzt, daß der Leser sich bereits von der Tatsächlichkeit des Phänomens überzeugt hat oder daß er sich genügend für okkulte Dinge interessiert, um daran zu glauben. Ich werde den Spiritismus im allgemeinen nicht erörtern, soweit eine solche Erörterung nicht ein Beitrag zur Astralwanderung ist, denn es gibt über den Spiritismus mehr Bücher, als ich aufzählen kann, und zwar von befähigteren Autoren, als ich es selbst bin.

In diesem Buch befassen wir uns hauptsächlich mit gewissen sonderbaren Handlungen des Astralkörpers, die sich abspielen, während wir physisch am Leben sind; und obwohl dieser Astralkörper während des Todes und nach dem Tode vorhanden ist — wie ich schon erwähnt habe —, haben schon andere von seinem Weiterleben berichtet. Wir untersuchen daher das Verhalten des Astralkörpers in der Zeit vor der dauernden Trennung von dem physischen Körper.

Wir bezeichnen uns als physisch lebendig, aber in Wirklichkeit ist unser stofflicher Teil so tot wie ein Türnagel. Es ist die Kraft hinter dem physischen Mechanismus, die das wirklich Lebendige ist. Die Nerven selbst sind nicht lebendig — wenn sie es wären, hätten wir manchen lebendigen Körper begraben —; es ist die Nervenkraft, die belebt, und der Astralkörper ist der Kondensator der Nervenkraft, die wir jetzt in diesem Augenblick gebrauchen.

„Nun", wird man sagen, „dann ist der Astralkörper jetzt lebendig." Und das ist er auch! Es hat viele Kenner des Gebietes der Astralwanderung und auch viele andere Menschen gegeben, die der Meinung waren, daß der Astralkörper durch einen geistigen Vorgang gebildet werde; das ist aber nicht der Fall. Wenn es so wäre, woher würde dann das Opfer eines plötzlichen tödlichen Unfalles seinen Astralkörper nehmen? Wenn das der Fall wäre, hätte niemand nach dem Tode einen Astralkörper außer denjenigen, die das Glück hatten, von dem schöpferischen „geistigen Vorgang" gehört zu haben.

Ja, wir gebrauchen unseren Astralkörper sogar jetzt; seine Schwingungen sind vermindert, kann man sagen, um den Schwingungen zu entsprechen, die vom Stofflichen ausgehen. Es gibt Faktoren, welche die Schwingungen des Astralkörpers herabsetzen, und andere, die sie erhöhen. Die Kräfte, die angewandt werden können, um die Harmonie zu stören, sind die Kräfte, die den Astralkörper veranlassen, sich vom physischen Körper abzuspalten.

Der Astralkörper durchdringt den physischen Körper vollkommen. Da beide Körper „stofflich" sind, ist es einleuchtend, daß beide die gleiche Gestalt haben; und der Astralkörper ist in seiner Erscheinung ein genaues Ebenbild des physischen Körpers. Da er den sogenannten Tod überlebt, wird er von anderen Menschen gesehen, die im Augenblick des Todes zugegen sind, als genaues Ebenbild des physischen Körpers. Nach dem Tode bleibt der Astralkörper das genaue Ebenbild des physischen Körpers, aber früher oder später verändert er sich zu einem Geistkörper von viel feinerer stofflicher Zusammensetzung.

Die Schwingungsbreite, auf die unser irdisches Dasein beschränkt ist, erstreckt sich nicht über die ganze Schöpfung; dementsprechend sind wir uns der mannigfachen Wirklichkeit überall um uns herum nicht bewußt. Wenn der Astralkörper (dessen Augen wir in diesem Augenblick benutzen, wenn wir diese Zeilen lesen) seine Schwingungszahl erhöht — was möglich ist —, werden diese Augen mehr sehen als die vertraute Umgebung, und der Astralkörper wird den physischen Körper verlassen können. Die Tatsache, daß die Augen während der Astralwanderung irdische und astrale Wesen sehen, zeigt, daß die Schwingungszahl sich erhöht hat.

Dies mag den Menschen unsinnig erscheinen, die an die Vorstellung gewöhnt sind, daß das Bewußtsein ein Teil des physischen Organismus ist. In Wirklichkeit hat der stoffliche Körper überhaupt kein Bewußtsein, sondern klammert sich, bildlich gesprochen, an den Astralkörper, der das eigentliche Ich ist, durch welches das Bewußtsein wirken kann. Es ist ein Irrtum, zu glauben, der Astralkörper habe ein besonderes Bewußtsein. Das ist nicht der Fall. Dein normales Bewußtsein — alles, was es umschließt —, das bist du, das ist dein Ich, jetzt und in alle Ewigkeit, das auf seinen Wegen immer Neues lernt.

Es gibt jedoch das Unterbewußtsein, jene umfassende, unergründliche Superintelligenz, die fast allmächtig und in uns allen vorhanden ist, doch betrachten wir sie nicht als das eigentliche Ich wie unser Bewußtsein. Die meisten, die an den „Geist" glauben, haben irgendwie die Vorstellung, das Erwachen in der Astralwelt bedeute das Erwachen aller Kräfte des Unterbewußtseins, was nicht der Fall ist, denn das Unterbewußtsein steht fast im selben Verhältnis zu dem abgespaltenen Astralkörper wie zu dem (körperlich lebendigen) Menschen, bei dem der Astralkörper mit dem physischen Körper verschmolzen ist.

Wir wollen zum Beispiel einmal annehmen, daß der physische Körper in diesem Augenblick stürbe. Wir wären dann in der Astralwelt, noch unverändert, nicht als überkluges Wesen, sondern mit derselben persönlichen Denkungsart wie vorher, nicht mehr und nicht weniger. Und dies ist ein wichtiger Punkt, den wir im Sinn behalten müssen: Der physische Körper ist nur Stoff ohne Verstand und für den Astralkörper wie ein Mantel.

Es ist logisch, zu glauben, daß der Astralkörper — das Ich — bei der Geburt durch die allmächtige Intelligenz ins Leben gerufen worden ist. Diese Intelligenz besteht, bestand und wird immer bestehen, während das Bewußtsein sich im Zustand der Leere befand, bereit, Eindrücke aufzunehmen, zu lernen und zu wachsen. Es ist nicht wichtig, in welchem Stadium des Lebens wir sterben; unser Gesamtbewußtsein am Ende unseres irdischen Daseins ist alles, was wir nach dem körperlichen Tode besitzen.

Meine erste bewußte Astralwanderung

Wir halten uns vor Augen, daß der Astralkörper das wirkliche, das lebendige Ich und daß der physische Körper nur eine Art Hülle ist und wollen unsere Aufmerksamkeit nun auf das richten, was wirklich geschieht, wenn der Astralkörper vom physischen Körper abgespalten wird. Ich werde die allererste Astralwanderung beschreiben, die ich je erlebt habe. Wir müssen uns aber darüber klar sein, daß nicht alle Erfahrungen gleich sind und daß jemand, der die Regeln der Aussendung des Astralkörpers beachtet, die ich später zusammenfassen werde, und dem es dann gelingt, den Astralkörper abzuspalten, etwas erleben kann, was nicht in jeder Hinsicht mit dem übereinstimmt, was ich berichtet habe, und daß der Erfolg durch Übung ermöglicht wird.

Ich war damals ein Junge von zwölf Jahren, dachte wenig an die ernsteren Probleme des Lebens und kümmerte mich darum noch weniger. Obwohl andere Mitglieder meiner Familie zu einem gewissen Grade sich mit okkulten Dingen befaßt hatten, wußte ich selbst so gut wie nichts über das höhere Leben. Zwar hatte ich gehört, daß wir nach dem Tode weiterleben, so, wie wir jetzt davon hören, aber das war alles, was ich darüber wußte, und selbst das war nichts, worüber ich mir Gedanken machte.

Nach dem Lesen einiger spiritistischer Bücher entschloß sich meine Mutter (dazu veranlaßt durch Neugier und durch den Wunsch, festzustellen, ob es sich um Tatsachen oder um Erfindung handele), die „Lager“ der “Mississipi Spiritualists’ Association” in Clinton, Iowa, zu besuchen.

Wir begaben uns an jenem Abend frühzeitig zur Ruhe; zufällig wohnte ich in einem Haus, in dem ein halbes Dutzend weitbekannter Medien untergebracht war. Ich schlief gegen halb elf ein, und zwar auf die gleiche natürliche Weise, wie ich es tun gewohnt war, und schlief einige Stunden lang. Schließlich wurde mir bewußt, daß ich langsam aufwachte, doch schien ich nicht wieder in Schlaf zu fallen, noch weiter zu erwachen. In dieser verwirrenden Erstarrung spürte ich tief innerlich, daß ich mich irgendwo, irgendwie in einem kraftlosen, dumpfen und gefühllosen Zustand befand.

Ich war jedoch bei Bewußtsein und hatte dabei ein sehr unangenehmes Lebensgefühl. Ich wiederhole: Ich war mir bewußt, daß ich am Leben war, aber *wo*, konnte ich nicht verstehen. Mein Gedächtnis sagte es mir nicht. Die dumpfe Bestürzung, die man empfindet, wenn man zum erstenmal aus der durch ein Betäubungsmittel verursachten tiefen Bewußtlosigkeit erwacht, ist ähnlich. Ich glaubte aus dem natürlichen Schlaf zu erwachen, auf eine natürliche Weise, aber ich konnte mich nicht bewegen. Ich hatte nur einen beherrschenden Gedanken: Wo war ich? Wo war ich?

Langsam — es schien eine Ewigkeit, aber in Wirklichkeit war es nur eine ganz kurze Zeitspanne — wurde ich mir der Tatsache bewußt, daß ich irgendwo lag. Diese wenigen unklaren Gedanken verursachten weitere, und bald schien ich zu wissen, daß ich in einem Bett lag; ich war aber immer noch ganz verwirrt im Hinblick auf den genauen Ort, an dem ich mich befand. Ich versuchte, mich zu bewegen, um festzustellen, wo ich war, mußte aber erkennen, daß ich dazu außerstande war, als ob ich an meinem Ruhelager festgeklebt wäre. Festgeklebt, — das ist genau die Empfindung, die ich hatte.

Wenn man zu Beginn der Astralwanderung bei Bewußtsein

ist, hat man das Gefühl, man klebe fest, man stecke fest in einer Lage, in der man sich nicht bewegen kann.

Dabei ist es eine bemerkenswerte Tatsache, daß man vielleicht bei Bewußtsein, aber außerstande ist, sich zu bewegen. Diesen Zustand nenne ich „astrale Starre", da noch kein anderes Wort gebildet worden ist, um ihn zu bezeichnen. Die astrale Starre werde ich später eingehend erörtern. Ich will mich jetzt damit begnügen, zu sagen, daß die astrale Starre sowohl bei wie ohne Tätigkeit der Sinne eintreten kann und mit oder ohne Bewußtsein, denn sie ist die unmittelbare Auswirkung der Lenkung durch das Unterbewußtsein.

Schließlich ließ das Gefühl des Festgeklebtseins nach, wurde aber durch ein anderes ebenfalls unangenehmes Gefühl ersetzt, — durch das des Schwebens. Gleichzeitig begann mein ganzer erstarrter Körper — ich dachte, es sei mein physischer Körper; es war aber mein Astralkörper — mit großer Geschwindigkeit in Schwingung zu geraten, und zwar bewegte er sich auf und ab, und ich fühlte einen starken Druck im Nacken, in der Gegend des verlängerten Marks. Dieser Druck war sehr stark, wiederholte sich in regelmäßigen Abständen und schien meinen ganzen Körper zum Schwingen zu bringen.

All dies erschien mir wie ein seltsamer Alptraum in völliger Dunkelheit, denn natürlich wußte ich nicht, was vor sich ging. In all diesem Durcheinander von seltsamen Empfindungen — des Schwebens, Schwankens, Zerrens am Kopf — begann ich Geräusche zu hören, die mir ein wenig bekannt und weit entfernt zu sein schienen. Das Gehör begann wieder, Laute wahrzunehmen. Ich versuchte, mich zu bewegen, konnte es aber immer noch nicht, als ob ich unter dem Einfluß einer übermächtigen und leitenden Kraft wäre.

Kaum konnte ich wieder hören, als ich auch plötzlich sehen konnte. Und ich war sehr erstaunt! Mit Worten kann ich mein Erstaunen unmöglich wiedergeben. Ich schwebte! Ich schwebte in der Luft, in steifer waagerechter Lage, ein paar Fuß über dem Bett. Ich begriff jetzt, in welchem Zimmer, an welchem genauen Ort ich mich befand. Die Gegenstände erschienen zuerst nebelhaft, wurden dann aber deutlicher. Ich wußte genau, wo ich war, konnte mir aber das seltsame Verhalten meines

Körpers nicht erklären. Langsam schwebte ich aufwärts der Decke entgegen, wobei ich hin und her schwankte, während der ganzen Zeit in waagerechter Lage und unfähig, mich zu rühren.

Ich glaubte natürlich, dies sei mein physischer Körper, wie ich ihn immer gekannt hatte, daß er auf geheimnisvolle Weise begonnen habe, die Gesetze der Schwerkraft zu überwinden. Der Vorgang war für mich zu unnatürlich, um ihn zu verstehen, aber zu wirklich, um ihn zu leugnen, denn da ich bei Bewußtsein war, da ich sehen konnte, durfte ich nicht daran zweifeln, bei gesundem Verstand zu sein. Unwillkürlich wurde ich etwa sechs Fuß über dem Bett, als ob meine Bewegung von einer unsichtbaren, die Luft erfüllenden Kraft gelenkt würde, aus der waagerechten in die senkrechte Lage aufgerichtet und auf den Fußboden des Zimmers gestellt. Da stand ich, wie mir schien, etwa zwei Minuten lang immer noch außerstande, mich aus eigener Kraft zu bewegen, und starrte nach vorn. Ich befand mich immer noch in astraler Starre.

Dann ließ die lenkende Kraft nach. Ich fühlte mich frei, wobei ich nur noch den Druck im Nacken spürte. Ich machte einen Schritt; der Druck verstärkte sich jedoch für einen Augenblick und warf meinen Körper im spitzen Winkel nach der Seite. Es gelang mir, mich umzudrehen. Da war ich doppelt! Ich fing an, zu glauben, daß ich geisteskrank sei. Da war ein zweites Ich, das ruhig auf dem Bett lag. Es war für mich schwer, mich zu überzeugen, daß dies Wirklichkeit war, aber mein klares Bewußtsein ließ es nicht zu, daß ich das, was ich sah, bezweifeln konnte.

Meine beiden gleichartigen Körper waren durch ein dehnbares Kabel verbunden, dessen eines Ende in der Gegend des verlängerten Marks am Astralkörper befestigt war, während das andere zwischen den Augen des physischen Körpers begann. Dieses Kabel erstreckte sich über eine Entfernung von etwa sechs Fuß zwischen den beiden Körpern. Während der ganzen Zeit fiel es mir schwer, das Gleichgewicht zu bewahren; ich schwankte erst nach der einen und dann nach der anderen Seite.

Da ich die wahre Natur meines Zustandes nicht verstand, war mein erster Gedanke, als ich dieses Schauspiel sah, daß ich während des Schlafes gestorben sei. Ich wußte damals noch nicht, daß der Tod nur eintritt, wenn das dehnbare Kabel abgetrennt wird. Ich machte mich auf den Weg zu dem Raum, in dem meine Angehörigen schliefen, wobei ich gegen den magnetischen Zug des Kabels ankämpfen mußte; ich hoffte, ich könne sie wecken, um ihnen zu sagen, in welcher schwierigen Lage ich mich befand. Ich versuchte, die Tür zu öffnen, bemerkte aber, daß ich durch sie hindurchging. Das war ein weiteres Wunder für meinen bereits verwunderten Geist!

Ich ging von einem Zimmer in das andere und versuchte verzweifelt, die schlafenden Hausbewohner zu wecken. Ich packte sie, rief sie, versuchte sie zu schütteln, aber meine Hände gingen durch sie hindurch, als ob sie gasförmig wären. Ich begann zu rufen, aber sie bemerkten meine Gegenwart nicht. Alle meine Sinne schienen normal, außer dem Tastsinn. Ich konnte die Dinge nicht „berühren" wie bisher. Ein Kraftwagen fuhr am Haus vorbei; ich konnte ihn genau sehen und hören. Nach einer Weile schlug die Uhr zwei, und als ich hinblickte, sah ich, daß sie diese Stunde anzeigte.

Ich begann, das Haus zu durchwandern, voller Angst, der Morgen könne anbrechen und die Schläfer könnten aufwachen und mich sehen. Soweit ich mich erinnere, hatte ich die verschiedenen Zimmer etwa fünfzehn Minuten lang durchstreift, als ich ein deutliches Anwachsen des Kabelwiderstandes bemerkte. Es zog mich immer stärker. Unter seinem Einfluß begann ich wieder hin und her zu schwanken und erkannte plötzlich, daß ich zu meinem physischen Körper zurückgezogen wurde. Wieder fand ich mich außerstande, mich zu bewegen. Wieder war ich in der Gewalt einer unsichtbaren, ungeheuren, lenkenden Kraft. Ich war erstarrt und nahm wieder die waagerechte Lage unmittelbar über meinem Bett ein.

Es war die Umkehrung des Vorgangs, den ich erlebt hatte, als ich vom Bett aufschwebte. Langsam senkte sich der Astralkörper, wobei er wieder zu schwanken begann, dann fiel er plötzlich hinunter und vereinigte sich wieder mit dem physischen Gegenstück. Im Augenblick der Vereinigung zuckte jeder

Muskel des physischen Körpers, und ein durchdringender Schmerz, als ob ich von Kopf bis Fuß gespalten würde, durchdrang mich. Ich war physisch wieder am Leben, voll scheuer Verwunderung, ebenso erstaunt wie furchtsam, und während des ganzen Geschehens hatte ich das Bewußtsein behalten.

Seit dem eben erzählten Vorfall habe ich Hunderte von bewußten Astralwanderungen erlebt, mit zahlreichen Abweichungen von den berichteten Empfindungen, aber mit demselben Ablauf der körperlichen Bewegung wie bei den beschriebenen Beispielen. Obwohl durch Wiederholung immer größere Vervollkommnung erlangt wird, war dies wahrscheinlich eine der seltsamsten erstmaligen Astralwanderungen, von denen jemals berichtet worden ist, soweit sie bei Bewußtsein erlebt worden sind; sie übertraf an Klarheit des Bewußtseins viele der besten Astralwanderungen erfahrener Medien.

Obwohl es meine persönliche Meinung ist, daß ich von Natur aus eine verborgene Kraft besitze, mein inneres Selbst von meinem Körper abzutrennen, führe ich die Außergewöhnlichkeit der ersten Astralwanderung auf die Tatsache zurück, daß mehrere bekannte Medien in Zimmern schliefen, die an das meine angrenzten. Es ist Tatsache, was die meisten okkulten Forscher glauben, daß eine Kraftlinie zwischen verschiedenen Personen zum Nutzen einer anderen Person gebildet werden kann. Ich werde auf diesen Punkt später zurückkommen, soweit er dieses Erlebnis berührt.

Ich habe absichtlich viele Einzelheiten ausgelassen, als ich die erste bewußte Astralwanderung beschrieben habe; sie wird noch im einzelnen gründlich untersucht werden, wenn wir das Gebiet genau kennengelernt haben. Eine lange Geschichte für sich könnte vom Leben auf der Astralebene, von der Beziehung zur irdischen Ebene, von Begegnungen mit Astralwesen usw. erzählt werden, doch keinerlei Bericht mit Tinte und Feder wäre imstande, das Erlebnis vollständig und treffend wiederzugeben! Ich will daher davon absehen, mich jetzt eingehender damit zu befassen; es ist meine Absicht, eine genauere Darstellung der Astralwanderung und der Art zu geben, wie sie vor sich geht.

So ziemlich der erste Angriff, den der Zweifler oder auch der Erforscher des Okkulten gegen den Astralwanderer zu richten pflegt, besteht in der Behauptung, daß er (der Astralwanderer) seinen physischen Körper überhaupt nicht verlassen habe und daß die Geschehnisse, die sich nach Ansicht des Astralwanderers zugetragen haben, nur Träume waren, die sich unauslöschlich im Gedächtnis eingegraben haben. Es gibt nur eine Antwort auf diese lächerliche Behauptung: Wenn jemand nicht weiß, wann er bei Bewußtsein ist, dann sollte er wirklich auf seinen Geisteszustand hin untersucht werden!

Der Zweifler wird sagen: „Nun, es ist möglich, daß Sie das alles nur geträumt haben. In Ihrem Traum konnten Sie nicht wissen, daß Sie nicht *vollständig* bei Bewußtsein waren.“ Dies ist eine verkehrte Beweisführung. In einem Traum weiß jemand vielleicht nicht, daß er nicht bei Bewußtsein ist; aber wenn er bei Bewußtsein ist, weiß er ganz genau, daß er nicht träumt! Warum? Einfach, weil wir ein genaues Gefühl für die Gegenwart und die Vergangenheit haben, wenn wir bei Bewußtsein sind. Man denke daher nicht, daß die bewußt empfundene Astralwanderung nur eine Traumerinnerung ist!

Jetzt wollen wir unsere Untersuchungen fortsetzen. Aus dem bislang Gesagten haben wir eine ziemlich klare Vorstellung von einer Astralwanderung gewonnen, an der das Bewußtsein von Anfang bis Ende teilgenommen hat. Dies ist jedoch nicht immer der Fall; vielleicht ist dies die Ausnahme und nicht das gewöhnliche Geschehen. Das Bewußtsein kann in der Tat zu jeder Zeit, an jedem Ort, in jeder Phase des Vorgangs auftreten. Gelegentlich kann die bewußte Empfindung durch Bewußtlosigkeit unterbrochen werden oder auch überhaupt nicht eintreten.

In der Regel — wenn der Astralwanderer überhaupt bei Bewußtsein ist — hat er die erste bewußte Empfindung, nachdem der Astralkörper bereits abgespalten ist und umherwandert; dieser Tatsache wird der Astralwanderer sich jedoch erst nach dem Erwachen bewußt. Übrigens ist dies nicht nur der häufigste Zeitpunkt für das Auftreten des Bewußtseins, sondern auch der beste Zeitpunkt und der günstigste Ort, denn so werden die einleitenden und unangenehmen Stufen des Vorgangs — von denen ich im vorigen Abschnitt berichtet habe — aus dem Bewußtsein des Astralwanderers ausgelöscht.

Diese Vorstufen — die vom Unterbewußtsein überwachte Starre, die Zickzackbewegung und das Schweben — sind als bewußtes Erlebnis nicht angenehm (obwohl man sich schnell daran gewöhnt). Trotzdem werden diese Vorstufen immer durchgemacht (vorausgesetzt natürlich, daß der Astralkörper ausgesandt wird, während der physische Körper sich bewußtlos in waagerechter Lage befindet), wenn der Astralwanderer ohne Bewußtsein ist.

Kapitel 2

DER ASTRALKÖRPER IM ZUSTAND DER STARRE

Die Erstarrung des Astralkörpers ist bereits erwähnt worden, und da dieser Zustand die Ursache vieler anderer Erscheinungen ist, die anderen Quellen zugeschrieben werden, wird es gut sein, ihn besser zu verstehen. Wir haben alle schon einmal von „Erstarrung" gehört. Webster beschreibt sie als „ein plötzliches Aufhören der Empfindungs- und Entschlußfähigkeit bei Bewegungslosigkeit der Muskeln". Das ist richtig für den Fall, daß der Astralkörper mit dem physischen Körper fest verbunden ist; astrale Starre ist jedoch unterbewußte Lenkung des Astralkörpers und kann getrennt vom physischen Organismus auftreten, wie durch das schon angeführte Erlebnis gezeigt worden ist. Während der Erstarrung ist der Astralkörper unbeweglich, unveränderlich in der Form, „steif", möchte man sagen, nicht unähnlich einem im Starrkrampf befindlichen physischen Körper.

Wenn jemand sich im physischen Starrkrampf befindet, so ist er in diesem Zustand, weil sein Astralkörper erstarrt ist. Die meisten von uns haben Hypnosevorführungen gesehen, bei denen jemand im Starrkrampf waagerecht mit Nacken und Kopf aufliegt, während ihm schwere Steine auf den Körper gelegt und mit einem Schmiedehammer zerschlagen werden. Es ist die Erstarrung des Astralkörpers, die den Starrkrampf des physischen Körpers verursacht.

Wenn der Astralkörper einmal abgespalten und kraftlos sich in der Erstarrung befindet, kann das Unterbewußtsein ihn lenken, wie es will. Dies ist ein Beispiel für die Weisheit der übergeordneten Intelligenz. Wir alle wissen, wie schwer es ist, einen schlafenden Körper in aufrechte Lage zu heben, und wie leicht es ist, wenn der Körper widerstandslos und steif ist. Das Unterbewußtsein, so scheint es, wendet diese Regel an. Obwohl der Astralkörper erstarrt ist, kann das Bewußtsein völlig oder teilweise tätig sein; gewöhnlich aber ist es untätig, solange die Erstarrung anhält.

Die Erstarrung des Astralkörpers dauert vom Beginn der Aussendung bis zu dem Augenblick an, in dem der Astralkörper eine senkrechte oder stehende Haltung eingenommen hat. Es ist nicht ungewöhnlich, daß der Astralkörper einige Zeit in dieser Haltung verharrt, bis sich die Starre löst. Einige Astralwanderer gelangen nur bis zu diesem Punkt, ohne sich jemals ganz lösen zu können, und kehren dann in den physischen Körper zurück, wobei sie sich immer im Zustand der Erstarrung befinden.

Wenn dies der Fall ist, schwankt der Astralkörper stets hin und her, von einer Seite auf die andere, vorwärts und rückwärts. Das ist in Wirklichkeit eine unvollständige Astralwanderung. Eine vollständige Astralwanderung kann nicht als eine solche angesehen werden, wenn der Astralkörper sich nicht aus der Erstarrung löst. Bei der Rückkehr in den physischen Körper nach einer vollkommenen Astralwanderung tritt die Erstarrung in dem Augenblick ein, in dem der Astralkörper sich anschickt, aus der senkrechten in die waagerechte Lage überzugehen.

Arten der Astralwanderung

Es gibt drei Arten der Astralwanderung, die als bewußt, teilweise bewußt und unbewußt bezeichnet werden können. Bei der letztgenannten Form, der unbewußten Aussendung des Astralkörpers, gibt es zwei deutlich erkennbare Abarten, erstens die bewegungslose, zweitens die schlafwandlerische Abspaltung des Astralkörpers. Bewegungslose, unbewußte Aussendung des Astralkörpers ist einfach unbewußte Erstarrung des Astralkörpers in senkrechter oder stehender Haltung. Es geschieht häufig, daß der Astralkörper auf diese Weise eine stehende Haltung einnimmt, — wie ich es in den vorhergehenden Abschnitten gezeigt habe.

Ebenso wie es bei der unbewußten Aussendung des Astralkörpers zwei Abarten gibt: die bewegungslose und die schlafwandlerische, so gibt es auch eine bewegungslose und eine schlafwandlerische Abart bei der bewußten Astralwanderung. Der einzige Unterschied zwischen den unbewußten bewegungslosen und schlafwandlerischen Abarten und den bewußten bewegungslosen und schlafwandlerischen Abarten ist der, daß der Astralwanderer im letzteren Falle bei Bewußtsein ist. Offenbar geht die bewegungslose Art der schlafwandlerischen Art immer voraus und kann sich zu dieser entwickeln.

Astraler Schlafwandel

Ebenso, wie es einen Somnambulismus (gewöhnlich Schlafwandel genannt) des physischen Körpers gibt, so gibt es auch Menschen, die während des Schlafes im Astralkörper umherwandern. Dies nenne ich „astralen Schlafwandel". Er ist ein Zustand der unbewußten Astralwanderung, der höher entwickelt ist als der Zustand der bewegungslosen Aussendung des Astralkörpers. Es ist der Zustand, in dem der Astralkörper sich aus der Erstarrung löst, aber ohne Bewußtsein bleibt, und ist viel häufiger, als allgemein angenommen wird.

Während des Schlafes wandern viele Medien in ihrem Astralkörper umher, erlangen dabei aber niemals das Bewußtsein; dementsprechend werden sie sich über diese Tatsache niemals klar. Ich habe schon früher erklärt, daß das Bewußtsein, wenn es auftritt, in den meisten Fällen zurückkehrt, während der Astralwanderer entweder im Zustand der Erstarrung ist oder im Astralkörper schlafwandelt. Es ist für mich ein ganz gewöhnliches Erlebnis gewesen, das Bewußtsein zu erlangen, während ich im Astralkörper schlafwandelte. Im astralen Schlafwandel, ebenso wie im physischen Schlafwandel, überwacht das Unterbewußtsein den umherwandernden Astralkörper.

Bewußte Unterbrechungen des Schlafwandels

Während des astralen Schlafwandels kann das schlafende Bewußtsein gelegentlich für eine winzig kleine Zeitspanne erwachen oder für eine längere oder kürzere Zeit teilweise erwachen. Wenn das Bewußtsein blitzartig erwacht, nimmt es verworrene oder zufällige Bilder, Klänge usw. wahr, und am nächsten Tage erinnert sich der Astralwanderer vielleicht an ein Durcheinander von unklaren Bildern.

Es gibt zahllose verschiedene Abarten des unterbrochenen Schlafwandels. Eine vollständige oder unvollständige Tätigkeit der Sinne, zusammen mit unzähligen Abstufungen des Bewußtseins, wird natürlich einen Eindruck im Gedächtnis hinterlassen, der genau den mannigfachen Erlebnissen entspricht. Es ist offensichtlich, daß diese Erinnerungen um so mehr der Wirklichkeit entsprechen, je mehr die Sinne normal gearbeitet haben und je mehr der Bewußtseinszustand normal gewesen ist.

Vielleicht haben wir einen uns ganz unbekannten Ort besucht, und wenn wir ihn später sehen, haben wir schwache und verworrene Erinnerungen daran, daß wir an diesem Ort schon einmal gewesen sind. Aber wir wissen, daß wir in Wirklichkeit noch nicht dort gewesen sind. Es ist möglich, daß wir uns im Zustand der unterbrochenen Astralwanderung befunden haben. Das lenkende Unterbewußtsein schickt den Astralkörper manchmal an Orte, die wir später im physischen Körper aufsuchen. Weit häufiger jedoch ist es hellsichtige Erkenntnis und nicht Astralwanderung, wodurch diese Erinnerungen zustandekommen.

Bewußt empfundene Unterbrechungen der Astralwanderung beschränken sich keineswegs auf den Zustand des Schlafes, denn sie können auch stattfinden, während sich unser Astralkörper im bewegungslosen Zustand befindet. Es ist leicht einzusehen, daß der Astralkörper, wenn er schlafwandelt und dabei für kurze Augenblicke bei Bewußtsein ist, durch eine wechselnde Umgebung streift, wodurch die Eindrücke im Gedächtnis unklar werden. Wenn sich der Astralkörper im unbeweglichen Zustand befindet, werden die Erinnerungen klarer sein und ins einzelne gehen. Nicht alles, was wir Träume nennen, wird durch bewußt empfundene Unterbrechungen der Astralwanderung verursacht, wenn auch einiges davon. Ich werde später die Beziehung der Astralwanderung zum Traum erklären.

Astralwanderung zu entfernten Örtlichkeiten

Eine andere besondere Form der Astralwanderung, über die viel gesprochen und geschrieben wird, ist die Wanderung zu entfernten Örtlichkeiten. Der Astralkörper trennt sich von seinem physischen Gegenstück und begibt sich während des Zustandes der Bewußtlosigkeit an einen entfernten Platz; manchmal erlangt er dort für kurze Zeit das Bewußtsein. Gewöhnlich weist der Astralwanderer im Wachzustand sein Unterbewußtsein an, ihn zu einem entfernten Ort zu schicken, zu dem er zu gehen wünscht, so daß er die Geschehnisse und Ereignisse beobachten kann, die sich da abspielen. Er fällt in tiefe Bewußtlosigkeit. Wenn er erwacht, weiß er, daß er an dem gewünschten Ort gewesen ist, kann sich aber selten daran erinnern, wie er den Weg dahin zurückgelegt hat.

In einem solchen Falle erinnert man sich nicht an die wirkliche Entfernung, die man zurückgelegt hat, weil die Luftreise offenbar mit Lichtgeschwindigkeit vor sich gegangen und weil man dabei niemals bei Bewußtsein gewesen ist. Offensichtlich wird die tatsächliche Entfernung und die wechselnde Landschaft nicht im Gedächtnis des Astralwanderers verzeichnet. Es gibt Berichte von astralen Fernwanderern und von anderen, medial begabten Menschen, die im Astralkröper gesehen worden sind, weit entfernt von ihrem physischen Körper.

Kein geringerer Gewährsmann als William T. Stead hat uns von einer Dame seines persönlichen Bekanntenkreises berichtet, die in besonderem Maße die Gabe besaß, eine astrale Fernwanderung zu unternehmen und sich am Ziel zu verkörpern. Sie wurde zu einer Quelle großer Besorgnis und Qual für ihre Freunde, denn sie pflegte ihnen unerwartete Besuche abzustatten, sich zu verkörpern und sie zu erschrecken. Natürlich vermuteten sie, daß sie gestorben und daß die Erscheinung ihr „Geist“ sei. Diese Vorkommnisse wurden jedoch so häufig, daß sich ihre Freunde schließlich daran gewöhnten und sie mit großer Anteilnahme und Verwunderung beobachteten.

Viele sogenannte astrale Fernwanderungen sind wahrscheinlich in Wirklichkeit überhaupt keine Astralwanderungen, sondern das Ergebnis der Arbeit des Unterbewußtseins, da das Unterbewußtsein allein einen entfernten Schauplatz „sehen“ kann, nicht unähnlich der Art, wie der bei Bewußtsein befindliche Astralkörper ihn sehen würde, wenn er an dem Ort wäre. Über das „Sehen“ eines entfernten Ortes schreibt ein erfahrener Autor:

„Das auf diese Weise wahrgenommene Bild eines entfernten Ortes ist in mancher Hinsicht dem Bild ähnlich, das man bei Benutzung eines Fernrohres sieht. Menschliche Gestalten erscheinen gewöhnlich sehr klein wie solche auf einer entfernten Bühne, aber trotz ihrer Kleinheit sind sie klar zu sehen, als wenn sie in der Nähe wären. Manchmal ist es auf diese Weise möglich, zu hören, was gesagt wird und zu sehen, was geschieht, aber da dies in der Mehrzahl der Fälle nicht so ist, müssen wir es eher als Ausdruck einer besonderen Fähigkeit denn als selbstverständliche Beobachtung durch den Gesichtssinn ansehen.

Wir haben festgestellt, daß in Fällen dieser Art der hellsichtige Mensch seinen physischen Körper in Wirklichkeit gar nicht verläßt; er stellt nur für sich und zu seiner Verwendung eine Art psychisches Fernrohr her. Infolgedessen kann er seinen physischen Körper gebrauchen, während er den entfernten Schauplatz beobachtet; z. B. beschreibt seine Stimme gewöhnlich, was er „sieht“, und zwar sogar schon dann, wenn er seine Beobachtungen noch macht.“

Die drei Fortbewegungsgeschwindigkeiten des Astralkörpers

Es gibt drei verschiedene Geschwindigkeiten, mit denen sich der Astralkörper bewegt: erstens die natürliche oder normale Geschwindigkeit, mit der sich der Astralwanderer bewegt, wenn er bei Bewußtsein und imstande ist, in seiner unmittelbaren Umgebung umherzuwandern oder während er im Zustand des astralen Schlafwandels ist. Er *geht* nur.

Zweitens die mittlere Geschwindigkeit, mit der sich der Astralwanderer ohne Anstrengung bewegt, schneller als mit der normalen Geschwindigkeit, aber nicht schnell genug, um die Fähigkeit der Wahrnehmung zu verlieren. Wenn dies geschieht, scheinen wir uns selbst nicht zu bewegen, sondern alles scheint auf uns zuzukommen, durch uns und an uns vorbei, ebenso wie die Felder und Zäune rückwärts an uns vorbei zu eilen scheinen, wenn wir in einem Schnellzug fahren.

Der abgespaltene Astralkörper scheint nicht durch eine Tür zu gehen; die Tür scheint durch ihn zu gehen. Lichtstreifen (Funkenschwärme) werden von dem Astralkörper abgeschleudert und erstrecken sich etwa zwei Fuß rückwärts, wenn der Astralkörper sich mit mittlerer Geschwindigkeit bewegt.

Diese Funkenschwärme erscheinen phosphoreszierend (wie die Farben des Astralkörpers) und bilden eine Art Schweif in derselben Art wie bei einer Sternschnuppe. Die mittlere Geschwindigkeit versetzt den Astralwanderer in den Stand, schnell beträchtliche Entfernungen zurückzulegen, ohne dabei das Bewußtsein zu verlieren.

Drittens die übernormale Geschwindigkeit, eine Geschwindigkeit, die unser Fassungsvermögen übersteigt. Mit dieser Geschwindigkeit bewegt sich der Astralwanderer immer, wenn er nicht bei Bewußtsein ist und ist üblich, wenn sich der ausgesandte Astralkörper über große Entfernungen hin und zurück bewegt.

Es wäre völlig unmöglich, mit solcher Geschwindigkeit eine weite Strecke zurückzulegen und dabei sich über die Entfernung klarzuwerden, denn das Bewußtsein ist in seinem Denken zu langsam, und bevor es einen einzigen Gedanken entwickeln könnte, wäre das Ziel bereits erreicht.

Was ich gerade über die drei Geschwindigkeiten gesagt habe, mit denen sich der zeitweise abgetrennte Astralkörper bewegt, gilt auch für dauernd vom physischen Körper abgespaltene Astralkörper (d. h. für die Toten). Es ist von manchen behauptet worden, daß jede Luftreise des ausgesandten Astralkörpers mit übergroßer Geschwindigkeit erfolgt. Das ist nur richtig, wenn sich der Astralkörper zu einem sehr weit entfernten Ort begibt. Bei anderen Gelegenheiten kann die mittlere

Geschwindigkeit angewandt werden, und bei noch anderen Gelegenheiten verhält sich der freie Astralkörper in einer Weise, die auch zu seinem physischen Gegenstück passen würde, mit allen seinen Besonderheiten des Ganges, des Schwunges und der Haltung.

Krankhafter Zustand begünstigt die Abspaltung des Astralkörpers

Man darf nicht denken, daß Astralwanderungen nur während des natürlichen Schlafes möglich sind. Sie können fast in jedem beliebigen Bewußtseinszustand vorkommen, in dem sich der Astralwanderer befinden mag. In Krankheitsfällen, besonders bei Krankheiten, die zur Ruhe oder zu geringer Bewegung zwingen, ist eine Astralwanderung möglich und findet dann auch oft tatsächlich statt.

Es ist Tatsache, daß, je schwächer, schlaffer und entnervter der physische Körper wird, sich der Astralkörper um so leichter von ihm loslöst, denn in solchen Fällen wird den inneren Vorgängen, welche die Trennung zustande bringen, weniger körperlicher Widerstand geleistet. Zweifellos befinden sich viele Menschen im Augenblick des Todes mit ihrem Astralkörper bereits in aufrechter Haltung, bevor sie im physischen Körper den letzten Atemzug getan haben, — obwohl sie sich dieser Tatsache vielleicht nicht bewußt sind.

Ich bin fest überzeugt, daß körperliche Schwächen die meisten Arten der medialen Veranlagung fördern, denn je schwächer die körperliche Gesundheit eines Menschen ist, um so geringer sind die Widerstände des Körpers, die das Unterbewußtsein zu überwinden hat. Diese Auswirkung eines krankhaften Körperzustandes gilt auch für die Astralwanderung. Wenn ich dies behaupte, bin ich mir bewußt, daß ich damit den Ansichten vieler hervorragender Fachleute widerspreche.

Nach allgemeiner Ansicht ist völlige körperliche Gesundheit eine wesentliche Vorbedingung für die Hervorbringung des Phänomens der Astralwanderung, aber ich hoffe, diese Anschauung zu widerlegen, indem ich von eigenen Erfahrungen berichte und auf besondere Gründe für meine Überzeugung hinweise, daß das Gegenteil richtig ist. Wenn ich mit anderen nicht in dem übereinstimme, was die Aussendung des Astralkörpers verursacht, fördert und beeinflußt, so geschieht dies auf Grund meiner Erlebnisse beim Vorgang der Astralwanderung. Ich kann daher nur sagen, daß, wenn meine Zeitgenossen, die mir in diesem Punkte nicht zustimmen, mit ihrer Behauptung recht hätten, ich dann eine Ausnahme bin. Ich werde jedoch später auf die Frage des Einflusses einer krankhaften körperlichen Verfassung zurückkommen.

Die Aussendung des Astralkörpers kann durch Hypnose und Mesmerismus verursacht werden. Es ist eine bedeutsame Tatsache, daß Andrew Jackson Davis (das hellsichtige Medium von Poughkeepsie und eines der bedeutendsten in der Welt) Astralwanderungen schon im jugendlichen Alter durch den Mesmeristen William Livingston an sich selbst kennenlernte. Davis' erstes Erlebnis außerhalb des physischen Körpers war das einer spiralförmigen Bewegung durch die Luft.

Spontane Abspaltung des Astralkörpers

Ein heftiger Schlag, besonders auf den Kopf, oder ein starker Schreck, der eine Ohnmacht zur Folge hat, ist eine weitere häufige Ursache der plötzlichen Abspaltung des Astralkörpers. Wenn jemand einen einfachen Versuch zur spontanen Aussendung des Astralkörpers machen will, so erlaube er einem Freund (oder besser noch einem Feind), ihn mit einem Baseballschläger auf den Kopf zu schlagen, d. h. ihm damit einen sehr starken Schlag zu versetzen.

Dies ist so ziemlich das einfachste Verfahren, aber da man vielleicht nicht bei Bewußtsein ist, wenn man den physischen Körper verlassen hat, ist es wohl besser, einige Versuche anzustellen, auf die ich später zu sprechen kommen werde. Im Ernst gesprochen ist es jedoch richtig, daß ein heftiger Schlag oder eine starke Erschütterung eine augenblickliche und kurze Trennung der beiden Körper zur Folge haben können, — ob der Betreffende sich dessen bewußt wird oder nicht.

Eine kurze, bewußt erlebte Astralwanderung

Ein Nachbar, ein Mann von siebzig Jahren, dessen Wohnhaus sich in Sichtweite des Hauses befindet, in dem ich diesen Bericht schreibe, erzählte mir ein Erlebnis, das ein klares Beispiel für eine kurze und plötzliche, bewußt empfundene Trennung der beiden Körper ist.

Er hatte an einem Wintertage die Pferde vor den Schlitten gespannt und war hinausgefahren, um eine Ladung Brennholz zu holen. Auf dem Rückweg saß er auf dem beladenen Schlitten. Es schneite ein wenig. Ohne Warnung feuerte ein Jäger (der sich zufällig in der Nähe der Straße befand) sein Gewehr auf ein Kaninchen ab. Die Pferde fuhren in die Höhe, rissen dabei den Schlitten mit einem Ruck nach vorn und warfen den Lenker kopfüber auf den Boden.

Er sagte, als er mir seinen Unfall erzählte, daß er kaum auf dem Boden gelegen habe, als er schon bemerkte, daß er plötzlich aufrecht stand; dabei sah er sich selbst, ein zweites „Selbst" bewegungslos mit dem Gesicht im Schnee liegen. Er sah rings um sich die Schneeflocken fallen, sah den Atemdunst der Pferde und sah, wie der Jäger auf ihn zulief. All dies war eine genaue Wahrnehmung, aber er war völlig verwirrt, weil er sich doppelt sah, denn er glaubte dabei, daß alles, was er beobachtete, von einem zweiten physischen Körper ausging.

Als er näherkam, wurde das Bild verschwommen. Das nächste bewußt wahrgenommene Bild war, daß er sich auf dem Boden liegen sah, während der Jäger versuchte, ihn wiederzubeleben. Was er im Astralkörper gesehen hatte, war so wirklich, daß er nicht glauben konnte, daß es keine zwei physischen Körper gab, und er ging sogar so weit, daß er Spuren im Schnee suchte an der Stelle, wo er, wie er wußte, gestanden hatte.

Spontane Abschaltung des Astralkörpers ist nicht ungewöhnlich

Ein solches Vorkommnis zeigt nicht nur, wie unverändert der Mensch außerhalb des physischen Körpers ist, und zwar in allem außer dem Stofflichen in den Bestandteilen seines

Körpers, sondern es beweist auch, daß der psychische Körper ein Teil, das wahre Ich, des irdischen Lebens, daß er der Sitz des Bewußtseins ist und nicht von dem Willen des Menschen geschaffen wird. Viele Menschen haben mehr oder weniger ähnliche Erlebnisse gehabt, aber da sie nicht wußten, was vor sich ging, haben sie sich damit abgefunden als einer unerklärlichen und sonderbaren Laune ihres physischen Körpers.

Die Dauer einer solchen plötzlichen Abspaltung des Astralkörpers hängt von der Schwere der Erschütterung ab, die sie verursacht. Falls der Schlag oder Schock sehr heftig ist, so dauert die Bewußtlosigkeit länger als bei einem leichteren Schlag oder Schock. Es ist leicht zu verstehen, daß, je länger die Bewußtlosigkeit andauert, um so länger die Abspaltung des Astralkörpers anhält.

Eine kurze Bewußtlosigkeit kann nur eine kurze Abspaltung des Astralkörpers zur Folge haben, und häufig dauert die Trennung des Astralkörpers nur den Bruchteil einer Sekunde. In Wahrheit können Abspaltung und Wiedervereinigung des Astralkörpers mit einer solchen Geschwindigkeit vor sich gehen, daß wir uns gar nicht darüber klar werden, daß wir außerhalb des physischen Körpers gewesen sind; wir haben uns nur einen Augenblick lang benommen gefühlt und während dieses Augenblicks geglaubt, daß wir uns etwa einen Fuß von dem Platz weg bewegt haben, an dem wir uns vorher befanden.

Wahrscheinlich hat jeder zu irgendeiner Zeit seines Lebens einen Zusammenprall erlebt, der ihn Sterne sehen ließ, wie die Redensart lautet. Das Licht, das er gesehen hat, ist die Aura und ist einen Augenblick sichtbar, wenn die beiden Körper sich trennen. Dieses Licht kann längere Zeit und in größerer Ausdehnung gesehen werden, wenn die Abspaltung des Astralkörpers bei Bewußtsein erfolgt, d. h. zu Beginn einer längeren Astralwanderung.

Der Astralkörper ist so sehr unser wirkliches Ich, daß wir nicht begreifen, wie wir damit verbunden sind; wir scheinen nicht zu verstehen, daß wir ihn jetzt in diesem Augenblick benutzen. Dieser Astralkörper ist unser wirkliches Leben, und wenn er sich für immer vom physischen Körper trennt, so hat dieser physische Körper keine weitere Bedeutung mehr. Ich wollte, ich könnte den Leser überzeugen, daß der Astralkörper keine neue Wesenheit ist, die er in Zukunft einmal darstellen wird; er ist das Ich der Gegenwart, unser Bewußtsein, unsere Lebenskraft.

Ohne den Astralkörper wäre unser physischer Körper nur eine Masse gefühllosen Stoffes, unbeweglich in der Gewalt der Schwerkraft. Der Astralkörper folgt den Gewohnheiten, die er während seines Zusammenseins oder seiner Verbindung mit dem physischen Körper angenommen hat und die den Gesetzen entsprechen, die für den physischen Körper gelten.

Wenn etwas Unnatürliches oder Ungewöhnliches geschieht, das die Harmonie des physischen Körpers erschüttert (ein Schock, ein Stoß, die Unterbrechung einer Gewohnheit, ein starker unbefriedigter Wunsch, eine Krankheit), überhaupt alles, was einen Mangel an körperlichem Zusammenhalt zur Folge hat, so ist das auch immer für den Astralkörper unharmonisch.

Ein Zusammenprall kann die Abspaltung des Astralkörpers zur Folge haben

Eine Erschütterung bis zum Grade einer Verletzung ist nicht die einzige Ursache, durch die eine plötzliche Abspaltung des Astralkörpers bewirkt wird, denn schon ein unerwarteter Stoß oder eine andere Störung im physischen Organismus wird oft den Astralkörper vom physischen Körper abtrennen.

Es gibt viele Menschen, die darüber erstaunt sind, daß sich der Astralkörper vom physischen Körper trennen kann, aber ich möchte sagen, daß fast jeder schon dieses Erlebnis in einer milden Form gehabt hat, ob er es weiß oder nicht. Und die langdauernde Form der Astralwanderung ist nur die Fortsetzung der kürzeren Form der Astralwanderung.

Im folgenden zeige ich zwei Grundsätze für diese einfache Art der Astralwanderung:

1. Eine plötzliche Kraft, die unerwartet auf den Körper wirkt, während er sich in einer bestimmten Richtung bewegt, wird nicht auch sofort die Bewegung des Astralkörpers un-

terbrechen, sondern dieser wird sich noch einen Augenblick in der alten Richtung weiterbewegen und sich damit für den Bruchteil einer Sekunde vom physischen Körper trennen.

2. Wenn ein Gegenstand in einer bestimmten Richtung bewegt wird und dabei plötzlich und unerwartet mit einem regungslosen menschlichen Körper zusammentrifft, so wird sich der physische Körper in der Bewegungsrichtung ein wenig von dem Astralkörper trennen. (Dieser vereinigt sich einen Augenblick später wieder mit dem physischen Körper.)

Wir dürfen nicht vergessen, daß dies nur eine sehr kurze Abspaltung in geringer Entfernung ist und sich mit Blitzgeschwindigkeit vollzieht, fast zu schnell für uns, um dabei bewußtlos zu werden, obwohl wir eine kurze Benommenheit spüren.

Außerdem haben wir dabei vielleicht das Gefühl, als ob wir im Begriff wären, uns in die Luft zu erheben oder haben in der Magengrube ein Gefühl, als wenn die Atmung stockte. Auf jeden Fall muß der Zusammenprall unerwartet, plötzlich und kräftig genug sein, um die normale Kraftwirkung der sich bewegenden Masse zu unterbrechen.

Wenn ein Kraftwagen plötzlich stoppt und dabei seine Insassen kräftig und unerwartet nach vorn schleudert, so ist es die kurze Disharmonie der beiden Körper (des astralen und des physischen Körpers), die in uns das Gefühl hervorruft, als stockte uns der Atem. Dies mag zu einfach erscheinen, um wahr zu sein; wenn es so ist, so geschieht es, weil unser astrales Ich so sehr ein Teil von uns ist, daß wir diese Tatsache nicht begreifen; wir kennen uns nicht.

Eine durch einen falschen Schritt verursachte Abspaltung des Astralkörpers

Hier ist ein Beispiel dafür, wie ein unerwarteter Schock den Astralkörper vom physischen Körper trennt. Vor einigen Jahren kam ich abends die Treppe meines Wohnhauses herunter. Ich hatte geschlafen und war noch ganz schläfrig. Die Treppe hatte fünfzehn Stufen, und ich war sie Hunderte von Malen hinauf- und hinabgegangen, da ich in dem Haus mein ganzes

Leben verbracht hatte. Warum ich es tat, weiß ich nicht, aber als ich die unterste Stufe erreichte, versuchte ich, noch eine weitere Stufe hinunterzugehen (viele von uns haben das getan), und das heftige Auftreten mit dem Fuß erschreckte mich sehr.

Ein beklemmendes Gefühl schoß mir durch die Magengrube, und sogar noch bevor mein physischer Körper auf den Boden stürzte, fand ich mich im Astralkörper davon getrennt, im Zustand vollkommenen Bewußtseins. Damit will ich nicht sagen, daß ich *dachte,* ich sei bei Bewußtsein; ich will sagen, daß ich wirklich bei Bewußtsein war. Ich *sah* und *fühlte* den physischen Körper zu Boden fallen, während ich einige Fuß davon entfernt stand. Ich will dies untersuchen und feststellen, was wirklich geschah, denn wenn ich dies tue, werden wir das Grundgesetz der Aussendung des Astralkörpers entdecken.

Das Grundgesetz der Astralwanderung

Wir müssen verstehen, daß es nicht das Bewußtsein ist, das die Abspaltung bewirkt, sondern der unterbewußte Wille. Wir können durch bewußte Anstrengung gehen, aber wir gehen gewöhnlich unbewußt, — unter dem Einfluß des unterbewußten Willens. Wenn der Körper durch den unterbewußten Willen in Bewegung versetzt wird und ein unerwartetes Hindernis sich ihm in den Weg stellt, setzt der Astralkörper für einen Augenblick die Bewegung in der früheren Richtung fort.

Wenn der Bewegungsantrieb bei Bewußtsein erfolgte, wäre dies nicht der Fall. Wenn ich meine Schritte bewußt gelenkt hätte, als ich die Treppe herunterkam, wäre der falsche Schritt vermieden worden. Aber ich stieg die Treppe hinunter, ohne mir dessen bewußt zu sein, gelenkt von dem unterbewußten Willen, und als das Hindernis (der Fußboden) die Bewegung des Körpers hemmte, war der unterbewußte Wille noch dabei, den Körper hinabsteigen zu lassen, und trennte so wirklich den Astralkörper vom physischen Körper.

Derselbe Grundsatz gilt für die Abspaltung des Astralkörpers, die durch eine bewegende Kraft verursacht wird, die auf einen unbeweglichen Körper wirkt. Der unbewegliche Körper wird von dem Willen des Unterbewußtseins beherrscht. Wenn die bewegende Kraft auf den physischen Körper wirkt, so neigt der unterbewußte Wille dazu, den Körper bewegungslos zu lassen, bis der bewußte Wille ihn bewegt. So bleibt der Astralkörper in der alten Lage, während der physische Körper durch den Schock von ihm getrennt wird.

Wenn man die Ursache der plötzlichen oder kurzen Astralwanderung untersucht, so ergeben sich die folgenden Schlußfolgerungen:

1. Der Körper (die beiden miteinander verschmolzenen Körper) kann (können) sich unbewußt bewegen.
2. Der Körper kann sich unbewußt bewegen, wenn das Bewußtsein tätig ist.
3. Der Körper kann sich unbewußt bewegen, wenn das Bewußtsein nicht tätig ist (Schlafwandel).
4. Wenn der Körper sich unbewußt bewegt, so ist es der unterbewußte Wille, der ihn bewegt.

Dies bringt uns zu der Grundregel der Aussendung des Astralkörpers: Wenn der unterbewußte Wille von dem Wunsch erfaßt wird, den Körper (die beiden verschmolzenen Körper) zu bewegen und der physische Körper bewegungslos bleibt, so bewegt der unterbewußte Wille den Astralkörper unabhängig vom physischen Körper.

Beabsichtigte und unbeabsichtigte Astralwanderung haben dieselben Ursachen

Da dies das Grundgesetz der Aussendung des Astralkörpers ist, ergibt sich die folgende Frage: Wie kann der unbewußte Wille veranlaßt werden, den physischen Körper zu lenken, während dieser bewegungslos oder außerordentlich passiv ist? „Das ist nicht leicht möglich“, wird man sagen. Und es ist keine Wirkung, die durch einen bloßen Gedanken oder durch einen schwachen Versuch erzielt werden kann, obwohl es positive, sichere Methoden gibt, mit denen das Ziel erreicht werden kann.

Wenn wir die Ursachen feststellen können, welche die unbeabsichtigte Abspaltung des Astralkörpers bewirken, und dann diese Ursachen absichtlich dafür wirken lassen, gibt es dann einen Grund, warum die Abspaltung nicht durch unseren Willen verursacht werden kann? Alle meine frühen Astralwanderungen waren zufällig, unbeabsichtigt. Zuerst glaubte ich, ich besäße irgendwie eine übernatürliche Kraft, die andere nicht besaßen; aber als ich die Geschehnisse genau untersuchte und alle dabei auftretenden Besonderheiten beobachtete, war ich schließlich imstande, die Ursachen zu bestimmen, die das scheinbare Wunder bewirkten. Indem ich diese Ursachen selbst wirken ließ, den Sinn dabei auf die Aussendung des Astralkörpers gerichtet, gelang es mir, die Abspaltung durch meinen Willen zustande zu bringen, — lange, bevor ich ein einziges Wort darüber in den Büchern anderer gelesen hatte.

Im Augenblick will ich mich mit den Ursachen der Astralwanderung nicht eingehend befassen, sondern sie später erörtern, da ich zuerst noch ein wenig allgemein darüber sprechen will. Es wird jedoch nicht unangebracht sein, schon hier zu sagen, daß ein unterdrückter Wunsch oder Trieb bei weitem der wichtigste Einzelfaktor ist, der eine unbeabsichtigte Abspaltung des Astralkörpers zur Folge hat.

Wir werden sehen, wie entschlossen der unterbewußte Wille wird, wenn er erst einmal zur Tätigkeit angeregt worden ist. Wenn wir zu gehen beginnen, so würden wir immer weitergehen, wenn uns der unterbewußte Wille nicht anhielte. Und wenn wir stehen, so würden wir weiterstehen, wenn unser Bewußtsein uns nicht veranlassen würde, uns in Bewegung zu setzen.

Wie erfüllt nun der unterdrückte Wunsch den unterbewußten Willen mit der Absicht, den Körper zu bewegen? Wenn wir bei Bewußtsein sind, so wünschen wir etwas. Wir befriedigen diesen Wunsch nicht. Wir möchten ihn befriedigen, aber es ist da ein Hindernis. So fahren wir fort, zu wünschen und zu wünschen, und dabei treiben wir den unterbewußten Willen an. Der Drang wird so groß, daß wir mit uns selbst kämpfen. Wir fühlen, daß der unterbewußte Wille versucht, das zu erreichen, was wir uns wünschen. Er würde das sofort tun, wenn er imstande wäre, den bewußten Willen zu unterdrükken.

In diesem Augenblick ist der bewußte Wille nur darauf aus, zu „bewegen“, sobald wir versuchen, ihn nicht mehr daran zu hindern. Während wir schlafen, kann der bewußte Wille zu dem unterbewußten Willen nicht länger „nein“ sagen, und der unterbewußte Wille versucht, den Körper zu dem gewünschten Ort zu senden. Wenn nun der Schläfer physisch regungslos wäre, so würde der Astralkörper dahin ausgesandt werden.

Die Bedeutung der körperlichen Bewegungsunfähigkeit für die Aussendung des Astralkörpers

Was meine ich mit physisch bewegungsunfähig? Einfach, daß der physische Körper nicht in einem genügend aktiven Zustand ist, um sofort zu reagieren, wenn der unterbewußte Wille den Körper zu bewegen versucht. In der Regel ist der Körper während des Schlafes nicht in derselben Verfassung wie während des Wachzustandes. Das Herz schlägt langsamer, und alle Körperorgane arbeiten schwächer, als wenn wir wach sind.

Wenn wir krank sind, so wird der physische Körper nicht sofort reagieren. Das bestätigt überzeugender meine Ansicht — daß, je schwächer wir sind, um so leichter eine Abspaltung des Astralkörpers möglich ist —, vorausgesetzt, die Krankheit zwingt den Körper zu einem Zustand der Ruhe.

In "The Psychology of Dreams" sagt Walsh:

„Wenn der Schlaf wirklich begonnen hat, können in der körperlichen Struktur gewisse Veränderungen vor sich gehen. Das Herz und die Atmungsorgane arbeiten langsamer und schwächer; der Blutdruck sinkt; die Hautwärme wird größer; die Schweißabsonderung nimmt zu. Der Magen, die Därme, Nieren, die Leber und andere Organe sind tätig, aber bedeutend langsamer. Da die für den physischen Körper zu leistende Organtätigkeit geringer ist, als wenn wir wach sind, können die Körperorgane ausruhen. Da die Ansammlung der Kraft die benötigte Kraft übertrifft, werden die verschiedenen Organe nach einem hinreichenden Schlaf genügend gestärkt."

So meine ich mit „physisch bewegungsunfähig" einen Zustand ungewöhnlicher Passivität, ob wir nun durch eine Krankheit ans Bett gefesselt sind oder fest schlafen, so daß wir nicht sofort aktiv werden, wenn der unterbewußte Wille von dem Wunsch erfüllt wird, den Körper zu bewegen.

Denken wir an den Schlafwandler! Während er schläft, wird der unterbewußte Wille von dem Drang erfüllt, den Körper zu bewegen, — gewöhnlich infolge eines unterdrückten Wunsches. Der Schläfer erhebt sich von seinem Bett und wandert umher, wobei die beiden Körper verschmolzen bleiben, weil sein physischer Körper nicht genügend untätig ist (nicht bewegungsunfähig ist), wenn der unterbewußte Wille den Körper zu bewegen beginnt, wogegen, wenn wir ungewöhnlich passiv gewesen wären, sich der Astralkörper vom physischen Körper getrennt hätte und wir uns im Zustand der astralen Schlafwandels befunden hätten.

Wo und was ist das Bewußtsein?

Woraus besteht das Bewußtsein? Wo ist es? Wo ist das Bewußtsein, wenn wir bewußtlos sind? Das sind Fragen, die auch von dem weisesten Philosophen oder von okkulten Forschern nicht beantwortet werden können, und sie werden zweifellos immer nur Stoff für Hypothesen liefern. Wir kennen nicht einmal die Grenzen, die Natur oder den Sitz des Bewußtseins.

Wir wissen jedoch, daß wir das Bewußtsein benutzen, und daß wir es (offensichtlich) verlieren können. Jedoch wo ist es während der Bewußtlosigkeit? Das ist die große Frage. Es scheint fast ebenso lächerlich, zu glauben, daß das Bewußtsein sich im Nu ins Nichts verflüchtigen kann, wenn die Bewußtlosigkeit eintritt, wie zu glauben, daß es während der Bewußtlosigkeit überhaupt vorhanden ist, ohne daß wir uns darüber klar werden.

Wenn es nun für das Bewußtsein möglich wäre, während der Bewußtlosigkeit ein „Nichts" zu werden, wie könnte es am Ende der Bewußtlosigkeit sich neu bilden, in derselben Vollkommenheit wie vorher, aus dem Nichts? Und ferner, wenn das Bewußtsein noch vorhanden ist, während wir bewußtlos sind, wie können wir dann die Tatsache erklären, daß wir da nicht bewußt empfinden, wo das Bewußtsein seinen Sitz hat?

Je mehr wir das Rätsel zu erforschen versuchen, um so mehr Forschung wird notwendig sein. Wir brauchen nur einen Augenblick bei diesem Punkt zu verweilen, um auch den hoffnungslosesten Ichmenschen zu überzeugen, daß er nicht einmal sich selbst gut kennt. Daß das Bewußtsein überhaupt vorhanden ist, versteht sich von selbst; aber was aus ihm während der Bewußtlosigkeit wird, ist unergründlich.

Einige behaupten, daß es die Sinne sind und nicht das Bewußtsein, die den Körper verlassen, aber ohne die Tätigkeit der Sinne gäbe es kein Bewußtsein. Aber kann die Natur der Sinne besser erkannt werden als die des Bewußtseins? Was sind die Sinne? Wie arbeiten sie? Wie erklärt sich die Empfindungsfähigkeit? Wo ist die Empfindungsfähigkeit während der Bewußtlosigkeit? Wenn wir versuchen, ein Rätsel durch ein anderes zu lösen, so hat das nur zur Folge, daß wir immer mehr Rätsel zu lösen haben.

Andere sind der Meinung, daß während der Bewußtlosigkeit das Bewußtsein im Astralkörper ausgesandt wird und daß wir darum bewußtlos seien. Aber wie kommt es, daß wir uns nicht immer dessen bewußt sind, wenn der Astralkörper sich vom physischen Körper getrennt hat — bei jedem Fall von Bewußtlosigkeit —, wenn dies wahr wäre? Es kann nur eine einzige Antwort geben: Wir wissen es nicht. Das beste, was wir tun können, ist, das Bewußtsein im Schlafzustand mit einem Gefangenen zu vergleichen, der in einem Gewölbe fest eingeschlossen ist, unfähig, herauszukommen, bevor die Tür geöffnet wird.

Wenn wir nur herausfinden könnten, was die Tür des Bewußtseins öffnet und schließt, dann könnten wir auch feststellen, warum einige Astralwanderungen bei Bewußtsein erfolgen und andere nicht. Und ferner könnten wir vielleicht ein Mittel entdecken, wodurch der bewußtlose Astralwanderer das Bewußtsein erlangen könnte, — ein solches Mittel an Stelle der jetzigen Versuche, die wir auf gut Glück unternehmen.

Der Grenzzustand zwischen Schlafen und Wachen; Nervenkrankheiten und Schlaf

Wenn man bei einer Astralwanderung ganz von Anfang an bei Bewußtsein ist, beginnt der Austritt des Astralkörpers im Grenzzustand zwischen Wachen und Schlafen; das ist der Zustand zwischen Bewußtsein und Bewußtlosigkeit. Von diesem Zustand sagt Walsh:

„Bevor wir einschlafen, machen wir ein Stadium des Halbwachseins oder des Halbschlafs durch, das hypnagogischer Zustand genannt wird. Ein ähnliches Stadium durchleben wir, lange bevor wir aufwachen. Gewöhnlich dauert der hypnagogische Zustand nur ein paar Sekunden, aber er kann bis zu fünfzehn Minuten anhalten. Er ist beim Erwachen meist länger als beim Einschlafen.

Wenn wir im Begriff sind, einzuschlafen, haben wir vielleicht ein Gefühl des Fallens. Dieses Gefühl wird durch die allgemeine Entspannung des Muskelsystems hervorgerufen, die dann eintritt. Wenn jemand stark gestört wird, wenn er sich im Grenzzustand zwischen Wachen und Schlafen befindet, so kann der normale Übergang vom Wachen zum Schlafen oder umgekehrt erheblich verändert werden.

Das Bewußtsein kann vielleicht völlig erwachen, aber die Bewegungszentren erwachen langsamer; dies verursacht eine vorausgehende Lähmung der Glieder, der Sprechwerkzeuge und dementsprechend die Unfähigkeit, zu reden oder sich zu bewegen. Diese Form der Lähmung, die von einigen Autoren „nächtliche Lähmung“ genannt wird (ich selbst behaupte, daß es sich um astrale Starre handelt), kann nach einem natürlichen Erwachen auftreten.

In der Regel dauert die Lähmung nur kurze Zeit. Falls sie sich ausdehnt, so erregt sie starke geistige Beunruhigung. Sie kann durch Erschöpfung, nervöse Erregung, durch allgemeinen schlechten Gesundheitszustand hervorgerufen werden.“

Dies stärkt nur meine Überzeugung, daß ein Mangel im stofflichen Körper ein günstiger Faktor für die Abspaltung des Astralkörpers ist. Der Ätherkörper neigt während der Erstarrung dazu, sich ein wenig aus dem physischen Körper zu lösen. Warum verursachen Erschöpfung, nervöse Erregung, ein allgemein schlechter Gesundheitszustand diese sogenannte Lähmung? Weil ein Mangel an Nervenkraft besteht, die in den beiden Körpern angesammelt ist. Tatsächlich ist das genau, was Nervosität ist, — die Unfähigkeit, die Nervenkraft im Gefüge des physischen Körpers zurückzuhalten.

Nervenkraft ist kosmisch, ist allgegenwärtig; sie kann in den Ätherkörper hinein und aus ihm herausströmen, denn er ist wahrhaftig ein Kondensator dieser Kraft. Nun habe ich herausgefunden, daß, wenn der Ätherkörper aus dem physischen Körper austritt, er dann mehr ein Magnet für die allgegenwärtige kosmische Kraft ist, als wenn er mit dem physischen Körper verbunden ist. Wenn jemand krank ist, so ist die Lähmung nur astrale Starre, die immer die erste Stufe der Astralwanderung ist, verursacht durch die Neigung des Unterbewußtseins, die beiden Körper zu trennen, so daß der ätherische Kondensator sich leichter „aufladen" kann.

Dieser Vorgang spielt sich jede Nacht bei Millionen von Menschen ab; es geschieht jedoch nur, wenn wir noch bei Bewußtsein sind, daß wir diese Lähmung oder Starre erleben. Was als „Aura" angesehen wird, die über den Schläfern schwebt und von hellsichtigen Menschen gesehen wird, ist in Wirklichkeit der ätherische Körper, der sich ein paar Zoll aus dem physischen Körper entfernt hat. In der Regel haben normale Menschen das Bewußtsein verloren, bevor die Trennung der beiden Körper beginnt.

Es ist nun schwer zu verstehen, daß, wenn wir bei einer völligen Abspaltung des Astralkörpers bei Bewußtsein bleiben wollen, der Grenzzustand zwischen Wachen und Schlafen das ideale Stadium für den Beginn der Abspaltung ist. Bewußt empfundene Starre tritt häufiger beim Erwachen ein als umgekehrt. Versuche haben überzeugend bewiesen, daß, wenn das Bewußtsein ein wenig zu stark wiederkehrt, nachdem das Unterbewußtsein eine leichte Abspaltung des Astralkörpers beim Einschlafen bewirkt hat, der Astralkörper stärker dazu neigt, in den physischen Körper zurückzukehren, als wenn er sich in einem ähnlichen Zustand beim Erwachen befindet.

Mit anderen Worten: Die meisten Astralwanderungen werden erfolgreicher sein (bei Bewußtsein), wenn sie im Grenzzustand zwischen Schlafen und Wachen *beim Erwachen* beginnen. Wenn man aufwacht und sich bewegungslos in astraler Starre („nächtliche Lähmung" genannt) befindet, so ist das erste, was wir gewöhnlich tun, daß wir unruhig werden. Wir wollen uns physisch wieder bewegen und kämpfen mit uns selbst, um wieder frei zu werden. Das ist nichts anderes als eine bewußte Anweisung an den unterbewußten Willen, und dieser Wille reagiert darauf sogleich.

Wenn diese Beunruhigung vermieden werden könnte und wir keine innerliche Erregung empfänden, würde der unterbewußten Kontrolle nicht die Anweisung gegeben, physisch wieder aktiv zu werden. Wenn wir dabei weiterhin wünschen würden, uns zu erheben, immer höher, bis zur Zimmerdecke und dabei gerade über unserem physischen Körper zu schweben, so würde der unterbewußte Wille den Abspaltungsvorgang fortsetzen und eine vollständige, bewußt empfundene und ausgedehnte Astralwanderung wäre die Folge.

In einem solchen Falle ist der physische Körper weitgehend gelähmt. Der unterbewußte Wille hat den Astralkörper bereits in seiner Gewalt. Es ist nur eine Frage der Art und der Stärke der Anweisung, die diesem Willen gegeben worden ist, ob der Astralkörper sich weiter von dem physischen Körper trennt oder wieder mit ihm verschmilzt.

Es ist dasselbe wie beim Gehen. Wenn wir in Bewegung sind, lenkt uns der unterbewußte Wille, aber im selben Augenblick, in dem wir bewußt anhalten wollen, halten wir an. Wenn wir uns bewußt in astraler Starre befinden und dann wünschen, den physischen Körper wieder bewegen zu können, so tritt dies auch ein.

Vielleicht wird man dem entgegenhalten, wie es ein Freund von mir tat: „Ich möchte den sehen, der nicht aufgeregt würde, wenn er aufwacht und sich gelähmt findet!" Doch ich selbst habe mich dabei nicht aufgeregt und ich wette, daß jeder eine ausgedehnte, bewußt empfundene Astralwanderung bewirken kann, wenn er innerlich ruhig bleibt und seinem unterbewußten Willen die richtigen Anweisungen gibt. Er könnte gar nicht umhin, diese Anweisungen zu erteilen, denn das ist das Gesetz. Das ist dasselbe Gesetz, das wir jeden Tag unseres Lebens anwenden, wenn wir umhergehen und dabei die Kraft, die das Umhergehen veranlaßt, durch bewußt gegebene Anweisungen lenken.

Sicherlich ist es nicht leicht für uns, bei anormalen Geschehnissen uns nicht zu erregen, besonders, wenn wir sie an uns selbst erleben, aber wie alles Normale verliert die bewußt empfundene Astralwanderung ihren Schrecken, wenn wir uns daran gewöhnt haben.

Gefühl und Empfindung während verschiedener Stufen der Abspaltung des Astralkörpers

Der Ort, den der Astralkörper erreicht hat, wenn sich das Bewußtsein einstellt (wenn es sich überhaupt einstellt), bestimmt natürlich die erste Empfindung oder das erste Gefühl des Astralwanderers. Auf verschiedenen Stufen der Abspaltung werden verschiedene Empfindungen hervorgerufen. Wenn sich das Bewußtsein zum erstenmal undeutlich im Übergangszustand zwischen Schlafen und Wachen einstellt und der unterbewußte Wille dazu neigt, den Astralkörper auszusenden, so ist die erste Empfindung, daß man sich „irgendwo“ befindet.

Wenn das noch unklare Bewußtsein sich ein oder zwei Sekunden später einstellt, so wird der erste Eindruck sein, daß man „festgeklebt“ oder erstarrt ist. Einen Augenblick später hat man die Empfindung des Schwebens, dann des Zitterns, der Zickzackbewegung usw. Es ist die Bewegung oder die Art der Fortbewegung, die bestimmt, welches der erste bewußt empfundene Gedanke sein wird. Und dieser allererste Gedanke ist von überragender Bedeutung! Man muß dabei ruhig bleiben und sich selbst anweisen, daß man aufschweben soll.

…usten mit Bewußtsein erlebten Astralwanderungen …schon gleich nach ihrem Beginn mit einem Mißerfolg, …glich, weil die Bewegung des Astralkörpers eine unange-…ehme Empfindung zur Folge hat, die ihrerseits eine Gemütsbewegung verursacht. Die folgende Regel kann gut für diese Art Erlebnis angewandt werden: Empfindungen von etwas Unangenehmem, der Unruhe, Furcht usw. sind in Wirklichkeit Anweisungen an den unterbewußten Willen, daß wir wieder im normalen Zustand oder körperlich im Gleichgewicht zu sein wünschen.

So wird der erste Gedanke die unmittelbar folgenden oder davon abhängenden Gedanken beeinflussen, und wenn die Tätigkeit des Körpers von einer Art ist, die innerliche Bewegung auslöst, so wird sich sogleich der Drang einstellen, körperlich wieder normal zu werden, und dies wird eine entsprechende Anweisung an den unterbewußten Willen darstellen.

Eine bewußt empfundene Astralwanderung beginnt gewöhnlich dann, wenn sich der erste bewußte Gedanke einstellt, bevor sich der Astralkörper in die Luft erhebt oder nachdem er sich schon über eine größere Strecke vom physischen Körper entfernt hat und aufrecht steht, entweder bewegungsunfähig oder im Schlafwandel. Die Zwischenstufen werden häufig von unangenehmen Empfindungen begleitet. Wenn wir Übung und diese Phase schon oft erlebt haben, so werden wir in dem Augenblick, da sich der erste bewußte Gedanke formt, diesen gefühlsmäßig mit dem Aufsteigen in die Luft verbinden, anstatt unruhig zu sein, und werden jede bewußte Anstrengung darauf richten, innerlich während des ganzen Vorganges ruhig zu bleiben.

Es ist erstaunlich, wie leicht dies wirklich ist, wenn wir es schon einmal erlebt haben. Es ist ähnlich wie bei einem Mann, der beim ersten Male zögert, ein Flugzeug zu besteigen. Sollte er plötzlich feststellen, daß das Flugzeug startet, so würde er sogleich sagen: „Laßt es abfliegen! Es wird ein merkwürdiges Erlebnis sein, aber jetzt habe ich mich damit abgefunden."

Es mag sonderbar erscheinen, daß die Bewegung des Astralkörpers Empfindungen beeinflußt und daß die Empfindungen die Bewegung des Astralkörpers beeinflussen; so ist es jedoch. Es mag auch der schon ausgedrückten Meinung entsprechen, daß eine nervöse Körperverfassung die Abspaltung des Astralkörpers begünstigt und daß wir innerlich ruhig sein sollten; dies ist jedoch auch wahr.

Wenn aber diese unnatürlichen Zustände bei der Aussendung des Astralkörpers keine Rolle spielten, so würde jeder zum Astralwanderer werden. Niemand wird imstande sein, den Astralkörper bewußt auszusenden, wenn er seine Empfindungen nicht beherrschen kann.

Kapitel 3

DER WEG DES ASTRALKÖRPERS WÄHREND DER ASTRALWANDERUNG

Ich glaube, daß es das erste Mal ist, daß ein Autor mit Bestimmtheit erklärt, daß der unterbewußte Wille den Astralkörper auf einen bestimmten Weg schickt und daß die Lage des physischen Körpers zur Zeit der Aussendung mit Sicherheit die Richtung bestimmt, in welcher der „Doppelgänger" ihn verlassen wird.

Wenn der Körper lang hingestreckt daliegt oder sich in waagerechter Lage befindet, so spaltet sich der Astralkörper nach oben ab, starr und genau parallel dem stofflichen Körper. In der Regel trennen sich alle Teile der beiden Körper zu gleicher Zeit. Der Ätherkörper zittert in seiner ganzen Ausdehnung — „schwingt" wäre ein treffender Ausdruck —, nicht von einer Seite auf die andere, sondern aufwärts und abwärts.

Gewöhnlich ist die Aufwärtsbewegung dabei langsam; der Astralkörper steigt jedesmal nur etwa einen Zoll und fällt viele Male wieder zurück. Nachdem er sich etwa einen Fuß vom physischen Körper getrennt hat, beginnt er, sich in einer Zickzacklinie zu bewegen, ganz wie ein knorriger Stock in der Strömung eines Wasserlaufes hin und her getrieben wird. Wenn wir in diesem Augenblick das Bewußtsein erlangen, so wird dies fast immer Aufregung bei uns verursachen, und der Astralkörper wird in den physischen Körper zurückkehren, bis wir uns an den Vorgang gewöhnt haben.

Auf diese Weise erreicht der Astralkörper schließlich eine Höhe von drei bis fünf Fuß über der „Hülle". An diesem Punkt wird die Kraft wirksam, die den Astralkörper aufrichtet. Die untere Hälfte (die Füße) beginnt (beginnen) sich nach unten zu bewegen, während die obere Körperhälfte (der Kopf) sich aufwärts bewegt. Es ist, als wäre in der Mitte des Körpers ein Drehzapfen.

Es kommt vor, daß die lenkende Kraft des Unterbewußtseins den Astralkörper nicht unmittelbar über der „Hülle" aufrichtet, sondern, nachdem sie ihn bis zu einer Höhe von etwa fünf Fuß gehoben hat, ihn noch waagerecht eine Strecke in der Luft fortschweben läßt und ihn dann erst aufrichtet. Das Zittern hört auf, während das Aufrichten beginnt, und die Zickzackbewegung wird mehr ein Schwanken von einer Seite auf die andere.

Wenn der Gesichtssinn tätig ist, kann man von Anfang an eine bunte Aura sehen. Dies ist immer der Weg, den der Astralkörper nimmt, wenn seine Abspaltung vonstatten geht, während der Körper sich in waagerechter Lage befindet. Der ganze Vorgang kann schnell ablaufen oder auch sich einige Zeit hinziehen.

Wenn die Aussendung des Astralkörpers sich ereignet, während der physische Körper sich in aufrechter Lage befindet, so ist leicht einzusehen, daß die waagerechte Bewegung von selbst ausgeschaltet ist, denn dann schwebt der Ätherkörper schon in aufrechter Haltung sogleich aus dem physischen Körper empor.

Die Astralwanderung ähnelt einem anderen Vorgang, dem „Austritt" des Astralkörpers im Augenblick des Todes, soweit er das Verhalten des Astralkörpers betrifft. Der „Austritt" des Astralkörpers ist nichts anderes als die dauernde Loslösung des feinstofflichen Körpers aus seiner Verschmelzung mit dem physischen Körper.

Während die Bewegungen des Astralkörpers im Tode und während einer Astralwanderung dieselben sind, so gibt es bei der Astralwanderung etwas, was es im Tode nicht gibt, — ein Lebensband, das den physischen Körper mit seinem astralen Gegenstück verbindet. Dieses Lebensband wird „Astralband" oder „Astralkabel" genannt, und in seinem Vorhandensein liegt der Unterschied zwischen der dauernden Trennung der beiden Körper und der Trennung, die nicht zum „Tode“ führt.

Im Tode wie bei der Astralwanderung erlangt der Astralkörper eine Zeitlang vielleicht nicht das Bewußtsein. Von einigen Menschen wird gesagt, daß sie es schnell erlangen. Andere leben eine Weile in einem Traumzustand. Wieder andere, wird behauptet, bleiben lange Zeit bewußtlos. Und wieder andere spüren nicht einmal den Tod — wie Christus sagt —, sie schlafen nicht einmal.

Man stelle sich jemand vor, vielleicht einen Soldaten, der unbeirrt geradeaus geht, in der Absicht, einen bestimmten Ort zu erreichen. Wenn er plötzlich durch irgend etwas auf seinem Wege zerrissen würde (z. B. durch ein fliegendes Geschoß, daß ihn sofort tötet), so würde der Astralkörper fortfahren, geradeaus weiterzugehen, der Tatsache unbewußt (wenigstens in diesem Augenblick), daß er physisch „tot“ ist. Dieses Beispiel führe ich nur an, um zu zeigen, welche Bedeutung die Körperhaltung für den Astralkörper während der Astralwanderung hat.

Einige Anzeichen der Abtrennung des Astralkörpers

Vielleicht können wir uns jetzt erinnern, eine oder mehr Grundstufen der Abspaltung des Astralkörpers erlebt zu haben: das Gefühl des Festsitzens oder Festklebens, des Schwebens, des Wirbelns, der Zickzackbewegung, des Emporschwebens, des Zuckens im Grenzzustand zwischen Schlafen und Wachen, der Beklemmung in der Magengrube oder die Empfindung, als ob der „Geist“ uns durch den Kopf verließe.

Diese Dinge haben wir vielleicht viele Male erlebt, ohne daß wir uns dessen bewußt gewesen sind. Wenn wir sie bewußt erleben, tut der Arzt sie als „Nervenkrankheit“ ab. Es ist leicht, einem Kranken zu sagen, daß kranke Nerven solche sonderbaren Vorkommnisse verursachen, aber zu sagen, *wie* die Nerven solche Vorgänge verursachen, ist eine andere Sache. Kranke Nerven verursachen solche sonderbaren Dinge, weil der Astralkörper nicht fest mit dem physischen Körper verbunden ist.

Was ist Schwindelgefühl? Es ist ein Zustand, in dem der Astralkörper gelockert ist. Was lockert den Astralkörper? Viele Dinge: ein Schlag auf den Kopf, anormales Arbeiten der lebenswichtigen Organe und viele andere Ursachen.

Einerlei, was die Ursache ist: Schwindelgefühl zeigt an, daß der Astralkörper nicht fest mit dem physischen Körper verbunden ist. Wenn wir uns schwindlig fühlen, taumeln wir, weil der Astralkörper gelockert und fast geneigt ist, sich aus dem physischen Körper zurückzuziehen. Herumwirbeln pflegt Schwindel zu erzeugen, da es den Astralkörper lockert, und in diesem Zusammenhang ist es lehrreich, festzustellen, daß die Fakire oft zum Herumwirbeln ihre Zuflucht nehmen, um die Abspaltung des Astralkörpers zu bewirken.

Ein durchaus nicht seltenes Erlebnis ist es, daß wir nachts für einen Augenblick aufwachen und einen Doppelgänger von uns ungefähr einen Fuß über uns schweben sehen. Er befindet sich in waagerechter Lage, wobei er ständig zittert, als ob er auf der Luft ruhte. Er hat eine nebelhafte Farbe. Einen Augenblick später erwachen wir erschreckt. In einem solchen Fall war der Ätherkörper (ich nenne den Astralkörper hier Ätherkörper, nicht, weil ich glaube, daß er aus Äther besteht, sondern weil andere, die dies glauben, ihm diesen Namen gegeben haben) ungefähr einen Fuß vom physischen Körper entfernt.

Aber man wird sagen: „Ich habe das von meinem physischen Körper aus gesehen!“ Und das hat man wirklich. Aber das Bewußtsein war nicht im physischen Körper. Ich will versuchen, später zu erklären, zu welchen Merkwürdigkeiten die Sinne fähig sind. Der Eindruck des Sehens kam aus dem Bewußtsein in dem Körper über uns (wo wir wirklich waren) und pflanzte sich durch das Astralkabel zu dem körperlichen Auge fort.

Einige andere Anzeichen für die Abspaltung des Astralkörpers sind: Starre, Kälte des Körpers, Fall- und Flugträume und Träume, bei denen wir glauben, auf den Kopf geschlagen zu werden. Vielleicht sehen wir dabei Lichter, Bilder, Gestalten, hören Klänge der verschiedensten Art, von verworrenen Geräuschen zu schönen Melodien. Mr. Prescott Hall faßt in seinem Werk "Astral Projection" seine eigenen Erfahrungen in dieser Hinsicht auf folgende Weise zusammen:

„Die deutlichsten Bilder waren ein griechisches Profil und der Kopf eines Hindus mit einem Turban. Diese Bilder waren völlig klar. Ferner sah ich einen glänzenden roten Gegenstand, große runde, blaue Lichter, ein kleines blaues und ein gelbes Licht, Landschaften, manchmal in zwei Färbungen und zuweilen in natürlichen Farben, leuchtende Punkte oder Flecke von Nebel oder Farbe, häufig die Umrisse von Menschen, ohne aber dabei genaue Einzelheiten erkennen zu können, unregelmäßig geformte Gestalten jeder Art von weißer Farbe und gewöhnlich in einem Stück blauen Himmels . . . oder Gestalten wie aus Silberpapier. Diese letzteren waren vielleicht der seltenste Anblick und erforderten zu ihrer Sichtbarmachung die größte Anstrengung.

Die hauptsächlichen Geräusche, die ich hörte, waren die folgenden: ein Zischen oder Pfeifen wie von entweichendem Dampf, einzelne musikalische Klänge, musikalische Tonsätze, die mir im allgemeinen unbekannt waren, Melodien von Gesängen und andere Weisen, die ich kannte, Harmonien, die oft sehr schön waren, zwei oder drei Töne, die in regelmäßiger Folge abwechselten, der Klang einer oder mehrerer Glocken, manchmal harmonisch, metallische Klänge von Schlägen auf einen Amboß."

Es ist nicht ungewöhnlich, zu Beginn einer Astralwanderung offensichtlich weit entfernte Töne zu hören, die uns bekannt erscheinen. Oft scheint es, als riefe jemand in weiter Ferne mit musikalischer Stimme. Eine ganz sonderbare Empfindung hat man zuweilen, nämlich, als ob ein Unsichtbarer uns ins Gesicht bliese. Ferner scheint es manchmal, als ob unsichtbare Fingerspitzen uns am Hals, am Mund und an der Nase berührten und dabei ein Gefühl des Gekitzeltwerdens verursachten.

Das Astralband

Fast jeder, der sich mit okkulten Dingen befaßt, erklärt, er wisse, daß das Astralband ein dehnbares Gebilde sei, das den

Astralkörper mit dem physischen Körper verbindet, und dies scheint das ganze Wissen zu sein, das die Welt bislang über dieses leuchtende astrale Gebilde erworben hat. Diese Unwissenheit ist nicht schwer zu erklären. Einerseits haben wir den psychischen Forscher, der, wenn er nicht selbst fähig ist, seinen Astralkörper auszusenden, seine Schlüsse nur aus dem ziehen kann, was andere gesagt haben. Andererseits bleiben die meisten Menschen, die ihren Astralkörper abspalten können, nicht klar oder überhaupt nicht bei Bewußtsein. Einige erlangen zeitweilig das Bewußtsein in einiger Entfernung vom physischen Körper, und noch andere sind so von dem Wunderbaren, das sie erleben, in Anspruch genommen, daß der Gedanke, den Dingen auf den Grund zu gehen, ihnen dabei niemals in den Sinn kommt. Es wird geschätzt, daß etwa 15 000 jetzt lebende Menschen mehr oder weniger auf der Astralebene „sehen", und daß ungefähr fünfzig Menschen sich nach Belieben in diese Ebene versetzen können.

Viele Male, wenn ich mich bei Bewußtsein außerhalb des Körpers befand, ist es mir gelungen, sofort das besondere Verhalten des Astralbandes zu prüfen und zu beobachten. Es ist eine Art von Nebenhandlung zu der Haupthandlung „Astralwanderung". Dieses lebensnotwendige Gebilde besteht, soweit ich sehen kann, aus demselben Stoff oder Material wie der Astralkörper selbst. Seine Eigenbewegungen machten aber einen tiefen Eindruck auf mich, und zuweilen hatte ich fast den Eindruck, daß es wirklich vernunftbegabt war. Woher es kommt, wenn der Astralkörper sich abzuspalten beginnt, wohin es geht, wenn der Astralkörper sich wieder mit dem physischen Körper vereinigt, sind für mich zu tiefe Geheimnisse, als daß ich sie ergründen könnte. Seine Dehnbarkeit übertrifft bei weitem das Vorstellungsvermögen und kann nicht mit der Ausdehnungsfähigkeit irgendeines stofflichen Gegenstandes verglichen werden.

Das beste, was wir sagen können, wenn wir versuchen, uns ein klares Bild des Astralbandes zu machen, ist, es mit einem dehnbaren Kabel zu vergleichen, aber ein solcher Vergleich hinkt bei diesem wirklich lebenden Organ. Das Astralband erstreckt sich immer vom physischen zum astralen Körper, einerlei, wie groß der Raum oder die Entfernung zwischen beiden ist.

Lebendige Reichweite des Astralbandes

Je geringer die Entfernung zwischen den beiden Körpern ist, um so dicker ist das Astralband, um so größer ist seine magnetische Zugkraft, und um so schwieriger ist es, den Astralkörper außerhalb des physischen Körpers zu halten. Wenn die beiden Körper nur wenig voneinander entfernt sind, hat das Band die Dicke eines Silberdollars. Das ist der größte Durchmesser, den das Band haben kann, doch die Aura, die es umgibt, macht auf das Auge den Eindruck, als wäre das Kabel bei dieser geringen Entfernung etwa sechs Zoll dick.

Der Durchmesser verringert sich im selben Maße, wie sich der Raum zwischen den beiden Körpern vergrößert, und zwar bis zu einer Entfernung, in der das Kabel den kleinsten möglichen Durchmesser annimmt, den es dann bis ins Unendliche beibehält; es ist dies ungefähr der Durchmesser eines gewöhnlichen Zwirnsfadens. Von der unmittelbaren Trennung bis zu der Entfernung, in der das Astralband seinen kleinsten Durchmesser annimmt, ist das Band immer voller Leben. Diese Entfernung heißt die „lebendige Reichweite" des Astralbandes.

Ich wollte daher feststellen, wie weit sich die Entfernung erstreckt, innerhalb derer das Astralband voller Leben ist, denn, so fand ich heraus, das spielte bei der Astralwanderung eine wichtige Rolle. Ich merkte mir daher bei der nächsten Astralwanderung sehr sorgfältig, wo ich mich befand, als das Band seinen geringsten Durchmesser angenommen hatte. Als ich wieder zu physischer Betätigung imstande war, nahm ich daher ein Bandmaß und maß die lebendige Reichweite des Astralbandes; ich fand heraus, daß sie fünfzehn Fuß betrug. Eine Zeitlang dachte ich, ich hätte die Entfernung richtig errechnet, aber als ich den Versuch wiederholte, um die erste Feststellung nachzuprüfen, kam ich zu einem anderen Ergebnis. Dieses Mal betrug die Entfernung nur acht Fuß.

Es ergab sich also daraus, daß die lebendige Reichweite des Kabels veränderlich war, und dann entdeckte ich, nachdem ich das Verhalten des Astralbandes etwa ein Jahr beobachtet hatte, warum die lebendige Reichweite verschieden war. Ich bemerkte, daß, wenn ich mich nicht so wohl fühlte wie gewöhnlich, die lebendige Reichweite oder Eigentätigkeit des Kabels geringer war, als wenn ich mich in besserer körperlicher Verfassung befand.

Wiederholung bestätigte nur diese Feststellung. Und ich wiederhole, daß, je mehr man sich mit der Abspaltung des Astralkörpers befaßt, man um so sicherer weiß, daß die körperliche Gesundheit ein starker, wirkungsvoller Faktor für die Abspaltung ist. Je gesünder wir sind, um so mehr Kraft ist im Kondensator (dem Astralkörper) aufgespeichert, um so stärker ist der Kraftstrom durch das Astralband (wenn man bei der Aussendung des Astralkörpers überhaupt Erfolg hat), und um so größer ist die lebendige Reichweite des Astralbandes.

Je mehr Kraft im Astralkörper aufgespeichert ist, um so enger ist er mit dem physischen Körper verbunden. Je erschöpfter wir sind, um so weniger Kraft ist im Astralkörper angesammelt, um so weniger Zugkraft hat das Band für den physischen Körper, und um so kürzer ist die Reichweite des Astralbandes. Und wenn jemand in hohem Maße geschwächt ist, kann der Astralkörper überhaupt nicht im physischen Körper bleiben; er spaltet sich vom physischen Körper ab, manchmal für immer. Dann sagt der Arzt: „Der Kranke ist gestorben, weil er nicht genügend Nahrung erhalten hat."

Es ist daher offensichtlich, daß die lebendige Reichweite des Astralkabels genau so schwankt wie die Gesundheit des Astralwanderers. Wenn der Astralkörper sich nur ein paar Zoll vom physischen Körper entfernt hat, so hat das Band ungefähr den Durchmesser eines Silberdollars, wobei der Gesundheitszustand keine Rolle spielt, aber der Durchmesser des Kabels nimmt um so schneller ab, je erschöpfter wir sind. Wenn wir körperlich gesund sind, verringert sich der Durchmesser des Bandes (entsprechend der Entfernung der beiden Körper) etwa in folgendem Maße: Wenn der Astralkörper nur einige Zoll entfernt ist, — ein dreiviertel Zoll; bei einer Entfernung von zehn Fuß dreiviertel Zoll ähnlich einem Stück

Gartenschlauch; bei fünfzehn Fuß ungefähr hat das Kabel seinen geringsten Umfang erreicht und behält ihn bis in eine unendliche Entfernung bei.

Das Kabel erscheint grauweiß gefärbt, und wenn es sich weithin erstreckt, ist es einem Fadenbündel aus einem Spinngewebe nicht unähnlich. Zwischen dem physischen und dem astralen Körper ist in dem Astralband immer eine doppelte Tätigkeit zu erkennen, d. h. soweit wir sie beobachten können. Ich möchte jedoch sagen, daß das Astralband noch auf mancherlei andere Art tätig ist, die jedoch zu verborgen ist, um von dem bewußt empfindenden Astralwanderer festgestellt zu werden, auch wenn er das Kabel aus der Nähe betrachtet.

Die erste Tätigkeit ähnelt dem Pulsschlag. Die andere scheint in einer leichten Ausdehnung und Zusammenziehung des Kabels zu bestehen. Offensichtlich vollziehen sich beide Tätigkeiten gleichzeitig. Es kann kein Zweifel über diese Lebensäußerungen des Kabels bestehen: Die Bewegungen sind der Ausdruck eines innerlichen Lebensvorganges. An anderer Stelle habe ich schon von dem Unterschied zwischen dem „Hinübergehen" im Augenblick des Todes und der zeitweiligen Abspaltung des Astralkörpers gesprochen. Der Unterschied besteht in der Tatsache, daß während der zeitweiligen Trennung das Astralband unversehrt ist, daß es sich von einem Körper zum anderen erstreckt.

Der Astralkörper ist der Kondensator der kosmischen Kraft, derselben Kraft, die wir anwenden, wenn wir umhergehen. Diese Kraft ist der „Atem des Lebens", allgegenwärtig in jedem Lebewesen. Die Geschichte von Adam und Eva ist sicher nur erdacht, aber der Schreiber des Altertums traf den Kern der Sache, als er sagte: „Und Gott der Herr machte den Menschen aus einem Erdenkloß, und blies ihm den lebendigen Odem in seine Nase, und also ward der Mensch eine lebendige Seele."

Ohne den lebendigen Odem wäre der Mensch wirklich weiter nichts als ein „Erdenkloß". Der „lebendige Odem" ist die allgegenwärtige, die kosmische Kraft, die im Astralkörper aufgespeichert ist und die wir jeden Tag gebrauchen. Der Mensch denkt vielleicht, daß er ein lebendiger Körper ist, er ist aber, wie Moses sagte, „eine lebendige Seele". Es ist die astrale Wesenheit, die das eigentliche „Ich" ist; es ist die kosmische Kraft, die der „Atem des Lebens" ist.

Aber was hat das alles mit dem Astralband zu tun? Einfach dies: Wenn der Astralkörper mit dem physischen Körper vereinigt ist, sind wir körperlich am Leben. Wenn der Astralkörper sich vom physischen Körper trennt, sind wir tot, — außer wenn das Astralband, das sich vom Astralkörper zum physischen Körper erstreckt, unversehrt ist. Das ist der Zweck des „Kraftbandes"; es soll den „Atem des Lebens" dem physischen Körper übermitteln, während der feinstofflichere Körper (der Astralkörper) vom ihm abgespalten ist.

Während der Abtrennung des Astralkörpers müssen die Atmung und der Herzschlag des physischen Gegenstücks erhalten bleiben, und wenn der Astralkörper innerhalb der lebendigen Reichweite des Astralbandes ist, so findet dies seinen Ausdruck in der Bewegung des Astralbandes in seiner ganzen Länge. Hat der Leser jemals Kopfschmerzen gehabt, bei denen regelrechte Pulsschläge im Nacken zu spüren waren? Vom Schmerz abgesehen, ist das noch eine pulsierende Bewegung ähnlich derjenigen, die wir im Astralkörper in der Gegend des verlängerten Marks fühlen (falls wir im Astralkörper das Bewußtsein haben), und zwar bei jedem Herzschlag.

Jeder Herzschlag kann im physischen Körper gefühlt werden; jeder Schlag wird auf das Kabel in seiner ganzen Länge übertragen, jeder Schlag erzeugt einen Herzschlag des physischen Körpers. Alle drei Schläge sind gleichzeitig. Man kann die Herzschläge nicht nur im Kopf des Astralkörpers fühlen, man kann sie auch fühlen, wenn man das Kabel mit der Astralhand berührt, genauso, wie man den körperlichen Herzschlag mit der körperlichen Hand fühlen kann.

Jeder Atemzug im Astralkörper überträgt sich auf das Astralband in seiner ganzen Länge und verursacht einen entsprechenden Atemzug im bewußtlosen physischen Körper. Wenn wir uns bei Bewußtsein im Astralkörper befinden, können wir nach Belieben den Atem zurückhalten, geradeso, wie wir es können, wenn die beiden Körper vereinigt sind, aber das wäre unklug, besonders für einen Anfänger, da wahrscheinlich eine körperliche Blutstauung die Folge wäre und den Tod verursachen würde.

Ich habe viele Male den Versuch gemacht, den Atem zurückzuhalten, während ich innerhalb der lebendigen Reichweite des Astralbandes bei Bewußtsein im Astralkörper war. Im Augenblick, in dem ich den Atem anhielt, hörte die schon erwähnte Bewegung der leichten Ausdehnung und Zusammenziehung im Astralkabel auf, so wie diese Atembewegung auch im physischen Körper aufhörte, aber während der Atem stillstand, setzte sich der normale Pulsschlag fort. Ein tiefer Atemzug im Astralkörper wird einen tiefen Atemzug im physischen Körper zur Folge haben, ein kurzer einen kurzen, ein schneller einen schnellen usw. Wir atmen im Astralkörper, und unser Herz schlägt im Astralkörper, geradeso, wie es das tut, wenn die beiden Körper miteinander verschmolzen sind. Unser körperliches Herz schlägt, weil das psychische Herz schlägt. „Es ist der Geist, der ‚lebendig macht'."

Während der Abspaltung des Astralkörpers haben wir den Eindruck, als würde das Astralband dauernd gestoßen und gezogen; der Astralwanderer fühlt dies deutlich, wenn er sich im lebendigen Bereich des Astralbandes befindet. Wenn wir uns einen ungeheuren Riesen vorstellen können, wie er uns im Genick packt, mit festem Griff, in Armeslänge und uns dabei langsam von sich fortstößt, dann wieder uns langsam an sich heranzieht, uns so von einer Seite auf die andere bewegt, doch dabei immer unseren Kopf im festen Griff hält, so fühlen wir gerade im festen Griff einen regelmäßigen Pulsschlag. Auf diese Weise können wir uns vorstellen, was der Astralwanderer innerhalb der lebendigen Reichweite des Astralbandes empfindet.

Dieser Druck des Astralbandes schwankt je nach der Entfernung zwischen den beiden Körpern. Je näher die beiden Körper einander sind, um so größer ist der Druck, oder, wie ich es ausdrücken möchte, je größer die Entfernung zwischen den beiden Körpern und je kleiner der Durchmesser des Kabels ist, um so geringer ist der Widerstand. Dies muß man oder sollte man im Sinn haben, wenn man die Absicht hat, eine Astralwanderung zu versuchen, denn es ist schwierig, dabei innerhalb der lebendigen Reichweite des Astralbandes viel Erfolg zu haben.

Wenn wir uns jedoch über die lebendige Reichweite des Kabels hinausbewegen können, so sind wir so frei wie der für immer abgespaltene Astralkörper. Es gibt nur einen Weg, diesen Widerstand des Kabels zu überwinden, und das ist der bewußte Wille, d. h. die Aufbietung unserer ganzen Willenskraft, um uns von dem physischen Gegenstück fortzubewegen. Es ist meine Überzeugung, daß bei den meisten von Hypnotiseuren durchgeführten Versuchen zur Aussendung des Astralkörpers dieser selten über die lebendige Reichweite des Astralbandes hinauskommt.

Wir haben gesehen, wie die Atmung im physischen Körper vom Astralkörper aus überwacht wird und wie man diesen lebenswichtigen Körpervorgang mit dem Willen beeinflussen kann. Die bewußte Beeinflussung überwindet, wie ich festgestellt habe, den Widerstand des Kabels. So wird auch der Herzschlag den Widerstand des Astralbandes beeinflussen. Je ruhiger die Atmung ist, um so schwächer wird die Zugkraft des Kabels sein. Wenn wir bei Bewußtsein sind, holt der Astralkörper tief Atem, falls wir dabei in der lebendigen Reichweite des Kabels sind; die Zugkraft des Bandes wird sich verstärken, oft so weit, daß es den Astralkörper zu dem physischen Körper oder sogar in ihn hinein zieht. Ich habe dies versucht und weiß, daß es Tatsache ist. Andererseits, je schneller und stärker der Herzschlag ist, um so größer ist der Widerstand des Astralbandes.

Obwohl das Zurückhalten des Atems bei der bewußt empfundenen Astralwanderung den Kabelwiderstand vermindert, ist es nicht ratsam, das zu tun, um aus der lebendigen Reichweite des Kabels herauszukommen, denn, wie ich bereits gesagt habe, der physische Körper würde aus Mangel an Sauerstoff gefährdet, da er sich bereits in geschwächtem Zustand befindet. Der wesentliche Punkt, auf den ich hinweisen muß, ist der, daß Gemütsbewegung die Zugkraft des Kabels erhöhen und sich nachteilig auf den Erfolg des Versuches auswirken wird. Warum? Einfach deshalb, weil Gefühlsbewegung den Atem und den Herzschlag verstärkt.

Wir wollen z. B. annehmen, wir würden bewußt eine Abspaltung des Astralkörpers innerhalb der lebendigen Reichweite des Astralbandes erleben und plötzlich von Furcht befallen. Unsere Gefühlsbewegung würde den Herzschlag erhöhen und den Atem beschleunigen. Der physische Körper würde lebendiger werden. Der Widerstand im Kabel würde stark anwachsen, und wenn er nicht durch andere Faktoren, die bei der Abspaltung des Astralkörpers förderlich sind, ausgeglichen würde, müßte der Astralkörper sich in den physischen Körper zurückziehen.

Obwohl das astrale „Kraftband" mit einem Gummikabel verglichen werden kann, ist es in einer bestimmten Beziehung ihm unähnlich. Angenommen, ein Gummi- oder anderes dehnbares Kabel wird an beiden Enden festgehalten und auseinandergezogen. In dem Maße, wie die Länge des Kabels zunimmt, nimmt sein Durchmesser ab und der Widerstand zu. Beim Astralband wird der Durchmesser kleiner, wenn die Länge größer wird, aber der Widerstand wird auch kleiner.

Die Kraft, die im Astralband wirkt, wird nicht durch das Band selbst erzeugt. Diese Kraft selbst bleibt rätselhaft. Manchmal scheint die im Kabel wirksame Kraft gut gelenkt zu sein, da sie den Astralkörper stetig aus dem physischen Körper hinaustreibt, manchmal jedoch erscheint diese Kraft sprunghaft: Sie läßt zuerst den Astralkörper aus dem physischen Körper austreten, zieht ihn dann schnell wieder zurück, wirft ihn schließlich auf die eine Seite, dann auf die andere usw.

Nun sind während jeder Stufe der Abtrennung des Astralkörpers Faktoren wirksam, die förderlich sind, und andere, die für den Vorgang hinderlich sind. Wenn die positiven Faktoren stärker sind als die negativen, beginnt die Aussendung des Astralkörpers in einer ordentlichen gut gelenkten Weise.

Wenn die negativen Faktoren bei der Verschmelzung der beiden Körper überwiegen, ist die Abtrennung des Astralkörpers nicht möglich. Wenn die negativen Faktoren stärker werden, während sich der Astralkörper vom physischen Körper trennt (innerhalb der lebendigen Reichweite des Astralbandes), so stören sie den ordentlichen Ablauf des Vorganges, und obwohl diese sich gegenüberstehenden Faktoren immer vorhanden sind, müssen die förderlichen Einflüsse notwendigerweise ein wenig größer sein als die ihnen entgegengesetzten Kräfte, oder die Trennung vom physischen Körper wird zum Stillstand kommen.

Die im Astralband wirkende Kraft wird das Band je nach dem Übergewicht der positiven oder negativen Faktoren lenken, die immer vorhanden sind. Man muß dabei bedenken, daß es nicht der Astralkörper ist, der sich aus dem physischen Körper hinaustreibt oder wieder in ihn hinein. Es ist der unterbewußte Wille. Dem bewußt empfindenden Astralkörper scheint es, als wäre das Astralband tatsächlich vernunftbegabt. Es ist jedoch die unterbewußte Kraft, die darin wirkt. Diese Kraft hängt von dem Übergewicht entweder der positiven oder negativen Faktoren ab.

Wenn die sich entgegenwirkenden Faktoren fast ausgeglichen sind, und wenn der Astralkörper sich vom physischen etwa sechs Fuß entfernt hat, wird er keine feste Lage einnehmen. Er wird hin und her und vorwärts und rückwärts schwanken. Wir haben schon gesehen, wie Gemütsbewegung die Zugkraft des Astralbandes erhöht und wie innerliche Ruhe sie verringert. Es geschieht wirklich sehr selten, daß diese sich gegenüberstehenden Faktoren während einer Astralwanderung sich nicht ganz oder teilweise aufheben. Geräusche (ebenso wie Gemütsbewegung) verstärken die Spannung im Astralband; die Notwendigkeit innerer Ruhe ist daher offensichtlich.

Durch ein Geräusch verursachte Rückkehr in den physischen Körper

Ich erinnere mich einer Astralwanderung, bei der ich mich etwa fünfzehn Fuß vom physischen Körper entfernt hatte, mich aber im Lebensbereich des Astralbandes befand. Es war ungefähr elf Uhr abends. Die Abtrennungsbewegung ging sprunghaft und langsam vonstatten. Im Keller begann ein Familienmitglied kräftig an den Rosten des Heizofens zu rütteln. Das Geräusch kam unerwartet. Der ganze Tisch schien einen Augenblick zu schwanken; dann zog mich mit übermäßig starker Zugkraft das Astralband aus der aufrechten Haltung in die waagerechte Lage zurück, geradeswegs durch die Luft bis unmittelbar über den (physischen) Körper und wieder in ihn hinein; die ganze Rückkehr dauerte nur eine winzig kurze Zeit.

Geräusche und Gemütsbewegung treiben den Astralkörper schneller in den physischen Körper zurück als irgendein anderer negativer Faktor, oft mit blitzartiger Geschwindigkeit. Wenn dies geschieht, fühlt der physische Körper immer einen Schock, der manchmal mit Schmerz verbunden ist oder, wie ich schon gesagt habe, mit einem Gefühl, als würde man in zwei Stücke gerissen. Diesen Vorgang nenne ich blitzartige Rückkehr des Astralkörpers.

Blitzartige Rückkehr des Astralkörpers

Innerhalb der lebendigen Reichweite des Astralbandes können sich viele seltsame Vorgänge abspielen: blitzartige Rückkehr des Astralkörpers, ebenso schnelle Wiederkehr der Empfindungsfähigkeit, doppelte Empfindungsfähigkeit, Starre, Schwanken des Astralkörpers und vieles andere. Wir wollen zuerst die blitzartige Rückkehr des Astralkörpers untersuchen:

Die wahrscheinlich häufigste Ursache für die blitzartige Rückkehr des Astralkörpers ist das Erwachen des Bewußtseins während des Vorganges einer unbewußten Astralwanderung. Der Astralkörper kann in jede Entfernung innerhalb der lebendigen Reichweite des Astralbandes ausgesandt werden, wenn plötzlich das Bewußtsein wieder aufzutreten beginnt. Fast unmittelbar vor dem ersten Funken des Bewußtseins zieht sich der Astralkörper mit unvorstellbarer Geschwindigkeit in den physischen Körper zurück. Wenn er auf diese Weise mit dem physischen Körper wieder verschmolzen ist, wird der ganze körperliche Organismus durcheinander gerüttelt, obwohl sich in diesem Augenblick jeder Muskel des physischen Körpers zusammenzieht, und ein krampfartiges Zucken geht durch den physischen Körper, in den Gliedern deutlicher als in den anderen Körperteilen. Das Bewußtsein, das die plötzliche

Rückkehr in den physischen Körper verursacht hat, hat wieder zu arbeiten begonnen, und in der Regel sind wir unmittelbar nach der Wiedervereinigung der beiden Körper im physischen Körper wieder bei Bewußtsein.

Es gibt Hunderte von Menschen (in Wirklichkeit gilt dies für jeden schlafenden Menschen), deren Astralkörper sich jede Nacht ein wenig aus dem physischen Körper herausziehen, um sich wieder mit kosmischer Kraft aufzuladen. Hat der Leser jemals beobachtet, daß er plötzlich von einem krampfhaften Zucken befallen wurde und das Bewußtsein wiedererlangte, wenn er im hypnagogischen Zustand war, d. h. im Grenzzustand zwischen Schlafen und Wachen? Der Arzt nennt das Nervosität, aber damit ist nichts erklärt.

Die Lösung des Problems ist einfach. Wenn der Kondensator, der Astralkörper, entladen ist, sendet ihn der unterbewußte Wille sobald wie möglich aus dem physischen Körper aus, um es ihm zu ermöglichen, sich schneller wiederaufzuladen. Wenn wir erschöpft oder in einem Zustand der Erschlaffung und nahe daran sind, einzuschlafen, trennt sich der Astralkörper daher vom physischen Körper. Wenn dann ein Schimmer des Bewußtseins auftritt, wenn ein plötzliches Geräusch oder sonst etwas eine Gefühlserregung verursacht, zum Beispiel Furcht, dann kehrt der Astralkörper blitzschnell in den physischen Körper zurück, der dabei einen Schock empfindet, obwohl der Astralkörper sich vielleicht nur ein paar Zoll von ihm entfernt hatte.

Wir dürfen nicht vergessen, daß der Astralkörper erstarrt ist, und in dem Augenblick, in dem er plötzlich und kräftig sich wieder mit dem physischen Körper vereinigt, zwingt er dessen erschlaffte Muskeln, sich den seinen anzupassen. Wenn der Astralkörper ruhig und langsam in den physischen Körper zurückkehrt, während dieser erstarrt ist, und wir dabei das Bewußtsein wiedererlangen, werden wir für kurze Zeit gelähmt sein. Der Schock, den die plötzliche Verschmelzung der beiden Körper verursacht, ist immer unangenehm und manchmal heftiger als in anderen Fällen. Die Heftigkeit des Schocks entspricht der Entfernung, die der Astralkörper zurücklegen muß, bevor er sich wieder mit dem physischen Körper vereinigt, und auch der Geschwindigkeit, mit der sich die Wiedervereinigung vollzieht.

Und die Geschwindigkeit der Wiedervereinigung wird ihrerseits durch das stärkere oder schwächere Übergewicht der negativen Faktoren bestimmt. Je größer die Geschwindigkeit und die Entfernung, um so größer wird der Schock bei der Wiederverschmelzung der beiden Körper sein. Die größte Geschwindigkeit und die größte Entfernung bewirken zusammen die heftigste Wiedervereinigung, aber die Geschwindigkeit ist der wichtigere der beiden Faktoren, denn schon bei einer Entfernung von einem Fuß erleidet der physische Körper einen schweren Schock, wenn der Astralkörper mit höchster Geschwindigkeit in ihn zurückkehrt.

Die deutlichsten Folgen dieser schnellen Wiedervereinigung der beiden Körper (wenn dabei sowohl die Geschwindigkeit wie die Entfernung eine Rolle spielen) ist das Gefühl, als würde man in der Mitte des Körpers auseinandergerissen. „In der Mitte des Körpers auseinandergerissen" beschreibt den Schmerz, den man dabei empfindet, besser als alle anderen Worte, an die ich dabei denken könnte. Wir werden von einem plötzlichen, scharfen Schmerz durchzuckt, als ob ein Instrument mit scharfer Schneide mitten durch den ganzen Körper hindurchgezogen würde.

Dieser scharfe Schmerz wird nicht so häufig empfunden wie der plötzliche Ruck, weil die meisten Menschen keine ausgedehnten Astralwanderungen erleben. Beide Empfindungen sind jedoch unangenehm genug. Ob bei dieser schmerzhaften Wiedervereinigung Gefahr besteht, kann ich nicht sagen, aber es ist wahrscheinlich, daß solche Vorkommnisse mehr unangenehm als schädlich sind. Wenn die Rückkehr des Astralkörpers, wie es immer sein sollte, vom unterbewußten Willen gelenkt wird (bei Übergewicht der positiven Faktoren), wird sie von dem Astralwanderer nicht empfunden.

Wenn wir bei dem Versuch, diesen Vorgang (die Aussendung des Astralkörpers) zu verursachen, heftige körperliche Schmerzen empfinden, so ist dies ein Zeichen dafür, daß die Abtrennung bis zu einem gewissen Grade erfolgreich gewesen ist, daß die negativen Faktoren sehr stark sind. Eine einzige schmerzhafte Wiederverschmelzung der beiden Körper wird der Ermöglichung weiterer Astralwanderungen wahrscheinlich ein Ende setzen, denn wir werden uns vor dem Schock fürchten, und diese unterdrückte Furcht wird beim ersten Funken von Bewußtsein eine Gemütsbewegung zur Folge haben und dadurch den Astralkörper blitzartig in den physischen Körper zurücktreiben, und der starke Schmerz wird sich wiederholen.

Ferner, wenn man wirklich stark wünscht, eine ausgedehnte Astralwanderung herbeizuführen und dabei heftige körperliche Schmerzen empfindet, so muß man dies nicht vom Standpunkt der Schmerzhaftigkeit (die ja nur vorübergehend ist) betrachten oder als gefährlich fürchten, sondern als Anzeichen werten, daß man mit dem Versuch Erfolg hat, daß die Schmerzen harmlos sind, ob wir Schmerzen empfinden oder nicht. Dadurch wird die unterdrückte Furcht überwunden, welche die Gemütsbewegung verursacht, die man im ersten Augenblick empfindet, wenn man im Astralkörper das Bewußtsein erlangt.

Geräusche, Empfindungen und Gemütsbewegung verursachen körperliche Schmerzen, vorausgesetzt, daß der Astralkörper sich im lebendigen Bereich des Astralbandes befindet. Außerhalb dieses Bereichs bestehen diese Einflüsse natürlich nicht. Innere Erregung ist wahrscheinlich die Grundursache, Geräusche, Empfindungen usw. sind nebensächliche Faktoren. Und hier ist noch eine andere Merkwürdigkeit. Astralwanderungen der unbewußten Art fördern die Empfindungen. Diese Empfindungen verursachen Gemütsbewegung oder Träume, und die Gemütsbewegung im Traum veranlaßt den feinstofflichen Körper, sich in den physischen Körper zurückzuziehen.

Man mag dies „Im-Kreise-Denken“ nennen. Im gewissen Sinne ist dies richtig, doch mit solchen Geschehnissen ist es wie bei einem Traum, z. B. wird eine Reizung oder eine Empfindung der Blase einen Traum hervorrufen, in dem wir die Blase entleeren, und dieser Traum wiederum veranlaßt die Blase, sich zu entleeren. Gewöhnlich verursachen die Empfindungen, die durch die Tätigkeit des Astralkörpers geweckt werden, „Flugträume“; von ihnen will ich jetzt sprechen.

Kapitel 4

TYPISCHE TRÄUME WÄHREND EINER ASTRALWANDERUNG

Es gibt einige immer wiederkehrende Träume, die durch Astralwanderungen verursacht werden und die wir jetzt besprechen wollen:

1. „Fallträume".
2. „Flugträume",
   a) der „Schwimmtraum",
   b) der Traum vom Fliegen in aufrechter Haltung,
   c) der Traum, in dem wir uns mit Riesenschritten bewegen.
3. Der Traum, in dem wir mit Körper und Kopf flatternde Bewegungen machen.
4. Der Traum, daß uns jemand immer wieder auf den Kopf schlägt.
5. Der Traum, in dem wir uns zu einem Phantasiegebilde bewegen.

Hat der Leser jemals „Flug-" und „Fallträume" gehabt? Wenn ja, so wird er wissen, wie unangenehm sie sind. Viele Theorien sind zur Erklärung solcher Träume vorgebracht worden, und einige von ihnen sind ebenso unrichtig, wie ihre Verfechter bekannt sind. Doch sind diese Träume leicht zu erklären, wenn man erst einmal eine Astralwanderung erlebt hat. Wir wollen sehen, was Walsh zu dem „Falltraum" zu sagen hat und mit dem vergleichen, was wir schon über die Abspaltung des Astralkörpers gelernt haben. Ich führe Dr. Walsh an:

„„Fallträume" sind alles andere als angenehm. Im allgemeinen verursachen sie einen Schock, der den Träumenden mit einem Schmerzgefühl weckt. Nach einem Aberglauben tritt der Tod ein, wenn der Träumende in die Tiefe eines Abgrundes oder anderweitig aus großer Höhe hinabfällt. Das ist natürlich nur Aberglaube; das einzige, was dafür spricht, ist die Tatsache, daß wir niemand wecken können, den wir tot im Bett finden, um ihn zu fragen, ob er einen „Falltraum" gehabt hat; ferner können die Abergläubischen die Richtigkeit ihres Glaubens nicht beweisen. Es ist natürlich möglich, daß hysterische oder nervöse Menschen so lebhafte „Fallträume" haben, daß eine Lähmung oder Schwächung der Organe erfolgt.

Der „Falltraum" kann mit einem „Flugtraum" verbunden sein, der ihm folgt, oder der Flugtraum kann unabhängig von ihm geträumt werden. Z. B. kann jemand träumen, daß er in angenehmer Weise dahinfliege und dann plötzlich falle, oder er träumt vielleicht, er falle von einem Berggipfel oder einem anderen hohen Ort herunter, ohne daß er vorher im Traum geflogen ist. In Fallträumen wachen wir immer auf, bevor wir den Boden erreichen; dies erklärt sich dadurch, daß wir zur Zeit des Traumes im Begriff sind zu erwachen und tatsächlich vor dem Ende des Traumes erwachen, oder weil die durch die Träume verursachten Empfindungen stark genug sind, den Schläfer zu wecken.

Es gibt drei mögliche Erklärungen für den Falltraum. Die gewöhnlich gegebene Erklärung ist die, daß er mit dem Flugtraum verwandt ist; der Unterschied bestehe darin, daß beim Falltraum die Atmung mehr behindert und langsamer werde und die Unempfindlichkeit der Haut wachse. Gewisse gesundheitliche Störungen mögen zuweilen diese Empfindungen hervorrufen.

Jewell, von Ellis zitiert, behauptet, daß „manche Beobachter, besonders diejenigen, die zu Fall- und Flugträumen neigen, diese auf einen mangelhaften Blutkreislauf zurückführen und dabei sagen, ihre Ärzte hätten ihnen zur Regelung ihrer Herztätigkeit Arzneien gegeben, die ihnen immer Erleichterung verschaffen und solche Träume verhindern." Gelegentliche Fallträume werden jedoch nicht als von großer Bedeutung angesehen.

Häufig haben wir den Falltraum gerade, wenn wir im Begriff sind, einzuschlafen. Wie schon gesagt, werden wir vom Schlaf nur allmählich befallen; die Muskeln erschlaffen langsam, und die Sinne werden empfindungslos. Viele Menschen haben, wenn sie im Begriff sind, einzuschlafen, das Gefühl, als rutschten sie in ein Loch hinein oder einen Abhang hinunter und erwachen manchmal ganz erschreckt. Diese Leute sind nervöser Veranlagung, obwohl Erschöpfung oder eine leichte Erkrankung sie für dieses Gefühl empfänglich machen können. Es ist möglich, wenn wir auf die Empfindungen achten, die wir psychologisch im Grenzzustand zwischen Wachen und Schlafen haben, die Erschlaffung der Muskeln und das Gefühl des Gleitens zu beobachten, das damit verbunden ist. Solche aufmerksame Beobachtung ist jedoch nicht ratsam, wenn man schon dazu neigt, empfindlich und nervös zu sein.

Die Verwendung eines festen, harten Bettes verhindert oft das Gefühl des Sinkens, während wir uns zwischen Wachen und Schlafen befinden, und kann so gewisse Fallträume verhindern. Wenn das Bett unter uns nachgibt, kann dies das Gefühl des Sinkens verstärken, wenn wir im Begriff sind, einzuschlafen; es kann aber auch das Gefühl hervorrufen, zusammen mit einem Falltraum, wenn wir während des Schlafes unsere Körperhaltung verändern. Menschen, die zu quälenden Träumen neigen, finden gelegentlich ein Heilmittel dafür, indem sie knarrende Fenster, quietschende Bettfedern usw. beseitigen.

Die Empfindungen, die wir im wachen Zustand haben, daß wir zum Rande eines hohen Gebäudes gezogen werden, auf dem wir uns vielleicht befinden, oder das Schwindelgefühl beim schnellen Besteigen eines hochgelegenen Ortes können uns helfen, die Fallträume zu erklären. Die Haupterklärung für diese Empfindungen im Wachzustand ist das Sinken des Blutdrucks. Im Traum erleben wir vielleicht noch einmal ein Vorkommnis des wirklichen Lebens, besonders, wenn wir das Gefühl des Fallens sehr deutlich gehabt haben. Das Sinken des Blutdrucks während des Schlafes ist nicht selten und wird durch leichte körperliche Störungen hervorgerufen; diese Tatsache kann auch einige Fallträume erklären."

Wie ich schon gesagt habe, hat Dr. Walsh eine ideale Beschreibung des Falltraumes und einige ausreichende Erklärungen dafür gegeben; und einige dieser Ursachen erregen zweifellos Fallträume, doch sage ich mit Bestimmtheit, daß die gewöhnliche Ursache eines Falltraumes die Rückkehr des abgespaltenen Astralkörpers in den physischen Körper ist.

Der Doppelgänger ist vielleicht einige Fuß weit vom physischen Körper getrennt; negative Faktoren beginnen sich auszuwirken; der Astralkörper wird von der aufrechten Haltung in die waagerechte Lage gezogen, durch die Luft bis über den physischen Körper, und fällt dann genau in ihn hinein. Das Gefühl des Schwebens entsteht oft, wenn der Astralkörper waagerecht liegt, über dem physischen Körper, und der erste Funke des Bewußtseins aufleuchtet. Ein Traum vom Fliegen oder Schweben wird dann verursacht. Die Empfindungen werden geweckt, — weitere negative Faktoren, und ein plötzliches Herabfallen in den physischen Körper wird die Folge sein. Dabei wandelt sich der Traum in das widerwärtige Gefühl des Fallens. Im Augenblick, in dem der Astralkörper in den physischen Körper hineinfällt, erleidet dieser einen starken Schock.

Dies erklärt, wie die Abspaltung des Astralkörpers Empfindungen weckt, die dem Vorgang entsprechen, der sich gerade abspielt: Es wird ein Traum verursacht, die Empfindungsfähigkeit wird wachgerufen und der Astralkörper in den physischen Körper hineingetrieben. Es mag uns scheinen, als hätte der Traum länger gedauert als die Wiedervereinigung der beiden Körper, aber das ist nicht der Fall. Ein Traum, der scheinbar lange Zeit in Anspruch nimmt, kann in Wirklichkeit in einer sehr kurzen Zeitspanne geträumt werden.

Wenn man jemals einen Falltraum gehabt hat, so weiß man genau, was für ein Gefühl man hat, wenn der Astralkörper sich ganz plötzlich wieder mit dem physischen Körper vereinigt. Selbst wenn wir bei vollem Bewußtsein sind, wird plötzlicher Wiedereintritt des Astralkörpers in den physischen Körper die gleiche Empfindung hervorrufen wie die, welche wir haben, wenn wir dabei nicht bei vollem Bewußtsein sind. Lange Zeit vor meiner ersten bewußt empfundenen Astralwanderung hatte ich fast jede Nacht Fallträume oder Schwebeträume und erlebte dann eine heftige, plötzliche Rückkehr in den physischen Körper. Der Astralkörper braucht nur ein paar Zoll vom physischen Körper getrennt zu sein, und doch erlebt man beim Herabsinken in den physischen Körper einen Falltraum.

Obwohl ich nicht völlig mit Dr. Walsh übereinstimme, hat er eine ideale Beschreibung des Traumes gegeben. Wir wollen daher etwas von seinem ausgezeichneten Material in einzelnen Sätzen herausgreifen und es auf Astralwanderungen anwenden. Von Dr. Walsh übernommene Sätze werde ich mit W kennzeichnen:

W: „Fallträume sind alles andere als angenehm". — Gerade dadurch wird der Astralkörper zu stärkeren Empfindungen veranlaßt und heftiger mit dem physischen Körper wiedervereinigt.

W: „Im allgemeinen verursachen sie einen Schock, der den Träumenden weckt". — Das ist die blitzartige Rückkehr des Astralkörpers in den physischen Körper.

W: „Der Falltraum kann mit einem Flugtraum verbunden sein, der ihm folgt". — Wenn ein Flugtraum einem Falltraum vorausgeht, wie es gewöhnlich geschieht, so erklärt sich dies daraus, daß der Astralkörper tatsächlich über dem physischen Körper schwebt und dabei von einer Seite auf die andere schwankt. Diese Empfindung verursacht eine innere Bewegung, das Astralband und der physische Körper werden ebenfalls beeinflußt und beginnen, den Astralkörper in eine Lage unmittelbar über dem physischen Körper zurückzuziehen, — daher die Empfindung des Fliegens. Sodann fällt der Astralkörper in den physischen Körper hinein und verursacht so ein Gefühl des Fallens. Wenn sich der Astralkörper so plötzlich mit dem physischen Körper wiedervereinigt, hat dieser die Empfindung eines Schocks.

W: „Jemand träumt vielleicht, er falle von einem Berggipfel oder einem anderen hohen Ort herunter, ohne daß er vorher im Traum geflogen ist." — Falls sich dies ereignet, so blitzt der erste Funke des Bewußtseins auf, wenn der Astralkörper genau über dem physischen Körper liegt. Er fällt einfach in den physischen Körper hinein, oder, möchte ich sagen, wird durch den Kabelzug heruntergezogen.

W: „In Fallträumen wachen wir immer auf, bevor wir den Boden erreichen; dies erklärt sich dadurch, daß wir zur Zeit des Traumes im Begriff sind zu erwachen und tatsächlich vor dem Ende des Traumes erwachen, oder weil die durch Träume verursachten Empfindungen stark genug sind, den Schläfer zu wecken." — Die meisten Sachverständigen sind sich einig, daß wir in einem Falltraum immer aufwachen, bevor wir den Boden erreichen. Das ist jedoch nicht richtig. Ich habe in solchen Träumen oft den Boden erreicht und habe eifrig nach Äußerungen anderer zu diesem Punkte gesucht. Die Leute, bei denen ich mich erkundigte, berühren wirklich den Boden gleichzeitig mit der blitzartigen Rückkehr in den physischen Körper, d. h. das Berühren des Bodens und der Wiedereintritt in den physischen Körper ereignen sich zur selben Zeit. Man kann in einem Falltraum den Boden berühren, dabei aber nur eine kurze Wiedervereinigung der beiden Körper erleben, kann wieder in Schlaf sinken und dann träumen, daß man bei dem Fall schwer verletzt oder sogar in Stücke zerschlagen worden sei.

W: „Manche Beobachter, besonders diejenigen, die zu Fall- und Flugträumen neigen, führen diese auf einen mangelhaften Blutkreislauf zurück und sagen dabei, ihre Ärzte hätten ihnen zur Regelung ihrer Herztätigkeit Arzneien gegeben, die ihnen immer Erleichterung verschaffen und solche Träume verhindern." — Das ist wohl ein Beweis für die Rolle, die dabei die Aussendung des Astralkörpers spielt. Die Arzneien zur Regelung der Herztätigkeit verhinderten den Falltraum, weil sie die Abtrennung des Astralkörpers verhinderten. Wenn man etwa Strychnin nimmt, so verhindert man mit Bestimmtheit die Abspaltung des Astralkörpers, weil die Stärkung der Herztätigkeit eine ungewöhnliche Passivität des physischen Körpers unmöglich macht. Wir werden später sehen, wie die Verlangsamung des Herzschlages die Abspaltung des Astralkörpers fördert. Ungewöhnliche physische Passivität ist immer mit langsamem Herzschlag verbunden.

W: „Die Menschen, die häufig Fallträume haben, sind gewöhnlich von nervöser Natur, obwohl Erschöpfung und leichte Erkrankung sie besonders dazu neigen lassen." — Erschöpfung, Nervosität usw. begünstigen immer die Abtrennung des Astralkörpers. Bevor wir einschlafen, hat sich der Astralkörper schon ein wenig aus dem physischen Körper gelöst, um sich wieder mit kosmischer Kraft aufzuladen. Wir sind dabei vielleicht noch zwischen Wachen und Schlafen, und unser Astralkörper ist nur ein paar Zoll außerhalb des physischen Körpers.

Ferner sagt Dr. Walsh: „Das Gefühl im Wachzustand, daß wir zum Rande eines hohen Gebäudes hingezogen werden, oder das Schwindelgefühl, das wir haben, wenn wir sehr schnell zu einem hohen Punkt hinaufsteigen, kann uns helfen, die Fallträume zu erklären." — Das ist sehr wichtig; ich weiß es aus Erfahrung.

Trotz meiner Kritik bin ich jedoch der Meinung, daß Dr. Walshs Buch "The Psychology of Dreams" („Die Psychologie der Träume") ein sehr lehrreiches und anregendes Buch ist, und ich möchte dem Leser raten, es sich zu beschaffen, falls er sich für die Natur des Traumes und die damit verbundenen Erlebnisse interessiert.

Wie ich die Ursache vieler Fallträume herausfand

Als kleines Kind hatte ich die Gewohnheit, fast täglich mit einem Freund zu spielen, der ungefähr in meinem Alter war und in der Nähe wohnte. Er wohnte in einem großen Haus, einem quadratischen, ungewöhnlich hohen Holzhaus, das auf einem Erdwall erbaut worden war. Auf dem Dach, das flach war, gab es eine von einem Geländer umgebene Veranda, die man über eine Treppe im Dachboden erreichen konnte.

Viele Male hatten wir versucht, auf das Dach zu gehen, aber jedes Mal hatte uns die Mutter meines Freundes daran gehindert. Dann kam ein Tag, an dem der Wachposten nicht im Dienst war! Wir spielten Soldaten und gingen auf die Dachveranda, die wir „Aussichtsberg" nannten, um nach dem Feind Ausschau zu halten. Eine Weile hielt ich mich nahe der Mitte der Veranda auf, aber nach einiger Zeit kroch ich auf Händen und Füßen bis zum Rand, steckte meinen Kopf durch die Geländerstützen und sah nach unten. Mir wurde schwindlig, und ich fühlte den Drang, hinunterzuspringen oder zu -fallen. Wenn das Geländer nicht dagewesen wäre, glaube ich, hätte ich das auch getan. Aber in einem Augenblick bekam ich einen Schreck, kroch zur Mitte der Veranda zurück, verließ sie sofort und kam durch das Haus wieder nach draußen. Später fürchtete ich mich immer, auf die hohe Veranda zu gehen. Wenn ich nur daran denke, überkommt mich schon ein Schwindelgefühl!

Ungefähr ein Jahr danach begann ich, von Fallträumen geplagt zu werden, und alle Träume waren gleich. Ich pflegte zu träumen, daß ich unmittelbar über dem Haus meines Freundes schwebte, immer genau über die Stelle, an die ich von der Mitte bis an den Rand der Veranda gekrochen war. Und im Traum begann ich im selben Augenblick, in dem ich den Rand erreichte (genau da, wo ich hinuntergesehen hatte an dem Tage, an dem wir Soldaten spielten), zu fallen. Wenn ich auf der Erde aufschlug, erwachte ich mit einem Ruck. In diesem Traum war ich immer erwachsen und ein Soldat in Uniform.

Ich hatte schon mehrere mit Bewußtsein empfundene Astralwanderungen erlebt, als ich eines Nachts wieder diesen Traum hatte. Ich schwebte über dem Haus, in dem mein Freund wohnte. (Das war ungefähr sieben Jahre, nachdem wir auf dem Aussichtsberg Soldaten gespielt hatten.) Aber das Schweben schien mich dieses Mal nicht so sehr zu erschrecken. Schließlich hielt ich an, genau über der Stelle, wo das Fallen immer begonnen hatte. Aber dieses Mal fiel ich nicht. Ich schwebte bewegungslos in der Luft, am Rande des Daches. Langsam kehrte mein Bewußtsein zurück. Als ich genügend bei Bewußtsein war, um zu begreifen, was vor sich ging, sah ich, daß ich mich im Astralkörper befand und in der Luft genau über dem physischen Körper schwebte, etwa drei Fuß darüber. Es wird nicht unangebracht sein, hinzuzufügen, daß man im Traum sich offensichtlich über eine große Strecke nach unten bewegen kann, aber in Wirklichkeit fällt der Astralkörper nur einen ganz kleinen Teil der geträumten Entfernung hinunter.

Man wird sehen, daß der Astralkörper nicht genau an der Stelle war, wo ich im Traum zu sein glaubte, sondern daß er eine Bewegung auszuführen schien, die derjenigen ähnelte, die er im Traum machte. Die Empfindung, die durch die Bewegung des Astralkörpers hervorgerufen wurde, war irgendwie mit dem unterbewußten Eindruck verbunden, den ich an dem Tag erhalten hatte, an dem ich als Kind über den Rand des Daches sah, und der den Traum ausgelöst hatte.

Jetzt verstand ich die Bedeutung der Fallträume. Während jenes Traumabschnitts, in dem ich über das Haus flog, war der Astralkörper über dem physischen Körper oder auf der einen oder anderen Seite des physischen Körpers. (Ein Funke des Bewußtseins war aufgeleuchtet, und da ich tatsächlich schwebte, kam die Empfindung des Schwebens schnell wie dieser Funke.) Die Empfindungsfähigkeit war geweckt. Das Astralband begann zu ziehen und der Astralkörper sich durch die Luft zu bewegen (zu fliegen) bis in eine Lage genau über dem physischen Körper. Hier träumte ich, ich sei am Rande der Dachveranda. Da der Astralkörper herabfiel, war der Traum ein Falltraum. Als die beiden Körper sich wieder vereinigten, kehrte das Bewußtsein zurück. Dies erklärt das Phänomen der Fallträume.

Wir kehren jetzt zu unserem Ausgangspunkt zurück: Bewegung des Astralkörpers kann einen Traum verursachen (des Schwebens, Fliegens, Fallens), und der Traum kann die Empfindungsfähigkeit wecken; die Empfindungen beleben den physischen Körper und verursachen eine Zugkraft im Astralband, wodurch der Astralkörper wieder mit dem physischen Körper vereinigt wird. Von dem ganzen Vorgang der Rückkehr in den physischen Körper kann man sagen, daß er eine Grundursache hatte, — innere Bewegung. Handlungen, Empfindungen, Träume, Töne tragen alle zur Entstehung dieser Empfindungen bei. Die Gemütsbewegung selbst kann, könnte man sagen, positiv oder negativ sein. Wenn die Empfindungen angenehmer Art sind, wird das Gemüt auch angenehm angeregt, dies kann man als förderlich für die Astralwanderung bezeichnen. Wenn die Empfindungen aber nicht angenehm sind, wird die Gemütsbewegung auch negativ sein.

Was gewöhnlich negative Gemütsbewegung verursacht, wenn der Astralkörper sich im Schwebezustand befindet, ist der Vorgang des Erwachens. Wenn wir einen Schwebetraum hätten, während der Astralkörper wirklich schwebt, und der Traum angenehm wäre (etwa, ein Flieger zu sein), so würde die Empfindung eine angenehme Gemütsbewegung auslösen, und das Bewußtsein wäre nicht so sehr geneigt, den Ablauf des Traumes zu stören. In diesem Zustand hätten wir einen angenehmen Flugtraum, und der Astralkörper würde zum Austritt aus dem physischen Körper veranlaßt, eher als zum Wiedereintritt.

An Flugträume erinnert man sich oft als angenehme Träume. Ich habe einen guten Freund, der sehr angenehme Flugträume hat. Das Fliegen, sagt er, ist so wirklichkeitsgetreu, daß er, wenn er physisch wach ist, fast fühlen kann, wie er vom Boden aufsteigt. Er erklärt, daß er in diesem Traum immer einige Fuß über der Erde dahinzufliegen scheint, über den Köpfen anderer Menschen.

Die gewöhnliche Erklärung, die von Psychologen für Flugträume gegeben werden, ist, daß sie durch das Heben und Senken des Brustkastens verursacht werden, aber Ellis und andere weisen darauf hin, daß solche Träume nicht nur mit der Tätigkeit der Atemorgane erklärt werden können; sie behaupten, man verliere dann das Gefühl der Berührung mit dem Ruhelager. Nervosität ist ein bekanntes Anzeichen. Walsh: „Fallsüchtige haben manchmal das Gefühl der Leichtheit und des Auffliegens in die Luft. Eine Kranke erzählte, daß sie unmittelbar vor Beginn eines Anfalls das Gefühl hatte, sich „geradeswegs in den Himmel“ zu erheben. Das Gefühl des Emporschwebens haben auch einige sterbende Menschen, wodurch sie zu dem Glauben veranlaßt werden, sie würden in den Himmel hinaufgetragen. Die Worte eines Sterbenden: „Laßt sie mich nicht mitnehmen! Haltet mich unten!“ wurden wahrscheinlich durch diese Empfindung ausgelöst.

Bis zum Jüngsten Tage können Theorien über Fallen, Schweben, Aufschweben und Flugträume aufgestellt werden. Ein Forscher meint, daß das „Fallgefühl“ ein Rest aus vorgeschichtlichen Tagen ist und Erlebnisse und Erinnerungen ausdrückt, die wir von unseren „Affentagen“ her in uns tragen. Diese Erklärung verdient den ersten Preis als die albernste, die ich je gehört habe. Eine andere, weitverbreitete Ansicht geht dahin, daß der Fall im Falltraum lediglich eine „gefallene Frau“, eine „gefallene Seele“ usw. symbolisiere.

Die Ursache für die meisten Flugträume ist in dem Phänomen des Astralkörpers zu sehen. Die eigentliche Bewegung des Astralkörpers im Augenblick, in dem der Traum ausgelöst wird, bestimmt die Art der Flugempfindung, die wir haben. Wenn wir an den Weg denken, den der Astralkörper zurücklegt, ist es viel leichter, die Beziehung der Astralwanderung zum Flugtraum zu erklären. Wir müssen daran denken, daß der Astralkörper nach oben in eine waagerechte Lage schwebt, dann entweder über dem physischen Körper eine aufrechte Haltung einnimmt oder sich nach der einen oder anderen Seite bewegt, bevor er sich aufrichtet. Dieser letztere Vorgang ist nicht ungewöhnlich, und es ist für den Astralkörper noch üblicher, in waagerechter Lage eine Strecke (etwa vier Fuß) aufzuschweben, dann sich einige Fuß nach einer Seite zu bewegen, dort eine Weile zu liegen und dann zurückzukehren. Dies ist die Entfernung, bis zu der sich in vielen Fällen der Astralkörper vom physischen Körper trennt, und es ist diese Art Erlebnis, wodurch viele Flugträume ausgelöst werden.

Ein weiterer Vorgang ist der folgende: Der Astralkörper schwebt bis zu einer bestimmten Höhe, während er sich in waagerechter Lage befindet, bewegt sich dann einige Fuß langsam nach einer Seite, kehrt dann zurück bis in eine Lage genau über dem physischen Körper, bewegt sich dann wieder von ihm fort und schwebt während der ganzen Zeit parallel dem Erdboden. Wenn wir die zahlreichen Bewegungen des Astralkörpers beobachten könnten, wären wir von einer besonderen Eigenart außerhalb der lebendigen Reichweite des Astralbandes besonders beeindruckt. Diese Eigenart ist die Wiederholung von Bewegungen.

Ich habe immer den Eindruck gehabt, dieser Vorgang sei ein wenig wie bei einer Mutter, die ihrem Kind erlaubt, zu einem entfernten Ort zu gehen. Die Mutter (der unterbewußte Wille) erlaubt dem Kind (dem Astralkörper), sich eine kurze Strecke von ihr zu entfernen, ruft es dann aber zurück; sie erlaubt dem Kind, immer weiter fort zu gehen, ruft es aber jedesmal zurück. Schließlich erhält das Kind die Erlaubnis, so weit fort zu gehen, daß seine Mutter es nicht länger zurückrufen kann (es ist außerhalb der lebendigen Reichweite des Astralbandes), und das Kind kann tun, was es will. Schließlich, nach einer Weile, kommt die Mutter ihm nach und bringt es zurück. Aber der unterbewußte Wille (ähnlich vielen Müttern) erlaubt zuweilen dem Kind, fortzugehen, ohne daß er es wiederholt zurückruft.

Furcht verursacht viele Fallträume. Der Astralkörper schwebt vielleicht waagerecht in der Luft. Wir haben dabei einen Traum (nicht, daß wir in der Luft schweben, sondern nur einen gewöhnlichen Traum), in dem wir erschrecken, obwohl wir uns später gar nicht an den Traum erinnern. Die Gemütsbewegung, die durch den Traum verursacht wird, ist so stark, daß die Rückkehr des Astralkörpers beginnt. So kommt es dann zu einem Falltraum.

Ein Mitglied meiner Familie hatte erst vor kurzer Zeit ein solches Erlebnis. Die betreffende Dame hatte zuerst geträumt, daß ein Einbruch in das Haus verübt werde. Einer der Einbrecher war im Begriff, auf sie zu schießen. Sie erschrak darüber so sehr, daß die Gefühlsbewegung ihren Traumkörper schnellstens in den physischen Körper zurücktrieb; dabei erlebte sie einen Falltraum.

Es ist nicht ungewöhnlich, daß wir nach dem Einschlafen einen Falltraum haben, weil wir während des Tages einmal stark erschreckt worden sind, denn ein erschreckendes Erlebnis, welcher Art es auch sein mag, kommt während des Schlafes an die Oberfläche des Bewußtseins und erregt die Gemütsempfindung.

Die verschiedenen Arten der Fallträume oder der Rückkehr in den physischen Körper

Es gibt drei verschiedene Arten, wie sich der abgespaltene Astralkörper wieder mit dem physischen Körper vereinigt, je nachdem, ob der Astralwanderer bei Bewußtsein, ohne Bewußtsein oder teilweise bei Bewußtsein ist, d. h. drei „Fallträume“. Diese sind:

1. Der spiralförmige Fall.
2. Der senkrechte Fall.
3. Der langsame, schwankende Fall.

(Manchmal kommt der Astralkörper von der Seite her in den physischen Körper zurück. Davon später; vgl. den Traum, in dem der Astralwanderer von einem Phantasiegebilde angezogen wurde.)

In unseren Fallträumen erleben wir die ersten beiden dieser Fallarten. Die dritte erleben wir jede Nacht während des Schlafes; sie ist die normale Art der Rückkehr des Astralkörpers.

Der senkrechte Fall hat eine heftige, plötzliche Wiedervereinigung zur Folge, denn der Astralkörper fällt auf geradem Wege in den physischen Körper hinein.

Bei dem spiralförmigen Fall fällt der Astralkörper mit einer Spiralbewegung, und die Wiedervereinigung ist nicht so heftig wie bei dem senkrechten Fall. Das Fallgefühl ist bei dem spiralförmigen Fall jedoch sehr unangenehm, viel unangenehmer als bei dem senkrechten Fall.

In allen anderen Fällen (außer, wenn der Astralkörper sich von der Seite her in den physischen Körper zurückbewegt) senkt sich der astrale Doppelgänger langsam in den physischen Körper hinein, wobei er in seiner ganzen Länge auf und ab schwankt; die Wiedervereinigung vollzieht sich schmerzlos. Dies ist die normale, vom Unterbewußtsein genau gelenkte Rückkehr in den physischen Körper.

Die Ursachen der verschiedenen Arten des Fallens

Was verursacht diese verschiedenen Arten des Fallens? Diese Frage ist mir schon vor vielen Jahren in den Sinn gekommen, und nur durch Erfahrung entdeckte ich, daß der unterbewußte Wille es bewirken kann, daß der Astralkörper der Schwerkraft stärker oder schwächer unterworfen ist, je nachdem, worauf der bewußte Wille gerichtet ist. Ich stellte fest, daß der unterbewußte Wille den Astralkörper veranlassen kann, sich ganz unabhängig vom bewußten Willen zu bewegen.

Ich beobachtete auch, daß Gemütsbewegung die lenkende Intelligenz veranlaßt, den Astralkörper der Schwerkraft stärker zu unterwerfen. So hat die Gemütsbewegung innerhalb der lebendigen Reichweite des Astralbandes eine doppelte Wirkung: erstens verursacht Gemütsbewegung stärkere Lebensäußerungen im physischen Körper (durch das Astralband) und bewirkt, daß der Astralkörper zum physischen Körper zurückgezogen wird. Zweitens hat Gemütsbewegung gewöhnlich zur Folge, daß der Astralkörper dem Gesetz der Schwerkraft stärker unterworfen ist.

Wenn das Astralband beginnt, den schwebenden Astralkörper herabzuziehen, so erfolgt, wenn der letztere (durch den unterbewußten Willen) spontan oder infolge einer inneren Bewegung (im Traum) in eine Lage gebracht wird, in der er auch der Schwerkraft ausgesetzt ist, ein senkrechter Fall mit einer heftigen und plötzlichen Wiederverschmelzung.

Beim spiralförmigen Fall wirken zwei Kräfte gegeneinander, anstatt daß beide zusammenwirken wie beim senkrechten Fall. Das heißt, beim spiralförmigen Fall zieht das Kabel den Astralkörper zurück, aber der Astralkörper ist in einer Lage, in der er dazu neigt, der Schwerkraft zu widerstehen, so daß er, anstatt auf geradem Wege in den physischen Körper hineinzufallen, sich zu drehen beginnt, während das Band ihn herabzieht.

Man kann sich hiervon einen guten Begriff machen, wenn man sich vorstellt, daß ein Junge seinen Papierdrachen an sich heranzieht. Der Drachen stellt den Astralkörper dar und die Schnur das Astralband. Wenn der Junge an der Schnur zieht, beginnt der Drachen, welcher der Schwerkraft Widerstand leistet, sich mit einer Spiralbewegung zu drehen, während er herunterkommt.

Beim spiralförmigen Fall veranlaßt die Gemütsbewegung in der Regel den Astralkörper, sich einen Augenblick vor der Berührung des physischen Körpers durch die Schwerkraft herabziehen zu lassen, aber die Wiedervereinigung wird in hohem Maße in ihrer Heftigkeit durch die vorangegangene spiralförmige Bewegung gemildert. Beim spiralförmigen Fall scheint sich der Kopf des Astralkörpers oft stärker zu drehen als der Rumpf. Das geschieht einfach deswegen, weil die Zugkraft des Astralbandes sich zunächst am Kopf auswirkt. Manchmal ist die Zugkraft am Kopf so stark, daß der Astralkörper seine spiralförmige Bewegung beendet und statt dessen sich im Zickzack zu bewegen beginnt. —

Bei dem langsamen, schwankenden Fall sind die sich entgegenwirkenden Faktoren ausgeglichen, und die lenkende Kraft hat den ganzen Vorgang vollkommen unter Kontrolle. Es ist dieser Kräfteausgleich, der das leichte Zittern des Astralkörpers in einer Auf- und Abbewegung bewirkt, denn er neigt fast ebensosehr dazu, sich aufwärts wie abwärts zu bewegen, — so genau sind die Kräfte ausgeglichen.

Es ist offensichtlich, daß bei den ersten beiden Fallarten etwas die vollkommene Kontrolle der lenkenden Intelligenz gestört hat, z. B. Gemütsbewegung oder Furcht im Traum. Es wird nicht unangebracht sein, hier zu erwähnen, daß die Abspaltung des Astralkörpers sich auch in dreierlei Art vollzieht, d. h. es gibt senkrechte, das spiralförmige und das normale, langsame, schwankende Aufwärtsschweben.

Bei dem senkrechten Aufwärtsschweben haben wir es mit einem gleichmäßigen Zug im Kabel zu tun, wobei der Astralkörper der Schwerkraft nicht unterworfen ist. Beim spiralförmigen Aufwärtsschweben wird der Astralkörper auch durch das Band nach oben gezogen, ist aber der Wirkung der Schwerkraft ausgesetzt. Bei dem langsamen, schwankenden Aufwärtsschweben haben wir ein Gleichgewicht der Kräfte, und das Aufschweben ist unter vollkommener Kontrolle.

Beim spiralförmigen Fall oder Aufwärtsschweben hört der Astralwanderer oft ein Rauschen, als ob die Luft um ihn mit Flügeln gefächelt würde oder als ob der Astralkörper der Luft Widerstand leistete, während er durch sie hindurchwirbelt.

Wie man die blitzartige Wiedervereinigung bei einem Falltraum vermeiden kann

Wenn wir mehrfach denselben Falltraum haben, so empfinden wir dabei tatsächlich, daß wir einen Falltraum haben, und wir befürchten, auf den Boden aufzuschlagen. Nun entdeckte ich aber vor langer Zeit, daß man den Fall in einem solchen Traum einfach dadurch mildern kann, daß man sich ganz bewußt weiterfallen läßt.

Es ist eine seltsame Tatsache, aber trotzdem wahr, daß einige Menschen, denen ich dieses Geheimnis mitteilte, auch beim Fallen daran dachten und sich bewußt weiterfallen ließen. Jeder von ihnen bezeugte, daß die Wiedervereinigung der beiden Körper dann fast harmlos war. Wir dürfen uns nicht fürchten, auf den Boden aufzuschlagen, denn der „Zusammenprall" der beiden Körper, wenn die Wiedervereinigung überhaupt in dieser Form vor sich geht, wird gering sein. Furcht beschleunigt den Fall!

Arten des Flugtraumes

Es gibt verschiedene Abarten des Flugtraumes, fast ebenso viele, wie es Lagen gibt, die der Astralkörper einnehmen und Bewegungen, die er machen kann, während er in der Luft über dem physischen Körper oder über dem Boden schwebt. Man denke daran, daß Träume von Astralwanderungen fast immer Wirklichkeitsträume sind. Wenn man die Träume überwachen könnte, könnte man auch die Bewegungen des Astralkörpers überwachen. Davon später!

Eine Abart des Flugtraumes ist der „Schwimmtraum" mit oder ohne Bewegung der Beine und Arme. Dieser Traum tritt immer auf, wenn der Astralkörper, während er waagerecht in der Luft liegt, sich spiralförmig bewegt.

Eine weitere Abart ist die, bei welcher der Träumende aufrecht steht und sich mit großer Geschwindigkeit über die Oberfläche der Erde oder eine Straße entlang usw. bewegt. Man tut dies im Astralkörper tatsächlich während vieler solcher Träume, d. h. wir bewegen uns mit mittlerer Geschwindigkeit.

Ich bin in diesen Träumen mehrere Male erwacht und habe festgestellt, daß ich es wirklich im Astralkörper tat. Gewöhnlich ist der Traum angenehm.

Ferner gibt es den „Riesenschritt"-Traum, in dem der Träumende sich mit Riesenschritten über die Oberfläche der Erde zu bewegen scheint, sehr anmutig, fast gleitend, manchmal sogar in drolliger Weise. Das ist ein anderer Wirklichkeitstraum. Bei einem solchen Traum bewegt sich der Träumende im Astralkörper in der Luft, und obwohl sich die Glieder bewegen, wird der Träumer in Wahrheit durch den unterbewußten Willen vorangetrieben. So wird mit jedem Schritt eine große Entfernung zurückgelegt, denn es ist nicht der wirkliche Schritt, der den Astralkörper weiterbringt.

Dies ähnelt den Schritten, die Kinder auf dem Spielplatz machen, wenn sie das Rundlaufgerät benutzen; — der Körper bewegt sich eine Strecke zwischen zwei Schritten. Hat der Leser jemals einen Läufer in Zeitlupenaufnahme gesehen? Ich kann kein besseres erklärendes Beispiel für den „Riesenschritt"-Traum als eine solche Zeitlupenaufnahme geben: derselbe Eindruck des Gleitens, dieselbe Anmut, dasselbe offensichtlich geringe Gewicht usw., als ob der Läufer durch die Luft getragen würde, wobei mit jedem Schritt eine große Entfernung zurückgelegt wird.

Der Flattertraum

Ein typischer Traum innerhalb der lebendigen Reichweite des Astralbandes ist der Flattertraum. In ihm scheint der Träumende umherzuflattern, während sein Astralkörper sehr schlaff zu sein scheint, und bewegt sich dabei aufwärts und abwärts, ganz ähnlich dem Reiter zu Pferde, dessen Körper und Arme nach oben und unten geschleudert werden, wenn das Pferd läuft.

In diesem Traum scheint der Körper sehr leicht zu sein, und die „Sprünge" sind oft sehr anmutig; sie wiederholen sich in regelmäßigen Abständen und in rascher Folge. Oft fliegt der Träumende in ähnlicher Weise eine Straße oder einen Weg entlang. Manchmal scheint es nur der Kopf des Träumenden zu sein, der zu flattern oder sich ruckweise zu bewegen scheint, und zwar in besonders heftiger Weise.

Dieser Traum wird gewöhnlich durch die Tätigkeit des Astralbandes verursacht. Das Schieben und Ziehen im Kabel hat zur Folge, daß der Traumkörper sich ruckweise hin und her bewegt. Bei einigen Menschen ist es so, daß sie im Traum wie ein Kaninchen hin und her zu springen scheinen. Gewöhnlich ist das „Flattern“ übermäßig langsam, und es scheint manchmal eine Ewigkeit von einem „Flügelschlag“ bis zum andern zu vergehen.

Träume, in denen wir auf den Kopf geschlagen werden

Dies ist ein häufiger Traum innerhalb der lebendigen Reichweite des Astralbandes. Der Träumende träumt immer, daß irgend jemand oder irgend etwas ihn auf den Kopf schlägt. Das Klopfen ist sehr stark und regelmäßig. Der normale Psychoanalytiker (der zu der Schule gehört, welche die Meinung vertritt, daß alle Träume das Ergebnis früherer Bewußtseinszustände sind) sagt dem Träumenden vielleicht später, daß dieser Traum seinen Ursprung in der Tatsache habe, daß er, der Träumende, einmal gesehen habe, wie ein Mann ein Kind auf den Kopf schlug und daß dieser Vorfall einen tiefen Eindruck auf ihn gemacht habe. Diese Erklärung ist von der Wahrheit etwa so weit entfernt wie die Geschichte von Adam und Eva.

Der Traum, in dem wir auf den Kopf geschlagen werden, wird in der Regel durch starkes Herzklopfen ausgelöst, das durch das Astralband übertragen wird, das vom Hinterkopf des Astralkörpers ausgeht.

Neunmal von zehn Malen, wenn ein Astralwanderer innerhalb der lebendigen Reichweite des Astralbandes das Bewußtsein erlangt, fühlt er den Herzschlag im Astralband, und zwar in der Gegend des verlängerten Marks, sogar, bevor sein Bewußtsein klar genug ist, um ihn verstehen zu lassen, was vor sich geht.

Es wird nicht unangebracht sein, hier festzustellen, daß nicht alle Träume durch frühere Bewußtseinszustände erklärt werden können. Man muß auch verstehen, daß ich nicht behaupte, daß *alle Träume,* die ich erwähnt habe, durch die Tätigkeit des Astralbandes verursacht werden, sondern daß dies nur bei *vielen* von ihnen der Fall ist. So kann z. B. ein Schwebetraum dadurch entstehen, daß sich unter dem Zwerchfell Körpergas angesammelt hat und das Herz beengt, so daß das Gefühl entsteht, als schwebte man in der Luft.

Träume, in denen man sich zu einem Phantasiegebilde hinbewegt

Sehr oft erhebt sich der Traumkörper aus dem physischen Körper, bewegt sich eine Strecke in der Luft und sinkt dann bis auf die Höhe des physischen Körpers, aber ein wenig davon entfernt, etwa zehn Fuß. Der Astralkörper kann in dieser Lage eine Weile liegenbleiben; dann beginnt das Astralband aus irgendeinem Grunde (gewöhnlich infolge einer Gemütsbewegung) den „Doppelgänger" zum physischen Körper hinzuziehen, der sich mit ihm in gleicher Höhe befindet.

Der Astralwanderer träumt natürlich und sieht ein Phantasiegebilde anstatt seines physischen Körpers. Er wird daher im Traum zu dem Phantasiegebilde hingezogen, das ein Buddha, eine häßliche Person, ein Tier usw. sein kann, überhaupt alles, was sein Geist sich in diesem Augenblick vorstellt. Sein physischer Körper, zu dem er hingezogen wird, ist die so symbolisierte Wirklichkeit.

Oft scheint sich das Phantasiegebilde zum Träumenden hin zu bewegen, anstatt daß der Träumende sich zu diesem Gebilde hin bewegt. Da dies ein Traum ist, der sich wiederholt, stellt sich das Bewußtsein beim nächsten Mal dasselbe Gebilde vor. Der Träumende wird näher und näher herangezogen, bis er schließlich in das Gebilde hineingezogen wird und gewöhnlich mit einem Schock erwacht, wenn er sich mit dem physischen Körper wieder vereinigt, und zwar an der Stelle, wo sich im Traum das Phantasiegebilde befand. Das Hingezogenwerden kann sehr allmählich oder auch sehr schnell vor sich gehen.

Dieser Traum ist dem Falltraum nicht unähnlich, soweit die

Ursachen betroffen sind: der Unterschied besteht darin, daß sich im Falltraum der Astralkörper abwärts bewegt, während er in diesem Traum von der Seite her zum physischen Körper zurückkehrt.

Immer, wenn ich diesen Traum gehabt habe, bin ich zu einem scheußlichen, Buddha-ähnlichen Phantasiegebilde hingezogen worden, und wenn ich mit diesem Gebilde zusammenstieß, pflegten nach allen Seiten Funken zu fliegen, von dem Punkt aus, wo ich mit dem Gebilde zusammengestoßen war, und dies geschah gewöhnlich gleichzeitig mit dem Zusammenprall.

Eine Bekannte sagte mir, daß, wenn sie diese Art von Wiederholungstraum hat, zwei scheußliche Augen sie anzustarren scheinen und daß diese Augen sich ihr beständig nähern, dabei immer größer werden, bis sie schließlich in ihnen versinkt und mit einem Schock im physischen Körper aufwacht.

Meine Schwester wurde oft von diesem Traum gequält (daß sie zu einem Phantasiegebilde hingezogen wurde), und in ihrem Falle war das Gebilde eine auf der Seite liegende große Flasche. Sie wurde im Traum zu der Flasche hin, dann durch den Hals der geträumten Flasche in diese hineingezogen; und wenn dies geschah, erwachte sie mit einer Schreckempfindung und rief aus: „Der Korken zieht mich durch die Flasche!"

Es gibt zahllose Abarten dieses Traumes, aber die Tätigkeit des Traumkörpers ist dabei immer dieselbe. Es ist natürlich das Astralband, das im Traum den Astralkörper in den physischen Körper hineinzieht. Ich habe mich lange mit diesem Traum befaßt und herausgefunden, daß die meisten Menschen, die ihn haben, dies im reifen Alter erleben. Ob darin eine besondere Bedeutung zu sehen ist, weiß ich nicht.

Selbsttäuschungen im Traum

In vielen Träumen erscheinen Menschen und Gegenstände, wie sie wirklich sind, während sie in vielen anderen Träumen verschieden zu sein scheinen. Wir sehen vielleicht etwas oder jemand im Traum, und sofort werden damit verbundene Gedanken oder Eindrücke wach, ebenso, wie ein Gedanke den anderen hervorruft, wenn wir im Wachzustand sind. Wir sehen dann etwas oder jemand, was oder der mit dem wirklichen Bild nur eine Beziehung oder Verbindung hat. Im Traum *sehen* wir alles, woran wir denken. Wenn uns daher ein bestimmter Gedanke in den Sinn kommt, so sehen wir ihn als eine stoffliche Form, obwohl das nur eine Täuschung ist.

So sind wir uns in einem Flugtraum vielleicht bewußt, daß unser physischer Körper unter uns liegt, und diese Empfindung würde entsprechende Eindrücke hervorrufen, und aus dem physischen Körper könnte durch Gedankenverbindung eine Menschenmenge oder ein Tier oder sonst etwas werden, und wir würden dann glauben, daß wir über eine Menge oder über ein Tier usw. flögen. Im Falltraum könnte das Bett als Grund oder Boden einer Kohlengrube usw. erscheinen, weil unser Bewußtsein den Grund oder Boden einer Kohlengrube in Gedanken mit einem Fall in Verbindung brächte. Dies sind nur einige besonders klare Beispiele für Selbsttäuschungen im Traum.

In den verborgenen Kammern unseres Bewußtseins findet während des Schlafes eine ständige Verbindung von Gedanken und Eindrücken statt. Wir sind uns ihrer vielleicht nicht immer bewußt, vielleicht erinnern wir uns auch unserer Träume nicht, aber trotzdem besteht immer dieser beständige Strom der Eindrücke. Und es geschieht durch Gedankenverbindung, daß uns viele Menschen und Gegenstände anders erscheinen, als sie wirklich sind, oder aber, daß ihr Bild verzerrt wird.

Bei einem Träumenden könnte ein Mann mit einem langen Bart den Eindruck eines haarigen Tieres auslösen. Der Mann im Traum würde dann ein Tier; mit anderen Worten, der Träumer wäre dann einer Täuschung unterworfen. Das Tier könnte die Vorstellung einer Jagd erwecken, die Jagd die eines Gewehres, das ein Feind auf uns abschießt usw. Wenn der Träumende beim Erwachen sich nur an denjenigen Teil des Traumes erinnern würde, in dem auf ihn geschossen wurde, so würde er sagen, daß er einen solchen Traum gehabt hat.

Man hat im Traum vielleicht eine Astralreise gemacht, und beim Erwachen sieht man, daß viele Dinge, von denen man geträumt hat, nur Täuschungen gewesen sind. In unserem

Traum haben wir auch übertriebene Eindrücke von Zeit und Raum. Zum Beispiel scheint im „Flattertraum“ manchmal eine Ewigkeit zwischen einem „Flügelschlag“ und dem nächsten zu vergehen, während es in Wirklichkeit nur eine ganz kurze Zeitspanne gewesen ist. Ferner scheinen wir im Falltraum oft eine sehr große Strecke zu fallen, während der wirkliche Fall des Astralkörpers mit dieser geträumten Strecke nicht verglichen werden kann.

Kapitel 5

AUSWIRKUNG DER SCHWANKUNG DES ASTRALKÖRPERS

Ich habe festgestellt, daß das Unterbewußtsein den Astralkörper in der Regel am Ende der lebendigen Reichweite des Astralbandes aus der Starre befreit. Wenn der abgespaltene Astralkörper innerhalb dieser Reichweite seine Bewegungsfreiheit zurückerhält, so ist es fast sicher, daß die Rückkehr in den physischen Körper unmittelbar bevorsteht (für jemand, der bei Bewußtsein und noch ein Anfänger ist).

Ich will im einzelnen auf das eingehen, was geschieht, wenn der Astralkörper innerhalb der lebendigen Reichweite des Astralbandes aus seiner Starre befreit wird. Wir wollen annehmen, der Astralkörper sei abgetrennt und befinde sich in aufrechter Haltung, etwa acht Fuß von dem physischen Körper entfernt. Er ist innerhalb der lebendigen Reichweite des Astralbandes. Wenn nun der Astralkörper hier seine Bewegungsfreiheit hätte, würde er ganz ähnlich wie ein taumelnder Betrunkener handeln oder wie ein Kind, das gehen lernt, und würde dabei von einer Seite auf die andere geworfen werden. Die Empfindungen würden angeregt, der Astralkörper würde wieder starr, in die waagerechte Lage über dem physischen Körper zurückgezogen und in ihn hineinfallen.

Natürlich würde eine Wiederholung solcher Geschehnisse den Astralwanderer schließlich daran gewöhnen. Man muß tatsächlich gehen lernen, wenn man sich zum erstenmal im Astralkörper befindet und seine Bewegungsfreiheit innerhalb der lebendigen Reichweite des Astralbandes wiedererlangt. Eine andere unerwünschte Begleiterscheinung bei der Rückgewinnung der Bewegungsfähigkeit innerhalb der lebendigen

Reichweite des Astralbandes besteht darin, daß man selten imstande ist, das Gleichgewicht zu bewahren, sondern sich benommen oder schwindlig fühlt, so daß man denkt, man stehe still und daß alles andere um uns herum in Bewegung sei. Das Unterbewußtsein versucht jedoch, und zwar immer mit Erfolg, den Astralkörper in seiner Starre zu erhalten, bis er aus der lebendigen Reichweite des Astralbandes heraus ist.

Bei der Abtrennung des Astralkörpers gibt es so viele einzelne Vorgänge (von denen jeder recht kompliziert ist), die gleichzeitig wirksam werden, daß ich mich frage, ob ich den Leser nicht ein wenig verwirre. Man muß sich daran erinnern, daß die meisten dieser Vorgänge sich innerhalb der lebendigen Reichweite des Astralbandes abspielen, während also der Astralkörper vom physischen Körper abgespalten, aber noch nicht frei von ihm ist. In der Tat kann man von einer vollkommenen Aussendung des Astralkörpers innerhalb der lebendigen Reichweite des Astralbandes überhaupt nicht sprechen, auch wenn das Ätherwesen vom stofflichen Leib vollkommen getrennt ist.

„Lebendige Reichweite des Astralbandes" scheint für viele ein unbekannter Begriff zu sein, und soweit ich weiß, hat noch niemand eine Erklärung dafür gegeben oder sie auch überhaupt nur erwähnt; und es ist meine persönliche Überzeugung, daß die meisten Forscher auf diesem Gebiet noch nicht einmal wissen, daß es diese lebendige Reichweite des Astralbandes überhaupt gibt, daß sie vielmehr glauben, der Astralkörper sei frei, sobald er den physischen Körper verlasse.

Es ist nicht sehr wahrscheinlich, daß jemand, der seinen Astralkörper auszusenden versucht, aus der Starre befreit wird oder seine Bewegungsfreiheit wiedergewinnt, bei Bewußtsein ist und daß seine Sinne ohne Einschränkung tätig sind, während er sich in der lebendigen Reichweite des Astralbandes befindet. Dies geschieht selten. Die Tatsache, daß Medien, welche die Fähigkeit besitzen, den physischen Körper bewußt zu verlassen, niemals etwas von der seltsamen Wirkungsweise des Astralbandes berichtet haben, ist ein weiteres Zeichen dafür, daß sie nie in völlig normalem Zustand waren, während sie sich noch im lebendigen Bereich des Astralbandes befanden. Ich glaube, daß das Unterbewußtsein bei der Aussendung des Astralkörpers einem bestimmten Plan folgt, und wenn dieser Plan richtig ausgeführt wird (wie das Unterbewußtsein es wünscht), daß dann der Astralkörper sich erst am Ende oder außerhalb der lebendigen Reichweite des Astralbandes normal bewegen kann.

Es gibt keine bestimmte Zeit, die der Astralkörper benötigt, um vom physischen Körper bis an das Ende der lebendigen Reichweite des Astralbandes zu gelangen. Diese Zeit hängt von der Wesensart des Astralwanderers ab. Einige Menschen sind so veranlagt, besitzen von Natur aus so starke Faktoren für die Aussendung des Astralkörpers, daß sie den physischen Körper in ganz kurzer Zeit verlassen können, wobei sie manchmal sogar außerstande sind, diesen Vorgang aufzuhalten oder zu verzögern. Solche Menschen erleben sehr oft unbeabsichtigte Astralwanderungen (normalerweise nachts im Schlaf).

Andere können ihren physischen Körper ebenfalls verlassen, aber langsamer, durch ein zufälliges Zusammenwirken positiver Faktoren oder dadurch, daß sie diese Faktoren absichtlich wirken lassen. Es gibt noch andere Menschen, die, während sie vollkommen bei Bewußtsein sind, manchmal sogar beim Gehen der Wirkung von Faktoren ausgesetzt sind, welche die Aussendung des Astralkörpers stark begünstigen. Der Ätherkörper beginnt zu zittern, sich zu drehen und sich von seinem physischen Gegenstück loszulösen. Dann beginnt der physische Körper sich zu drehen und zu zittern. Als nächstes wird der Ätherkörper starr und ist im Begriff, den physischen Körper zu verlassen. Der physische Körper erstarrt ebenfalls. Dann trennt sich der Ätherkörper, und der physische Körper sinkt zu einer erschlafften Form zusammen.

Dies wird gewöhnlich Fallsucht genannt. In den letzten acht Jahren habe ich diese Krankheit, die der medizinischen Wissenschaft Rätsel aufgibt, untersucht und habe schließlich festgestellt, daß das, was ich geschrieben habe, genau dem wahren Geschehen zur Zeit eines Anfalls entspricht. Gewöhnlich ist im Körper des Kranken irgendwo eine Störung vorhanden, welche die Grundursache für die Loslösung des Ätherkörpers ist. Gehirnverletzungen und Unregelmäßigkeiten in der Struktur der Geschlechtsorgane sind häufige Ursachen. Ich kenne einen Fall, bei dem der Druck der Körpergase auf das Sonnengeflecht bei dem Kranken einen Anfall verursacht.

Bei einem krankhaften Geisteszustand kann die Fallsucht immer als Folgeerscheinung auftreten, und ich bin der Meinung (jedoch nicht nur ich), daß die geistige Unausgeglichenheit, d. h. Geisteskrankheit in jeder Form, dadurch verursacht wird, daß der Ätherkörper mit dem physischen Körper nicht fest verschmolzen ist.[5]) Wenn irgendein Heilmittel gefunden werden könnte (in der Medizin, bei der Behandlung von Geisteskranken, oder in einer anderen Wissenschaft), mit dessen Hilfe eine stärkere Verbindung der beiden Körper erzielt würde, was für eine Gottesgabe wäre das für die Menschheit!

Wenn das Bindeglied zwischen dem ätherischen und dem physischen Körper nicht normal ist (wie bei der Fallsucht), so werden gewisse Menschen geisteskrank. Ich kenne eine Frau, die mit ungewöhnlichen hellsichtigen Kräften um dieselbe Zeit begabt wurde, als sie ein Opfer der Fallsucht wurde. Ferner sind einige hervorragende Männer der Geschichte fallsüchtig gewesen, z. B. Cäsar, Napoleon und Sokrates. Warum krankhafte Zustände des Geistes in verschiedenen Fällen verschiedene Folgen haben, ist etwas, wovon wir wenig wissen.

Ungewöhnliches Verhalten der Sinnesorgane

Die Sinnesorgane arbeiten innerhalb der lebendigen Reichweite des Astralbandes so launenhaft, daß es schwer, wenn nicht unmöglich ist, in befriedigender Weise zu sagen, was im Tätigkeitsbereich der Sinne geschehen oder nicht geschehen könnte. Das beste, was man tun kann oder wenigstens das beste, was ich tun kann, ist, von diesem seltsamen Verhalten der Sinne zu berichten, wie ich es erlebt habe.

Zuerst wollen wir uns mit dem Gesichtssinn befassen. Wenn unsere beiden Körper miteinander verschmolzen und bei Bewußtsein sind, sehen wir nur jene Gegenstände, deren Schwingungszahl oder Schwingungsbreite derjenigen entspricht, die von unserem Auge wahrgenommen werden kann, es sei denn, wir sind hellsichtig. Wenn unser Astralkörper den physischen Körper verläßt und wir bei Bewußtsein sind, so kehrt die Sehfähigkeit nicht sofort zurück, aber wenn dies der Fall ist, so hat sich für unsere Augen die Schwingungsbreite vergrößert, und wir sind dann imstande, nicht nur die stofflichen Dinge zu sehen, die wir schon im physischen Körper gesehen haben, sondern auch astrale Dinge. Wir nennen dies „astrales Sehen" oder „astrales Sehvermögen".

Bei einer Trennung auf kurze Entfernung, bei Bewußtsein, gibt es verschiedene Arten, in denen dieses Astralsehen möglich ist. Das Astralband ist zur Weiterleitung von Sinneseindrükken ebenso imstande wie der Astralkörper, und die Sinneseindrücke können von einem zum anderen Körper übertragen oder in beiden Körpern aufgenommen werden ebenso wie im Kabel, — im lebendigen Bereich des Astralbandes. Oft ist der Astralkörper bei Bewußtsein des Astralwanderers abgetrennt (innerhalb der lebendigen Reichweite des Astralbandes). Wir sehen ihn dann mit unseren körperlichen Augen (obwohl diese geschlossen sind), sehen, wie er sich im Raum bewegt, wie er steht, in der Luft schwebt usw.

Ich glaube, ich habe schon erwähnt, daß der Schläfer manchmal im Astralkörper sein Bewußtsein erlangt und mit seinen körperlichen Augen sieht, während der Astralkörper etwa einen Fuß waagerecht über seinem physischen Körper liegt. Dieser Körper, der in der Luft schwebt, erscheint gazeartig und scheint zu zittern. Der Schläfer wacht vielleicht sofort erschreckt auf, wenn er dies sieht. Und er wird darauf bestehen, daß er dies alles mit seinen körperlichen Augen gesehen hat, denn er wird sagen: „Ich sah dies vom physischen Körper aus, ich sah den strahlenden Körper über mir liegen. Darum war ich im physischen Körper bei Bewußtsein."

So wahr ihm dies erscheinen mag, so war er doch keineswegs im physischen Körper bei Bewußtsein. Er war im Astralkörper bei Bewußtsein, nur waren die Eindrücke seines Gesichtssinnes auf seine körperlichen Augen übertragen worden. Der physische Körper sah den Astralkörper nicht. Es waren nicht die körperlichen Augen, die den Astralkörper über dem physischen Körper schweben sahen, denn die normalen körperlichen Augen konnten den Astralkörper nicht sehen, und außerdem waren sie geschlossen. Der Sitz des Bewußtseins ist der Astralkörper, und der Strom der Bilder, anstatt sich in den Augen des Astralkörpers zu konzentrieren, folgte einer seiner sonderbaren Launen, indem er durch das Astralband auf den physischen Körper übertragen wurde.

Zur Erläuterung wollen wir von unserem normalen Gesichtssinn sprechen, während wir körperlich bei Bewußtsein sind. Wir sehen mit unseren Augen, sagen wir, weil der Strom der Sinneseindrücke von den Augen zum Bewußtsein fließt. Nun wollen wir annehmen, unsere Augen und die „Kabel", die von ihnen ausgehen, seien aus ihren Höhlen herausgenommen und die Augen seien ungefähr einen Fuß von uns entfernt aufgestellt worden, so daß sie uns jetzt zugewandt sind. Dann würden wir uns selbst sehen, anstatt daß sie aus uns heraus sehen. Und so fließt gelegentlich der astrale Bilderstrom des Gesichtssinnes längs des astralen Kabels, und der Astralkörper sieht sich selbst. Und dies ist nur ein einziges Beispiel für das launische Verhalten des astralen Sehvermögens.

Es gibt jedoch noch einen anderen, noch komplizierteren, noch seltsameren Vorgang als das astrale Sehen; das ist das *doppelte* astrale Sehen, das eintritt, wenn der Astralwanderer offensichtlich mit körperlichen Augen und zur gleichen Zeit mit den Augen des Astralkörpers sieht, wo er sich gerade befindet. Wenn sich dies ereignet (was sehr selten der Fall ist), kann man den Astralkörper geradeso beobachten, als ob man im physischen Körper wäre, kann sehen, wie er sich im Raum bewegt, und gleichzeitig sieht man das körperliche Doppel, wie es mit geschlossenen Augen auf dem Bett liegt, während man sich im Astralkörper befindet.

Was würde der Leser denken, wenn er tatsächlich ein solches unglaubliches Erlebnis hätte? Was würde er denken, wenn er gleichzeitig von zwei Stellen aus sehen könnte, die räumlich voneinander getrennt sind? Nun, es wäre nur natürlich für ihn, zu glauben, daß er an diesen beiden Orten gleichzeitig bewußt empfunden habe. Wir haben aber schon gelernt, daß das Bewußtsein kein Teil des physischen Körpers, sondern im

Astralkörper tätig ist. Dieses doppelte astrale Sehen ist nicht notwendigerweise doppeltes Bewußtsein. Es ist ein Sinneseindruck, der sozusagen auf zwei Leitungen übertragen wird; die eine dieser Leitungen verläuft entlang der „Kraftlinie“ zum physischen Körper und die andere zum Astralkörper.

Das erste Mal, als ich dies erlebte, dachte ich, es sei doppeltes Bewußtsein; ich entdeckte aber bald, daß es nur doppeltes astrales Sehen war. Es kommt nur innerhalb der lebendigen Reichweite des Astralbandes vor (soweit ich weiß), wie es auch beim einfachen Sehen vom körperlichen Auge aus der Fall ist. Wenn das doppelte astrale Sehen auftritt und der Astralkörper sich über die lebendige Reichweite des Astralbandes hinaus begibt, dann versinken sofort die Bilder vor dem körperlichen Auge.

Nun gibt es Kenner dieses Gebietes, die der Meinung sind, daß es möglich sei, doppeltes Bewußtsein selbst hervorzurufen oder im physischen und astralen Körper gleichzeitiges Bewußtsein zu erlangen. Was mich betrifft, so kann ich nicht sagen, daß dies unmöglich ist. Ich habe zu viele rätselhafte Dinge sich ereignen sehen, um zu leugnen, daß ein solches doppeltes Bewußtsein künstlich geschaffen werden kann. Ich glaube jedoch nicht, daß ich es selbst jemals erlebt habe, jetzt, da ich die doppelte Arbeitsweise der Sinne verstehe, die ich früher für doppeltes Bewußtsein hielt.

In seinem Buch “Higher Psychical Development” („Höhere psychische Entwicklung“) sagt Hereward Carrington:

„Der Astralkörper ist natürlich sehr eng mit dem „Traumkörper“ verbunden, mit dem er mehr oder weniger identisch ist. Dr. van Eeden aus Holland führte im Astralkörper einige äußerst lehrreiche Versuche an sich selbst durch. Er bemühte sich, sein Bewußtsein auf seinen Körper zu übertragen, so daß er sich an alles erinnern könnte, was während des Schlafes geschehen würde, und den Astralkörper so zu lenken, daß er durch ihn imstande wäre, physische Gegenstände in der stofflichen Welt zu bewegen.

Er hatte damit keinen völligen Erfolg, kam diesem aber doch ziemlich nahe. Sein Versuch gelang so weit, daß er ein vollständiges doppeltes Bewußtsein entstehen lassen konnte.

Er erinnerte sich genau, daß er schlafend im Bett lag, die Arme über der Brust gekreuzt; und zu derselben Zeit erinnerte er sich deutlich, daß er aus dem Fenster blickte und einen Hund auf sich zulaufen sah, und an andere Einzelheiten dieser Art. Er erinnerte sich, daß er dann nach der Couch schwebte, auf der sein physischer Körper lag, daß er sich daneben legte und einen Augenblick später aufwachte und sich natürlich wieder im physischen Körper befand. Aber er hatte die deutliche Empfindung des doppelten Bewußtseins der beiden Körper.

Wie man sieht, behauptet Dr. van Eeden hier, daß er in beiden Körpern gleichzeitig bei Bewußtsein gewesen sei. Ich habe solche Erlebnisse viele Male gehabt, und zuerst glaubte ich auch, daß ich in beiden Körpern gleichzeitig bei Bewußtsein war. Nachdem ich das Geheimnis aber weiter erforscht hatte, kam ich, wie ich schon gesagt habe, zu dem Schluß, daß nur ein doppeltes Sehen vorgelegen hatte.

Ich sage immer wieder, daß ich zu viele Wunder gesehen habe, um zu leugnen, daß doppeltes Bewußtsein möglich ist; obwohl ich Dr. van Eedens Behauptungen nicht im mindesten widersprechen will, möchte ich auf die auffällige Ähnlichkeit hinweisen zwischen dem, was der Doktor für doppeltes Bewußtsein hält und dem, was ich selbst für doppeltes Sehen halte. Man wird zweifellos feststellen, daß der Bericht, den Dr. van Eeden gibt, leicht als das Ergebnis doppelten Sehens erklärt werden könnte, mit einem einzigen Bewußtsein, wobei die astrale Kraftlinie die Sehempfindung an den Ort übertrug, an dem sich die körperlichen Augen befanden.

Am doppelten Bewußtsein ist etwas, was mir unerwünscht scheint, auch wenn es möglich wäre. Wenn das Bewußtsein sich tatsächlich vervielfachen, wenn es bei Abwesenheit des Geistkörpers im physischen Körper sein kann, dann sind die aufgestellten Behauptungen (daß das Bewußtsein nur durch den Astralkörper wirksam ist) irrig. Wenn nun der physische Körper während einer Astralwanderung ein eigenes Bewußtsein hätte, welchen Nutzen hätte dann der innere Mensch? Können *beide* Körper während der Trennung bewußt empfinden? Wenn das Astralband reißt, wird der physische Körper dann noch ein eigenes Bewußtsein haben? Ich glaube nicht.

Es ist meine Überzeugung (und ich habe guten Grund, sie für richtig zu halten), daß das, was für doppeltes Bewußtsein gehalten wird, in Wirklichkeit nur eine Nebenart des astralen Sehens ist, die von der astralen Kraftlinie ausgeht und zur selben Zeit wie die Augen des Astralkörpers als Sehorgan tätig ist.

Wir wollen diese Angelegenheit des doppelten Bewußtseins für den Augenblick zurückstellen und zu unserer Erörterung des doppelten Sehens zurückkehren, denn es ist sicher, daß dieses doppelte Sehen bei vielen Gelegenheiten innerhalb der lebendigen Reichweite des Astralbandes auftritt. Wir können sogar sagen, daß (während einer bewußt empfundenen Astralwanderung innerhalb der lebendigen Reichweite des Astralbandes) der Gesichtssinn auf dreierlei Art arbeiten kann: von den Augen des Astralkörpers aus (was normal wäre), von der Stelle aus, an der sich die körperlichen Augen befinden, und gleichzeitig von den körperlichen und astralen Augen aus.[6])

In der Regel findet man, daß der Gesichtssinn nur von den Augen des Astralkörpers aus tätig ist; es gibt aber die soeben erwähnte Ausnahme, und in diesem Buch habe ich nicht nur die gewöhnlichen, sondern auch die ungewöhnlichen Vorgänge genau untersucht. Ich möchte jedoch dem Leser raten, sich mit diesen Dingen, von denen ich als ungewöhnliche Nebenerscheinung der Astralwanderung gesprochen habe, nicht zu lange zu befassen, damit sie seinen Geist nicht zu stark beschäftigen und damit seine Entwicklung beeinflussen, denn im Astralkörper ist man das, was man denkt.

Doppelte Empfindungsfähigkeit des Tastsinnes

Wenn wir den schon erwähnten Bericht von Dr. van Eeden lesen, so wollen wir eine darin enthaltene lehrreiche Einzelheit untersuchen. Während er am Fenster stand (im Traum- oder Astralkörper) und hinausblickte, sah der Doktor, wie ein Hund auf ihn zulief, ihn durch das Fensterglas anblickte und dann wieder fortlief. Offensichtlich konnte dieser Hund astral sehen, da er fähig war, den Astralkörper Dr. van Eedens wahrzunehmen; und es gibt keinen Grund, zu glauben, daß Tiere dazu nicht ebenso wie menschliche Wesen imstande sind.

Besonders Hunde scheinen mit feinen Sinnen ausgerüstet zu sein. Ich hatte oft gehört, daß Hunde hellsichtig und hellhörig sind. Ich hatte einen Schoßhund, d. h. ich habe ihn noch, obwohl er dreizehn Jahre alt ist. Er heißt Jack, ist ein Bastard, für mich aber immer ein treuer Freund. Ich wollte herausfinden, ob Jack mich sehen konnte, während ich im Astralkörper war, und ließ ihn daher in meinem Zimmer schlafen. Ich wußte, daß ich mich darauf verlassen konnte, daß Jack nicht stören oder Lärm machen würde, wenn sich jemand nachts der Tür meines Zimmers nähern sollte.

Es gab nur eine einzige Schwierigkeit bei Jack: Er schlief zu fest in meinem Zimmer, und immer, wenn es mir gelang, den physischen Körper zu verlassen, schlief er, und meine Gegenwart ließ ihn nicht wach werden. Dann kam eine Nacht, in der ich (zufällig, vermute ich), mit Bewußtsein im Astralkörper war und Jack *nicht* schlief. Er stand auf dem Fußboden und sah fast flehend nach meinem auf dem Bett liegenden Körper, als ob er auf eine Aufforderung wartete, auf das Bett zu springen und neben mir zu schlafen.

Von der anderen Seite des Zimmers aus versuchte ich, Jacks Aufmerksamkeit auf mich zu lenken. Ich begab mich zu einer Stelle, wo seine Augen sich auf die meinen richten mußten, winkte und rief ihm zu. Aber er beobachtete trotzdem weiter meinen physischen Körper, obwohl er einmal den Kopf hob und in der Richtung nach meinem Astralkörper hin zu schnüffeln begann. Aber das tat er nur einen Augenblick, und er schien mehr damit beschäftigt, meine „Hülle" als mich selbst zu beobachten. Ich glaube, er hat nicht einmal empfunden, daß ich nicht im physischen Körper war.

Schließlich geschah etwas, was doch aufschlußreich war. Jack sprang auf das Bett, drückte sich eng an die Seite des bewußtlosen Körpers und rollte sich da zusammen. Und während er das tat, geschah etwas Seltsames. Der physische Körper wurde vom Schwingen der Sprungfedern ein wenig aufwärts und abwärts bewegt, als der Hund auf das Bett sprang, und der Astralkörper zuckte in genau derselben Art in der

Luft auf und ab, in vollkommener Harmonie mit dem physischen Körper, obwohl sich der Astralkörper in senkrechter und der physische Körper in waagerechter Lage befand.

Das Erstaunlichste aber war, daß, als der Hund sich an meinen physischen Körper drängte, ich das Gefühl hatte, als drängte er sich in Wirklichkeit an die Seite meines Astralkörpers, und ich fühlte den Druck, den er ausübte, in der Seite meines Astralkörpers, bis ich in den physischen Körper zurückkehrte. Wie kam diese Übertragung des Gefühls- oder Tastsinnes zustande? Auf dieselbe Weise wie im physischen Körper, — auf den Bahnen, auf denen die Empfindungen weitergeleitet werden. Wenn wir im Astralkörper sind, ist unsere Empfindungsfähigkeit gleichzeitig auf den physischen Körper, das Astralband und den Astralkörper verteilt. Mit anderen Worten, wenn wir im Astralkörper etwas Gegenständliches fühlen, müssen wir uns innerhalb der lebendigen Reichweite des Astralbandes befinden, und was wir fühlen, muß das physische Gegenstück berühren, und da ist, wo wir es wirklich fühlen.

Aber dies ist nur eine Überempfindlichkeit des Gefühlssinnes (wie auch der Gesichtssinn regelwidrig wirken kann) und ist (soviel ich weiß) nur innerhalb der lebendigen Reichweite des Astralbandes möglich. Wir haben hier gesehen, daß sogar die Bewegung des physischen Körpers sich im Astralkörper verdoppeln kann, wie es geschah, als der physische Körper auf und ab federte, weil der Hund auf das Bett sprang.

Ich weiß seit langer Zeit, daß eine Berührung des stofflichen Körpers manchmal (innerhalb der lebendigen Reichweite des Astralbandes) an derselben Stelle im Astralkörper gefühlt wird, aber es war mir neu, daß auch der umgekehrte Vorgang möglich ist, daß eine Berührung des Astralkörpers im stofflichen Körper gefühlt werden kann, doch einige hervorragende Sachkenner scheinen dies als wahr nachgewiesen zu haben. So lesen wir:

„Bei einigen von mir ausgeführten Versuchen ist es mir gelungen, die beiden Körper teilweise zu trennen, und zwar mit Hilfe einer hypnotischen Anweisung, während die Versuchsperson in tiefer Bewußtlosigkeit war, und das unabhängige

Vorhandensein dieses astralen oder ätherischen Körpers ist durch Empfindung oder Bewegung nachgewiesen worden.

So habe ich, nachdem der innere Körper bis zu einem gewissen Grade gelockert war, ihn mit einer Nadel gestochen; und obwohl der Stich einige Zoll von dem wirklichen, stofflichen Körper entfernt ausgeführt worden war, fühlte ihn die Versuchsperson trotzdem, als ob er an ihrem wirklichen Körper erfolgt wäre.

Ich stach in die Oberfläche des Ätherkörpers, d. h. der Stich wurde sechs oder acht Zoll von dem stofflichen Körper entfernt vorgenommen, aber infolge eines Phänomens, das psychische Forscher Rückwirkung (der Empfindung) nennen, übertrug sich der Stich auf den stofflichen Körper in einer solchen Art, daß die Versuchsperson den Stich im physischen Körper selbst fühlte."

Die Versuche anderer Forscher auf diesem Gebiet bestätigen oder bestärken diese Versuche, und Mr. Carrington sagt dazu noch in seinem Buch "Higher Psychical Development" („Höhere psychische Entwicklung"):

„Die französischen Forscher ... haben viele nützliche Versuche auf diesem Gebiet ausgeführt, das sie Abspaltung der Empfindungs- und Bewegungsfähigkeit nennen, d. h. der Empfindungs- und der Bewegungskraft. Wenn ich meine Hand auf eine Streichholzschachtel lege, um diese zu bewegen, muß ich sie auch wirklich berühren. Wenn ich jedoch ein Medium bin und meine Hand etwa einen halben Zoll von der Streichholzschachtel entfernt halte und dann *wünsche*, daß die Schachtel bewegt wird, dann wird sie tatsächlich bewegt; die Erklärung dafür ist, daß ich in diesem Falle von meinen Fingern eine Kraft aussenden kann, welche die Lücke zwischen den Fingern und der Schachtel überbrückt und die Schachtel bewegt. Das ist die Aussendung der bewegenden Kraft.

Andererseits, wenn ich mir in den Finger steche, so fühle ich das nur, wenn mein Finger tatsächlich berührt wird; wenn aber die Empfindungsfähigkeit über den Körper hinaus ausgesandt worden ist (was anscheinend in einigen Beispielen der Hypnose und der tiefen Bewußtlosigkeit der Fall ist), dann kann man in die Luft einen halben Zoll vom Finger entfernt stechen, und man wird den Stich spüren. Das ging bei den Versuchen von Oberst de Rochas und anderen so weit, daß sie behaupten, sie hätten den Astralkörper ganz vom physischen Körper abgespalten und ihn sozusagen auf die Seite getan, und wenn sie in diesen Astralkörper stachen, so wurde jeder Stich im wirklichen, physischen Körper gefühlt, und zwar immer an der Stelle, an welcher der Astralkörper gestochen wurde.

Dies ähnelt natürlich auffallend den alten „Hexenkunststücken", bei denen sich die Hexe angeblich in einen Hund oder eine Katze verwandelte, und wenn dem Hund oder der Katze ein Auge ausgeschossen oder ausgestochen wurde, so fand man am nächsten Tage die Hexe mit nur einem Auge! Es ist eine auffallende Ähnlichkeit, seltsam und lehrreich.[7])

Man wird sich erinnern, daß wir darüber schon oft im Zusammenhang mit der Verstofflichung (Materialisation) gesprochen haben.

Obwohl ich schon lange weiß, daß manchmal, wenn der abgespaltene Astralkörper sich innerhalb der lebendigen Reichweite des Astralbandes befindet, jede Berührung des physischen Körpers an derselben Stelle im Astralkörper gefühlt wird, so war der umgekehrte Vorgang mir neu. Und ohne die Echtheit dieser Versuche zu bezweifeln, muß ich gestehen, daß ich nicht verstehe, wie eine Nadel den Astralkörper stechen und wie dieser Stich gefühlt werden kann, da der Astralkörper doch für stoffliche Dinge unberührbar und unverletzlich ist. Wir dürfen nicht vergessen, daß die Forscher, die diese Übertragung der Empfindung entdeckten, Männer der Wissenschaft und vertrauenswürdig sind. Die Tatsache, daß ich nicht verstehe, wie die Nadel tatsächlich mit dem Astralkörper in Berührung kommen kann, der nicht stofflich ist, widerlegt diese Behauptung in keiner Weise.

Bei dem Versuch, dieses Problem zu lösen, boten sich mir verschiedene rein theoretische Erklärungen. Ich stellte fest, als ich diese Berichte las, daß die Versuchsperson sich in Hypnose befand und überlegte, ob diese Übertragung der Empfindung nicht irgendwie infolge dieses Zustandes bewirkt wurde. Ich fragte mich auch, ob ein ähnliches Erlebnis nicht auch erzielt werden könne, wenn die Abspaltung des Astralkörpers nicht durch Suggestion oder durch Hypnose verursacht würde.

Der Astralkörper kann ohne Empfindung durch Nadelspitzen hindurchgehen

Es war vor ungefähr zwei Jahren, als ich die ersten Berichte von der Übertragung der Empfindung las, die durch Nadelstiche in den Astralkörper verursacht wurde, und ich baute mir ein einfaches „Stechgerät", um dies auszuprobieren. Ich nahm ein Brett, das vom Kopf- bis zum Fußende des Bettes reichte und befestigte darin einige Nadeln, mit den Spitzen nach oben. Dann befestigte ich das Brett etwa achtzehn Zoll unmittelbar über dem Platz, an dem ich schlief, so daß die Nadeln nach unten zeigten.

Es gelang mir, den Astralkörper abzuspalten, und ich erlebte eine weitere, unbeabsichtigte Abspaltung in den Wochen, als ich diese Versuche durchführte. Obwohl die beiden Körper nur ein wenig getrennt waren, ging ich im Astralkörper durch das Brett hindurch, ohne dabei das geringste Gefühl zu haben. Aus diesem Grunde habe ich mir Gedanken darüber gemacht, daß die Übertragung der Empfindungsfähigkeit, wie sie bei den französischen Forschern aufgetreten ist, irgendwie durch die dabei angewandte Hypnose zu erklären ist. Ich gebe jedoch gern zu, daß ich mich in diesem Punkte vielleicht irre. Wir werden jetzt sehen, daß es sich dabei um hypnotische Täuschungen handeln kann. Ich zitiere Professor L. A. Harradan:

Sinnestäuschungen während des hypnotischen Tiefschlafes

„Wenn dieser Zustand (der hypnotische Tiefschlaf) vollständig erreicht ist, bleibt das Bewußtsein der Versuchsperson im Schlafzustand, bis es wieder durch irgendeine Anweisung des Hypnotiseurs geweckt wird; dieser Anweisung gehorcht es ebenso automatisch wie eine Lokomotive den Handgriffen des Lokomotivführers. Die Versuchsperson ist während der Hypnose in der Tat ein denkender Automat. Er ist der Beherrschung durch einen Gedanken unterworfen, der sich ganz und gar seiner bemächtigen kann, und er ist nicht imstande, zu beurteilen, ob er den Tatsachen entspricht, weil er nicht imstande ist, ihn damit in Beziehung zu bringen.

So wird sozusagen auf ihm gespielt wie auf einem Musikinstrument. Er denkt, fühlt, handelt geradeso, wie der Hypnotiseur es wünscht, daß er denkt, fühlt, spricht oder handelt. Dies geschieht aber nicht — wie ich schon gesagt habe —, weil sein Wille dem des Hypnotiseurs völlig unterworfen ist, sondern weil sein Wille nicht handlungsfähig ist und alle seine geistigen Prozesse durch die Anweisungen gelenkt werden, die der Hypnotiseur seinem Bewußtsein aufzwingt.

Sein Bewußtsein, das die Kraft der Selbstlenkung verloren hat, kann das Joch des beherrschenden Gedankens nicht abschütteln, wie tyrannisch dieser auch ist, sondern muß dessen Geheiß befolgen. Es kann keinen Gedanken, von dem es erfüllt ist, der Prüfung durch den Verstand unterwerfen, sondern muß diesen Gedanken aufnehmen; es kann sich an nichts erinnern, nicht einmal an das Alltäglichste, was über seinen unmittelbaren Bereich hinausgeht.“

An anderer Stelle sagt Professor Harradan: „Die Sinnes- und Wahrnehmungsorgane sind alle Kanäle für die Weiterleitung der Anweisungen, die der Versuchsperson gegeben werden. Auf mancherlei Art ist der Hypnotiseur imstande (durch einen Blick oder eine Bewegung), der Versuchsperson eine Anweisung zu geben, die genauso zwingend ist, als wenn sie mit Hilfe der Sprache gegeben worden wäre.“ — Einem Menschen, der sich in tiefen hypnotischem Schlaf befindet, kann man eine Nadel mit der Aufforderung ins Fleisch stekken, sie nicht zu fühlen, und so wird es dann auch sein.

Wenn nun eine Nadel in den Luftraum gestoßen würde, der von dem Astralkörper eingenommen wird (während dieser Körper sich außerhalb des physischen Körpers in Hypnose befindet), warum könnte man die Versuchsperson dann nicht veranlassen, diesen Stich im physischen Körper zu empfinden? Denn wir haben ja schon gelernt, daß Empfindungsströme im Astralkörper, im Astralkabel und im physischen Körper vorhanden sein können, und zwar alle gleichzeitig. Der eingebildete Schmerz wäre dann für die Versuchsperson ebenso wirklich, als wenn er nicht eingebildet wäre, und durch doppelte Empfindung auch im physischen Körper spürbar.

Die Frage, die ich mir dabei vorlege, ist die folgende: Ist die Versuchsperson bei normalem Bewußtsein, wenn sie unter der Leitung eines Hypnotiseurs steht, oder ist sie Irrtümern und Sinnestäuschungen unterworfen? Ich glaube, das Letztere ist der Fall. Wenn der Nadelstich wirklich die Empfindungsfähigkeit des Astralkörpers beeinflussen könnte und die Versuchsperson wäre dabei bei normalem Bewußtsein, so müßte die Versuchsperson den Stich dort fühlen. Aber ich frage mich, ob diese selbe Übertragung der Empfindungsfähigkeit festzustellen wäre, wenn der Hypnotiseur die Anweisung gäbe, den Stich nicht zu fühlen, wenn er in den Luftraum sticht, der vom Astralkörper ausgefüllt wird.

Was mich betrifft, so verstehe ich nicht, wie jemand im Astralkörper die wahre Bedeutung dessen erfassen kann, was vorgeht, wenn er sich dabei in Hypnose befindet. Die meisten der französischen Versuche sind in Hypnose ausgeführt worden; ob aber auf diese Weise ein normaler Zustand des Astralkörpers erreicht werden kann, vermag ich nicht zu sagen.

Alles, was ich über die Übertragung der Empfindungsfähigkeit gesagt habe, ist jedoch nichts weiter als Hypothese. In Wahrheit bin ich kein Fachmann für die Aussendung des Astralkörpers, die durch Hypnose verusacht wird. Ich habe niemals eine Übertragung der Empfindungsfähigkeit vom Astralkörper auf den physischen Körper erlebt, die durch die Berührung eines stofflichen Gegenstandes mit dem Astralkörper verursacht wurde, obwohl Übertragung auf den Astralkörper selbst sehr häufig ist.

Andererseits, wenn der Astralkörper am Ende der „Kraftlinie“ materialisiert wäre, könnte die Nadel diesen zeitweilig materialisierten Körper stechen, und durch doppelte Empfindungsfähigkeit könnte dieser Stich in dem dauernd materiellen Körper gefühlt werden. Das wäre folgerichtig, wogegen ein Nadelstich in die nichtstoffliche Form und die Empfindung dieses Stiches im Astralkörper, mit dem die Nadel gar keine Berührungsmöglichkeit hat, (mir) sehr unlogisch erscheint. Angenommen, diese Theorie ist richtig, daß ein Nadelstich in den ausgesandten Astralkörper wirklich gefühlt werden kann. Müßte dann ein astrales Wesen nicht dauernd auf der Hut sein, d. h. müßte es nicht dauernd „spitzen" Gegenständen ausweichen? Wenn es das nicht täte, würden diese spitzen Gegenstände es empfindlich berühren. Bei dieser Theorie ist etwas nicht in Ordnung; ich glaube, es handelt sich nur um Sinnestäuschung.

Es wäre jedoch der Gipfel der Torheit, wenn ich sagen würde, daß die Übertragung der Empfindungsfähigkeit (wie sie von den französischen Forschern angenommen wird) unmöglich ist, besonders da sie von solch hervorragenden Männern als richtig erklärt worden ist. Es gibt in diesem Zusammenhang jedoch etwas, dessen ich sicher bin, d. h. wenn die Übertragung der Empfindungsfähigkeit wirklich eintritt, daß dies dann nur geschieht, solange der Astralkörper sich innerhalb der lebendigen Reichweite des Astralbandes befindet.

Wir wollen uns noch einmal erinnern, was diese lebendige Reichweite des Astralbandes eigentlich ist. Es ist eine Trennung der beiden Körper, bei der sie einander noch nahe sind; das astrale Band ist dabei noch aktiv und ist dicker, als wenn es den kleinstmöglichen Umfang hat. Das Band hat sowohl noch Zugkraft wie Widerstandsfähigkeit; die Sinnesorgane arbeiten fast launenhaft und verdoppeln sich; es gibt dabei auch doppelte Bewegungsfähigkeit; fast immer tritt dabei Starre auf; der Astralkörper schwankt in der Luft; die Atmung und der Herzschlag können das Kabel beleben, und plötzliche Rückkehr in den physischen Körper ist möglich. Kurz, es handelt sich um einen Zustand der Trennung, der noch nicht vollständig ist und in dem Unregelmäßigkeiten auftreten können. Es ist ein Zustand, in dem der Astralkörper, obwohl abgespalten, doch an sein physisches Gegenstück gebunden ist, — und zwar durch das „Kraftband", mehr oder weniger fest entsprechend der Natur des Menschen, dessen Astralkörper sich vom physischen Körper getrennt hat.

Doppelte Empfindungsfähigkeit und Besessenheit

Wir wollen uns für ein paar Augenblicke noch einmal der Übertragung der Empfindungsfähigkeit vom physischen auf den astralen Körper vermittels des Astralbandes zuwenden. Es ist seit langem bekannt, daß viele Opfer eines gewaltsamen Todes, besonders wenn der Tod schmerzhaft war, kurz nach ihrem Tode zu Medien zurückgekehrt sind und geklagt haben, daß sie noch immer den Schmerz fühlen, den sie zur Zeit des Todes empfunden haben.

Die meisten Medien, da sie glauben, daß der Astralkörper für Schmerz unempfindlich ist, haben diesen astralen Wesen, wenn sie mit ihnen in Verbindung standen, gesagt, daß sie (die Astralwesen) tot seien und sich in einem Körper befänden, der keinen Schmerz empfinden könne und daß das Ich auf der astralen Ebene Schmerzen leide, die nur eingebildet seien. Aber zu Anfang sind die Schmerzen dieser verwirrten Astralwesen nicht nur eingebildet, obwohl es richtig ist, daß ihr Gemütszustand sie den Schmerz noch lange Zeit empfinden läßt, nachdem das astrale Kabel „gerissen" ist.

Was in einem solchen Falle wirklich geschieht, ist folgendes: Der Astralkörper wurde im Augenblick des Todes abgetrennt, aber noch in lebendiger Reichweite des Astralbandes, während die Empfindungsfähigkeit vom physischen Körper auf den Astralkörper übertragen wurde, geradeso wie ich, während ich in lebendiger Reichweite des Astralbandes außerhalb des physischen Körpers war, das Gewicht des Hundes in meiner Seite empfinden konnte.

Dieser Schmerz, in Verbindung mit der Verwirrung des Opfers durch ein solches Erlebnis, macht es (das Opfer) fast wahnsinnig, erfüllt es mit einem Schmerzgefühl, das noch lange anhält, nachdem das astrale Kabel abgetrennt ist. Es ist nicht nur ein Gemütszustand, der das astrale Wesen in diese qualvolle Lage versetzt; es ist die gewöhnliche Übertragung der Empfindung über die „Kraftlinie", Übertragung des wirklichen Schmerzes, des *wirklichen* Schmerzes, wohlgemerkt. Und in seiner Qual erlebt das Opfer immer wieder, monatelang, den Tod, den es durchgemacht hat. Mit anderen

Worten, es fährt fort, den Tod und seinen Schmerz zu erleben. Ich möchte ein Erlebnis anführen, das als Beispiel dienen soll. Mrs. M. E. Hess, eine persönliche Bekannte von mir, eine Besessenheitsheilerin, in La Salle, Illinois, gibt uns folgenden Bericht:

Der Fall „89“

Eine Kranke, eine Dame von etwa 35 Jahren, wurde zu Mrs. Hess gebracht. Die Kranke glaubte, sie sei eine Lokomotive und brachte alle Geräusche einer Lokomotive hervor. Sie stampfte durch das Haus (rattata rattata), „ließ Dampf ab“ (tsch tsch tsch), pfiff und „fuhr“ durch Phantasiestädte.

Nachforschungen der Heilerin ergaben, daß ein Geist im Astralkörper die Frau dauernd verfolgte und daß es der Geist eines Lokomotivführers war. Mrs. Hess nahm dann Verbindung mit dem Besessenheitsgeist auf und erfuhr, daß er unter seiner Lokomotive Nr. 89 einen gewaltsamen Tod erlitten hatte. So nannte er sich selbst (Nr. 89), und er glaubte, er sei noch immer unter der Maschine. Er konnte nicht verstehen, daß er tot und im Astralkörper war. Dadurch, daß es möglich war, die Mutter des Lokomotivführers, die schon vorher gestorben war, herbeizurufen, wurde der Besessenheitsgeist schließlich aufgeklärt und stellte fest, daß sein Körper ihn nicht mehr schmerzte. Aber zuerst war es nicht nur Einbildung. Die Geistesverwirrung bei „89“ wurde erst dadurch verursacht, daß er im Astralkörper innerhalb der lebendigen Reichweite des Astralbandes bei Bewußtsein war (mit doppelter Empfindungsfähigkeit); er fühlte die Lokomotive auf seinem Körper und den Schmerz, der dadurch verursacht wurde.

Wir brauchen uns nicht darüber zu wundern, daß diese Astralwesen geistesgestört sind, denn sie sind von einer fixen Idee besessen. Ein solches Erlebnis würde jeden in eine solche Geistesverfassung bringen! Aber glücklicherweise sind die Umstände zur Zeit des Todes nicht immer so unglücklich, wie sie in diesem Falle waren. Das Bewußtsein äußert sich nicht immer zur selben Zeit und in derselben Art; die Empfindungsfähigkeit ist nicht immer in den drei Organismen (physischer Körper, Astralkörper und Astralkabel) gleichzeitig wirksam; der Tod ist nicht immer gewaltsam und zermalmend. Aber dieser Fall zeigt, daß es doch einen Grund gibt, warum einige Geister zurückkehren und über die Schmerzen klagen, die sie immer noch empfinden und die für sie mehr als eingebildet sind.

Wir dürfen keine Minute glauben, daß dieser Schmerz im Astralkörper nicht echt ist. Er ist wirklich echt; die Empfindungsfähigkeit ist dieselbe wie zu der Zeit, da die beiden Körper noch verschmolzen waren; und obwohl der Astralkörper für physische Gegenstände unempfindlich ist, ist der Schmerz echt, wenn er durch das Astralband vom physischen Körper übertragen wird. Der Schmerz hält an, wenn das Kabel zerrissen ist, bis er durch geistige Anstrengung überwunden wird. Ich sehe ein, daß es schwer vorstellbar ist, daß die Empfindungsfähigkeit innerhalb der Nervenbahn bestehen soll, aber daß dies unglaublich erscheint, ist kein Grund, weshalb es nicht so sein kann.

Vielleicht erklärt dies auch zum Teil, warum Menschen, die einen Arm oder ein Bein verloren haben, behaupten, sie fühlten den Arm oder das Bein, nachdem der Stumpf geheilt ist. Kann das nicht dadurch möglich sein, daß die Empfindungsfähigkeit im astralen Glied vorhanden ist, das denselben Luftraum einnimmt wie vorher der körperliche Arm oder das körperliche Bein? In "Psychical Phenomena and the War" („Psychische Phänomene und der Krieg") führt Hereward Carrington einen Fall an, der dem des Lokomotivführers „89" ähnlich ist. Wir wollen ihn daher hier wiederholen:

Der qualvolle Fall eines Soldaten, der durch einen Stich mit einem Seitengewehr getötet wurde

Am Neujahrstag 1916 hielten drei Freunde eine spiritistische Sitzung ab, in der ein Soldat zu ihnen „kam" und darüber klagte, daß das Seitengewehr (mit dem er getötet worden war), noch immer an seinem (astralen) Körper stecke, daß es ihm Schmerz verursache und daß er wünsche, es solle entfernt werden. Nach einer langen Unterhaltung zwischen dem Astralwesen und den drei Sitzungsteilnehmern wußten diese viel über das Astralwesen: daß er Kanadier war und der Ehemann der Köchin (der Name war Alice) einer Mrs. Weston, die in Herne Bay in der Nähe von London lebte, und andere Einzelheiten.

Aber seine Hauptklage war, daß das Seitengewehr ihm Schmerzen verursache (er war am Weihnachtstage von einem Deutschen damit durchbohrt worden) und daß es entfernt werden sollte. Einer der Sitzungsteilnehmer antwortete: „Du bist das Opfer einer Selbsttäuschung. Wenn du tot bist, hast du einen anderen Körper; das Seitengewehr steckt vielleicht in dem alten Körper, aber es steckt jetzt in Wirklichkeit nicht in dir.“

Darauf antwortet das Astralwesen: „Versuche es nur einmal selbst!“ Es scheint, daß das Astralwesen den Schmerz wirklich empfand und nicht zugeben wollte, daß es eine Selbsttäuschung war, bis schließlich einer der Teilnehmer das Seitengewehr scheinbar herauszog. Woher hatte der Soldat diese Schmerzempfindung? Daher, daß sie vom physischen Körper über das Astralband übertragen wurde, während er noch bei Bewußtsein war. Daß der Schmerz schließlich durch eine geistige Anstrengung überwunden wurde, beweist nicht, daß er nicht vorhanden gewesen war.

Aber der Leser wird sagen: „Wie ist die Sache mit dem Seitengewehr zu erklären? Es steckte doch sicherlich kein Seitengewehr im Körper des Astralwesens.“ Aber ja! Kein stoffliches Seitengewehr, aber die Astralform eines Seitengewehrs, die durch das Bewußtsein des Astralwesens geschaffen worden war. Wie das Bewußtsein seine eigene Umgebung erschafft, wollen wir später erörtern.

Verdoppelung und Übertragung der Bewegungsfähigkeit

Eine ungeheure „Kraft“ ist im Astralband wirksam. Ich habe oft gewünscht, es möchte ein Verfahren ersonnen werden, wodurch man diese Kraft physikalisch messen, d. h. bestimmen kann, welches Gewicht von dieser Kraft gehoben würde, wenn das Astralkabel daran befestigt werden könnte.

Ich glaube fest, daß ich im Astralkörper und innerhalb der lebendigen Reichweite des Kabels einen festen „Griff" bei einem stofflichen Gegenstand anwenden könnte, daß die Kraft im Kabel diesen Gegenstand heben würde, auch wenn dieser eine Tonne wöge!

Auf Grund meiner Erfahrungen habe ich berechtigte Veranlassung, zu glauben, daß ein „freies" Kabel aus dem Körper „herauswachsen" kann, d. h. ein Kabel oder ein astraler Stab ohne einen Astralkörper an seinem Ende, und daß dieses freie Kabel zu einer Handlung des Schiebens und Ziehens fähig ist und bewegende Kraft übertragen kann, die unter bestimmten Bedingungen Klopfzeichen verursacht und Gegenstände bewegt. (Eines der Verfahren, wodurch Hellsichtigkeit angeblich erleichtert werden kann, ist die Verwendung eines astralen „Kraftbandes".)

Wenn dies wahr ist, so wäre es möglich, daß die bewegende Kraft sich über das „Kraftband" nach außerhalb des Körpers verlagert, und wenn die körperliche Bewegungsfähigkeit vom physischen Körper auf diese Art abgetrennt wird, so würde dieser währenddessen kraftlos sein, obwohl er noch mit dem Astralkörper verschmolzen und das Bewußtsein noch vorhanden ist. Es ist oft festgestellt worden, daß sich ein Medium in diesem Zustand der Kraftlosigkeit befand, wenn „Klopfzeichen" hervorgerufen wurden.

Ein Klopfzeichen, das während einer Übertragung der Bewegungsfähigkeit absichtlich hervorgerufen wurde

In der Tat habe ich selbst in diesem Zustande „Klopfzeichen" verursacht. Ich erinnere mich sehr deutlich, daß ich eines Morgens erwachte, mich aber nicht rühren konnte. Ich überlegte mir daher folgendes: Wenn meine Bewegungsfähigkeit sich jetzt außerhalb meines Körpers befindet und ich bei Bewußtsein bin, warum kann ich dann nicht *wollen,* daß ein Klopfzeichen erfolgt? Und ich richtete meinen Willen entschlossen darauf, daß im Anrichtetisch ein Klopflaut verursacht werden sollte. Der Klopflaut wurde wirklich erzeugt! In der Regel jedoch, wenn man in einen Zustand gerät, in dem die Bewegungsfähigkeit sich außerhalb des physischen Körpers befindet, ist man zu erregt, um jemals an so etwas zu denken, und statt daß man die bewegende Kraft mit seinem Willen auf einen entfernten Gegenstand richtet, ist man ängstlich darauf bedacht, sie in den physischen Körper zurückzuholen!

Was die Bewegung von Gegenständen betrifft, wenn der Astralkörper abgespalten ist und sich am Ende des Kraftbandes befindet, so ist sie unter bestimmten Bedingungen möglich, und wir werden später darüber sprechen. Im Augenblick möchte ich nur folgendes betonen: Die Bewegungsfähigkeit kann aus dem physischen Körper auf den astralen Körper übertragen werden, geradeso, wie es mit der Empfindungsfähigkeit geschehen kann. Die Übertragung der Bewegungsfähigkeit kann schnell oder langsam erfolgen.

Und während der Abspaltung des Astralkörpers (innerhalb der lebendigen Reichweite des Astralbandes) kann die Bewegungskraft bis zu einem bestimmten Grade doppelt vorhanden sein; dessen bin ich sicher. Wenn dies der Fall ist, hat jede Bewegung des Endes der aus dem Körper abgetrennten Kraftlinie eine Rückwirkung auf den physischen Körper, gewöhnlich nur in einer leichten Art je nach der Stärke der bewegenden Kraft, die noch im physischen Körper vorhanden ist, — in der Regel sehr wenig.

Wenn der Zustand dieser doppelten Bewegungsfähigkeit besteht, verursacht eine Bewegung eines astralen Armes einen Schock im physischen Arm, ganz ähnlich wie die Beine eines Hundes in einem Traum zucken.

Doppelte Bewegungsfähigkeit ist viel seltener als doppelte Empfindungsfähigkeit, und einige Menschen scheinen dazu mehr zu neigen als andere. Sie tritt im Zustand der Bewußtlosigkeit und im Traumzustand häufiger auf als bei Bewußtsein. Hier ist ein Geheimnis, das für mich unergründlich ist, aber ich weiß, daß es Wahrheit ist, nämlich, daß man einen Gegenstand im Traum bewegen kann, aber daß der Gegenstand sich erst ungefähr zwei Sekunden später bewegt, — in Wirklichkeit. Ich hatte selbst ein derartiges Erlebnis.

Bild 1: Der Astralkörper oder die Ka besucht die Mumie.

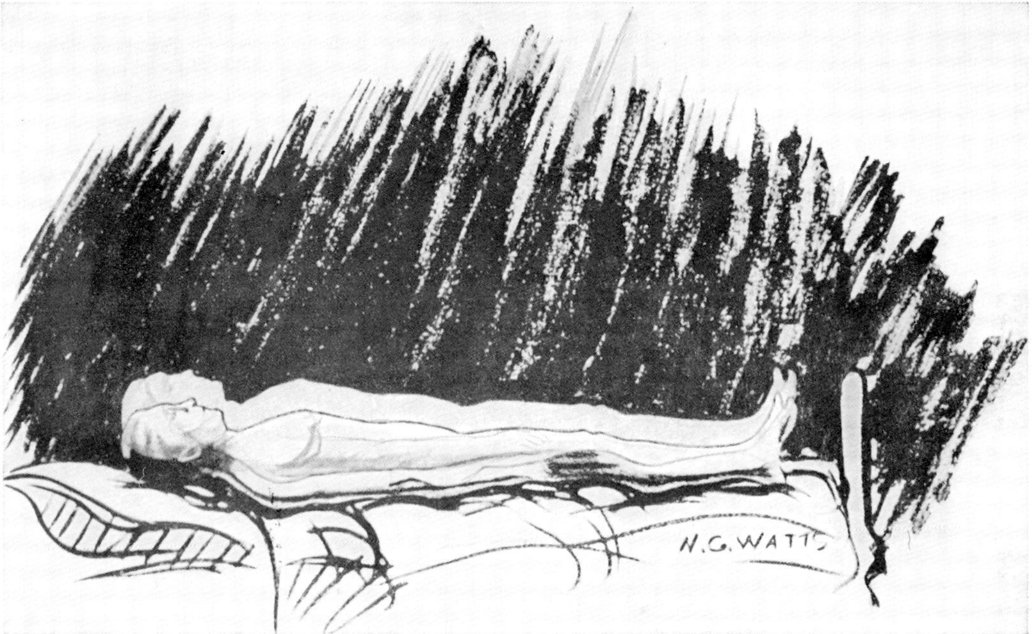

Bild 2: Der Astralkörper teilweise vom physischen Körper abgetrennt.

Bild 3: Der Astralkörper in der Luft über dem physischen Körper schwebend. Der Astralkörper richtet sich hier manchmal auf.

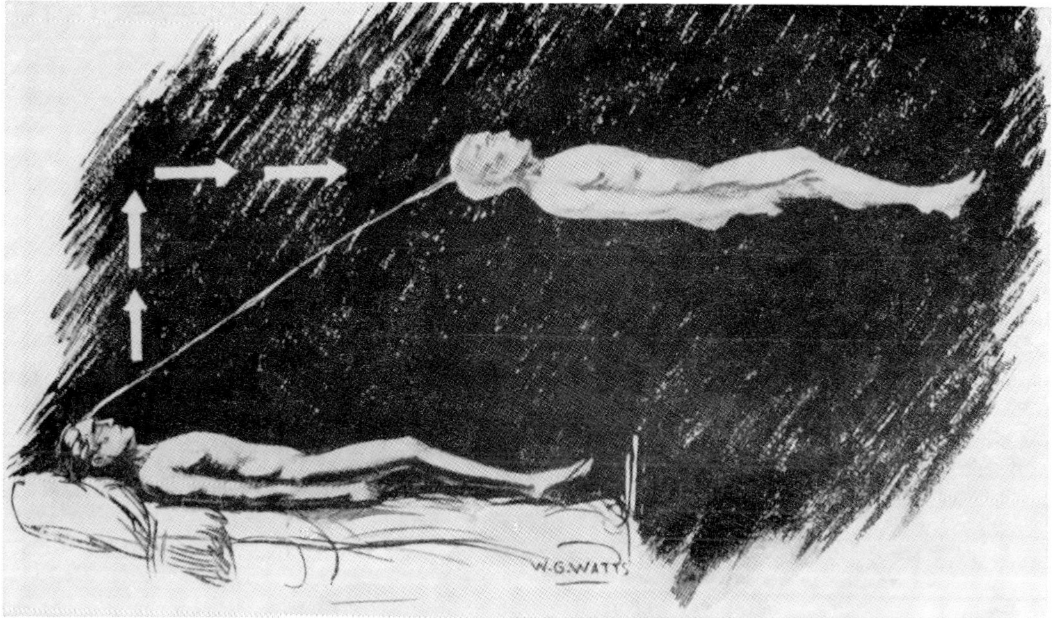

Bild 4: Die Pfeile zeigen den Weg, den der Astralkörper bei der Abspaltung nimmt. Dies ist die Lage, die der Astralkörper oft vor einem „Flugtraum“ einnimmt. Häufig richtet der Astralkörper sich hier auf.

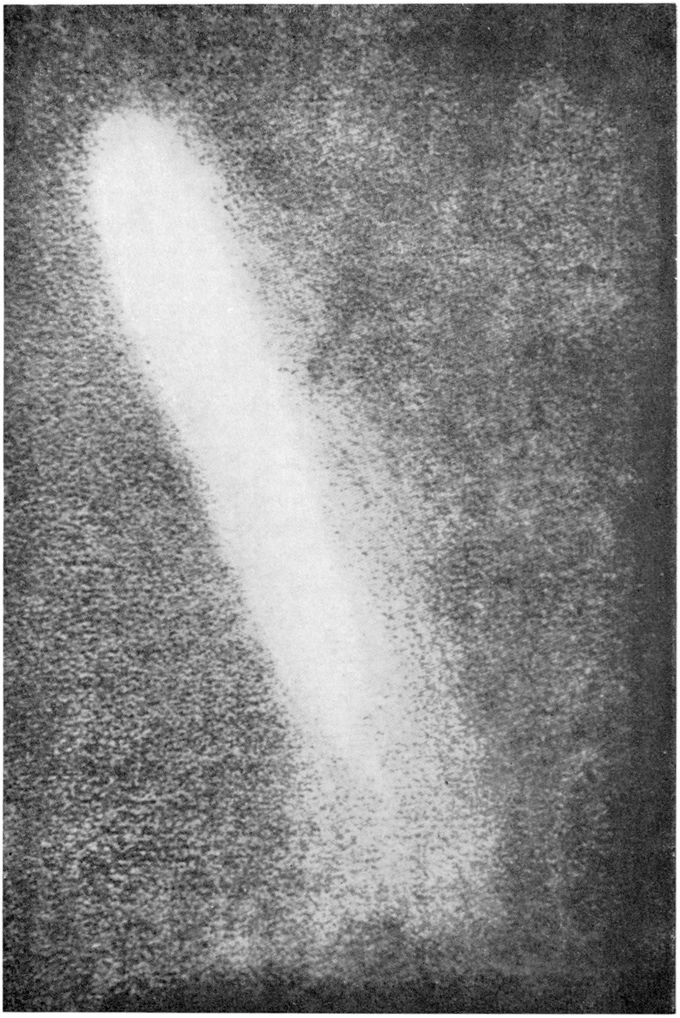

Bild 7: Das Schwanken des Astralkörpers.

Bild 8: Alter chinesischer Druck, der die Abtrennung des Astralkörpers und das Band oder Kabel zeigt, das ihn mit dem physischen Körper verbindet.

Bild 9: Die Abtrennung des Astralkörpers beim Tode.

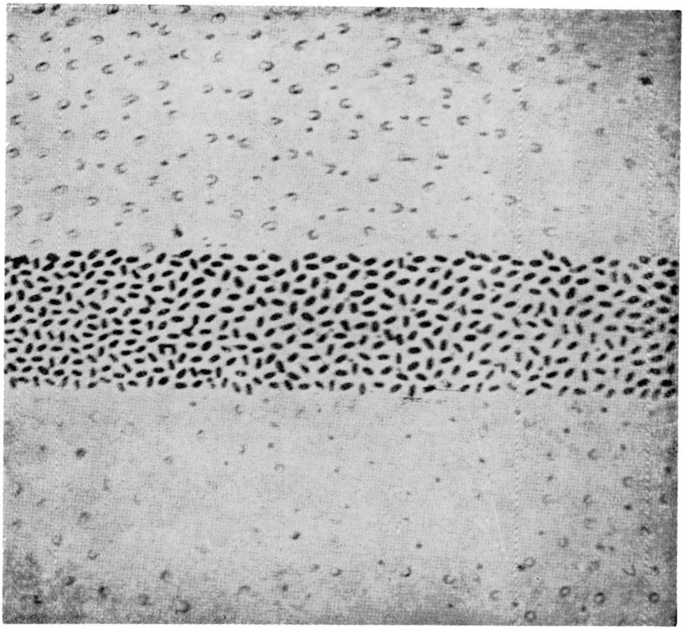

Bild 10: Atomstruktur des Astralkörpers. (Nach Dr. Malta und Dr. van Zelst.) Die kleinen Punkte stellen die Atome des Astralkörpers dar.

Dies alles erinnert mich an das, was Sir Oliver Lodge gesagt hat, als er die durch Eusapia Paladina verursachten Geschehnisse erörterte. Er sagt unter anderem:

„Die Tatsache, ... daß in dem Körper des Mediums gleichzeitige oder entsprechende Bewegungen oder Zuckungen beobachtet werden, ist sehr lehrreich und anregend. Manchmal, wenn sie (das Medium) einen entfernten Gegenstand von seinem Platz stößt, macht sie mit ihrer körperlichen Hand einen Stoß in diese Richtung, und sofort danach bewegt sich der Gegenstand. Einmal geschah dies zu meiner Erheiterung mit stets demselben Gegenstand, nämlich einem Schreibtisch in einer Ecke des Zimmers.

... bei einer Entfernung von sechs bis sieben Fuß betrug der Zeitabstand (zwischen dem Stoß und der Bewegung des Gegenstandes) etwa zwei Sekunden. Wenn das Akkordeon gespielt wird, bewegen sich die Finger des Mediums in genau entsprechender Weise, und der Vorgang erinnert uns an das Zucken der Beine eines Hundes, wenn er, wie wir denken, träumt, daß er einen Hasen jagt. Es ist, als ob Eusapia träumt, daß sie mit den Fingern das Instrument spielt und daß der Traum so lebhaft ist, daß das Instrument wirklich gespielt wird.

Es ist, als ob der Hund so lebhaft von seiner Hasenjagd träumt, daß ein ferner Hase wirklich gefangen und getötet wird, wie durch einen Gespensterhund, und so phantastisch und wertlos solche Gedankengänge im Augenblick erscheinen mögen, muß ich gestehen, daß ich in etwas Ähnlichem den Schlüssel für diese Vorkommnisse sehe. In der idealistischen Vorstellung von der Natur ist von vielen Philosophen angenommen worden, daß der Gedanke Wirklichkeit und daß Stoff nur eine Folge der Gedanken ist.

So scheint es in geringerem Maße auch hier zu sein; es ist, als ob der Traum eines im Tiefschlaf befindlichen Menschen physikalisch stark genug wäre, um auf in der Nähe befindliche Gegenstände zu wirken und tatsächlich objektive Ergebnisse zu erzielen, d. h. nicht nur wirkliche und dauernde Bewegungen gewöhnlicher Gegenstände zu verursachen, sondern vorübergehende Zusammenballungen von Stoffteilchen zu gewöhnlichen Gegenständen, die dann objektiv vorhanden sind, so daß sie gefühlt, gehört, gesehen und wahrscheinlich sogar photographiert werden können, solange sie bestehen.“

Wenn ich sage, daß man träumen kann, einen physischen Gegenstand zu bewegen und daß, wenn der Gegenstand bewegt wird, er in Wirklichkeit erst zwei Sekunden später bewegt wird, als man geträumt hat, daß man ihn bewegt, meine ich wirklich, was ich sage, unbekümmert um die Tatsache, daß dies dem gesunden Menschenverstand widerspricht. (Vielleicht wird diese Merkwürdigkeit in Zukunft erforscht werden.) Wenn der physische Körper im Traum zuckt, so geschieht dies oft, weil sich der Traumkörper bewegt, und doppelte Bewegungsfähigkeit verursacht die Wirkung auf den stofflichen Körper.

Der Astralkörper kann im Schlaf natürlich über dem physischen Körper schweben, und doppelte *unwillkürliche* Handlungen finden statt, z. B. nervöses Zucken oder andere unbewußte Bewegungen im physischen Körper.

Es ist leichter, einen physischen Gegenstand mit einem freien Kraftband zu bewegen, als wenn der Astralkörper sich abgetrennt am Ende des Kraftbandes befindet, denn im ersteren Falle ist die bewegende Kraft in einem Punkte *konzentriert,* während sie im letzteren Falle dazu benötigt wird, den Astralkörper zu lenken, und wenn die bewegende Kraft dem Körper zurückgegeben wird, so wird sie auf alle seine Organe verteilt.

Ich habe oft von der ungeheuren magnetischen Kraft gesprochen, die von dem Astralband während der Rückkehr in den physischen Körper ausgeübt wird. Es ist lehrreich, zu beweisen, daß diese Zugkraft dieselbe ist wie die Kraft, die den verkörperten Geist in das Kabinett zurückzieht, und viele hervorragende Forscher haben festgestellt, daß, wenn der materialisierten Gestalt etwas zustößt, sich dies auf den Körper des Mediums überträgt; mit anderen Worten, es gibt ein Kraftband zwischen dem physischen Körper des Mediums und der materialisierten Gestalt.

Es könnte die Theorie aufgestellt werden, daß (wenigstens in vielen Fällen) es der Astralkörper des Mediums ist, der sich materialisiert und so einen doppelten stofflichen Körper des Mediums außerhalb des Kabinetts darstellt. Sollte dies geschehen (und es geschieht wirklich), was würde der Skeptiker sagen? Er würde die Erscheinung als Schwindel abtun und darauf bestehen, den Fleisch-und-Blut-Körper des Mediums zu untersuchen. Und um seine Behauptung zu beweisen, würde er eine Hutnadel in das Handgelenk der materialisierten Gestalt stecken, was sich natürlich auf den Körper des Mediums im Kabinett auswirken würde, und diese Verletzung bewiese dann (dem Skeptiker, der nichts von einer Übertragung und Rückwirkung weiß), daß das Medium „geschwindelt" hat. Ich will auf keinen Fall behaupten, daß alle Medien „echt" sind, aber hier besteht eine Möglichkeit, daß ein echtes Medium in Verruf gerät.

Wenn das Astralkabel abgetrennt wird, während sich der Astralkörper außerhalb des physischen Körpers befindet, so ist der Tod des physischen Körpers die Folge. Das ist offenbar, was in einigen spiritistischen Sitzungen geschehen ist, wenn die materialisierte Form fest angefaßt wurde, die sich in solchen Fällen als der Astralkörper des Mediums erwies. Sie wurde sozusagen daran gehindert, in den physischen Körper zurückgezogen zu werden. In einigen solchen Fällen (die schriftlich bezeugt worden sind, wie ich glaube) ist das Medium im Kabinett gestorben.

Ich kenne einen alten Okkultisten, Carl Pfuhl, sehr gut. Er erzählte mir, daß sich einmal ein kleines Mädchen, das in einer Hängematte außerhalb des Sitzungszimmers schlief, während eine spiritistische Sitzung im Gange war, im Sitzungszimmer verkörperte und behauptete, die Tochter eines Zirkelmitglieds zu sein, der eine verstorbene Tochter etwa desselben Alters hatte. Die verkörperte Gestalt war jedoch die Gestalt des kleinen Mädchens, das außerhalb des Zimmers schlief, und war in keiner Weise verwandelt worden, um das Mädchen darzustellen, das sie zu sein behauptete! Das Mädchen, das in der Hängematte schlief, wußte beim Erwachen nichts von dem Vorgefallenen.

Wir wissen, daß der Gedanke auf die Form des Astralkörpers wirken kann, und es wäre für einen Geist, der sich manifestieren will, möglich, den bewußtlosen Astralkörper des Mediums zu einer Gestalt wie seiner eigenen zu formen und dann durch sie zu sprechen. Das ist jedoch ein Gebiet, auf das wir jetzt nicht eingehen können. Wir haben uns lange bei der Erörterung der doppelten Bewegungsfähigkeit aufgehalten, aber ich glaube, daß es nützlich gewesen ist.

Kapitel 6

DER ZWECK DES SCHLAFES

Trennung und Loslösung des Astralkörpers sind als mehr oder weniger sinngleiche Ausdrücke gebraucht worden, obwohl in Wirklichkeit ein Unterschied in bezug auf astrale Vorkommnisse besteht. Der Astralkörper kann von dem physischen Körper losgelöst werden, braucht von ihm jedoch nicht so getrennt zu sein, daß zwischen beiden ein deutlicher räumlicher Abstand besteht. Der Astralkörper ist vielleicht nur einen Zoll weit aus dem physischen Körper ausgetreten, und dann würden die beiden Körper wenigstens teilweise denselben Raum einnehmen. Doch wären diese Teile des Körpers nicht fest miteinander verschmolzen.

Man wird sagen: „Wenn das wahr ist, so hätten wir es früher wissen sollen." Ich möchte jedoch sagen, daß unser Astralkörper jedesmal, wenn wir schlafen, ein wenig aus dem physischen Körper austritt, vielleicht nur den Bruchteil eines Zolles, vielleicht auch mehr. Auf alle Fälle sind die beiden Körper während des Schlafes getrennt, obwohl die trennende Entfernung winzig klein sein kann und wenig mit der Fähigkeit zu tun hat, den Astralkörper auszusenden; Aussendung des Astralkörpers bedeutet eine Erweiterung der Trennung der beiden Körper. Man ist vielleicht ganz „normal", ganz unfähig zur Aussendung des Astralkörpers, aber während des Schlafes bewegt sich der Astralkörper immer ein wenig aus dem physischen Körper heraus.

Hereward Carrington war auf der richtigen Spur, als er schrieb: „Es sind schon in früheren Zeiten Theorien aufgestellt worden, um den Schlaf zu erklären, aber keine von ihnen war wirklich zufriedenstellend. So haben wir die sogenannte „chemische Theorie“, die den Schlaf dadurch erklären soll, daß sie annimmt, im Körper würden während des Wachzustandes gewisse giftige Stoffe gebildet und während des Schlafes ausgeschieden. Andere Forscher vertreten die Meinung, daß der Schlaf durch besondere Bedingungen hervorgerufen wird, unter denen sich zeitweilig die Durchblutung des Gehirns vollzieht, wieder andere, daß der Schlaf durch die Tätigkeit gewisser Drüsen zu erklären ist, noch andere, daß er durch Erschlaffung der Muskeln bewirkt wird, und schließlich einige, daß ein Mangel an äußern Reizen genüge, um einen tiefen Schlummer zu verursachen.

Alle diese Theorien haben sich als ungenügend herausgestellt, um die Tatsachen zu erklären. Wir werden zweifellos niemals eine befriedigende Erklärung für das Wesen des Schlafes finden, wenn wir nicht das Vorhandensein einer lebenswichtigen Kraft und eines individuellen Geistes anerkennen, der sich während der Stunden des Schlafes mehr oder weniger vollständig vom Körper trennt und während seines Aufenthaltes in der geistigen Welt Stärkung und Nahrung findet.“

Es gibt etwas in der Natur des Schlafes, was wir nicht verstehen, und das ist der Zustand der Bewußtlosigkeit. Wir wissen nicht, wie die Bewußtlosigkeit zustandekommt. Wir wissen nicht, wohin sich das Bewußtsein sozusagen verflüchtigt. Was wir jedoch wissen, ist der Sinn und Zweck des Schlafes. Wir würden niemals unsere Nervenkraft erneuern, wenn der Astralkörper stets fest mit dem physischen Körper verbunden wäre. Wir könnten diese natürliche Trennung der beiden Körper den Zustand der erholsamen Ruhe nennen, denn dann gibt es keine Tätigkeit der beiden Körper außer dem natürlichen Arbeiten der Organe. Wenn wir jemand (astral) sehen könnten, würden wir die physische Gestalt beobachten und darüber (vielleicht nur den Bruchteil eines Zolls davon entfernt) würden wir die Umrisse des Astralkörpers sehen. Dabei dürfen wir nicht vergessen, daß ich hier nur vom *natürlichen* Schlaf spreche.

Normalerweise gleitet der Astralkörper aus dem physischen Körper heraus und wieder in ihn hinein, unbemerkt von uns, wenn wir einschlafen oder aufwachen, — in langsamer, ruhiger Weise. Er kann es jedoch mit solcher Geschwindigkeit tun, daß wir den Ablauf dieses Vorgangs nicht bewußt erfassen können. Gewöhnlich geschieht dies im Grenzzustand zwischen Wachen und Schlafen, und wie ich schon gesagt habe, sind wir uns dessen selten bewußt, fühlen es selten, obwohl dies manchmal geschieht. Wir wollen uns erinnern, was Walsh dazu sagt:

„Der Schlaf kommt allmählich, wobei die Muskeln sich langsam entspannen und die Sinne unempfindlich werden. Viele Menschen haben beim Einschlafen das Gefühl, sie glitten in ein tiefes Loch oder einen Abhang hinunter, und manchmal wachen sie erschreckt auf. Diese Menschen sind von einer nervösen Natur, wenn auch Erschöpfung oder leichte Erkrankung uns für diese Empfindungen besonders empfänglich machen können. Es ist möglich, daß wir, wenn wir die Empfindungen, die wir im Grenzzustand zwischen Schlafen und Wachen haben, genau beobachten, die Entspannung der Muskeln und das sie begleitende Gefühl des Sinkens oder Rutschens feststellen."

Wenn wir nun das Bewußtsein bis zum letzten Augenblick zwischen Wachen und Schlafen bewahren könnten, würden wir diesen Vorgang der Trennung des Astralkörpers fühlen, wie es nervöse und erschöpfte Menschen tatsächlich oft tun. Und warum tun sie es? Weil der Astralkörper immer in den Zustand der erholsamen Ruhe übergeht, d. h. sich während des Schlafes nur sehr wenig vom physischen Körper trennt, und zwar, um sich wieder mit universaler oder kosmischer Kraft aufzuladen.[8]) Bei einem nervösen oder erschöpften Menschen ist der „Kondensator" (der Astralkörper) fast ohne aufgespeicherte Kraft; das ist das wahre Wesen der Nervosität. Der Astralkörper trennt sich vom physischen Körper leichter, schneller, wobei die Bewußtlosigkeit einen Augenblick später eintritt. In dieser Weise erleben wir den Austritt des Astralkörpers.

Und jetzt haben wir ein anderes, seltsames Gefühl. Der Astralkörper (der wirkliche Träger des Bewußtseins) hat oft die Empfindung des Sinkens oder Gleitens, weil die Empfindungsfähigkeit in beiden Körpern vorhanden ist und sich der physische Körper abwärts zu bewegen scheint, während sich in Wirklichkeit der Astralkörper aufwärts bewegt. Wir glauben natürlich, wir seien im physischen Körper, während wir in Wirklichkeit den Bruchteil eines Zolles davon entfernt sind.

Zweifellos haben wir uns dabei die Frage gestellt: „Können wir die Loslösung des Astralkörpers „fühlen“, wenn dieser Vorgang beginnt? Natürlich müßte man bewußt empfinden, um zu wissen, was vor sich geht; und wenn wir bei Bewußtsein sind, haben wir gewisse Empfindungen, die wir, wenn wir erst einmal mit ihrer Bedeutung vertraut sind, immer als Anzeichen für die Lockerung des Astralkörpers erkennen können.

Man braucht keine völlige Trennung des Astralkörpers zu erleben, um zu wissen, welcher Art diese Gefühle sind. Wir können sie auch im Grenzzustand zwischen Wachen und Schlafen haben, wenn wir uns nur genau beobachten und herauszufinden versuchen, was wirklich geschieht, wenn wir einschlafen. Mit anderen Worten, wenn wir uns nur darin üben, das Gleichgewicht zwischen Bewußtsein und Bewußtlosigkeit zu erhalten (wobei wir das Bewußtsein ein wenig bevorzugen sollten; ohne Anspannung des Geistes) und dieses Gleichgewicht bis in den Grenzzustand zwischen Schlafen und Wachen beibehalten, so werden wir die Abtrennung des Astralkörpers fühlen, werden fühlen, wie der Astralkörper in den Zustand der Ruhe gerät (gewöhnlich als Fallempfindung oder als ob sich plötzlich Luft unter der Körpermitte angesammelt hätte, und zwar meist unter dem Magen). Diesem Vorgang folgt, falls wir bei Bewußtsein sind, durch Gemütsbewegung eine teilweise Rückkehr in den physischen Körper.

Dabei ist noch etwas, worauf ich aufmerksam machen möchte. Wenn das Unterbewußtsein eine ausgedehnte Astralreise plant, wird der Astralkörper in den Zustand der Starre versetzt. Dies kann entweder noch während der genauen Verschmelzung der beiden Körper oder in der Zone der Ruhe geschehen. Wenn er (der Astralkörper) erstarrt, während er mit dem physischen Körper noch völlig verschmolzen ist, wird der physische Körper auch erstarren. Wenn der Astralkörper in der Zone der Ruhe erstarrt, erstarrt der physische Körper nicht. Diese Zustände entwickeln sich nicht plötzlich, sondern überkommen uns fast unbemerkt, und wir müssen schon ein besonderes Empfinden dafür haben, um sie überhaupt wahrzunehmen.

Wenn wir die Empfindung des Gleitens oder des Fallens haben (im Grenzzustand zwischen Wachen und Schlafen) und plötzlich erschreckt werden (wir glauben dabei zu springen), so denken wir vielleicht, daß wir bis dahin halb bei Bewußtsein gewesen sind. Wenn wir die psychologischen Veränderungen aber sehr sorgfältig beobachten, werden wir feststellen, daß das Bewußtsein während der ganzen Zeit unklarer geworden ist; — es ließ langsam nach; dann kam das Gefühl des Gleitens zusammen mit unseren schreckhaften Sprüngen, und dann waren wir wieder bei Bewußtsein! Und wenn wir uns das alles überlegen, so müssen wir zugeben, daß wir einen Augenblick nicht sicher waren, ob wir bewußte Empfindungen hatten. Während dieses kurzen Augenblicks hat der unterbewußte Wille den Astralkörper ausgesandt.

Traumlenkung

Viele Träume werden durch den jeweiligen Gemütszustand ausgelöst, und wir können die Fähigkeit erwerben, einen bestimmten Traum zu träumen, und in einem solchen Traum bewegen wir uns oft im (Astral-)Körper, anstatt in der Zone der Ruhe zu bleiben. Wir werden am Ende dieses Buches sehen, wie ein Astralwanderer träumen und das Bewußtsein wiedererlangen kann, wobei er dann seinen Astralkörper in einer Umgebung vorfindet, die seinen Träumen entspricht. Ich habe dies schon mehrere Male getan und werde diese Erlebnisse später berichten. So kann man durch Übung einen gewünschten Traum verursachen. Einen solchen Traum nennt man einen gewünschten Traum, und Traumlenkung ist eines der Verfahren, die Abspaltung des Astralkörpers zu erzielen, — und zwar ein angenehmes Verfahren.

Zu diesem Punkt sagt Hereward Carrington: „Es gibt einen geeigneten Versuch, durch den man gewünschte Träume erzeugen kann. Es ist sehr wichtig, daß wir uns bei dem Vorgang des „In-den-Schlaf-Fallens“ beobachten, daß wir ihn bewußt beobachten, während er in den Traumzustand übergeht.[9]) Wenn wir Versuche dieser Art an uns selbst durchführen, werden wir allmählich befähigt werden, uns bis zum Augenblick des Einschlafens bewußt zu überwachen, und diese Selbstbeobachtung (das Bewußtsein, daß wir im Begriff sind, einzuschlafen) ist außerordentlich lehrreich.

Wenn wir gelernt haben, dies zu tun, dann müssen wir uns vor unseren geistigen Augen einen bestimmten Vorgang vorstellen und ihn fest im Sinn behalten. Nun, während wir im Begriff sind, einzuschlafen, müssen wir uns in diesen Vorgang fest hineindenken und im letzten Augenblick (bevor wir einschlafen) uns selbst in das Geschehen hineinversetzen, mit anderen Worten, wir müssen in das Bild treten, und wenn wir uns bis zu dem notwendigen Grade geübt haben, werden wir imstande sein, unser klares Bewußtsein in den Traumzustand mitzunehmen, und auf diese Weise haben wir eine an keiner Stelle unterbrochene Gedankenreihe. Der Zustand des bewußten Empfindens ist nicht unterbrochen worden; wir treten in das Traumbild und träumen mit Bewußtsein weiter. Das ist der Vorgang beim gewünschten Traum, und wenn dieser Traum ganz zu Ende geträumt ist, müßten wir uns ganz genau an alles erinnern können, was wir während des Schlafes erlebt haben.“

Ich frage mich, ob Mr. Carrington weiß, wie seine Anweisungen zur Erzielung eines gewünschten Traumes fast völlig dem Verfahren der Traumlenkung entsprechen, das angewandt wird, um den Astralkörper auszusenden, damit er in diesem Traum seine bestimmte Rolle spielt? Ein Schritt über das hinaus, was Mr. Carrington hier berichtet hat, ist die Aussendung des Astralkörpers an einen Ort, den das Unterbewußtsein mit dem durch das Bewußtsein gewünschten Traum in Verbindung bringt. Später, wenn wir das Verfahren lernen, die Aussendung des Astralkörpers zu fördern und Faktoren zu berücksichtigen, die dafür positiv oder negativ sind, werden wir imstande sein, den Astralkörper tatsächlich in das Traumbild treten zu lassen und werden uns beim Erwachen entweder an alles erinnern, was geschehen ist oder schon während des Traumes ganz aufwachen. In diesem Falle hört der Traum auf. Wir befinden uns an der geträumten Stelle — im Astralkörper.

Dies war, so werden wir uns erinnern, das von Dr. van Eeden angewandte Verfahren, das ihm solche Erfolge brachte. Bei der Planung des Traumes muß man jedoch sehr sorgfältig sein, und der Traum muß durch das Bewußtsein völlig zu Ende gedacht und wiederholt werden, bevor das Unterbewußtsein ihn dementsprechend erzeugen kann. Nun ist es aber wichtig, welche Art Traum ausgelöst werden soll. Er sollte den Bewegungen entsprechen, die der Astralkörper natürlicherweise ausführt, wenn er den physischen Körper verläßt, so daß die Empfindungen im Traum den Empfindungen entsprechen, die durch die Bewegungen des Astralkörpers hervorgerufen werden, wenn wir im Astralkörper das Bewußtsein erlangen.

Die Art des Traumes muß notwendigerweise eine natürliche sein, so daß die Traumempfindung angenehm ist und auch der Empfindung bei der Aussendung des Astralkörpers entspricht. Wenn die Trennung der beiden Körper dann eintritt, werden die Empfindungen und Gemütsbewegungen angenehmer Art sein, wenn wir beginnen sollten, im Astralkörper unser Bewußtsein wiederzuerlangen. Ein Traum, der in seinen Handlungen und Empfindungen den Handlungen und Empfindungen folgt, die bei der Abspaltung des Astralkörpers hervorgerufen werden, trägt dazu bei, den Astralkörper vom physischen Körper abzuspalten.

Handlung bedeutet natürlich die Handlung des Ichs im Traum. Die Bewegungen des Ichs müssen im Traum eine besondere Rolle spielen. Am Ablauf des Traumgeschehens müssen wir tätigen Anteil nehmen; wir dürfen nicht nur im Hintergrund stehen und zusehen. Noch stärkere positive Faktoren (für die Aussendung des Astralkörpers) werden zu wirken beginnen, wenn der Traum von der Art ist, daß ein Wunsch oder eine unterdrückte Begierde im Mittelpunkt steht. Später werde ich ins einzelne gehende Anweisungen geben, wie man durch Überwachung des Traumes Abspaltung des Astralkörpers erzielen kann.

Ein Wort der Warnung! Wenn wir schwache Nerven haben, uns leicht beeinflussen lassen, wenn es uns an Willenskraft mangelt, wenn wir ängstlich sind, wenn wir Grund haben, zu glauben, fremde Geistwesen könnten von unserem Körper Besitz ergreifen, wenn wir in einer unharmonischen Umwelt leben, so sollten wir nicht versuchen, den Astralkörper vom physischen Körper abzuspalten. Wenn wir zu dieser Art Menschen gehören, so sollten wir niemals die Vorgänge in uns selbst beobachten, sollten niemals den Vorgang des Einschlafens zu erforschen suchen; wir sollten uns vielmehr der Pflege des Leibes statt der Pflege der Seele zuwenden.

Menschen von nervöser Gemütsverfassung eignen sich am besten für psychische Versuche

Während jeder von uns sich im Astralkörper während des Schlafes ein wenig vom physischen Körper trennt, d. h. sich in die Zone der Ruhe begibt, geschieht dies bei nervösen Menschen schneller, leichter und auf eine größere Entfernung als bei Menschen anderer Wesensart. Unsere Gemütsverfassung hat schließlich viel mit der Aussendung des Astralkörpers zu tun. Nervöse Menschen, deren Astralkörper nicht fest mit ihrem physischen Körper verbunden ist, sind für Astralwanderungen am besten geeignet, obwohl auch Menschen anderer Gemütsverfassung dafür nicht ganz ungeeignet sind.

Hereward Carrington, der alle Formen des Okkultismus eingehend untersucht hat und den ich in diesem Buch sicherlich oft anführen werde, sagt, als er die Versuche von Dr. Charles Lancelin, einem französischen Naturwissenschaftler und Okkultisten zusammenfaßt:

„Für den Versuch muß jemand in der richtigen oder passenden Gemütsverfassung gefunden werden. Wenn das nicht möglich ist, wird der Versuch ein Mißerfolg sein oder nur teilweise gelingen. Gemütsart darf nicht mit Wesensart oder Sinnesart verwechselt werden. Die Gemütsverfassung ist ein psychologischer Zustand, der durch die Vorherrschaft eines Elementes, eines Organs oder Systems im menschlichen Körper hervorgerufen wird.[10])

Es gibt vier hauptsächliche Temperamentsarten: das nervöse, cholerische, träge und heißblütige Temperament. Von diesen ist das nervöse Temperament für psychische Versuche aller Art am besten geeignet; das cholerische Temperament ist am leichtesten beeinflußbar; das heißblütige neigt zu Selbsttäuschungen sowohl subjektiver wie objektiver Art, während das träge Temperament in jeder Hinsicht am ungeeignetsten ist.

Natürlich ist unsere Gemütsart gewöhnlich eine Mischung aus all diesen Einzelarten, die kaum jemals in idealer Form zu finden sind, aber die vorwiegend nervöse Gemütsart ist für unsere Versuche am besten geeignet, wie auch für alle anderen psychischen Versuche. Nun ist manchmal ein gewisses Ausströmen der Nervenkraft festzustellen, eine „Absonderung" dieser Kraft. Das ist bei allen Menschen der Fall, aber in besonders starkem Maße bei Menschen, die als „Medien" oder „Sensitive" bekannt sind. Bei ihnen kann diese Kraft, die von ihnen ausströmt, mit besonders ersonnenen Geräten gemessen werden, die Biometer, Sthenometer usw. genannt werden.

Einige Geräte dieser Art sind von französichen Forschern erfunden worden. Sie zeigen, daß auf der einen Seite des Körpers eine abstoßende, auf der anderen Seite eine anziehende Kraft vorhanden ist. Bei normalen Menschen sollten diese Kräfte ausgeglichen sein. Wenn sie es nicht sind, so können sich seltsame Dinge in ihrer unmittelbaren Umgebung abspielen. Ihre dabei wirkende Kraft kann mit Hilfe dieser Geräte festgestellt werden.

Obwohl, wie Lancelin gezeigt hat, bei Menschen aller Gemütsarten ein Ausfließen und Einfließen der kosmischen Energie oder Kraft im Wachzustand stattfindet, so übertrifft das Ausströmen das Einströmen, besonders bei nervösen Menschen. Daher trennt sich der astrale Kondensator während des Schlafes (der das Verfahren der Natur ist, ihn wieder aufzuladen) vom physischen Körper. Der nervöse Mensch, der am meisten neue kosmische Kraft braucht, sendet den Astralkörper leichter, schneller und auf eine größere Entfernung aus als irgendein anderer Mensch.

Außerhalb der lebendigen Reichweite des Astralbandes ist der Astralkörper frei

Wenn der Astralkörper den lebendigen Bereich des Astralbandes verlassen hat, ist er frei und nur seinem eigenen Willen unterworfen. Dann ist er nicht länger den Launen der Sinnesorgane, Schwankungen oder anderen Schwierigkeiten ausgesetzt, die vorhanden sind, bevor er aus dem lebendigen Bereich des Astralbandes heraus ist.

Diese Schwierigkeiten werden nicht alle in einem Augenblick überwunden, sondern langsam in dem Maße, wie sich der Astralkörper vom physischen Körper entfernt, und wenn der Astralwanderer schließlich einen bestimmten Punkt erreicht, hat das Astralband seinen kleinsten Durchmesser angenommen, wobei es einem langen Faden aus einem Spinngewebe ähnelt und keinerlei eigene Tätigkeit mehr zeigt.

Ungeachtet der offenbaren Leblosigkeit und Schlaffheit des Bandes durchfließt es notwendigerweise ein Strom kosmischer Kraft vom astralen oder lebendigen Körper zum physischen oder leblosen Körper, aber dieser Kraftstrom läßt sich an Stärke in keiner Weise mit dem Strom vergleichen, der das Band innerhalb seiner lebendigen Reichweite durchfließt.

Ausgedehnte Astralwanderungen

Wenn der Astralkörper sich weit und lange vom physischen Körper abspaltet, nimmt dieser oft ein leichenblasses Aussehen an, da die kosmische Kraft, die er dann erhält, nur sehr gering ist. Es gibt Berichte über Menschen, die, während sie sich im Astralkörper befanden, für tot gehalten wurden. Dies ist natürlich selten, aber der physische Körper kann alle Anzeichen des Todes haben. Wenn der Astralkörper in dieser Weise ausgesandt wird, kann die Temperatur des erstarrten physischen Körpers unglaublich stark fallen; dieser Zustand gleicht sehr dem Winterschlaf der Tiere.

Der Astralwanderer kann nicht „verlorengehen"

Man fragt sich vielleicht, ob diese Aussendung des Astralkörpers nicht eine gefährliche Übung ist. Man fragt sich vielleicht ferner, ob der Astralkörper, wenn er erst einmal frei ist, nicht „verlorengehen" kann, ob er dem physischen Körper nicht zu lange fernbleibt und ihn so sterben läßt. In der Regel weiß die unterbewußte, lenkende Kraft genau, was sie tut; sie empfindet die Körperzustände viel besser als das Bewußtsein.

Glaubt man etwa, der Astralkörper könne sich in den freien Zustand (außerhalb des lebendigen Bereichs des Astralbandes) abspalten, dort das Bewußtsein erlangen, sich dann weigern, zurückzukommen und so den physischen Körper sterben lassen? Natürlich kann jemand, der niemals eine bewußte Aussendung des Astralkörpers erlebt hat, auf diesen Gedanken kommen; er wird aber finden, daß er, wenn er versucht, zu lange außerhalb des physischen Körpers zu verweilen, nicht bei Bewußtsein bleiben kann.

Einige Kenner dieses Gebietes glauben, daß ein Astralkörper „verlorengehen" kann, während er sich außerhalb des physischen Körpers befindet. Das ist nicht richtig. Ferner sagen uns diese selben Fachleute, daß der Astralkörper an entfernte und unbekannte Orte durch eine Willensanstrengung kommen kann. Dies ist richtig, und da dies richtig ist, kann der Astralkörper nicht „verlorengehen", denn er kann zu seinem physischen Körper ebenfalls durch eine Willensanstrengung zurückkehren.

Das Unterbewußtsein kann im Nu eingreifen und den Astralkörper sofort in den physischen Körper zurückziehen, von jedem noch so entfernten Ort aus, zurück in den lebendigen Bereich des Astralbandes, von wo er in den physischen Körper zurückgezogen wird. In der Tat ist es eine unterbewußte Kraft, die den Astralkörper an entfernte Orte und zurück schickt, auch wenn das Bewußtsein in diesem winzig kleinen Augenblick nicht verlorengeht. Man kann bei vollem Bewußtsein außerhalb der lebendigen Reichweite des Astralbandes umherwandern und plötzlich feststellen, daß man vom

Unterbewußtsein gelenkt wird und sich zum physischen Körper hinbewegt, um sich wieder mit ihm zu vereinigen.

Wir sehen daher, daß es kein Unterschied ist, ob man wirklich aus dem lebendigen Bereich des Astralbandes hinausgelangt und dann frei ist oder nicht; man bleibt unter dem beherrschenden Einfluß des unterbewußten Willens. Wir haben vielleicht die Meinung vertreten, daß wir uns von unserem physischen Körper trennen und zu einem fremden Ort begeben können und daß wir dann, wenn wir bei Bewußtsein sind, möglicherweise nicht den notwendigen Ortssinn haben, um unseren Weg zu unserer physischen Hülle zurückzufinden. Dies ist unmöglich; der unterbewußte Wille kann uns in den physischen Körper zurück„schießen", fast ehe der Gedanke, daß wir dorthin zurückwollen, zu Ende gedacht ist. Man mag denken, daß das Unterbewußtsein als solches schon etwas Wunderbares ist: Man mag sehr schnell denken und handeln; wenn wir aber im Astralkörper einmal das Bewußtsein erlangt haben, werden wir erkennen, in welchem Schneckentempo das Bewußtsein arbeitet im Vergleich zu der übergeordneten Intelligenz, die unbewußt ist. Wenn wir es unternehmen, die Aussendung des Astralkörpers zu üben, brauchen wir nicht zu befürchten, daß unser Astralkörper „verlorengeht".

Wie der physische Körper während der Abspaltung des Astralkörpers mit kosmischer Kraft wiederaufgeladen wird

Ich habe bei verschiedenen Gelegenheiten beobachtet, daß man, während man im freien Zustand ist, — einerlei, ob in der unmittelbaren Umgebung der „Hülle" oder davon entfernt — zuweilen in den lebendigen Bereich des Astralbandes „zurückgezogen" wird; der physische Körper beginnt dann sogleich stärker zu atmen. Es ist offensichtlich, daß das Unterbewußtsein den Zustand des physischen Körpers ebenso wie alles andere überwacht und daß der Kondensator der kosmischen Kraft (der Astralkörper) zurückgezogen wird, damit der physische Körper vermittels des Kabels neu aufgeladen werden kann, das an Umfang zugenommen hat, während die beiden Körper sich einander näherten, und daß dann die Kraft durch ein stärkeres Band übertragen wird.

In seinem Buch "Higher Psychical Development" („Höhere psychische Entwicklung") sagt Carrington:

„Diese Frage der Abspaltung des Astralkörpers ist wichtig, erstens, weil die Abspaltung einer der lehrreichsten aller psychischen Versuche und in gewissem Sinne das Ziel von drei Schulen ist: der Schule des Yoga, des Okkultismus und des Psychischen. Sie bemühen sich alle, so ziemlich dasselbe Ziel zu erreichen, allerdings auf verschiedene Weise, und sie erreichen es auf verschiedenen Stufen des Bewußtseins.

Wenn der Yogi den Zustand der Vollkommenheit erreicht hat, in dem er seinen Astralkörper nach Belieben aussenden kann, ist er imstande, große Entfernungen zurückzulegen und entfernte Ereignisse zu sehen und zu hören, was die ungewöhnliche Fähigkeit der Hindus erklärt, Dinge zu wissen, die sich an entfernten Plätzen ereignen. Auch ein freiwilliges Begräbnis für lange Zeit ist für einen Yogi möglich usw.; in all diesen Fällen ist der Astralkörper vom physischen Körper abgespalten.

Da der Empfindungskörper vollständig abgetrennt ist, hält der physische Körper während dieser Zeit nur noch seine vegetativen Funktionen aufrecht, was genügt, um das Leben in gewissem Sinne in ihm zu erhalten. Aber, wie wir sahen, wird der physische Körper nach dieser Theorie durch einen dauernden Kraftstrom am Leben erhalten, der vom Astralkörper aus zu ihm fließt, durch das Astralband, das ihn mit dem Astralkörper verbindet, und nachdem er wieder zum Leben erweckt und aus dem Zustand tiefer Bewußtlosigkeit erwacht ist, befähigt, sich an die Erlebnisse zu erinnern, die er während seines Begrabenseins hatte, als er offensichtlich für die Außenwelt „tot" war."

In ihrem empfehlenswerten Werk "My Experiences While Out of My Body" („Meine Erlebnisse außerhalb meines Körpers") sagt Cora L. V. Richmond:

„Ich erkannte, daß ich an den Ort geführt wurde, an dem die irdische Gestalt noch atmete, umsorgt und mit Lebensatem erfüllt von einem Schutzgeist und von treuen Freunden aus dem irdischen Leben."

Daraus lernen wir (und es ist wahr), daß Freunde im unsichtbaren Reich manchmal dem Astralwanderer helfen können und es auch wirklich tun, was natürlich ein großer Vorteil bei der Aussendung des Astralkörpers ist.

Es gibt jedoch eine unlogische Einzelheit in diesem Bericht von Mrs. Richmond, daß nämlich der Schutzgeist den gefühllosen Körper mit „Lebensatem“ erfülle. Wir haben schon gelernt, daß die Kraft, welche die Atmung regelt, vom Astralkörper auf den physischen Körper durch das Astralband übertragen wird. Den irdischen Körper mit Leben zu erfüllen, ist der eigentliche Zweck des Astralbandes.

Freunde in der unsichtbaren Welt können helfen. Daran ist nicht zu zweifeln. Aber die Kraft der Atmung fließt durch das Astralband. Es ist wahrscheinlich, daß Mrs. Richmond, als sie einen Freund sah, der über sie wachte, annahm, daß das, was sie sagte, wahr sei. Die Aussendung des Astralkörpers hat in keiner Weise etwas mit „Geistern“ zu tun, doch können sie (die Geister) helfen. Die Aussendung des Astralkörpers ist möglich, ohne daß ein Sterblicher oder ein Geist der körperlichen Gestalt auch nur nahekommt. Die leitende Kraft ruht im Einzelwesen selbst.

Es ist offensichtlich, daß Mrs. Richmond es für selbstverständlich hielt, daß der Schutzgeist für den Atmungsvorgang verantwortlich war. Es ist gezeigt worden, wie der Astralkörper während der Abtrennung über den lebendigen Bereich des Astralbandes hinaus zuweilen zurückgezogen wird, um den physischen Körper mit neuer Kraft zu erfüllen. Die weitere Untersuchung der Erfahrungen von Mrs. Richmond zeigt die Tatsache, daß sie letzten Endes sich der Lebenskraft zwischen diesen beiden Körpern bewußt war, denn an anderer Stelle sagt sie: „Die Zeitspannen, in denen meine Aufmerksamkeit auf den Körper gerichtet war und in denen ich ihn besuchte, waren kurz, gerade lang genug, um den Lebensfunken nicht erlöschen zu lassen“ usw.

Ein Forscher, der sich mit der Aussendung des Astralkörpers befaßt, sollte niemals vergessen, daß die Überintelligenz, die dieses offenbare Wunder bewirkt, in ihm selbst ist. Er braucht niemals zu vermuten, daß er bei seinen Versuchen sein Leben der bewußten Intelligenz eines anderen anvertraut (eines Sterblichen oder eines Geistes), obgleich er für jede Hilfe dankbar sein sollte, die andere ihm leisten mögen.

Es ist die Überintelligenz in uns selbst, die den Vorgang überwacht, und wenn wir die Vorstellung haben, daß wir uns auf Geistwesen verlassen müssen, werden wir unser Ziel wahrscheinlich niemals erreichen. Um gute Ergebnisse zu erzielen, dürfen wir daher niemals Hilfe von außen suchen; wir müssen sie in uns selbst suchen.

„Ich bin ein eifriger Gott", sagt die Bibel. Der Gott in uns selbst ist es ebenfalls, und wenn wir uns selbst nicht auf seine Weisheit verlassen, sondern glauben, daß diese Weisheit bei „Geistern" zu finden ist, wird er nicht zu unseren Gunsten handeln.

Nicht tot, sondern schlafend

Es gibt bei allen Regeln natürlich Ausnahmen; wir folgen aber dem natürlichen Ablauf des Lebens, seiner allgemeinen Richtung, und nicht dem Ungewöhnlichen, und obwohl das Unterbewußtsein während einer Astralwanderung fast immer seine lenkende Kraft offenbart, gibt es immer die Möglichkeit einer Verwirrung. Die überwachende Intelligenz kann gelegentlich Fehler machen; wenn dies aber geschieht, so ist das auf fremden Einfluß zurückzuführen.

Wenn daher Fälle berichtet werden, bei denen Medien Mißerfolge gehabt haben oder sogar gestorben sind, so ist das die Ausnahme. Cora L. V. Richmond soll vier Tage lang im Astralkörper geblieben sein. Hamid Bey, „der jüngste der ägyptischen Fakire", dessen wunderbare Beweise für die Macht des Geistes über den Körper in der westlichen Welt Aufsehen erregt haben, hat sich mehrfach für längere Zeit begraben lassen.

In Atlanta, Georgia, blieb er eine Stunde begraben, in Eaglewood, New Jersey, drei Stunden, in San Diego, Kalifornien, sieben Stunden usw.; er war dabei ohne Sarg unmittelbar in die Erde gelegt worden, wobei die Erde sein Gesicht und seinen Körper bedeckte, in Gegenwart von mißtrauischen

Zeitungsleuten. Berichte von diesen „Beerdigungen“ wurden seinerzeit von der Presse veröffentlicht und sind jedem interessierten Leser zugänglich.

Obwohl diese Darbietungen dem Durchschnittszuschauer fast unmöglich erscheinen mögen, sind sie im Orient keineswegs ungewöhnlich, und Hunderte von ähnlichen Fällen sind von Reisenden berichtet worden, die aus Indien, Ägypten und anderen östlichen Ländern zurückgekehrt sind. Viele dieser „Begräbnisse“ sind unter ausgezeichneten Bedingungen durchgeführt, und der ganze Vorgang ist immer von skeptischen Zeugen überwacht worden.

Vor einigen Jahren wurde ein berühmter Fakir aus der Provinz Lahore in Indien für dreißig Tage lebendig begraben, unter Aufsicht des Fürsten Ranjeet Singh und von Sir Claude Wade. Der Fakir wurde in einen Sack gesteckt (als er sich im Zustand der Starre befand), der fest zugebunden wurde. Dieser Sack wurde dann in einen Kasten gelegt, der abgeschlossen wurde, und die Schlüssel wurden von dem britischen General aufbewahrt.

Der Kasten wurde dann in ein Backsteingewölbe gestellt, dessen Tür mit Ranjeet Singhs Siegel versehen wurde, und eine Wache von britischen Soldaten wurde abkommandiert, um das Gewölbe Tag und Nacht zu bewachen. Am Ende der dreißig Tage wurde das Gewölbe geöffnet, der Kasten aufgeschlossen, der Sack aufgebunden, und der Fakir — stark abgemagert, aber noch am Leben — wurde von seinen Freunden „geweckt“.

Wenn eine Astralwanderung dieser Art nicht von einer verstehenden Intelligenz überwacht würde, wäre der Körper sicherlich vernachlässigt worden; und sollte sich das Ungewöhnliche ereignen, d. h. sollte der Astralkörper nicht von Zeit zu Zeit nicht in den lebendigen Bereich des Astralbandes zurückgezogen werden, um den physischen Körper mit neuer Kraft zu erfüllen, so wäre der Tod die natürliche Folge gewesen.

Es ist offensichtlich, daß während einer ausgedehnten und langdauernden Astralwanderung der physische Körper die Merkmale eines Leichnams annehmen und daß die Körpertemperatur sehr stark fallen kann, sogar in einem Maße, daß verständnislose Menschen den Körper als tot bezeichnen. Ich habe schließlich herausgefunden, als Ergebnis einer Untersuchung dieser Geschehnisse, daß das Herz tatsächlich eine Zeitlang zu schlagen aufhören kann, aber trotzdem ist der Astralkörper nicht völlig vom physischen Körper abgetrennt. Dieser Zustand kann natürlich nicht lange anhalten, ohne daß das Astralband „reißen" würde. In einem kürzlich erschienenen Zeitungsartikel erklärte der Präsident der "American Medical Association", daß Wiederbelebung manchmal stundenlang nach dem scheinbaren Eintritt des Todes möglich ist.

Mr. Carrington hat mehrere Bücher über den „Tod" geschrieben und darin viele Fälle von verfrühten Begräbnissen angeführt. „Es besteht kein Zweifel", sagt dieser Gewährsmann, „daß viele Hunderte von Menschen in den vergangenen Jahrhunderten lebendig begraben worden sind. In England, Amerika usw. sind tatsächlich Gesellschaften gegen verfrühte Beerdigungen gebildet worden. Fälle des Tiefschlafes, des Stillstandes der Atmung usw. sind als Todesfälle angesehen worden, bevor unsere modernen Methoden der Diagnose eingeführt worden sind.

Geschichtliche Berichte und die Erklärungen zurückgekehrter Geister (falls diese Aussagen als wahrheitsgemäß angenommen werden) scheinen darauf hinzuweisen, daß das Astralband sich beim Tode bei einigen Menschen schneller abzutrennen scheint als bei anderen. Es ist wahrscheinlich, daß wir in zu großer Eile sind, wenn wir den Leichenbestatter um seine Dienste bitten, sobald jemand für tot erklärt worden ist, und daß wir, wie die Redensart lautet, „die Leiche nicht kalt werden lassen".

Es gibt viele Berichte über Menschen, die für tot erklärt wurden, aber ins Leben zurückgekehrt sind, und diese Möglichkeit besteht immer, wenn das Astralband noch unversehrt ist, wenn sie auch als Ausnahme angesehen werden muß. Die Abspaltung des Astralkörpers kann lange Zeit andauern, der physische Körper kann ein leichenhaftes Aussehen annehmen, und ein Einbalsamierer hat seine Arbeit vielleicht beendet, bevor der für lange Zeit abgespaltene Astralkörper in den physischen Körper zurückgekehrt ist.

In einem Buch, das von hervorragenden Spiritualisten als zuverlässig bezeichnet worden ist, behauptet ein Geist, „erdgebunden“ gewesen zu sein. Er berichtet, daß er in diesem Zustand gehalten wurde, weil ihn ein dünner Lebensfaden viele Monate lang nach seiner Beisetzung an den physischen Körper gebunden habe. Wieviel Wahres an diesem Bericht ist, weiß ich nicht.

In der Bibel gibt es viele Berichte über Menschen, die ins Leben zurückgerufen worden sind. Man denke zum Beispiel an Christi Auferweckung seines Freundes Lazarus! Wenn Lazarus wirklich tot und das Astralband gerissen war, so hat Christus ein Wunder getan; wenn aber das Kabel noch mit dem physischen Körper verbunden war, so war es nur ein scheinbares Wunder, und die Auferstehung von den Toten war nur eine Erweckung aus dem Scheintod.

Christus war ein wunderbarer Okkultist und Seher, ein Medium ohnegleichen und ein Freund des Lazarus. Ist es nicht möglich, daß sich Lazarus im Astralkörper befand? Es scheint Uneinigkeit bei den Jüngern bestanden zu haben, ob Lazarus wirklich tot war oder nicht. Christus erklärte seinen Anhängern zunächst, daß Lazarus *nicht* tot sei: „Die Krankheit ist nicht zum Tode“. Dann sagte er ihnen, daß Lazarus schlafe: „Lazarus, unser Freund, schläft; aber ich gehe hin, daß ich ihn aufwecke.“

Christus ging zu dem Grab, in dem Lazarus lag, einer Höhle mit einem Stein davor. Er befahl, den Stein zu entfernen, und mit lauter Stimme rief er: „Lazarus, komme heraus!“ und er, der tot war, kam heraus. Könnte heute nicht etwas Ähnliches geschehen, unter Leitung eines Hypnotiseurs oder bei einem Astralwanderer?

Ein anderes Bibelbeispiel der Wiedererweckung ist die Auferstehung der Tochter eines gewissen Obersten. „Und er kam in das Haus des Obersten der Schule und sah das Getümmel und die da sehr weinten und heulten. Und er ging hinein und sprach zu ihnen: „Was tummelt und weint ihr? Das Kind ist nicht gestorben, sondern es schläft.“ Und sie verlachten ihn. Und er trieb sie alle aus und nahm mit sich den Vater des Kindes und die Mutter und die bei ihm waren, und ging hinein, da das Kind lag, und er ergriff das Kind bei der Hand und sprach zu ihr: „Talitha kumi!“ Das ist verdolmetscht: „Mägdlein, ich sage dir, stehe auf!“ Und alsbald stand das Mägdlein auf und wandelte.“

Durch diese verschiedenen ungewöhnlichen Taten gewann Christus den Ruf, Tote ins Leben zurückrufen zu können, aber in jedem Falle sagte Jesus selbst, daß die „Toten“ nicht tot seien, sondern nur schliefen. Wenn diese Menschen wirklich tot waren — wenn das Astralband sich wirklich vom Körper getrennt hatte —, und wenn sie trotzdem ins Leben zurückgerufen wurden, ist es dann nicht verwunderlich, daß nicht noch mehr Menschen vom Tode erweckt wurden? Sicherlich gab es noch andere, die ihn anflehten, sie wieder mit ihren Lieben zu vereinigen, unschuldige Kinder, die nach ihren Müttern riefen, Liebende, die ihn baten, ihnen ihre Geliebten wiederzugeben — sie alle waren Leidtragende, die Mitleid verdienten —, und doch wurden nur wenige wieder zum Leben erweckt.

Es gibt viele Beweisgründe, welche die Ansicht bestätigen, daß die Menschen, die zum Leben wiedererweckt wurden, sich noch im Astralkörper befanden. Es ist aber nicht nötig, zu biblischen Zeiten zurückzugehen, um Berichte von Menschen zu finden, die, nachdem sie für tot gehalten worden waren, auf wunderbare Weise zum Leben wiedererweckt wurden. Solche Dinge geschehen gelegentlich in jedem Menschenalter. Da dies als Tatsache bekannt war, wurden die Körper der für tot Erklärten in Frankreich dereinst in die Leichenhalle gebracht und lagen dort eine bestimmte Zeit unter Beobachtung, bevor die Beisetzung gestattet wurde. Auf diese Weise hoffte man, die Möglichkeit auszuschließen, daß irgendeines der Opfer vorzeitig begraben wurde.

Vor einigen Jahren fand in einer kleinen Stadt in Iowa ein Leichenbegräbnis statt. Die „Tote“ lag in der Kirche aufgebahrt, und während ihre Freunde von ihr Abschied nahmen, sah man, daß aus der Nase der „Leiche“ Blut sickerte. Die Frau kehrte zum Leben zurück. Der Verfasser dieses Buches kennt vertrauenswürdige Menschen, welche die Wahrheit des Geschehens beschwören können.

Dies alles hat natürlich Beziehung zu astralen Erscheinungen. Wenn das Astralband sich einmal vom physischen Körper gelöst hat, wird dieser wieder zu dem Staub zerfallen, aus dem er einst geschaffen wurde. Was in den letzten Abschnitten über die Aussendung des Astralkörpers gesagt wurde, braucht den forschenden Menschen nicht erschrecken, der Versuche damit anstellt. Die Möglichkeit, daß der unbewußte Wille ganz unerwartet handeln wird, ist gering.

Schwere Krankheiten, bei denen das Leben in Gefahr ist, sind gewöhnlich die Ursache solch tragischer Geschehnisse, wie sie hier geschildert worden sind, und in einem solchen Falle ist die Abspaltung des Astralkörpers unfreiwillig zustandegekommen.

Es ist leicht, zu sehen, daß, obwohl die Krankheit die Aussendung des Astralkörpers begünstigt, man sich körperlich nicht in einer zu krankhaften Verfassung befinden sollte, wenn man versucht, den Astralkörper für längere Zeit vom physischen Körper abzuspalten.

Das Astralband ähnelt der Nabelschnur

Nachdem wir die Aussendung des Astralkörpers mit dem „Tod" verglichen haben, wollen wir sie jetzt für einen Augenblick mit der „Geburt" vergleichen. Ähneln der Astralkörper und das Astralband nicht in auffälliger Weise dem neugeborenen physischen Körper und der Nabelschnur? Und schließlich, welcher Vorgang ist geheimnisvoller? Soweit die Intelligenz hinter diesen beiden „Vorgängen" betroffen ist, gehören sie in die gleiche Kategorie.

Es ist mir immer als unlogisch bei den Zweiflern erschienen, die Geburt als natürlich und die Aussendung des Astralkörpers als übernatürlich zu bezeichnen, da sie doch beides nicht erklären können. Es ist lediglich so: Was wir „natürlich" nennen, ist nur deshalb natürlich, weil wir uns daran gewöhnt haben, denn oft ist auch das „Natürliche" unergründlich.

Weil er das Phänomen der Astralwanderung nicht kennt, erklärt es der Ungläubige als unmöglich mit der Begründung, daß sie übernatürlich sei. Die leibliche Geburt jedoch, mit dem Körper am Ende der Nabelschnur, wird als natürlich bezeichnet, weil wir damit vertraut sind, nicht weil sie weniger geheimnisvoll ist als die Abspaltung des Astralkörpers.

Aber so ist der menschliche Geist! Etwas Unnatürliches gibt es zweifellos gar nicht. Ein Sandkorn ist ebenso geheimnisvoll wie ein Planet, ein physischer Körper ebenso geheimnisvoll wie ein astraler Körper, die Nabelschnur ebenso geheimnisvoll wie das Astralband. Wenn wir an dieses wundervolle „Organ“ — das Astralband — denken und uns darüber wundern, daß es das Leben erhält, so mögen wir darüber befriedigt — oder unbefriedigt — sein, daß wir wissen, daß das Astralband und die Nabelschnur auffallend ähnlich sind.

Kapitel 7

WO DAS ASTRALBAND DIE BEIDEN KÖRPER BERÜHRT

Die Erforschung dieser Frage scheint als Ergebnis zu haben, daß es unter Kennern der Materie einen Meinungsstreit darüber gibt, an welchen Stellen das Astralband die beiden Körper berührt. Wir wissen oder wenigstens sollten wir wissen, daß dabei so viele Umstände eine Rolle spielen, so viele körperliche Zustände, so viele unterschiedliche und ineinander übergehende stoffliche Elemente, daß natürlich einige Forscher zu Ergebnissen kommen, die denen anderer Forscher widersprechen.

Ein Fachmann behauptet, daß das Astralband mit dem physischen Körper am Sonnengeflecht verbunden sei, das sich unmittelbar hinter dem Magen befindet. Ein anderer erklärt, daß der Verbindungspunkt an der unteren Stirn sei, zwischen den Augen. Und noch andere (und sie scheinen in der Mehrzahl zu sein) sind der Meinung, daß der Berührungspunkt das verlängerte Mark sei. Ich glaube, daß diese letztere Meinung richtig ist und daß die Beweisgründe dafür stärker sind als alle gegenteiligen Beweisgründe.

Wenn alle diese Beweisgründe verteidigt werden können, so ist der Streit nur auf die Meinungen ihrer Verfechter zurückzuführen; die Wahrheit ist, daß das Kabel von jedem der lebenswichtigen Zentren des Körpers ausgehen kann. Ein sehr bekannter Fachmann auf diesem Gebiet, der keinem anderen an Sachkenntnis unterlegen ist und dessen Wort großes Gewicht hat, ist fest überzeugt, daß das Astralband seinen Verbindungspunkt am Sonnengeflecht hat. Aber wo ist das Astralband mit dem Astralkörper verbunden, wenn dies richtig ist? Ist es ebenfalls das Sonnengeflecht, und zwar das Sonnengeflecht des Astralkörpers? Wenn dies der Fall ist, so muß der bewußt empfindende Astralwanderer sich in einer schwerfälligen Verfassung befinden, wenn er innerhalb der lebendigen Reichweite des Astralbandes ist!

Meine Erfahrungen haben mich folgendes gelehrt: Ich habe niemals gesehen, daß das Astralband mit dem physischen Körper am Sonnengeflecht verbunden war, sondern an der Stirn, an der Seite des Kopfes und im Genick. Bei mir aber war das Astralband stets mit dem verlängerten Mark des Astralkörpers verbunden. Ich glaube jedoch, daß die Forscher, die das Sonnengeflecht als den Verbindungspunkt ansehen, entsprechenden wirksamen Einfluß auf sich selbst ausüben, während sie ihre Versuche machen.

Wie dem auch sei, der Grund, warum das Astralband verschiedenen Stellen des Kopfes anhaften kann, ist in der Lage des physischen Körpers zur Zeit der Abspaltung des Astralkörpers zu sehen. Der astrale und der physische Körper sind miteinander verbunden: Wie der physische Körper, so liegt auch der astrale Körper. Wenn der physische Körper das Gesicht nach oben wendet, während er waagerecht liegt, trennt der Astralkörper sich von ihm mit dem Gesicht nach oben ab. Auf diese Weise wird das Astralband aus dem physischen Körper an der Stirn heraustreten, zwischen den Augen, und dem Astralkörper im Genick anhaften, in der Gegend des verlängerten Marks. Ich möchte hinzufügen, daß dies die ideale Lage für die Aussendung des Astralkörpers ist.

Ferner, wenn der physische Körper sich in waagerechter Lage mit dem Gesicht nach oben befindet, wird der Astralkörper von ihm ebenfalls mit dem Gesicht nach oben abgespalten. Das Astralband erstreckt sich dann von dem verlängerten Mark des physischen Körpers genau über den Kopf bis zum verlängerten Mark des Astralkörpers. Wenn wir bei Bewußtsein sind, falls eine Astralwanderung von dieser Lage ausgeht, fühlen wir das Astralband über unseren Kopf sich bis zum Astralkörper erstrecken, und es fühlt sich wie ein weicher Schlauch an, in dem ein regelmäßiger Pulsschlag spürbar ist. Ich hatte das folgende Erlebnis vor zwei Jahren; es erklärt das Obengesagte:

Umwendung in der Luft

Die erste Wahrnehmung, die ich bei diesem Erlebnis machte, war, daß mein Kopf nach unten geschoben wurde, bis mein Kinn auf meiner Brust ruhte, und daß „jemand" mich auf den Kopf und den Nacken schlug. Einen Augenblick später erwachte ich im Astralkörper und fand, daß mein Kopf tatsächlich nach unten gezogen war und daß mein Kinn wirklich auf meiner Brust ruhte.

Das dröhnende Klopfen in meinem Kopf war durch die Pulsschläge im Astralband verursacht worden. In diesem Zustand lag ich in der Luft, gerade unter der Zimmerdecke. Ich konnte mich nicht bewegen, wie ich wollte, und schien dem Ersticken nahe. Ich lag auf meiner Brust (körperlich) und lag im Astralkörper ebenfalls mit dem Gesicht nach unten; so geschah es, daß das Astralband meinen Kopf nach unten zog, und ich konnte fühlen, wie es auf meinem Kopf lag, sich dann über meinen Scheitel nach unten erstreckte, genauso, als wäre es ein Stück Gartenschlauch, der am Nacken meines Astralkopfes befestigt war, über meinen Kopf reichte, ihn so auf meine Brust drückte und während dieser ganzen Zeit pulsierte.

Dieses Erlebnis bewies mir überzeugend, daß das Astralband immer mit dem Gebiet des verlängerten Marks des Astralkörpers verbunden ist, denn es hätte niemals eine bessere Gelegenheit für das Band geben können, an einer anderen Stelle auszutreten, doch der Verbindungspunkt war das verlängerte Mark, obwohl es dabei keine ideale Stelle war.

Einige Augenblicke blieb ich in dieser Lage, dann bemerkte ich, daß ich begann, mich nach der Seite zu drehen. Ich dachte, mein Kopf werde von meinem Körper abgedreht. Die Bewegung der Umwendung setzte sich fort, bis ich schließlich in der Luft auf dem Rücken lag. Nachdem ich diese Lage eingenommen hatte, begann die lenkende Kraft mich weiter aus dem Körper heraus in eine aufrechte Haltung zu ziehen. Warum es die lenkende Intelligenz für notwendig hielt, mich in der Luft vor Vollendung der Abspaltung des Astralkörpers umzudrehen, weiß ich nicht.

Bei der Rückkehr in den physischen Körper wiederholte sich der Vorgang in umgekehrter Reihenfolge. Ich wurde von der aufrechten Haltung zuerst in die waagerechte Lage gezogen, d. h. zu einer Stelle unmittelbar über meinem physischen Körper. Diese Bewegung fand statt, während ich mit dem Gesicht nach oben in der Luft lag. Ich wurde dann umgedreht und fiel langsam (mit dem Gesicht nach unten) in den physischen Körper hinein, der mit dem Gesicht nach unten auf dem Bett lag. Wenn dieses Erlebnis für typisch angesehen werden kann, so scheint es, daß die Rückenlage die ideale Ausgangslage für die Aussendung des Astralkörpers ist.

Die vier Gehirne des Menschen

Natürlich ist es zweierlei, wo das Astralband mit dem Kopf verbunden zu sein scheint und wo es ihn wirklich berührt. Das Kabel kann bei dem Astralwanderer den Eindruck erwecken, als wäre es mit dem verlängerten Mark, mit der Stirn oder einer Seite des Kopfes verbunden, je nachdem, welche Seite bei Abspaltung des Astralkörpers nach oben gewandt war, und doch ist es vielleicht nur scheinbar so und das Kabel endet möglicherweise im Innern des Kopfes in der Zirbeldrüse, soweit wir wissen.

Es gibt vier große Nerven- oder psychische Zentren des Körpers — vier Gehirne des Menschen, wie sie manchmal genannt werden —: das Großhirn, das Kleinhirn, das verlängerte Mark und das Sonnengeflecht. Außerdem gibt es den Gehirnanhang und die Zirbeldrüse. Da die Aussendung des Astralkörpers zu einem gewissen Grade auf Konzentration beruht, die in einem dieser Nervenzentren vor sich geht, müssen wir kurz über diese sprechen.

Das Großhirn, das aus zwei Halbkugeln besteht, ist der vordere Teil des Gehirns mit dem Schädel. Das Kleinhirn liegt hinter und unter dem Großhirn. Die beiden Organe sind durch ein kurzes Zwischenstück verbunden, das Mittelhirn heißt. Das Sonnengeflecht (das Unterleibsgehirn) liegt im

Unterleib, unmittelbar hinter dem Magen. Es besteht weitgehend aus einem Stoff, der dem ähnelt, aus dem sich die beiden anderen Gehirnarten zusammensetzen.

Das verlängerte Mark ist eine zwiebelförmige Fortsetzung des oberen Endes des Rückgrats. Es erstreckt sich bis in den Schädel und liegt unter dem Kleinhirn. Es ist eine merkwürdige Anhäufung von Nervenbündeln und -knoten, die mit den beiden benachbarten lebenswichtigen Zentren verbunden ist. Es ist allgemein bekannt, daß innerhalb der verlängerten Marks gewisse Nerven liegen, von denen die Arbeit der Atmungsorgane abhängt. Ich überlasse es dem Urteil des Lesers, ob dies nicht eine ideale Verbindungsstelle für das Astralband wäre, das auf diese Weise die „Antriebskraft" für die Atmung liefern könnte.

Die Zirbeldrüse

Im Gehirn liegt ein merkwürdiges Organ, die Zirbeldrüse, die bis vor kurzem ein Geheimnis war, obwohl die Orientalen seit langem die Ansicht vertreten, daß die Drüse für das Okkulte Bedeutung hat. Die Zirbeldrüse, abgesehen von ihrer physiologischen Aufgabe, wird jetzt von vielen westlichen psychischen Forschern ebenso wie von den Orientalen als Bindeglied zwischen dem physischen und dem geistigen Körper anerkannt.

Swami Bhakta Vishita sagt: „Die Zirbeldrüse ist eine Ansammlung von Nervensubstanz, die ihren Platz im Gehirn hat nahe der Schädelmitte, fast genau über dem höchsten Punkt der Wirbelsäule. Sie hat die Form eines kleinen Kegels und ist von rötlich-grauer Farbe. Sie liegt vor dem Kleinhirn und ist mit der dritten Gehirnhöhle verbunden."

Sie enthält eine kleine Menge körniger Teilchen, einer sandähnlichen Substanz, die gewöhnlich „Gehirnsand" genannt wird. Die Drüse hat ihren wissenschaftlichen Namen nach ihrer Form erhalten, die einem Tannenzapfen ähnelt. Die orientalischen Okkultisten behaupten, daß die Zirbeldrüse mit ihrer sonderbaren Ansammlung von Nervenzellen und ihren winzigen „Gehirnsand"-Körnern das Organ für gewisse

Formen der Aussendung und des Empfanges von Gehirnwellen sei.

Westliche Forscher haben sich über die auffallende Ähnlichkeit zwischen der Zirbeldrüse und einem gewissen Teil der Empfangsanlage gewundert, die bei der drahtlosen Telegraphie angewandt wird; diese Anlage enthält auch kleine Teilchen, die dem „Gehirnsand" der Zirbeldrüse stark ähneln.

Der Hirnanhang

Der Hirnanhang, der sich über und unter der Zirbeldrüse befindet, ist ein weiteres Organ, dem eine okkulte Bedeutung beigemessen wird. Es gibt ein Bindeglied zwischen den beiden Organen, der Zirbeldrüse und dem Hirnanhang, durch das, wie behauptet worden ist, eine verborgene Kraft wirksam wird. Dr. W. H. Downer sagt dazu: „Bewegungen der Moleküle in der Zirbeldrüse verursachen geistiges Hellsehen, aber um mit diesem Hellsehen in die Weite des Weltalls einzudringen, müssen der Hirnanhang und die Zirbeldrüse zusammenwirken, und dieses Zusammenwirken bedeutet, daß der sechste und siebte Sinn sich zu einem verbunden haben oder, mit anderen Worten, daß das Bewußtsein des Einzelnen so weit ausgeschaltet wird, daß das magnetische Feld der höchsten Geistigkeit und höchsten geistigen Empfangsorgane verbunden werden."

Wenn man die Aufgabe eines oder aller dieser lebenswichtigen Organe erwägt, kann man mit Recht behaupten, daß das Astralband jedes von ihnen mit „Lebensatem" beliefern kann, während der Astralkörper abgespalten ist, und daß diese Lebenskraft dabei angemessen verteilt wird, denn schließlich besteht eine Harmonie zwischen allen Teilen des Nervensystems im ganzen physischen Körper.

Einige Sachkenner haben herausgefunden, daß die Konzentration auf die Zirbeldrüse (richtig durchgeführte Gedankenkonzentration natürlich) die Abspaltung des Astralkörpers erleichtert, und es besteht wenig Zweifel, daß eine Kraftlinie zu der Stelle führt, auf die wir uns konzentrieren. Diese Kraftlinie wird durch das körperliche Nervenzentrum nicht *ge-*

schaffen; das körperliche Nervenzentrum wird durch Anwendung der Kraft wirksam gemacht.

Die kosmische Kraft

Keines der lebenswichtigen Körperorgane, von denen wir gesprochen haben, kann die Kraft schaffen, die durch sie wirksam wird; sie sind nur ihre Verteilerstellen, ihre Gleichrichter, Transformatoren, — ihre komplizierten mechanischen Einrichtungen, durch welche die Lebenskraft wirkt und auf die diese Kraft wirkt. Wenn auch der physische Körper zerstört werden kann, so wird dabei in keiner Weise die Kraft hinter diesem Körper zerstört, ebensowenig, wie das Zerschlagen einer elektrischen Glühbirne die elektrische Kraft vernichten würde, die durch sie wirksam geworden war.

Es ist lehrreich, zu wissen, daß es Leute gegeben hat, denen Teile ihres Gehirnes herausgeschnitten worden sind, offenbar ohne verhängnisvolle Folgen. Geley führt in seinem Werk "From the Unconscious to the Conscious" („Vom Unbewußten zum Bewußten") viele solcher Beispiele an, bei denen chirurgische Eingriffe an Soldaten in Frankreich während des Krieges vorgenommen wurden.

Die Physiologen glauben nicht, daß die Lebenskraft — Bewußtsein, Empfindungsfähigkeit, bewegende Kraft — vom physischen Körper getrennt vorhanden sein kann; sie glauben, daß der stoffliche Körper sich die Lebenskraft selbst *erschafft.* Der Hauptgrund für ihre Ansicht ist der, daß es nicht bewiesen werden kann, daß der physische Körper seine Lebenskraft nicht erschafft. Aber es kann auch nicht bewiesen werden, daß der physische Körper seine Lebenskraft erschafft; es gibt daher für diese Ansicht keine Grundlage.

Der physische Körper kann die Lebenskraft nicht einmal in sich festhalten, sie wird vielmehr in dem Astralkörper angesammelt und strömt von da aus durch den physischen Körper während der Abspaltung des Astralkörpers mit Hilfe des Astralbandes; sie fließt zu einem lebenswichtigen Mittelpunkt des physischen Körpers. Über astrale Phänomene sprechen (oder über das Leben überhaupt), ohne über die Kraft zu sprechen, die dahinter verborgen ist, wäre wie der Bau eines Hauses ohne Grundstein, wie die Erörterung elektrischer Geräte ohne Erwähnung der Kraft, durch die sie betrieben werden.

Vielleicht ist es uns niemals eingefallen, daß die Kraft, die wir gebrauchen, kosmisch ist, überall vorhanden, daß sie von uns nicht geschaffen, sondern von uns angezogen und im Astralkörper angesammelt wird, der, wie wir schon gelernt haben, sich während des Schlafes wieder mit Kraft auflädt, was bei seiner Aussendung eine große Rolle spielt. Wir müssen auch verstehen, daß Nahrung und Ernährungsweise wichtige Faktoren bei dem Phänomen der Abspaltung des Astralkörpers sind.

Der gewöhnliche Glaube hinsichtlich der Lebenskraft ist, daß sie vom Körper *geschaffen* wird, daß wir so und so viel Kraft erzeugen, wenn wir so und so viel Nahrung zu uns nehmen. Wenn diese Vorstellung richtig wäre, könnten wir den Schlaf leicht durch Nahrung ersetzen: Wenn wir fühlen, daß wir müde, schwach oder erschöpft werden, brauchen wir nach dieser Ansicht nur mehr Nahrung zu uns zu nehmen und brauchen auf diese Weise niemals zu schlafen. Wenn dies richtig wäre, so würden wir um so mehr Kraft erschaffen, je mehr Nahrung wir uns zuführen. Naturforscher haben aber festgestellt, daß ein Kranker nur um so kränker wird, je mehr wir ihn mit Nahrung vollstopfen. Nahrung ist chemischer Stoff wie der physische Körper und baut den Körper auf, weil die kosmische Kraft darauf einwirkt, und nicht, weil sie (die Nahrung) selbst Kraft erzeugt.

Dr. Lindlahrs Ansichten über die kosmische Kraft

Wir wollen jetzt unsere Aufmerksamkeit einen Augenblick dem zuwenden, was Dr. Henry Lindlahr, der weltberühmte Ernährungswissenschaftler und Fachmann für natürliche Heilkuren als Antwort auf die Frage: „Warum essen und trinken wir?“ zu sagen hat.

Dr. Lindlahr schreibt:

„Die meisten Menschen werden antworten: ‚Nun, jedermann weiß, daß Essen und Trinken uns Kraft gibt.' Sind sie dessen so sicher? Glauben sie wirklich, daß die große Menge an Körperwärme und Lebenskraft, die der menschliche Körper alle vierundzwanzig Stunden erzeugt, ausstrahlt und verbraucht, aus ein paar Pfund Nahrung gewonnen wird, die wir im Laufe eines Tages aufnehmen? Jeder Schwerarbeiter oder Leichtathlet verbraucht jeden Tag eine große Menge Lebenskraft und Energie. Ein gesunder Mensch kann das mehrere Wochen lang tun, ohne überhaupt irgendwelche Nahrung aufzunehmen.

Der beste Beweis dafür, daß nicht all die Wärme und Muskelkraft des Körpers aus der Verbrennung der Nahrungsmittel gewonnen wird, kann durch ein langes Fasten erbracht werden. In den letzten Jahren, seitdem das Fasten als natürliches Heilmittel sich weit verbreitet hat, haben viele Tausende von Menschen vier bis zehn Wochen hintereinander gefastet. Die Mehrzahl dieser „Marathon"-Faster berichtet nur von einem geringen Verlust an Körperkraft. Viele erklären, daß sie am Ende des Fastens stärker seien als zu Beginn. Der Verlust an Körperwärme ist unbedeutend. Während die Körpertemperatur in einigen Fällen den Bruchteil eines Grades oder einen Grad sinkt, bleibt sie gewöhnlich normal. Wir haben dies in Hunderten von Fällen überprüft, die in unseren Instituten genau beobachtet wurden.

Ein Beispiel eigener Beobachtung: Einer unserer Kranken, der an Typhus litt, nahm sieben Wochen lang außer Wasser keine Nahrung zu sich. Am Ende dieser Zeit war seine Körpertemperatur normal. Während der beiden letzten Fastenwochen verlor er nur zwei Pfund an Gewicht. Ein anderer Kranker, der an Magenkrebs litt, lebte einige Jahre lang nur von einigen Unzen[11]) Nahrung täglich, die gewöhnlich aus Eiweiß und Fruchtsaft bestand. Seine Temperatur war fast bis zum Schluß normal. Ob wir unter der tropischen Sonne schwitzen oder in der arktischen Kälte frieren, die Körpertemperatur ist genau die gleiche. Wenn sie einige Grad über oder unter die normale Höhe steigt oder fällt, so tritt der Tod ein.

Diese Regulierung der Körpertemperatur ungeachtet der Temperatur der Umgebung und in gewissen Grenzen ungeachtet der Menge und der Beschaffenheit der aufgenommenen Nahrung ist eines der großen Geheimnisse unseres wunderbaren menschlichen Organismus. Wenn Nahrungsmittel die einzigen Quellen der Körperwärme und der bewirkenden Kraft wären, wäre ein langes Fasten unmöglich; die Körpertemperatur würde bald nach Beginn des Fastens unter die normale Höhe sinken. Man kann sagen, daß, wenn wir keine Nahrung aufnehmen, der Körper von sich selbst lebt, daß er sein eigenes Gewebe aufbraucht; dies erklärt jedoch nicht die Erzeugung all der Wärme und Kraft, die während des Fastens abgegeben wird."

Zum gleichen Gegenstand sagt Lindlahr ferner: „Wenn sie (die Nahrungsmittel) keine Lebenskraft erzeugen, welches ist dann die Rolle des Essens und Trinkens im Körperhaushalt? Alles, was Essen und Trinken bewirken kann, ist, daß es das nötige Material liefert, um das Körpersystem in einem solchen Zustand zu erhalten, daß die Lebenskraft sich im Körper und außerhalb des Körpers äußern kann. Das Einströmen der Lebenskraft in die Zellen und Organe des Körpers und ihre allgemeine Verteilung mittels des Nervensystems hängen von einem normalen oder gesunden Zustand des Organismus ab. Alles und jedes an natürlichen Lebensweisen und Behandlungsarten, die dazu beitragen, die Zusammensetzung des Blutes zu normalisieren, das Körpersystem von Abfällen und schädlichen Stoffen zu befreien, Verletzungen des Körpers auszuheilen und den Gemütszustand zu harmonisieren, verursacht eine größere Versorgung mit Lebenskraft und seinen Äußerungen: Stärke, Lebenswille, Widerstands- und Erholungsfähigkeit. Mit anderen Worten: Je normaler, gesünder und vollkommener der Organismus ist, um so stärker ist der Zufluß an Lebenskraft."

Nahrungsmittel, Fasten und psychische Entwicklung

Wenn schon so gründliche Forscher wie Dr. Lindlahr die Quellen der Lebenskraft außerhalb des Körpers suchen, ist es dann nicht auch für andere an der Zeit, diese allgegenwärtige Kraft anzuerkennen, die überall um sie herum und durch sie wirksam ist? Es ist hier unmöglich, daß wir uns eingehend mit Nahrungsmitteln und Diätkost befassen. Das Studium der Nahrung und ihrer Wirkung auf das Leben ist eine Wissenschaft für sich.

Zweifellos bewirken verschiedene Nahrungsmittel verschiedene Körperverfassungen. Einige Nahrungsmittel scheinen mehr Kraft zu liefern, andere weniger. Dies hängt sicherlich von der Art ab, in der sie die Lebenskraft, die kosmisch ist und im Astralkörper, dem Kondensator der kosmischen Kraft, aufgespeichert wird, anziehen oder anstoßen.

Es ist wahrscheinlich, daß die negativen und positiven Kraftladungen in den Nahrungsmitteln auf eine unbekannte Weise den Astralkörper beeinflussen. Der physische Körper wird durch die Nahrungsmittel aufgebaut, weil die Grundbestandteile der Materie, aus denen sich sowohl Nahrung wie Körper zusammensetzen, die gleichen sind, aber die Lebenskraft kommt in dem und durch den Astralkörper zum Ausdruck.

„Es gibt eine okkulte Lehre über das Wesen der Nahrung", sagt Carrington. „Sie besagt, daß vegetarische Kost die Moleküle des Protoplasmas kleiner und empfindlicher für kurze Wellenlängen macht. Es ist durchaus denkbar, daß dies richtig ist. Wir wissen, daß eine Eisenstange magnetisch wird, wenn alle ihre Moleküle dazu gebracht werden, sozusagen in dieselbe Richtung zu zeigen.

Wenn man einem Magneten dieser Art einen starken Schlag mit einem Hammer versetzt oder ihn bis zur Rotglut erhitzt und ihn dann wieder erkalten läßt, so sieht man, daß sein Magnetismus nicht mehr vorhanden ist. Was ist geschehen? Wahrscheinlich zeigen die Eisenmoleküle, die vorher in ihrer Polarität einheitlich waren, jetzt in alle Richtungen, und infolgedessen ist die Kraft, die vorher auf die Eisenstange in einem ununterbrochenen Strom wirkte, nun aufgespalten und wirkt in tausend verschiedenen Richtungen. Das Eisen wird daher nicht länger ein Magnet sein.

Es ist möglich, daß etwas Derartiges sich im Körper abspielt und daß seine Moleküle, wenn sie im Rhythmus gleichgerichtet werden und harmonisch wirken, durch den Körper einen Fluß von Kräften ermöglichen, der sonst beschränkt oder in seiner Wirkung aufgehoben wäre. Dies ist nur der Versuch einer Erklärung, den jeder nach Belieben anerkennen oder ablehnen mag."

Mr. Prescott F. Hall sagt in einem sehr lehrreichen Artikel in der Zeitschrift der Amerikanischen Gesellschaft für psychische Forschung:

„Eine pflanzliche Nahrung trägt dazu bei, die schwingende Materie des Astralkörpers zu lockern, und Gemüse, Obst und Dörrpflaumen setzen das Blut in den Stand, geistige Kraft an sich zu ziehen. Karotten sind ebenfalls dafür geeignet. Nüsse, besonders Erdnüsse, sind schlecht, besonders wenn man im Begriff ist, eine Astralwanderung zu versuchen, da sie der Aura eine einzige Farbe verleihen. Rohe Eier sind für die Aussendung des Astralkörpers günstig, Flüssigkeiten ebenfalls ... das Fasten hilft oft bei der Abtrennung des Astralkörpers ..."

Wir haben bemerkt, daß Mr. Hall erklärt, daß Flüssigkeiten die Aussendung des Astralkörpers begünstigen; er sagt aber nicht, in welcher Weise das geschieht noch welche Art der Aussendung sie fördern. Ich muß Einwendungen dagegen erheben und will kurz darauf hinweisen, daß bei den Versuchen zur Aussendung des Astralkörpers die Enthaltsamkeit von Flüssigkeiten ein wichtiger positiver Faktor ist. Mr. Hall hat jedoch recht mit seiner Behauptung, daß das Fasten der Abtrennung des Astralkörpers oft förderlich sei.

Es genügt, zu sagen, daß die Nahrung ein lebenswichtiger Faktor ist, aber es ist ebenso wichtig, die richtige Nahrung aufzunehmen wie überhaupt Nahrung aufzunehmen. Ich weiß, daß ich mit dieser Erklärung den Zorn vieler Spiritualisten errege, die an geistige Heilung glauben und die Ansichten der Christlichen Wissenschaft unterstützen: Ihr Motto ist: „Laßt die Ernährungsfrage aus dem Spiel! Der Geist wird sich damit befassen."

Während Heilung durch die Kraft des Geistes keineswegs unmöglich ist, erscheint der Gedanke, daß man die Ernährungsfrage unbeachtet lassen soll, lächerlich. Nahrung ist ebenso wichtig wie Atmung. Warum sollten wir nicht mit der Atmung aufhören und es unserem Geist überlassen, sich darum zu kümmern? Die Frage ist: Essen diese Leute? Wenn ja, warum? Sie werden antworten, daß sie essen, weil es notwendig ist, das körperliche Leben zu erhalten, daß es aber einerlei ist, was sie essen, wenn sie nur überhaupt Nahrung aufnehmen.

Wenn es nun aber nötig ist, überhaupt zu essen, ist es auch nötig, das Richtige zu essen. Ich frage mich, ob die geistigen Heiler Schmutz essen und durch Anstrengung ihres Geistes ihn zur Ernährung ihres Körpers verwenden könnten? Sie werden sagen: „Schmutz ist doch keine Nahrung." Aber vieles, was wir täglich essen, gehört zu dieser Art Nahrung. Es ist zum Beispiel nicht allgemein bekannt — aber viele Forscher wissen es —, daß ein großer Teil des „Vollkornweizens", der in Amerika verkauft wird, nicht viel mehr ist als gemahlene Maiskolben. Mischungen, die als „Vollkornweizen" verkauft werden, enthalten manchmal bis zu drei Vierteln desselben „Zeugs", das die Schweine nicht fressen wollen! Dr. Ward und andere haben nach genauer Untersuchung auf diese Tatsache hingewiesen.

Wenn es wahr ist, daß unser Geist sich um unsere Ernährung kümmern kann, warum kann er sich dann nicht auch mit unserem Essen befassen? Es gibt nur einen vernünftigen Standpunkt in dieser Frage: Wenn es überhaupt nötig ist zu essen, dann ist es nötig, die richtigen Speisen zu essen. Essen, Atmen und Schlafen sind natürliche Gesetze. Wir können kein einziges von ihnen unbeachtet lassen (wenigstens nicht in diesem irdischen Leben), ohne ernsten Schaden zu leiden.

Fasten steigert das Einfließen kosmischer Kraft

Von unseren drei Kraftquellen ist Schlafen die wichtigste, und es ist leicht einzusehen, daß, wenn wir richtig essen, trinken und atmen würden, wir weniger schlafen und trotzdem die notwendige Lebenskraft behalten würden, und daß, wenn wir mehr schliefen, wir die übliche Nahrungsmenge nicht benötigen würden.

Und dies ist einer der Gründe, warum das Fasten die Aussendung des Astralkörpers begünstigt: Während des Fastens ist eine der weniger wichtigen Kraftquellen versiegt, und um in unserem Körpersystem die nötige Kraft zu behalten, wird der Astralkörper nachts weiter vom physischen Körper abgespalten als sonst, um zum Ausgleich des Verlustes eine größere Menge der kosmischen Kraft aufzuspeichern. Darum kann man lange fasten, ohne Lebenskraft zu verlieren und kann sie in einigen Fällen sogar verstärken.

Einige sagen vielleicht: „Wie kommt es, daß die Kranken während des Fastens nicht länger schlafen und doch genügend Kraft behalten, um den Verlust auszugleichen? Mit anderen Worten: „Wie kann man während des Fastens mehr Kraft während des Schlafes ansammeln, als wenn wir nicht fasten und doch genauso lange schlafen wie sonst? Die Antwort ist, daß dies nicht von der Länge oder Dauer des Schlafes abhängt, sondern von dem Abstand während des Schlafes zwischen dem astralen und dem physischen Körper.

Wir dürfen nicht vergessen, daß der Astralkörper sich während des Schlafes vom physischen Körper löst, um neue Kraft aufzuladen, und je weiter er sich vom physischen Körper trennt, um so leichter „kondensiert“ er die kosmische Kraft. Dies ist die Erklärung für die Beziehung des Fastens zur Abspaltung des Astralkörpers. Je tiefer der Schlaf, je passiver (oder regungsloser) der Körper ist, um so größer ist die Entfernung, um die sich der Astralkörper vom physischen Körper trennt. Das ist der Grund, warum ein Mensch im hypnotischen Schlaf in kurzer Zeit ebensoviel Kraft ansammeln kann wie in einer viel längeren Zeit während des natürlichen Schlafs.

Die Orientalen haben die Bedeutung dieser kosmischen Kraft schon seit langem erkannt. Sie nannten sie „prana“, und Swami Bhakta Vishita definiert sie so:

„Sie ist eine verfeinerte Form der Kraft, die das Weltall durchdringt, sich aber auf besondere Weise im Organismus des Menschen kundtut. Diese verfeinerte Kraft oder prana wird für fähig gehalten, von einem menschlichen Organismus auf einen anderen übertragen zu werden, und sie wird als der

Kraftspender angesehen, mit dessen Hilfe viele Arten der okkulten und magischen Phänomene erzeugt werden können.

Prana ist nahe verwandt mit dem „menschlichen Magnetismus“ der westlichen Okkultisten, und die Eigenschaften, die ihm zugeschrieben werden, sind in Wirklichkeit dieselben, welche die Orientalen schon seit Jahrhunderten für die wesentlichen Eigenschaften der prana ansehen. So finden wir wenigstens in dieser Tatsache eine Übereinstimmung zwischen den östlichen und den westlichen Schulen des Okkultismus trotz der verschiedenen Bezeichnungen, die von ihnen angewandt werden.“

Diese kosmische Kraft hat viele Wirkungen. Eine von ihnen ist die Heilwirkung. Jede Krankheit, die geheilt wird, wird durch kosmische Kraft geheilt. Die Medizin, die Chiropraktik, die Christliche Wissenschaft und jedes andere Heilverfahren hängen von der prana ab, wenn sie Heilung erzielen wollen. Alles, was ein Heilverfahren tun kann, ist, der Natur zu helfen. Wenn wir krank sind und eine Fastenkur durchmachen, so helfen wir nicht nur der Natur, die Giftstoffe aus dem Körper zu entfernen, sondern wir verstärken automatisch das Einfließen der kosmischen Kraft, der heilenden Kraft.

Amerikas bedeutendster Kenner des Yoga, Hereward Carrington, sagt in seinem Buch “Higher Psychical Development” („Höhere psychische Entwicklung“):

„Die Hindus haben ein ganzes mystisches System der Physiologie . . . Sie behaupten, daß es gewisse Kraftträger oder nadis gebe, wie sie diese nennen. Es gibt davon 72 000, und jeder von ihnen hat zahllose Unterteilungen.

Wenn wir ein Skalpell oder Messer nehmen und den menschlichen Körper sezieren, so finden wir diese Kraftzentren nicht. Aber die Hindus sagen: „Oh! Sie bestehen nicht aus physischer, sondern aus astraler Materie; darum und weil wir keine astralen Sinne haben, können wir sie nicht sehen!“ Diese Kraftträger sind die Sammelstellen und das hauptsächliche Mittel, um prana im Körper zu verteilen.“

Ferner lesen wir im selben Buch: „Die Ärzte sagen, daß wir mehr Schlaf brauchen, etwa acht Stunden täglich. Wenn wir acht Stunden täglich schlafen, so verbringen wir ein Drittel unseres Lebens im Schlaf! Das erscheint eine starke Zeitverschwendung! Die Hindus sagen: „Können wir einen Teil dieser Verschwendung nicht vermeiden? Können wir nicht einen Zustand erreichen, in dem wir keinen Schlaf mehr brauchen?" Indem sie ihre Übungen durchführten — ihr System des Essens und Trinkens, das Mr. Carrington im einzelnen erklärt —, waren sie imstande, ihren Schlaf erheblich zu verkürzen. In der Praxis finden wir, daß die Schlafkurve so verläuft: Wir beginnen mit dem, was wir die „Schwelle des Bewußtseins" nennen; dann fällt die Kurve, während wir einschlafen, und steigt langsam wieder, so daß wir unmittelbar nach dem Einschlafen uns auf dem tiefsten Punkt befinden, und von diesem Punkt führt die Kurve langsam aufwärts, bis wir erwachen. Die Frage ist dabei: Ist es nicht möglich, diese Kurve tiefer zu führen, so daß wir in einen tieferen Schlaf fallen und weniger Zeit dafür benötigen? Die Hindus denken, daß sie ein Verfahren gefunden haben, um künstlich in einen tieferen Schlaf zu fallen und für den Schlaf keine so lange Zeit zu benötigen. Wir im Westen haben dies teilweise mit Hilfe der Hindus getan."

Dies alles hat eine wichtige Beziehung zu dem Thema, das wir untersuchen, nämlich zu der Aussendung des Astralkörpers. Ich glaube, dies ist das erste Mal, daß jemand behauptet hat, daß der Astralkörper sich während des Schlafes abspaltet, um sich mit neuer Kraft aufzuladen, und daß die Tiefe des Schlafes und das Maß der Erholung von der Entfernung abhängen, die zwischen dem astralen und dem physischen Körper besteht, d. h. je größer der trennende Abstand, um so ungehinderter ist das Einströmen der kosmischen Kraft oder prana in den physischen Körper.

Und zeigt dies alles nicht überzeugend, daß, je schwächer wir sind, wir um so geeigneter für die Aussendung des Astralkörpers werden? Ich behaupte — trotz allem, was andere Sachkenner erklären —, daß ein krankhafter Körperzustand die Abspaltung des Astralkörpers fördert. Was mich betrifft, so kann ich nicht erkennen, was für Gründe vorgebracht werden können, um diese Behauptung zu widerlegen, obwohl ich gern zugebe, daß es weit gefährlicher ist, eine ausgedehnte oder langdauernde Aussendung des Astralkörpers zustande zu bringen, wenn der physische Organismus schlecht arbeitet.

Der Leser soll nicht denken, daß ich ihm rate, absichtlich einen krankhaften Körperzustand herbeizuführen, um damit einen für die Aussendung des Astralkörpers positiven Faktor zu gewinnen. Ich versuche nur, klarzumachen, wie außerordentlich lächerlich die Behauptung ist, daß gute Gesundheit eine Voraussetzung für die Abspaltung des Astralkörpers sei. Wenn dies wahr wäre — daß gute Gesundheit dafür notwendig ist —, so könnten wir um so schwerer sterben (d. h. unseren Astralkörper für immer von unserem physischen Körper abtrennen). Aber der gesunde Menschenverstand sagt uns, daß dies nicht wahr ist.

Eine andere weitverbreitete Ansicht ist, daß wir unsere Lebenskraft „aufbrauchen", d. h. daß die Nervenkraft aus dem Astralkörper abfließt. Bei einem Menschen von nervösem Temperament ist dieser Abfluß der Nervenkraft sehr stark; das ist aber kein Grund, einen solchen Menschen für nervenkrank zu erklären. Ich glaube, ich habe schon erwähnt, daß dieser Abfluß der Nervenkraft mit bestimmten Geräten gemessen werden kann. Wenn man den übermäßig starken Abfluß der Nervenkraft bei einem Menschen von nervösem Temperament verhindern könnte, so würde das nervöse Temperament aufhören zu bestehen.

Man erkennt leicht, daß Menschen von nervösem Temperament während des Schlafes stärker „wiederaufgeladen" werden müssen als Menschen von anderem Temperament. Eine gewisse Art körperlicher Übungen und Haltungen veranlaßt den Abfluß der kosmischen Kraft, während eine andere Art das Einströmen dieser Kraft verursacht. Es ist herausgefunden worden, daß Furcht den Blutstrom fast sofort mit Giften füllt. Es wird daher aus diesem Grunde auch gesagt, daß ein Mensch krank wird, wenn er von Furcht erfüllt ist.

Ich will erklären, warum Furcht den Körper schwächt, und dies ist das erste Mal, daß jemand dies erklärt: Furcht läßt die Nervenkraft aus dem Astralkörper abfließen und schwächt damit den Menschen automatisch. Nichts verursacht den Abfluß der Nervenkraft so vollständig und so schnell wie Furcht.

Wenn es wahr wäre, daß die Nervenkraft „verbraucht" wird, könnte es keinen Zustand plötzlicher Erschöpfung geben, wie wir ihn bei plötzlicher Furcht erleben. Die kosmische Kraft ist allgegenwärtig und unzerstörbar; sie wird weder geschaffen noch verbraucht, sie fließt zu und ab und ist im Astralkörper aufgespeichert.

Wenn wir uns im Astralkörper befinden und bei Bewußtsein sind, können wir diese Nervenkraft beobachten, d. h. wir können ihre Farbe und Zusammenballung in den Astralkörpern anderer Menschen sehen. Sie leuchtet wie weiße Farbe. Es ist diese Kraft, die dem Astralkörper seinen phosphoreszierenden Glanz gibt. Es ist das Funkeln dieser aufgespeicherten Kraft, das hinter dem Astralkörper sichtbar wird, wenn er sich mit mittlerer Geschwindigkeit bewegt.

Obwohl das Leuchten der Nervenkraft im ganzen Astralkörper zu sehen ist, scheint es am stärksten in der Mitte des Astralkörpers. Hier leuchtet die Nervenkraft sehr stark, — in der Gegend des Sonnengeflechts. Ich habe dies viele Male beobachtet. Andrew Jackson Davies pflegte zu sagen, daß er das Nervensystem im Körperinnern immer sah, als ob es voller Licht wäre.

Auf Grund meiner astralen Beobachtung ist es meine feste Ansicht, daß der große Speicher der im Menschen zusammengeballten Kraft sich in der Gegend des Sonnengeflechtes befindet. Wir haben auch physiologische Anzeichen dafür, daß dies stimmt. Ich habe gesagt, daß Furcht den sofortigen Abfluß der Nervenkraft verursacht, und wahrhaftig fühlen wir immer im Sonnengeflecht die Auswirkungen der Furcht. Der Astralwanderer kann, wenn er bei Bewußtsein ist, die Nervenkraft sehen. Es ist lehrreich, zu erfahren, daß Geister über Medien gewöhnlich als „Lichter" sprechen.

Wie das Fasten die Abspaltung des Astralkörpers begünstigt

Da wir sagen, daß die Lebenskraft kosmisch ist und nicht durch die Nahrung erzeugt wird, die wir aufnehmen, wollen wir uns an das erinnern, was Christus von der Nahrung sagt: „Der Mensch lebt nicht vom Brot allein." Von Christus wissen wir, daß er sich oft ein langes Fasten auferlegt hat, und es besteht guter Grund, zu glauben, daß er das tat, um geistige Phänomene zu erzeugen, vielleicht um es sich zu erleichtern, in seinem Geistkörper zu wandern.

Wir haben einen der Gründe kennengelernt, warum das Fasten dazu beiträgt, den Astralkörper zu befreien, und um ein Mißverständnis zu vermeiden, wollen wir noch einmal darauf zurückkommen. Schlaf, Nahrung und Atmung sind die Quellen der Körperkraft. Der Schlaf ist auch die Hauptquelle, denn, wie Schopenhauer sagte: „Der Schlaf ist für den Menschen, was das Aufziehen für die Uhr."

Die Nahrung steht als Kraftquelle an zweiter Stelle, und wenn man sich eine Fastenzeit auferlegt, so wird diese weniger wichtige Kraftquelle versperrt. Der Astralkörper — der Kraftspeicher — trennt sich während des Schlafes immer von dem physischen Körper, um neue Kraft aufzuladen, und muß während eines Fastens eine größere Menge prana aufnehmen (kondensieren), um den durch das Fasten verursachten Verlust auszugleichen.

Je weiter sich der Astralkörper vom physischen Körper getrennt hat, um so mehr Kraft sammelt er, um so leichter lädt er sich wieder auf. Daher bewegt er sich während des Fastens weiter hinaus in den Kraftstrom, was nichts weiter heißt, als daß er sich über die Zone der Ruhe (normaler Schlaf) hinausbewegt. Dies ist nur *ein* Grund, warum das Fasten für die Aussendung des Astralkörpers ein wesentlicher Faktor ist. Es gibt noch einen anderen Grund, den ich bei der „unterdrückten Begierde" erörtern werde.

Es ist oft beobachtet worden, daß ein Schlag oder etwas anderes, was Bewußtlosigkeit hervorruft, zur Folge hat, daß das Opfer sich kräftiger als zuvor fühlt, wenn es das Bewußtsein wiedererlangt.

Das bewußte Empfinden verbraucht die Lebenskraft

Der Zustand des bewußten Empfindens (d. h. des Wachseins) verbraucht die Lebenskraft genauso, wie Anstrengung sie verbraucht. Wir können stilliegen oder -sitzen und doch unsere

Kraft verbrauchen, wenn wir bei Bewußtsein sind. Hier ist noch etwas, worauf ich eindringlich hinweisen möchte: Obwohl der Astralkörper sich neu auflädt, wenn er sich vom physischen Körper abspaltet oder trennt, so ist Bewußtlosigkeit notwendig, wenn wir von der Aufladung vollen Nutzen haben sollen.

Wenn wir den Astralkörper aussenden und dabei immer das Bewußtsein behalten, werden wir ihn nicht aufladen können; die Bewußtlosigkeit ist zusammen mit der Abspaltung ein notwendiger Faktor. Ich habe viele Male bemerkt, daß ich mich, nachdem ich eine völlig bewußt empfundene Abspaltung des Astralkörpers erlebt hatte, immer noch erschöpft fühlte, wenn sich die beiden Körper wieder vereinigten, ja, sogar noch erschöpfter als vorher. Und ferner habe ich herausgefunden, daß, wenn die Abspaltung in bewußtlosem Zustand erfolgte (d. h. wenn ich lediglich den Augenblick der Rückkehr in den physischen Körper wahrnahm und dadurch erfuhr, daß ich außerhalb des physischen Körpers gewesen war), ich mich immer gekräftigt fühlte, manchmal sogar in einem solchen Maße, daß ich beim Erwachen tatsächlich glaubte, ich könne vom Boden emporfliegen. Es ist sehr häufig, daß wir uns „hundemüde“ fühlen, wenn wir eine Astralwanderung bei Bewußtsein erlebt haben, und daß wir dabei noch Schmerzen im Genick empfinden. Was mich betrifft, so bin ich überzeugt, daß Geister in den tieferen Sphären von Zeit zu Zeit bewußtlos werden müssen; das bewußte Empfinden verbraucht die Lebenskraft, ganz gleich, ob wir uns im astralen oder im physischen Körper befinden.

Es spricht vieles dafür, daß die Behauptung vieler Okkultisten richtig ist, nämlich, daß der Schlaf (die Bewußtlosigkeit) nicht durch einen Zustand des stofflichen Leibes verursacht wird, sondern durch eine Kraft außerhalb des physischen Körpers. Solche Theorien wie Blutandrang oder Blutmangel im Gehirn und andere materielle Einflüsse können als Erklärung verworfen werden; sie verursachen den Schlaf nicht. Auch die Abtrennung des Astralkörpers verursacht ihn nicht, denn auch er schläft: Der Astralkörper kann bewußtlos und außerhalb des physischen Körpers oder bei Bewußtsein und innerhalb des physischen Körpers sein.

Kapitel 8

BEWUSSTES EMPFINDEN WÄHREND DER AUSSENDUNG DES ASTRALKÖRPERS

Obwohl in der Mehrzahl der Fälle Bewußtsein bei der Aussendung des Astralkörpers nur eine Sache des Zufalls ist (d. h. es *scheint* Zufall zu sein, ob man bei Bewußtsein ist oder nicht), besteht nach meiner Meinung kein Zweifel, daß man Verfahren ausarbeiten oder Einflüsse wirksam machen sollte, die dazu beitragen, dem Astralwanderer das volle Bewußtsein zu vermitteln.

Natürlich ist es möglich, von Anfang an bei Bewußtsein zu bleiben, aber dies ist gewöhnlich nicht der Fall, und oft, wenn ich das Bewußtsein erlangt hatte, untersuchte ich die Ursache (die, wie ich glaubte) das Bewußtsein wachgerufen hatte. Einige dieser Ursachen sind denen nicht unähnlich, die das Bewußtsein wachrufen, wenn die beiden Körper verschmolzen sind.

Falls wir nicht schon ganz von Anfang an während der Aussendung des Astralkörpers bei Bewußtsein sind, wird es sich zunächst in der Form eines Traumes äußern. Es kommt selten plötzlich, sondern vielmehr langsam, wenn der Astralkörper sich vom physischen Körper abgetrennt hat. Ein Traum geht dem Bewußtwerden immer voraus, und es entsteht aus diesem Traum. Wenn der Traum der Handlung des Astralkörpers entspricht, erwacht das Bewußtsein schneller; darum ist die Lenkung der Träume ein sehr wichtiger Faktor. Ich möchte jetzt von einem Erwachen berichten, das diese Behauptung erläutert. Wir werden dann den Unterschied zwischen dem Traumbewußtsein und dem wirklichen Bewußtsein sehen.

Ein Wirklichkeitstraum

Mir träumte, ich sei in einen festgebauten Saal mit einer hohen Decke, Oberlichtern und farbigen Fenstern eingetreten. Es war ein großer Raum, als ich ihn betrat; nachdem ich aber eine kurze Zeit darin verbracht hatte, bemerkte ich, daß er sich verwandelt hatte! Der Saal war jetzt ein kleiner Raum, und es gab nur ein kleines Loch in der Mitte der Decke, durch das ich Licht sehen konnte.

Soweit ich den Traum in Erinnerung habe, war der Raum etwa zwölf Quadratfuß groß, und ich stand auf dem Fußboden in der Mitte des Raumes und schaute durch das Loch in der Mitte der Decke. Das war die einzige Öffnung, durch die ich hinausgelangen konnte, da die Türen und Fenster, die ich zuerst wahrgenommen hatte, verschwunden waren.

Da stand ich, schaute nach oben und fragte mich, wie ich jemals hinauskommen könne. Es gab keine Möglichkeit, zum Fenster hinauszuklettern, denn die Wände waren völlig kahl, und es war nichts im Raum, worauf ich stehen konnte. So stand ich nun also da und schaute hinauf durch das Loch in der Decke. Es schien, daß ich einige Zeit so dagestanden hatte, als ich mich plötzlich fragte, ob ich nicht durch das Loch *fliegen* könne.

Ich begann mich in die Luft zu erheben, aber als ich durch die Deckenöffnung flog, blieb ich darin stecken. Mein halber Körper (von den Hüften abwärts) blieb im Raum, und die andere Hälfte war draußen. Da war ich, festgeklemmt! Ich konnte mich nach keiner Richtung bewegen! In diesem Augenblick begann ich zu erwachen und zu begreifen, was vor sich ging.

Ich fand mich im Astralkörper! Ja, es war die alte Geschichte: Ich erwachte aus einem Traum und fand mich außerhalb meines physischen Körpers. Aber das Besondere daran war, daß die Lage des (Astral-)Körpers der Lage entsprach, die ich im Traum eingenommen hatte. Ich war gerade halb durch die Zimmerdecke gelangt, als ich das Bewußtsein wiedergewann, d. h. ich hatte mich im Astralkörper nach oben bewegt, gerade über meiner irdischen Hülle, hatte dann eine aufrechte Haltung eingenommen und war beim Erwachen halb über und halb unter der Zimmerdecke.

Dies ist nur eine der vielen Arten des Erwachens, die ich erlebt habe, wenn ich aus einem Traum erwachte, und ich habe jedesmal festgestellt, daß, wenn der Traum der Handlung des Astralkörpers entspricht, sich gewöhnlich das *wirkliche* Bewußtsein einstellt. Wenn der Traum der Handlung des Astralkörpers entspricht, wird er ihn immer veranlassen, sich in den physischen Körper zurückzuziehen.

Erwachen im Astralkörper infolge eines „Geräusches"

Hier ist noch ein Beispiel, bei dem ein „Geräusch" eine Rolle spielte. Eines Abends, bevor ich mich zur Ruhe begab, hatte ich von einem Blutbad bei Indianern gelesen. Der Anführer der Indianer hieß „Kleiner Priester". Nachdem ich eingeschlafen war, begann ich zu träumen. Ich befand mich auf einer Lichtung in der Wildnis. Die Lichtung war recht groß, ungefähr sechzig Fuß im Quadrat.

Ich hatte ein Gewehr mitgenommen, und als ich über die Lichtung in der Wildnis ging, sah ich plötzlich, daß Indianer zwischen den Bäumen und in dem Gebüsch mich beobachteten. Ich hob mein Gewehr und begann, auf sie zu schießen, zuerst auf einen und dann auf einen anderen. Es war ein dauerndes Bängbängbäng! Es schien, daß mein Gewehr sehr starken Lärm verursachte, einen ungewöhnlich starken Lärm, der mich bei jedem Schuß erzittern ließ.

Ich konnte jedoch nicht aufhören zu schießen, denn sonst hätten die Indianer mich gefaßt. Aber dieses schreckliche Bängbängbäng! Wie es mir durch und durch ging! Dann sah ich den Häuptling der Indianer. Es war der „Kleine Priester", und er kam über die Lichtung auf mich zu, — um mich zu töten und zu skalpieren, fürchtete ich.

Ich richtete daher mein Gewehr auf ihn und schoß: bäng, bäng, bäng! Aber es schien, als ob ich ihn nicht treffen könnte, und er kam immer näher. Aber während er sich mir näherte, ließ ich das Gewehr fallen und begann, zurückzukriechen. Aber das Bängbängbäng setzte sich fort. Es wurde immer deutlicher. Ich verließ den Indianerhäuptling. Ich war wieder bei Bewußtsein!

Es war eine stürmische Nacht, und die Gittertür draußen schlug im Wind hin und her, bäng bäng bäng! Ich fand mich im Astralkörper, als ich das Bewußtsein wiedererlangte, und zwar stand ich in der Nähe meines Gewehres hinter der Küchentür. Aber das war nicht alles! Da stand ein Indianer (ein Geist) und sagte: „Hast du den ‚Kleinen Priester' gerufen?"

Dies sind nur zwei Beispiele dafür, wie man im Astralkörper das Bewußtsein wiedererlangt. Ich könnte viele, viele andere Beispiele anführen, aber sie würden ein Buch füllen, das ebenso dick wie dieses wäre. Wir wollen nur den letzten Fall untersuchen: Hätte ich mich im lebendigen Bereich des Astralbandes befunden, als dieses furchtbare Schießen und Kämpfen mit den Indianern begann, so wäre der Astralkörper infolge der Gemütsbewegung in den physischen Körper zurückgekehrt. Man kann daraus leicht ersehen, wie das Bewußtsein während eines Traumes schwach arbeitet und daß es nur ein Schritt vom Traum zum völligen Erwachen ist.

Die Traumwelt

Es gibt tatsächlich eine Traumwelt. Wenn wir träumen, sind wir nicht wirklich in derselben Welt wie wenn wir bei Bewußtsein sind — im physischen Körper —, obwohl die beiden Welten ineinander übergehen. Wenn wir träumen, sind wir auf der Astralebene, und gewöhnlich ist unser Astralkörper in der Zone der Ruhe. Die Trennungsentfernung hat damit nichts zu tun; wenn der Astralkörper sich vom physischen Körper abgespalten hat — ob auf kurze oder auf weite Entfernung —, befinden wir uns auf der Astralebene.

Vielleicht ist dies das erste Mal, daß der Leser erkennt, daß er jedesmal, wenn er schläft und dabei den Astralkörper aussendet, sich in der Astralwelt befindet. Der Umstand, daß er in der Zone der Ruhe bleibt, bedeutet nicht, daß er deswegen nicht in der Astralwelt ist. Wenn der Astralkörper uns verlassen hat, sind wir sowohl auf die astrale wie auf die physische

Welt „eingestimmt“; wir befinden uns mit ihnen in Harmonie; unsere Schwingungen sind dieselben. Dabei kann unser Bewußtsein ganz oder teilweise wach sein; wir können auch bewußtlos werden und innerhalb oder außerhalb der lebendigen Reichweite des Astralbandes sein.

Im Traum sind wir nur teilweise bei Bewußtsein; unser Astralkörper kann sich dabei völlig vom physischen Körper trennen. Unser Bewußtsein ist dann eine Empfangsstelle für die Schwingungswellen — die Ätherwellen —, die Gedanken, Klänge, Einflüsse, Musik, die Stimmen und was noch alles von zwei Welten übermittelt wird; und durch die Aufnahme dieser Eindrücke werden Träume verursacht. Wenn wir in den Schlaf sinken (oder besser *steigen*), so wirkt das Bewußtsein, wenn es nur teilweise wach ist, zusammen mit dem Unterbewußtsein, und die Traumwelt entsteht aus den Gedanken, Geräuschen usw. von zwei Welten. Wenn das Bewußtsein gar nicht wach ist, so träumen wir überhaupt nicht oder, möchte ich sagen, wir erinnern uns beim Erwachen nicht, geträumt zu haben.

Wenn wir schlafen, ist unsere Fähigkeit, Schwingungen zu erzeugen, größer, als wenn wir physisch wach sind. Wenn wir schlafen, sind wir einem Medium nicht unähnlich, aber da wir bewußtlos sind, empfinden wir dies nicht; wenn wir teilweise bei Bewußtsein sind, werden wir für die Schwingungen zweier Welten empfänglich. Wenn wir im physischen Körper aus einem Traum erwachen, ist unsere Fähigkeit der Schwingungsaufnahme der physischen Ebene angepaßt; wenn wir im Astralkörper aus einem Traum erwachen, reicht unser Aufnahmevermögen für Schwingungen sowohl in die astrale wie in die physische Welt.

Der Traumzustand liegt zwischen dem völligen Bewußtsein und der völligen Bewußtlosigkeit; daraus können wir ersehen, daß es, wenn wir im Astralkörper sind und schlafen, nur ein Schritt bis zum vollen Bewußtsein ist. Der Astralkörper ist treffend auch „Traumkörper“ genannt worden, denn in diesem Körper träumen wir, — auch wenn die beiden Körper verschmolzen oder nur den Bruchteil eines Zolls voneinander oder völlig getrennt sind.

Die Entstehung eines Traumes kann nicht auf irgendeine einzelne Ursache zurückgeführt werden; die Einflüsse, die einen Traum verursachen, sind so zahlreich, geheimnisvoll und fein, daß es zweifelhaft ist, ob wir jemals die wahre Bedeutung unserer nächtlichen Phantasie verstehen können. Wir können aber durch Anwendung der Kenntnis, die wir erworben haben, unsere Träume dazu benutzen, die Aussendung des Astralkörpers zu fördern.

Was den Traum betrifft, so gibt es eine Regel, die wir im Sinn behalten müssen: Wenn die Handlung unseres Ichs im Traum der Handlung des Astralkörpers entspricht, so wird der Traum den Astralkörper veranlassen, sich vom physischen Körper zu trennen.

Der Zweifler mag sagen: „Wie kann man wissen, ob, wenn unsere Handlung im Traum der Handlung des Astralkörpers während seiner Abtrennung entspricht, dies die Aussendung des Astralkörpers verursachen wird?"

Es gibt nur eine Antwort: Die Erfahrung beweist es. Obwohl der Leser nur ein paar Sekunden braucht, um diese Regel zu lesen, brauchte der Verfasser einige Jahre, um zu entdecken, daß diese Regel wichtig ist. Wenn wir diese Regel nun als richtig annehmen, dann ist alles, was wir tun müssen, daß wir Wirklichkeitsträume haben wollen und daß wir das tun können, indem wir den Weg des Astralkörpers uns vor Augen halten und den Traum demgemäß lenken.

Natürlich muß der Traum von der Art der „Flugträume" sein. Man kann „Wirklichkeit träumen"; wenn man aber den Weg des Astralkörpers nicht kennt und ihn in den Traum nicht einbezieht, so wird er (der Traum) keine abtrennende Wirkung auf den Astralkörper haben. Es ist nur vernünftig, zu vermuten, daß ein richtig gelenkter Traum eine solche Wirkung haben müßte; der Geist ist während eines Traumes teilweise bei Bewußtsein, und der Traum wirkt als Suggestion für den unterbewußten Willen, für die Kraft, die eigentlich den Ätherkörper bewegt.

Wir müssen uns an das Grundgesetz für die Aussendung des Astralkörpers erinnern: Wenn der unterbewußte Wille von dem Gedanken erfüllt wird, den Astralkörper (die beiden verschmolzenen Körper) zu bewegen und der physische Körper bewegungslos ist, so wird der Astralkörper sich vom physischen Körper abtrennen.

Es ist der eigentliche Traum, der dem unterbewußten Willen eingibt, den Astralkörper zu bewegen. Wenn dann der physische Körper regungslos ist (und der Astralkörper in der Zone der Ruhe), wird der Astralkörper aus dem physischen Körper durch den Traum, der ein „Flugtraum" sein muß, „hinausgezogen".

Die richtige Traumsuggestion wird genauso sicher den Astralkörper abspalten wie eine bewußte Suggestion uns unbewußt zu „gehen" veranlaßt, wenn wir körperlich wach sind. Es ist derselbe unterbewußte Wille, der den Körper oder die Körper — je nachdem — bewegt. Wenn man mich fragt, welches das angenehmste Verfahren ist, die Aussendung des Astralkörpers zu bewirken, so antwortete ich: „durch Traumlenkung". Es gibt verschiedene Verfahren, dieses scheinbare Wunder zu vollbringen, aber jedes Verfahren muß auf demselben Grundgesetz beruhen. Und für den Fall, daß jemand die Aussendung des Astralkörpers durch „Traumlenkung" versuchen möchte, werde ich jetzt die Anweisungen dafür geben. Später werde ich von anderen Verfahren sprechen. Mein Rat ist hier jedoch, daß der Leser nicht *irgendein* Verfahren versuchen möge, bevor er nicht das ganze Buch gelesen hat.

Die Abspaltung des Traumkörpers durch Traumlenkung

Mehrere Nächte (mehrere Wochen wären besser) müssen wir uns beobachten, während wir einschlafen. Wir müssen versuchen, unsere Gedanken auf uns selbst zu konzentrieren. Wir dürfen an nichts und niemand denken außer an uns selbst. Wir müssen versuchen, uns ganz genau zu beobachten, während unser Bewußtsein schwächer wird. Wir müssen daran denken, daß wir noch wach sind, aber schon im Begriff, einzuschlafen. Die Bedeutung dieser Hinweise wird man verstehen, wenn man versucht, den Astralkörper auszusenden, — weit besser verstehen als jetzt, beim Lesen dieser Zeilen.

Nachdem man gelernt hat, das Bewußtsein bis in den Grenzzustand zwischen Wachen und Schlafen wachzuhalten, bis uns der Schlaf wirklich umfangen hat, müssen wir einen Schritt weitergehen und einen geeigneten Traum ersinnen, an den wir dann angestrengt denken müssen, während wir einschlafen. Man darf nicht vergessen: Der Traum muß so ersonnen werden, daß wir darin tätig sind, und ferner muß er derartig sein, daß unsere Handlung im Traum dem Weg entspricht, den der Traumkörper bei seiner Aussendung nimmt.

Was möchten wir gern tun? Schwimmen? Im Flugzeug fliegen? Im Ballon aufsteigen? In einer russischen Schaukel sitzen? Einen Fahrstuhl benutzen? Wir müssen (in unseren Träumen) etwas tun, was wir gern tun. Wenn wir etwas tun, was wir nicht gern tun, so wird unsere Empfindung den Astralkörper in den physischen Körper zurücktreiben, denn unser Tun ist uns ja unangenehm. Wir müssen etwas tun, was eine angenehme Empfindung in uns wachruft, und wenn wir das volle Bewußtsein zurückerlangen (nach Abspaltung des Astralkörpers), werden wir ein angenehmes Gefühl haben, das uns dadurch vermittelt wird, und der Astralkörper wird in die Luft schweben. Dies trägt zum schließlichen Erfolg erheblich bei, — die Handlung im Traum so zu gestalten, daß die dabei verursachten Empfindungen angenehm sind.

Nun wollen wir einmal annehmen, daß es uns Spaß macht, einen Aufzug zu benutzen. (Dies ist das Verfahren, das ich selbst anwende.) Wir haben schon gelernt, das Bewußtsein wachzuhalten, bis wir einschlafen. Wir legen uns auf den Rücken. Wir konzentrieren uns auf uns selbst. Wir liegen mit dem Rücken auf dem Boden eines Aufzuges. Wir liegen dabei ruhig und schlafen ein, und während wir dies tun, beginnt der Fahrstuhl aufwärts zu schweben. Dabei genießen wir das Gefühl des Aufwärtsschwebens, während wir mit dem Rücken auf dem Boden des Fahrstuhls liegen.

Nun zittert der Aufzug ein wenig, als er im Begriff ist, das höchste Stockwerk eines großen Gebäudes zu erreichen. Langsam und ruhig schwebt der Aufzug aufwärts, immer höher, immer höher! Wir sind uns bewußt, daß wir uns aufwärts bewegen. Wir genießen diese Empfindung außerordentlich. Jetzt nähert sich der Aufzug dem obersten Stockwerk. Jetzt bleibt er stehen. Wir erheben uns auf die Füße und gehen aus dem Aufzug hinaus, rund um den Fußboden des höchsten Stockwerkes im Gebäude.

Wir sehen uns überall um, während wir umhergehen, und beobachten dabei alles. Nun gehen wir zurück in den Aufzug und legen uns wieder mit dem Rücken auf den Boden. Langsam schweben wir abwärts, immer weiter abwärts, und jetzt liegen wir mit dem Rücken auf dem Boden des Aufzugs, im Erdgeschoß des Gebäudes.

Ich habe gesagt, daß dies der Traum gewesen ist, den ich ersonnen habe, um den Astralkörper zu veranlassen, sich von dem physischen Körper zu trennen. Es ist nun wichtig, denselben Traum immer und immer wieder zu träumen, denn wenn wir erst einen und dann einen anderen Traum haben, wird das Unterbewußtsein nicht so stark zum selben Traum veranlaßt werden, als wenn wir ihn immer wieder jede Nacht wiederholen, wenn wir einschlafen.

Den gewünschten Traum muß man sich lebhaft vorstellen, wenn das Bewußtsein langsam schwächer wird. Dann muß man sich in den „Aufzug" hineindenken, genau in dem Augenblick, in dem wir das Bewußtsein verlieren; der Astralkörper wird dann im Aufzug nach oben schweben, er wird sich über der irdischen Hülle aufrichten, geradeso, wie wir träumen, uns aufzurichten, wenn der Aufzug das oberste Stockwerk erreicht. Der Astralkörper wird den physischen Körper verlassen, geradeso wie im Traum, wenn wir den Aufzug verlassen. Gleicherweise wird der Astralkörper bei der Rückkehr, wenn wir den Aufzug betreten, eine Lage genau über der irdischen Hülle einnehmen. Während wir uns hinlegen, wird der Astralkörper die waagerechte Lage einnehmen; während der Aufzug abwärts fährt, wird der Astralkörper ebenfalls abwärts schweben.

Der Traum ist eine Suggestion für den unterbewußten Willen, und dieser Wille handelt dementsprechend. Wir sollten imstande sein, uns nach dem Erwachen an den Traum zu erinnern. Ein weiterer Vorteil dieses Verfahrens ist der, daß das Astralband uns nicht behindert, wie es geschieht, wenn die Aussendung des Astralkörpers durch ein anderes Verfahren bewirkt wird.

Wenn jemand seinen Astralkörper durch Traumlenkung aussenden kann, sich eine Strecke fortbewegt und dann das Bewußtsein erlangt, sollte er gar nicht merken, daß das Astralband ein Eigenleben hat. Das große Problem ist die Wiedererlangung des Bewußtseins, wenn man im Astralkörper ist. Man denke daran, daß das Traumbewußtsein nicht das wahre Bewußtsein ist, obwohl man sich an den Traum erinnern kann.

Ein geeigneter Traum wird immer den Astralkörper abspalten

Es ist nun nicht nötig, daß man den von mir erwähnten Traum anstrebt; jeder kann seinen eigenen Traum ersinnen, kann ihn in jeder Hinsicht sich angemessen ausdenken, in Handlung und Empfindung. Vielleicht denkt der Leser, daß er diesen Traum nicht träumen kann und daß der Astralkörper sich nicht so verhalten wird, wie ich gesagt habe. Man täusche sich nicht! Er wird es tun, auch wenn man nicht bei klarem Bewußtsein ist.

Als ich zum erstenmal Versuche dieser Art unternahm, stellte ich fest, daß der Astralkörper gelegentlich in den physischen Körper zurückkehrte, aber das geschah immer, weil ich geträumt hatte, daß der Aufzug zu schnell abwärts fuhr. Ich fand auch heraus, daß ich nach Belieben die Wiedervereinigung der beiden Körper bewirken konnte, einfach dadurch, daß ich mir beim Einschlafen vorstellte, ich fiele von einem hohen Gebäude herunter. Ich behielt diese Vorstellung (daß ich von einem hohen Gebäude herunterfiele) fest im Sinn, und bald nach dem Einschlafen kehrte der Astralkörper in den physischen Körper zurück. Alles, was man tun muß, um sich zu überzeugen, daß das, was ich hier sage, wahr ist, besteht darin, daß man diese Hinweise befolgen und die Tatsachen selbst feststellen muß.

Wenn wir gern schwimmen, müssen wir den Traum natürlich so ersinnen, daß wir uns im Wasser befinden; es (das Wasser) muß sich heben und uns dabei nach oben tragen. Denn wenn man so hoch getragen wird, daß das Wasser über seine Ufer tritt, schwimmt man hinaus. Dieses Verfahren folgt den Bewegungen des Astralkörpers bei seiner Abspaltung vom physischen Körper.

Viele Menschen werden zweifellos sagen, daß sie ihren Astralkörper niemals in den Luftraum schicken, daß sie niemals einen Körper von dem anderen abtrennen könnten. Doch jedesmal, wenn wir einschlafen, verläßt der Astralkörper den physischen Körper zu einem gewissen Grade. Jedesmal, wenn wir einen „Falltraum“ haben, ist der Astralkörper abgetrennt gewesen und kehrt zurück, während wir diesen Falltraum haben.

Aber die große Frage ist, wiederhole ich: Wie kann man seinen Astralkörper aussenden und das echte Bewußtsein beibehalten, während man im Astralkörper ist? Ich habe gesagt, daß das Bewußtsein mehr oder weniger eine Sache des Zufalls ist, und ich habe ein paar Versuche angestellt, bei denen es mir möglich war, das Bewußtsein zu erlangen, das, wie ich glaube, bei diesen besonderen Gelegenheiten nicht zurückgekehrt wäre, wenn ich nicht ein Verfahren angewandt hätte, das ich damals zum erstenmal versuchte. Ich werde bald darauf zurückkommen.

Jetzt jedoch, da wir das Thema der Traumlenkung behandeln, werden ein paar weitere Hinweise zur „Planung“ des Traumes nicht unangebracht sein. Die Hauptbewegung ist natürlich die Aufwärtsbewegung, wenn wir dabei sind, den Astralkörper aus dem physischen Körper herauszuziehen. Man stelle sich daher die Aufwärtsbewegung recht lebhaft vor, obwohl die Bewegung nach der Seite ebenfalls realistisch ist, und, falls möglich, soll der Körper (im Traum) waagerecht liegen, während er nach oben schwebt.

Man „plane“ seinen Traum, wie man eine wichtige Angelegenheit im täglichen Leben plant. Die bloße Tatsache, daß es nur ein Traum ist, verringert nicht seine Bedeutung für die Abspaltung des Astralkörpers. Hier sind ein paar Vorschläge für Traum„planungen“; einige dieser Vorschläge habe ich Mr.

Carringtons Buch “Higher Psychical Development” („Höhere psychische Entwicklung“) entnommen.

Man sehe sich geistig in einem Spiegel, sehe sein eigenes Bild. Man stelle einen Spiegel auf oder stelle ihn sich vor, ungefähr zwanzig Fuß hinter sich im Raum, und denke sich, man gehe rückwärts in diesen Spiegel hinein.

Eine andere Übung besteht darin, sich zu bemühen, aus dem eigenen physischen Körper ungefähr achtzehn Zoll über den Kopf aufzusteigen, — wie Baron Münchhausen, der sich an seinem eigenen Schuhriemen hochzog.

Oder man stelle sich vor, daß man seinen physischen Körper als Dampf verlasse, — aus allen Poren. Dieser Dampf sammelt sich gerade über uns, bildet ein Abbild von uns selbst und wird dann aufwärts in die Luft getragen.

Eine andere gute Übung ist es, im Geist eine Leiter hinaufzusteigen oder auch ein Seil hinaufzuklettern. (Der Verfasser hat viele Astralwanderungen erlebt, die durch Träume vom Erklettern einer Leiter bewirkt wurden.)

Eine andere Übung und eine sehr gute — denn sie entspricht genau der Bewegung des Astralkörpers — ist es, sich einen Tank vorzustellen, der sich langsam mit Wasser füllt, auf dessen Oberfläche man schwimmt. Das Ziel ist, ein kleines Loch an der Seite des Tanks zu finden, durch das man hinaus kann. Wenn man jedoch wasserscheu ist, kann eine solche Übung nicht angeraten werden. Andererseits könnte kaum eine bessere Übung ersonnen werden für jemand, der das Wasser liebt (der gern badet, schwimmt, sich auf dem Wasser treiben läßt), denn die Bewegung unseres Ichs ist richtig und die Empfindung ist angenehm.

Eine andere Übung ist es, sich vorzustellen, man werde herumgewirbelt. Herumwirbelnde Maschinen werden bei solchen Übungen viel verwandt. Die Derwische und andere Orientalen machen von solchen Übungen Gebrauch, deren wahrer Zweck es zweifellos ist, den Astralkörper vom physischen Körper zu lockern und als Ergebnis ekstatische Bewußtseinszustände zu erzielen. Man erinnere sich an etwas, was ich früher gesagt habe, d. h. daß Schwindelgefühl nichts weiter ist als ein Zustand der Lockerung des Astralkörpers. Fallsüchtige beginnen bei einem Anfall gewöhnlich damit, daß sie sich drehen, wobei sie sich häufig mehrfach um sich selbst drehen, bevor die Starre beginnt.

Die Vorstellung von einem sich drehenden Stern wird ebenfalls verwandt, um die Tätigkeit des Astralkörpers anzuregen. Die Konzentration auf das Spiegelbild in einem Wasserwirbel, die Empfindung, der Körper dehne sich aus und ziehe sich wieder zusammen, ist sehr nützlich, ebenso wie die, man werde auf der Oberfläche einer Welle dahingetrieben.

Eine sehr nützliche Übung ist die Vorstellung eines Kegels. Das Bild eines Kegels in der einen oder anderen Form ist bei diesen Übungen zur Abspaltung des Astralkörpers sehr häufig, weil es die Vorstellung in sich schließt, der Körper werde bis zu einem Punkt zusammengezogen und dann von diesem Punkt wieder ausgedehnt; eine ebenfalls angewandte Vorstellung ist die, man bewege sich durch eine Tülle oder durch ein Rohr, das wir eine Sanduhr geformt ist. Andere Übungen sind solche, bei denen man sich vorstellt, man zeichne einen Kegel aus Kreisen, die immer größer werden, und stülpe einen solchen Kegel von innen nach außen um, oder stelle eine sich drehende Scheibe her, welche die Form eines Kegels annimmt und dann wieder flach wird zu der früheren Scheibe.

Eine andere sehr nützliche Vorstellung, um die Tätigkeit des Astralkörpers anzuregen, ist das Bild einer Flamme und die Bemühung, sich mit dieser Flamme zu identifizieren. Wenn man den Astralkörper wirklich einmal außerhalb des physischen Körpers sehen kann, so erscheint er wie eine weiße Flamme in menschlicher Gestalt und Größe.

Eine weitere gute Übung zur Aussendung des Astralkörpers ist die, daß man die Augen schließt, dann die Augäpfel verdreht, bis sie auf einen Punkt zwischen den Augen an der Stirn gerichtet sind — ganz ähnlich dem Verfahren, das die Yogis anwenden — und sich darauf konzentriert, die psychischen Kräfte in jenem Punkt zu vereinigen. Mit der ganzen Kraft unseres Willens müssen wir dabei wünschen, uns an diesem Punkt zu befinden, und wenn wir unser ganzes Ich auf diesen Punkt konzentriert haben, dann müssen wir wünschen, daß der Astralkörper in den Luftraum ausgesandt werde, von jenem Punkt aus. Dieses Verfahren ist eine Belastung der Augen, ist aber als sehr wirksam erkannt worden, als das Ergebnis zahlreicher Versuche und Erfahrungen.

Hier ist noch eine sehr erfolgreiche Übung: Man beuge sich in einem Lehnstuhl so zurück, daß man genau in einen Spiegel sehen kann (einen wirklichen Spiegel), der sich etwa vier Fuß entfernt vor uns befindet. Man entspanne sich, man ruhe völlig, man richte seine Gedanken nur auf sich selbst! Nun versuche man, einzuschlafen und beobachte dabei mit halbgeschlossenen Augen sein Bild im Spiegel! Schließlich wird man schläfrig, und der Kopf wird beginnen, nach vorn zu sinken, aber man beobachte trotzdem dabei ständig das Bild im Spiegel! Das ist ein fast automatischer Weg der Aussendung des Astralkörpers, denn während der Astralkörper versucht, sich aus dem physischen Körper zu lösen, neigt der Kopf dazu, vornüber zu fallen. Wenn der Astralkörper sich dann schließlich aus dem physischen Körper löst, fällt der Kopf nach vorn. Daran sieht man, daß der Zustand, den man bewußt zu erreichen sucht, günstiger ist, denn in dem Augenblick, in dem wir im Begriff sind, uns zum Schlaf zu „erheben", beginnt unser Kopf nach vorn zu sinken, was unser Bewußtsein sogleich ein wenig weckt.

Der nächste Schritt ist, sich vorzustellen, daß man auf einem Stuhl im Zimmer in die Luft schwebt — wie man es wirklich tut —, in dem Augenblick, in dem der Kopf die Neigung hat, nach vorn zu sinken, in dem wir wirklich im Begriff sind, einzuschlafen, in dem der Astralkörper sich tatsächlich ein wenig vom physischen Körper löst.

Wir haben zweifellos festgestellt, daß in dem Augenblick, in dem jemand in den Schlaf sinkt („steigt"), der physische Körper sich ein wenig zusammenzuziehen scheint, und daß, wenn irgendein Glied des physischen Körpers nicht auf einem festen Untergrund liegt, es herabfällt, daß dies auch die Wirkung hat, den Schlafenden wieder ein wenig zu beleben. Nun kann man diese Regel anwenden, um das Bewußtsein anzuregen, während der Astralkörper im Begriff ist, sich vom physischen Körper zu lösen, denn es ist die Loslösung des Astralkörpers, welche die Entspannung des Körpers bewirkt.

Der Leser wird vielleicht bemerkt haben, daß diese Regel bei dem letzten Versuch angewandt wurde. Sie kann auch angewandt werden, wenn wir in waagerechter Lage einschlafen wollen. Es ist lehrreich, dies zu versuchen und die Folgen zu beobachten. Nachdem wir uns hingelegt haben, halten wir uns den gewünschten Traum vor Augen und gleichzeitig heben wir einen Arm in die Luft, so daß er herabfällt, wenn wir einschlafen.

Wenn wir dann im Grenzzustand zwischen Wachen und Schlafen sind, beginnt der Arm zu schwanken und herabzufallen. Das wird uns halb wecken, denn wir dürfen ihn nicht ganz herabfallen lassen. Auf diese Weise zwingen wir das Bewußtsein weiter in den Zustand des Halbwachseins hinein. Es ist bei diesem Versuch gar nicht selten, daß wir in der Magengegend das Gefühl haben, als könnten wir nicht mehr atmen (gerade dann, wenn der Arm herabzufallen im Begriff ist), und man wird ein wenig zusammenzucken, um zu versuchen, den Arm am Herabfallen zu hindern.

Dieses leichte Zusammenzucken ist nichts anderes als eine kurze Wiedervereinigung der beiden Körper. Selbst Menschen, die zur Aussendung des Astralkörpers neigen, können das erleben, was ich gerade berichtet habe — können die Bewegung des Astralkörpers wirklich empfinden —, wenn sie diese Regel anwenden. Dies ist eine gute Übung, denn um Wirklichkeitsträume zu haben, müssen wir imstande sein, das Bewußtsein bis zu dem Augenblick zurückzuhalten, in dem wir in den Schlaf „steigen". Zwar empfinden manche Menschen oder sogar die meisten Menschen niemals den Augenblick, in dem sie einschlafen. Wenn man aber nicht mit Bewußtsein den Augenblick erlebt, in dem man einschläft, ist man niemals imstande, einen gewünschten Traum auszulösen.

Es ist nicht so schwer, die Abspaltung des Astralkörpers durch das Verfahren der Traumlenkung zu erreichen, wie man vielleicht denkt. Sobald der Ätherkörper aufzusteigen beginnt, beeinflußt der Traum die Bewegung des „Traumkörpers", und die Bewegung dieses Körpers wirkt sich im Traum aus. Dies mag ein wenig schwer zu verstehen sein, aber es ist wahr. Der ganze „Trick" besteht in dem richtigen Anfang, in der richtigen Gemütsverfassung bei Beginn. Man braucht den Astralkörper nicht zur Bewegung zu veranlassen; er beginnt sich von selbst zu bewegen, wenn wir einschlafen, aber wir müssen uns in den Traum hineinversetzen und den Astralkörper veranlassen, seine Bewegungen fortzusetzen.

Der Astralkörper löst sich auf ganz natürliche Weise im Augenblick des Einschlafens vom physischen Körper. Auf ebenso natürliche Weise beginnt er sich zu bewegen, und das ist gerade der Augenblick, in dem wir uns in Gedanken in den nach oben fahrenden Aufzug (oder was es im Traum sonst sein mag) versetzen und uns in „Bewegung" halten müssen. Der „Traumkörper" ist selbstverständlich nichts mehr oder weniger als der Astralkörper im Zustand teilweisen Bewußtseins. In einem solchen Traum handelt der Astralkörper genauso, wie der Traumkörper es tut.

Ein richtig ersonnener Traum zieht den Astralkörper mit ebensolcher Geschwindigkeit aus dem physischen Körper heraus, wie ein „Falltraum" ihn wieder hereinzieht. Das Seltsame an dieser Art Traum ist, daß man träumt, was wirklich geschieht, soweit die Bewegung und Empfindung des Astralkörpers betroffen ist. Es ist ganz natürlich, daß der unerfahrene Forscher sagt, daß der Traum zuerst vielleicht der „Planung" entspricht und dann davon abweicht. Aber das ist nie der Fall; der Traum entspricht genau der Bewegung des Astralkörpers, und da diese Bewegung etwas Wirkliches ist, ist auch der Traum etwas Wirkliches.

Wenn man in einem solchen Traum das Bewußtsein *völlig* erlangt, findet man sich gewöhnlich an einem Platz, der dem Platz entspricht, den man im Traum zuletzt gesehen hat. Wenn man zum Beispiel den „Aufzugtraum" anwendet und dabei das Bewußtsein gerade in dem Augenblick wiedererlangt, in dem man sich im obersten Stockwerk aufrichtet, so findet man sich aufrecht im Astralkörper gerade über der irdischen Hülle. Ich mache mir nichts daraus, daß dies als Unsinn angesehen werden mag; es ist Wahrheit, und ich habe sie als solche jedesmal erkannt. Es ist ein angenehmes und sicheres Verfahren, den Astralkörper in den Raum auszusenden.

Zusammenfassung des Verfahrens zur Traumlenkung

Ich werde jetzt dieses Verfahren der Traumlenkung des Astralkörpers bei seiner Aussendung zusammenfassen:

1. Man übe sich darin, das Bewußtsein bis zu dem Augenblick zurückzuhalten, in dem wir in den Schlaf „steigen". Die beste Art, dies zu tun, besteht darin, ein Glied des menschlichen Körpers in einer solchen Lage zu halten, daß es nicht fest aufliegt, sondern dazu neigt, herabzufallen. (Siehe die Übung im vorhergehenden Abschnitt.)

2. Man ersinne einen Traum, in dem die Bewegung des Ichs die Hauptrolle spielt. Der Traum muß von der Art des „Flugtraumes" sein, in dem wir uns aufwärts und abwärts bewegen entsprechend der Bewegung des Astralkörpers während seiner Loslösung vom physischen Körper. Es muß ein Traum von etwas sein, was wir gern tun.

3. Man behalte den Traum deutlich im Sinn; man stelle ihn sich genau vor, während man in den Schlaf „steigt"; man denke sich mitten in den Schlaf hinein und fahre fort zu träumen! Im Traum beginnt der Aufzug (oder was es sonst ist) nach oben zu schweben, in demselben Maße, wie der Astralkörper sich aus der physischen Hülle löst, d. h. wir glauben gerade in dem Augenblick, uns aufwärts zu bewegen, in dem wir in den Schlaf „aufsteigen".

Dies ist in wenigen Worten das Verfahren, das man zur Aussendung des Astralkörpers durch Traumlenkung anwenden muß, und jeder Punkt dieses Verfahrens muß genau befolgt werden. Es ist keine leere Einbildung, sondern ein bewährtes und erprobtes Verfahren. Man kann natürlich, wenn man andere Verfahren kennenlernt, andere positive Faktoren dabei berücksichtigen.

Man wird feststellen, daß man, wenn man vor dem Schlafengehen eine Geschichte oder einen Zeitungsartikel liest, die oder der uns fesselt — und in Spannung hält —, eine Geschichte von Männern, die in großen Höhen arbeiten, eine Erzählung von wagemutigen Fliegern, z. B. Birds Flug nach dem Nordpol, die Anstrengungen, den Astralkörper durch die Traummethode abzuspalten, verstärkt.

In der letzten Nacht vor meiner ersten Reise in einem Flugzeug träumte ich von diesem Flug, und als ich aus dem Traum erwachte, fand ich mich im Astralkörper. Als ich andere fragte, die ebenfalls ihren ersten Flug unternommen hatten, fand ich heraus, daß die meisten von ihnen kurz nach dem Flug einen „Flugtraum" hatten und daß einige davon „Fallträume" waren, die mit der Rückkehr in den physischen Körper endeten.

Daraus ersieht man, daß eine eindrucksvolle Beschäftigung entsprechend der Art des geplanten Traumes während des Tages, wenn sie auch nur im Lesen einer spannenden Fliegergeschichte besteht, nachts positive Ergebnisse zur Folge hat. Wenn man nach dieser Regel einen Traum hat, erinnert man sich daran, und man kann sich darauf verlassen, daß der Astralkörper, der Traumkörper, daran Teil hat. (Man verwechsele jedoch nicht das Traumbewußtsein mit dem echten Bewußtsein.) Nun ist der nächste und wahrscheinlich schwierigste Schritt, diesen Traumkörper zum wirklichen Bewußtsein zu erwecken, nachdem er sich vom physischen Körper getrennt hat, — am besten außerhalb der lebendigen Reichweite des Astralbandes.

Wie man den Traumkörper zum Bewußtsein erweckt

Die Aussendung des Astralkörpers bei teilweisem Bewußtsein ist ein Schritt vor der Abtrennung des Astralkörpers ohne Bewußtsein, und die Abtrennung bei Bewußtsein ist ein Schritt vor einer Abspaltung, die uns teilweise bewußt ist. Entweder erwacht der Astralkörper durch Zufall — der Grund des Erwachens ist unbekannt —, oder es muß ein Mittel ersonnen werden, um das volle Bewußtsein zu erlangen.

Soviel ich weiß, gibt es nur zwei Arten der Beeinflussung, die dazu beitragen, den abgespaltenen Astralkörper zu wekken, abgesehen vom natürlichen Erwachen. Diese Einflüsse sind Geräusche und natürlich angewandte Suggestion vor der Aussendung des Astralkörpers. Die letztere Art der Beeinflussung ist bei weitem die erfolgreichere, und die erstere Art (d. h. die Geräusche) hat (haben) nur dann Wirkung, wenn der

Astralkörper den lebendigen Bereich des Astralbandes verlassen hat; innerhalb dieses Bereichs hat diese Beeinflussung die entgegengesetzte Wirkung, nämlich den Astralkörper in den physischen Körper zurückzutreiben.

Man wird sehen, daß, je häufiger man den Astralkörper aussendet, desto häufiger dabei das Bewußtsein von selbst zurückkehrt, und der Ort, an dem das Bewußtsein schon einmal zurückgekehrt ist, auch der Ort sein wird, an dem es wieder zurückkehren wird, falls der Astralkörper zufällig wieder dorthin kommt, wenn er auf der Astralebene schlafwandelt. Warum dies so ist, weiß ich nicht. Ich habe jedoch eine Theorie:

Hat der Leser jemals eine Reise gemacht — z. B. auf einer Landstraße in einem Kraftwagen — und an einer bestimmten Stelle an eine bestimmte Sache gedacht? Und hat er Wochen später die Reise auf dieser Straße wiederholt und an derselben Stelle an dieselbe Sache gedacht, die er im Sinn hatte, als er sich das erstemal dort befand? Natürlich hat er das, und während er sich daran erinnert, scheint es ihm, daß die Örtlichkeit, der Platz ihn an dieselben Dinge erinnert hat, an die er vorher gedacht hatte, als er sich dort aufhielt, obwohl diese Dinge keinerlei Beziehung zu dem haben, woran er jetzt denkt.

Jedesmal z. B., wenn ich um eine Straßenbiegung fahre, die sich etwa eine Meile von meinem Wohnort befindet, denke ich an einen Zirkus; warum, weiß ich nicht, doch jedesmal, wenn ich zu dieser Biegung komme, fällt mir ein Zirkus ein. Das ist nun gerade das, was wir im Astralkörper erleben. Wenn unser Astralkörper schlafwandelt (und ich möchte sagen, daß der Astralkörper die Gewohnheit hat, von Zeit zu Zeit denselben Weg zurückzulegen, obwohl er auch andere Wege nimmt), und wir an einem bestimmten Ort das Bewußtsein erlangen, stellen wir fest, daß, wenn wir noch einmal im Astralkörper an diesen Platz kommen, wir dort wieder das Bewußtsein erlangen.

Es gibt viele, viele Menschen, die jede Nacht Astralwanderungen machen, d. h. im Astralkörper schlafwandeln, aber sie wissen es nicht! Ich wette, daß die Welt sehr überrascht wäre, wenn sie wüßte, wie häufig bewußte und teilweise bewußte Astralwanderungen sind. Während der Astralkörper nun auf seiner Wanderung ist — im Traumzustand —, beeinflußt die Umgebung seines Weges den Traum.

Die Träume, die sehr lebhaft sind, in denen wir sehr aktiv scheinen — Träume, die wir immer und immer wieder haben — können Träume während des Schlafwandels des Astralkörpers sein und sind es gewöhnlich auch. Nun ist der Weg, den wir im Astralkörper während eines solchen Traumes zurücklegen, im Gedächtnis genau festgehalten, und wenn wir nun während unserer wachen Stunden zufällig denselben (oder einen ähnlichen Weg) zurücklegen, den der Astralkörper im Traum genommen hat, so erinnern wir uns an den Traum.

Aber das ist nicht alles! Das nächste Mal, wenn wir diesen Traum haben, wissen wir, daß es ein Traum ist, und so träumen wir, daß wir träumen! Dies mag schwer verständlich scheinen, aber so ist es. Es ist ein seltsames Phänomen, dieses Traumerlebnis!

Wir wollen dies noch weiter untersuchen. Welcher Art sind die Träume, die wir immer wieder haben und in denen wir selbst tätig sind, selbst „mitwirken"? Hat der Leser jemals geträumt, daß er träumt? Wenn ja, wovon hat er geträumt? Kann er sich in seinem Wachzustand nicht an eine Örtlichkeit erinnern, die ihn dazu veranlaßt, sich an den Traum zu erinnern? D. h., wo ist er im physischen Körper, wenn er plötzlich glaubt, an einem ähnlichen Ort im Traum gewesen zu sein? Dies sind die Dinge, auf die man achten muß:

Wenn man diese Bedingungen in Übereinstimmung bringen kann, muß man versuchen, den Traum im physischen Körper zu „erleben"; man muß denselben Weg wie im Traum gehen und dabei an den „Traum" denken, muß sich dabei sagen, daß man das nächste Mal, wenn man im Traum an diese Stelle kommt, erwacht, an diesem Baum, an diesem Torweg usw.

Der Traum mag sich bald wiederholen, ganz plötzlich, oder man kann ihn absichtlich auslösen, wenn man beim Einschlafen daran denkt. Wenn der Traum tatsächlich ein Traum wäre, bei dem der Astralkörper „schlafwandelt", wäre die Suggestion, daß man an einer bestimmten Stelle aufwachen will, wenn man sie im Astralkörper erreicht, einer der stärksten

Faktoren bei der Wiedergewinnung des vollen Bewußtseins im Astralkörper.

Diese Anweisung ist der Anweisung „zu erwachen" nicht unähnlich, die der Versuchsperson im hypnotischen Zustand gegeben wird. Der Hypnotiseur sagt: „Gehen Sie jetzt ganz geradeaus, und wenn Sie an die Tür kommen, wachen Sie auf!" Der Traum gibt diese Suggestion dem Bewußtsein des astralen Schlafwandlers weiter, der sich im Traumzustand befindet.

Wenn man den Ort (oder einen ähnlichen) festgestellt hat, an dem man im Traum gewesen ist, und den Weg dahin im physischen Körper zurücklegt, genauso wie im Traum, und sich dann sagt, daß man, wenn man zu diesem Baum, dieser Tür (oder was es sonst ist) kommt, aufwacht, so wird diese Suggestion befolgt werden, wenn man zu der Tür, dem Baum usw. im Traumkörper geht.

Dies ist der sicherste Weg, dem ausgesandten Astralkörper die bewußte Empfindung zu geben, obwohl dies nicht heißt, daß man dabei die Art des Traumes genau „planen" muß. Natürlich, wenn man einen „Flugtraum" auslösen und sich daran erinnern kann, so muß man sich gerade vor dem Einschlafen einreden, daß man an einem bestimmten Ort aufwachen werde.[12])

Als Beispiel wollen wir den „Aufzugtraum" nehmen. Wir wollen uns einreden, daß wir, nachdem wir bis zum obersten Stock des Gebäudes emporgefahren sind und den Aufzug verlassen und uns von ihm entfernt haben, dann aufwachen. Dies ist ein einfacheres Verfahren, aber nicht so wirkungsvoll wie das „Traumlenkungsverfahren", von dem ich gerade gesprochen habe. Bei der Suggestion der Stelle, an der wir aufwachen wollen, müssen wir mit Überlegung verfahren, müssen sicher gehen, daß sie nicht zu nahe am physischen Körper ist, denn sonst erwachen wir vielleicht im lebendigen Bereich des Astralbandes, was wir nach Möglichkeit vermeiden sollten.

Wir wollen einmal annehmen, daß wir im Erdgeschoß unseres Hauses schliefen, — oder in irgendeinem anderen Geschoß; es muß nur noch ein anderes Stockwerk über uns sein. Wir haben einen „Aufzugtraum" ersonnen, in dem wir aufwärts fahren, uns aufrichten, den Aufzug verlassen und im obersten Stockwerk des Gebäudes umhergehen. Etwas wichtiger ist dabei die Umgebung, die Art, in der die Dinge im Stockwerk über uns angeordnet sind, und daß wir unseren Traum dementsprechend planen.

Wir suchen uns im Stockwerk über uns etwas aus — eine Tür, ein Fenster —, etwas, was sich auf dem Wege befindet, den wir im Traum gehen werden, und während wir uns den gewünschten Traum beim Erwachen lebhaft vorstellen, suggerieren wir uns, daß wir aufwachen, wenn wir diesen Gegenstand erreichen. Auf diese Weise wird die Suggestion befolgt, wenn wir uns dem Gegenstand im Traumkörper nähern.

Die Suggestion, daß wir das Bewußtsein erlangen wollen, wenn wir im Astralkörper einen bestimmten Ort erreichen, wird immer wirkungsvoller sein als die bloße Suggestion, daß wir „irgendwo" im Traumkörper das Bewußtsein erlangen werden. Die Suggestion des Ortes wirkt im Astralen genauso wie die Suggestion der Zeit im Physischen.

Vielleicht haben wir einmal versucht, die Weckuhr durch „Suggestion" zu ersetzen, durch Suggestion nach dem Schlafengehen, daß wir zu einer bestimmten Stunde aufwachen werden, und sind dann imstande gewesen, uns wie gewünscht zu wecken. Das ist die Art, wie der Ort auf den Astralkörper wirkt. Man muß nur fest wünschen, an einem bestimmten Ort im Astralkörper aufzuwachen, geradeso wie wir fest wünschen, zu einer bestimmten Zeit im physischen Körper aufzuwachen.

Obwohl die geeignetste Traumart — der „Flugtraum" — den Traumkörper in fast allen Fällen vom physischen Körper abtrennt, sind Menschen von nervöser, schwankender Wesensart so beeinflußbar, daß sie den Astralkörper oft ganz plötzlich abspalten, während sie schlafen; und während Menschen von einer bestimmten Gemütsart einen Traum haben können (nicht unbedingt einen „Flugtraum", sondern einen gewöhnlichen Traum), in dem sich der Traumkörper über die Zone der Bewegungslosigkeit nicht hinausbewegt, hat der nervöse Mensch vielleicht einen ähnlichen Traum, in dem der Traumkörper zu wandern und den Traum wirklich zu erleben beginnt.

Mit anderen Worten: Während der „Flugtraum" bei fast allen Menschen den Traumkörper im allgemeinen „hinauszieht", spaltet bei nervösen Menschen sogar ein gewöhnlicher Traum den Traumkörper ab. Wenn dies geschieht, kann man niemals wissen, was der Astralkörper tun wird; seine Bewegungen werden jedoch immer eine Beziehung zu dem Traum haben. Der Astralkörper wird vielleicht genau zu der Stelle ausgesandt, von der wir träumen. Wenn diese Stelle ein Erzeugnis unserer Einbildung im Traum ist, kann der Astralkörper eine Stelle finden, die derjenigen ähnlich ist, die unsere Phantasie erschaffen hat.

Der Astralkörper kann sich in der Nähe von Dingen aufhalten, die denen ähnlich sind, die wir im Traum gesehen haben. Als Beispiel hierfür wollen wir uns an den Traum erinnern, in dem ich auf Indianer schoß und in dem ich, als ich im Traumkörper das volle Bewußtsein erlangte, mich nahe der Stelle stehen sah, an der mein Gewehr stand (Erlebnis 11). Man kann von einem See oder von einem Ozean träumen, der Hunderte von Meilen entfernt ist, und wenn der Traumkörper abgespalten wird, um in dem Traum „mitzuwirken", so wird er vielleicht nur zu dem Tümpel jenseits der Straße ausgesandt, in der wir schlafen.

Kapitel 9

DIE FAKTOREN, DIE DAS UNTERBEWUSSTSEIN ZUR WIRKSAMKEIT VERANLASSEN

Wir haben von Menschen gesprochen, die den Astralkörper spontan abspalten, und haben erklärt, daß ein gewisser Typ — der nervöse Typ — dies oft tut. Aber diese geschieht nicht nur wegen der reizbaren Gemütsart dieser Menschen. Der unterbewußte Wille muß sich vorher entschließen, den Astralkörper auszusenden, denn sonst wird sogar ein Mensch von nervöser Art den Astralkörper nicht abspalten.

Man muß sich an das Grundgesetz für die Aussendung des Astralkörpers erinnern: Wenn das Unterbewußtsein von dem Wunsch erfüllt ist, den Astralkörper auszusenden (die beiden verschmolzenen Körper zu bewegen) und wenn dabei der physische Körper bewegungslos ist, so spaltet der unterbewußte Wille den Astralkörper vom physischen Körper ab.

Es ist natürlich nicht schwer, das Bewußtsein zu veranlassen, die beiden miteinander verschmolzenen Körper zu bewegen, wenn wir bei vollem Bewußtsein und imstande sind, uns zu bewegen. Wir tun dies jeden Tag. Alles, was wir zu tun brauchen, ist, uns zu suggerieren, daß wir gehen wollen, und dann läßt uns der unterbewußte Wille so lange gehen, bis er weitere Anweisungen erhält. Der unterbewußte Wille ist daher schließlich nicht so geheimnisvoll, — wir benutzen ihn jeden Tag.

Wie kann das Unterbewußtsein veranlaßt werden, den Astralkörper auszusenden, wenn wir schlafen? Das ist die wichtige Frage, und ich werde gleich zeigen, wie dies geschieht. Aber vorher wollen wir ein wenig überlegen. Wenn die Faktoren entdeckt werden können, die das Unterbewußtsein unabsichtlich handeln lassen, kann man dann nicht dieselben Faktoren benutzen, um sie absichtlich wirken zu lassen, so daß das gleiche Ergebnis erzielt wird? Natürlich kann man das!

Monsieur Flammarion hat einmal gesagt: „Es gibt zwei Verfahren der Forschung bei allen wissenschaftlichen Problemen, das der Beobachtung und das des Versuches." Und das ist genau die Art und Weise, in welcher der Verfasser dieses Buches sein Wissen von der Abspaltung des Astralkörpers erworben hat. Durch sorgfältige Beobachtung, durch Analyse und Versuche während bewußt empfundener, unbeabsichtigter Abspaltungen des Astralkörpers ist es mir möglich gewesen, die Faktoren zu bestimmen, die das Unterbewußtsein zum Handeln antreiben. Zuerst will ich diese Faktoren aufzählen, dann will ich sie erklären, und dann will ich zeigen, wie man von ihnen Gebrauch macht, um den Astralkörper abzuspalten:

A) Träume.
   1. „Flugtraum".
   2. Träume, die durch Wünsche und Gewohnheiten ausgelöst werden.

B) Wünsche (etwas zu besitzen oder zu tun, was keine Notwendigkeit ist).
   1. Starke Wünsche.
   2. Unterdrückte Wünsche.

C) Körperliche Bedürfnisse (Notwendigkeiten).
   1. Hunger.
   2. Durst.
   3. Erschöpfung (Mangel an kosmischer Kraft).

D) Gewohnheit.
   1. Seit langem bestehende Gewohnheiten.
   2. Mechanische Gewohnheiten.
   3. Wünschenswerte Gewohnheiten.
   4. Unterbrochene Gewohnheiten.

Einige der genannten Faktoren sind nicht so stark wie andere, wie wir bald sehen werden. Wir haben schon von der ersten Gruppe gesprochen, von den Träumen, haben gesehen, wie der unterbewußte Wille von ihnen beeinflußt wird und haben auch gelernt, wie man Träume lenkt, um die Aussendung des Astralkörpers zu erleichtern. Als nächstes wollen wir über die Gruppen B, C, und D sprechen.

Der unterbewußte Wille stellt nicht den ganzen Bereich des Unterbewußtseins dar; dieser Bereich ist so groß, daß das Unterbewußtsein sozusagen in sich selbst wirksam werden kann. Das Unterbewußtsein kann dem unterbewußten Willen eine Handlung „suggerieren" — wie dies während des Schlafes geschieht —, falls einer der Faktoren, die ich aufgezählt habe, vorzuherrschen beginnt oder stark genug ist, um während des Schlafes an der Oberfläche (des Unterbewußtseins) zu bleiben, d. h. die Suggestion des unterbewußten Willens — den Astralkörper abzuspalten —, wenn wir schlafen, kommt aus dem Unterbewußtsein, geradeso wie die Suggestion — den Astralkörper auszusenden —, wenn wir wach sind, aus dem Bewußtsein kommt.

Es ist der gleiche „Wille", der den Astralkörper aussendet, gleichgültig, ob es sich um das Bewußtsein oder das Unterbewußtsein handelt, von dem er die Suggestion erhält. Der einzige Grund, warum der Astralkörper im ersteren Falle (wenn wir schlafen) den physischen Körper verläßt, und nicht im letzteren Falle (während wir wach sind), ist einfach der, daß der physische Körper im ersteren Falle bewegungslos ist. Was die Suggestion betrifft, so reagiert der unterbewußte Wille auf die unterbewußte Suggestion ebenso schnell wie auf die bewußte Suggestion.

Wir könnnen leicht sehen, daß es das Haupterfordernis ist, einen der „aktivierenden" Faktoren so stark auf das Unterbewußtsein wirken zu lassen, daß es diesem Einfluß während des Schlafes weiter ausgesetzt ist. Dies kann durch das Bewußtsein geschehen, durch wiederholte Handlung (wie bei einer mechanischen Handlung) oder durch Suggestion (wie bei einem „Wunsch") oder, in einigen Fällen durch Verbindung von Handlung und Suggestion.

Wenn wir einen dieser „aktivierenden" Faktoren auf das Unterbewußtsein wirken lassen, kommt es oft zu einer unbeabsichtigten Aussendung des Astralkörpers im Schlaf. Hier ist die Erklärung:

Vielleicht haben wir die Gewohnheit, an einen bestimmten

Ort zu gehen. Wir behalten diese Gewohnheit bei und, indem wir dies tun, lassen wir sie auf das Unterbewußtsein wirken. Wenn nun dieser Einfluß stark genug wird und während des Schlafes an die Oberfläche kommt, suggeriert das Unterbewußtsein, daß wir die Handlung wiederholen sollen, und der unterbewußte Wille wird mit dieser Suggestion „durchtränkt". Wenn noch andere Faktoren günstig sind — Gemütsart, Bewegungslosigkeit des physischen Körpers usw. —, so ist das Ergebnis die Aussendung des Astralkörpers.

Okkulte Forscher haben erklärt, es gebe eine „spontane" Aussendung des Astralkörpers, aber es gibt immer eine verborgene Ursache. Der Grund, warum die Abspaltung spontan genannt wird, ist lediglich, daß diese Ursache sich auswirkte und daß unbewußt Bedingungen geschaffen wurden, die eine Abspaltung des Astralkörpers begünstigten.

Einfache Gewohnheiten und Wünsche, obwohl sie manchmal eine Aussendung des Astralkörpers bewirken (bei einer entsprechenden Gemütsart), beeindrucken das Unterbewußtsein in der Regel nicht stark.

Heftige Begierden und altvertraute Gewohnheiten hinterlassen, wie wir sehen werden, im Unterbewußtsein einen stärkeren Eindruck und sind daher für die Abspaltung des Astralkörpers günstiger. In der Tat „wurzeln" altvertraute Gewohnheiten und starke Begierden im Unterbewußtsein.

Unterdrückte Begierden und unterbrochene Gewohnheiten haben eine ähnliche Wirkung. Wenn eine Gewohnheit im Unterbewußtsein tief verwurzelt ist, so lernt das Unterbewußtsein, die Gewohnheit zum Ausdruck zu bringen, — darum ist es eine Gewohnheit. Das Unterbewußtsein scheint das Bestreben zu haben, der Gewohnheit Ausdruck zu geben, scheint dazu geradezu entschlossen zu sein. Darum sind Gewohnheiten so schwer zu unterbrechen, — sie sind ein Ausdruck des Unterbewußtseins, in dem sie verwurzelt sind.

Wenn man nun eine tiefverwurzelte Gewohnheit hat und sie plötzlich unterbricht, so wird der Drang, sie zum Ausdruck zu bringen, im Unterbewußtsein immer stärker. Diesen Drang können wir in uns fühlen. Daher „bricht" im Schlaf dieser Drang, dieses Bestreben, die Gewohnheit zum Ausdruck zu bringen, diese Entschlossenheit, dies zu tun — die sich so im Unterbewußtsein „angesammelt“ hat — „durch“, und der unterbewußte Wille bemüht sich, den Körper zu bewegen, um die gewohnte Handlung auszuführen.

Unterdrückte Wünsche wirken sich ähnlich aus. Wenn wir einen tiefverwurzelten Wunsch haben und ihn nicht befriedigen können, so müssen wir ihn durch bewußte Anstrengung unterdrücken. Aber in unserem Innern besteht dieser Wunsch fort. Wir würden uns den Wunsch erfüllen, wenn nicht ein Hindernis vorhanden wäre.

Auf diese Weise — durch starke Wünsche und durch Nichterfüllung unserer Wünsche — verstärken wir in uns den Drang zur Erfüllung der Wünsche. Wir fühlen in uns diesen Drang immer stärker werden. Wir liegen sozusagen mit uns selbst im Krieg. Der Drang in uns, unseren Wünschen nachzugeben, wird im Unterbewußtsein so stark, daß er sich schließlich „Bahn bricht“, wenn wir schlafen und ihn nicht mehr unterdrücken können. So wird der unterbewußte Wille zum Handeln gezwungen.

Die Unterbrechung einer altvertrauten Gewohnheit oder die Unterdrückung eines geheimen Wunsches werden daher sich ähnlich auswirken; sie sind stärkere Faktoren als eine bloße Gewohnheit oder ein einfacher Wunsch. Das ganze Geheimnis der Einwirkung auf das Unterbewußtsein, es solle dem unterbewußten Willen suggerieren, ist dieser Drang, den verborgenen Wünschen nachzugeben, der sich im Unterbewußtsein „ansammeln“ kann.

Einige okkulte Forscher glauben, daß es der unterbewußte Wille sei, der gestärkt werde, und daß es der unterbewußte Wille sei, der sich plötzlich „Bahn breche“. Das ist nicht richtig. Der unterbewußte Wille ist in allen Fällen übermächtig. Es ist der Drang, ihm Ausdruck zu verleihen, der verstärkt wird und „hervorbricht“; — es ist nicht der unterbewußte Wille selbst. Man darf nicht vergessen, daß das Unterbewußtsein und der unterbewußte Wille zwei ganz verschiedene Dinge sind. Man kann den unterbewußten Willen nicht so verstärken, daß er in der Nacht „hervorbricht“.

Was wir in Wirklichkeit tun, ist, daß wir den „Eindruck“

im Unterbewußtsein verstärken, den inneren Drang, diesem Eindruck eine äußere Form zu geben, und dies ist nur eine Suggestion für den unterbewußten Willen, der diese Suggestion befolgt. Wir lassen diese Beeinflussung — Gewohnheit, mechanische Handlung, Begierde usw. — so stark im Unterbewußtsein wirken, daß sie schließlich an die Oberfläche kommt oder an der Oberfläche bleibt, wenn wir schlafen gehen, und sich so als Suggestion — was sie auch wirklich ist — für den unterbewußten Willen auswirkt.

Unterdrückte Wünsche, unterbrochene Gewohnheiten und mechanische Tätigkeiten sind die drei wichtigsten Faktoren, die das Unterbewußtsein „beeindrucken" und eine unbeabsichtigte Aussendung des Astralkörpers bewirken, — vorausgesetzt natürlich, daß noch andere günstige Faktoren vorhanden sind. Als mechanische Tätigkeit ist jedes regelmäßige Tun anzusehen, das wir Tag für Tag wiederholen, — Arbeit, Vergnügung usw.

Wenn wir einen bewußtlosen Astralwanderer während der Astralwanderung beobachten könnten, würden wir oft sehen, daß der Astralkörper die mechanische Tätigkeit ausübt, die der physische Körper tagsüber ausübt. Diese Tätigkeiten sind so tief im Unterbewußtsein verwurzelt, daß der Astralkörper ihrem gewöhnlichen Gang zu folgen beginnt. Mechanische Tätigkeiten und Gewohnheiten sind mehr oder weniger miteinander vermischt. Und es gibt noch einen Grund, weshalb ein bettlägeriger Mensch oft den Astralkörper aussendet.

Jeder von uns übt irgendwelche mechanische Tätigkeiten aus, und durch Wiederholung wurzeln diese Tätigkeiten tief im Unterbewußtsein. Ob wir uns dessen bewußt sind oder nicht: Im Unterbewußtsein ist immer ein „Drang" vorhanden, und dieser Drang ist mit der stärkste Drang, den wir empfinden. Wir haben alle von Menschen gehört, die einfach arbeiten müssen, weil sie sagen, daß sie reizbar werden, wenn sie mit der Arbeit aufhören oder ihren Beruf nicht mehr ausüben. Darum fühlen wir diesen Drang, der durch mechanische Tätigkeit in uns erzeugt wird.

Solange wir unserer täglichen Arbeit nachgehen, reagieren wir diesen Drang ab und bemerken ihn daher nicht. Wenn wir aber plötzlich unsere gewohnte Tätigkeit unterbrechen, so fühlen wir ihn wieder in uns. Besonders bei Bauern scheint dieser Drang zur Arbeit tief im Unterbewußtsein verwurzelt zu sein. Sie hören vielleicht mit ihrer Arbeit auf dem Felde auf, versuchen, in der Stadt zu leben, aber es dauert nicht lange, bis sie zu ihrem Bauernhof zurückkehren. Sie müssen ihrem inneren Drang nachgeben.

Wenn nun jemand plötzlich gezwungen ist, seine tägliche Arbeit zu unterbrechen — vielleicht infolge Krankheit —, so wird der Drang zur Arbeit im Unterbewußtsein immer stärker werden, weil er ihm nicht nachgeben kann, — genauso, wie sich Gas in einer Flasche ansammelt und, wenn sie nicht von Zeit zu Zeit geöffnet wird, damit es entweichen kann, schließlich die Flasche zersprengt. Dieser Drang würde so stark werden, daß er auf der Oberfläche des Bewußtseins bleiben oder ins Bewußtsein aufsteigen würde, wenn wir schlafen. Der unterbewußte Wille würde von ihm gelenkt werden und versuchen, den Astralkörper vom physischen Körper abzuspalten und die betreffende Tätigkeit auszuüben.

Nun mag es etwas seltsam erscheinen, daß, wenn wir eine mechanische Tätigkeit hartnäckig beibehalten, wir diesen Drang verstärken und daß dies auch geschieht, wenn wir unsere mechanische Tätigkeit abbrechen; aber etwas Überlegung wird uns zeigen, daß dies wahr ist. Und dies entspricht übrigens teilweise wenigstens dem, was Dr. Charles Lancelin, ein bekannter französischer Forscher, herausgefunden hat, der langgewohnte mechanische Tätigkeit dazu benutzt, um die Aussendung des Astralkörpers zu erleichtern.

Dies ist das Wesentliche von dem, was Dr. Lancelin zu sagen hat, aber ich erlaube mir, anderer Meinung zu sein als Dr. Lancelin, wenn er erklärt, der Erfolg des Versuches hänge von der Kraft des unterbewußten Willens ab, denn ich behaupte, daß es die Stärke des Dranges nach „Äußerung“ im Unterbewußtsein ist, die dem unterbewußten Willen suggeriert, daß man diesen Drang und nicht den unterbewußten Willen selbst suggerieren muß. Wir sind uns jedoch darin einig, daß eine seit langem geübte mechanische Tätigkeit zum selben Ergebnis führt.

„Das erste, was wir tun müssen, wenn es uns gelingen soll, den Astralkörper abzuspalten“, sagt Dr. Lancelin, „ist, den unterbewußten Willen zu verstärken, so daß er übermächtig wird und sich schließlich „Bahn bricht“, wie Sekt, wenn der Korken entfernt wird. Es gibt verschiedene Verfahren, dies zu tun. Eines der einfachsten besteht darin, sich viele Male vor dem Einschlafen zu wiederholen: „Ich habe einen Willen, ich habe Kraft!“ Dies müssen wir fortsetzen, bis wir vom Schlaf übermannt werden und das Bewußtsein verlieren. Ferner können wir die Arbeit des nächsten Tages uns klar vor Augen halten und uns vornehmen, in keiner Weise davon abzuweichen, selbst bei großem Zwang und starker Versuchung nicht. Dies wird dem unterbewußten Willen Kraft verleihen, der nichts sonst gleichkommt usw. . . .“

Wir sehen aus dem, was Dr. Lancelin zu sagen hat, daß lange geübte mechanische Tätigkeit von ihm als günstiger Faktor erkannt worden ist — wie ich es auch behaupte — , wenn wir auch nicht derselben Meinung hinsichtlich des Grundes sind, *warum* eine lange ausgeübte mechanische Tätigkeit eine Hilfe für die Aussendung des Astralkörpers bedeutet.

Natürlich glaube ich, daß sich Dr. Lancelin irrt mit seiner Ansicht, daß der unterbewußte Wille gestärkt wird. Wenn wir die Angelegenheit sorgfältig prüfen, werden wir sehen, daß es der durch die mechanische Tätigkeit hervorgerufene innere Zwang ist, der verstärkt wird; es ist die eingewurzelte Gewohnheit, die so stark wird, daß sie „hervorbricht“ und so dem unterdrückten Willen eine bestimmte Handlung suggeriert.

Man muß sich den unterdrückten Willen als eine Lokomotive vorstellen und den inneren Drang als Lokomotivführer. Um die Lokomotive in Gang zu bringen, muß sie der Lokomotivführer dazu veranlassen; die Lokomotive wird sich nicht von selbst in Gang setzen. Jeder der von mir genannten Faktoren veranlaßt den unterbewußten Willen zu einer Handlung, wenn er nicht während des Schlafes an die Oberfläche kommt. Der unterbewußte Wille muß dieser Handlung gehorchen.

Wenn es wahr wäre, daß der unterbewußte Wille so sehr

verstärkt wird, daß er sich nicht mehr zurückhalten kann, wären wir während unserer wachen Stunden in einer schwierigen Lage, denn unsere Wünsche wären dann vergeblich. Man erinnere sich: Es ist die Suggestion, die „hervorbricht", nicht der unterbewußte Wille; und die Suggestion kann entweder vom Bewußtsein oder vom Unterbewußtsein herrühren.

Wenn der unterbewußte Wille wirken könnte, ohne erst eine Suggestion aufzunehmen, wie könnte dann der Astralwanderer jemals seine Bewegungen lenken? Tatsächlich, wie könnten wir dann unsere Handlungen lenken, während wir bei Bewußtsein sind? Die Tatsache, daß der unterbewußte Wille den Körper bewegt, bedeutet in keiner Weise, daß er das tut, weil er übermäßig verstärkt worden ist.

Es ist nicht in höherem Maße notwendig, den unterbewußten Willen zu stärken, so daß er den Astralkörper lenkt, als es notwendig ist, den unterbewußten Willen zu stärken, so daß er den physischen Körper lenkt. Es ist die „Suggestion", die dies zuwege bringt, nicht eine angestaute dynamische Kraft. Wenn wir bei Bewußtsein sind und uns zu bewegen wünschen, so halten wir uns nicht damit auf, daß wir erst den Willen stärken; alles, was wir tun müssen, ist, uns selbst diese Bewegung zu suggerieren, und dann bewegen wir uns unter dem Zwang des unterbewußten Willens.

Und das ist auch, was geschieht, wenn der unterbewußte Wille sich entschließt, den Astralkörper auszusenden, während wir schlafen; er nimmt nur eine Suggestion aus dem Unterbewußtsein auf. Es ist die Suggestion, die plötzlich „hervorbricht", und der Grund, weshalb wir eine seit langem gewohnte mechanische Tätigkeit dabei benutzen, ist der, daß wir damit diese Suggestion so stark in unser Unterbewußtsein „drücken", daß sie bei Nacht an die Oberfläche kommt.

Wenn der unterbewußte Wille übermäßig verstärkt werden müßte, bevor er den Astralkörper aussenden könnte, wie könnte dann dieser Wille jemals den physischen Körper in Bewegung setzen? Einige Forscher haben geschätzt, daß der Astralkörper etwa zwei Unzen[13]) wiegt. Wir wollen einmal annehmen, der physische Körper eines Astralwanderers wiege 160 Pfund. Der physische Körper würde dann 1280mal so viel wiegen wie der Astralkörper. Dennoch können wir den physischen Körper durch eine bloße Suggestion bewegen, und es ist auch nur eine Suggestion, die den unterbewußten Willen veranlaßt, den Astralkörper auszusenden, während wir schlafen, obwohl sie von einem Traum herrührt.

Wenn es irgend etwas dabei gibt, was verstärkt werden muß, dann ist es der bewußte Wille, so daß wir unsere mechanische Tätigkeit unverändert beibehalten und das Unterbewußtsein ihrem Zwang aussetzen. Doch selbst bewußte Willenskraft ist nicht notwendig, denn wir veranlassen den Astralkörper, sich vom physischen Körper abzutrennen, durch einen entsprechenden Traum.

Alles, was wir tun, hinterläßt seinen Eindruck im Unterbewußtsein, und diese Eindrücke üben eine dauernde suggerierende Wirkung aus, oder wenigstens können wir diese Eindrücke ins Gedächtnis zurückrufen (falls wir nicht an Gedächtnisschwäche leiden). Wenn nun eine Handlung oder ein Gedanke ständig wiederholt wird, hinterläßt sie oder er einen immer stärkeren Eindruck im Unterbewußtsein und wird sich natürlich leichter suggerieren.

Wenn wir unsere bewußte Willenskraft anwenden und hartnäckig eine mechanische Handlung beibehalten, oder wenn wir diese Handlung so sehr lieben (oder wünschen), daß wir sie nicht aufgeben, so zwingen wir sie dem Unterbewußtsein so stark auf, daß sie dort aufgezeichnet bleibt, an der Oberfläche, oder an die Oberfläche kommt („sich suggeriert"), wenn wir schlafen, und damit den unterbewußten Willen zwingt, den Astralkörper auszusenden. Das ist der Hauptfaktor, der dabei wirksam wird; die Suggestion wird in die Tat umgesetzt. Der unterbewußte Wille gehorcht der Suggestion ähnlich einem hypnotisierten Menschen, der den Anweisungen des Hypnotiseurs gehorcht.

Wie ich entdeckte, daß ein Bedürfnis ein positiver Faktor für die Aussendung des Astralkörpers ist

Jetzt wollen wir Bedürfnisse untersuchen, die Notwendigkeiten sind, — körperliche Bedürfnisse. Ich will zuerst berichten, wie ich durch Zufall die Tatsache entdeckte, daß ein Bedürfnis unmittelbar dem unterbewußten Willen suggeriert, während wir schlafen.

An einem warmen Sommerabend zog ich mich zurück, und während ich im Bett lag, bemerkte ich, daß ich durstig wurde — ich verlangte nach einem Trunk Wasser —, aber anstatt aufzustehen und mein Bedürfnis zu befriedigen, rührte ich mich nicht vom Bett, — um die Wahrheit zu sagen, nur, weil ich zu träge war oder, wie ich vielleicht sagen sollte, zu schläfrig.

Ich unterdrückte daher das Bedürfnis, statt es zu befriedigen. Mehrere Male war ich im Begriff, aufzustehen, um etwas zu trinken, aber ich tat es doch nicht. Schließlich schlief ich ein. Als ich das Bewußtsein wiedererlangte, befand ich mich im Astralkörper. Das war die Folge des Traumes, eines sehr unbedeutenden Traumes. Ich stand neben dem Wasserhahn über dem Ausguß in der Küche, konnte den Hahn aber natürlich nicht aufdrehen, um mir einen Trunk Wasser zu verschaffen. Ich erlangte dabei das klare Bewußtsein, und meine (astralen) Hände lagen auf dem Wasserhahn.[14]) Zwischen dem Traum und dem, was wirklich geschah, gab es diesen Unterschied: Im Traum dachte ich, der Wasserhahn sei so fest zugedreht, daß ich ihn nicht aufdrehen konnte, aber bei klarem Bewußtsein wußte ich, daß der Grund darin bestand, daß ich die Materie nicht unmittelbar berühren konnte.

Es kam mir bei dieser Gelegenheit der Gedanke, daß das körperliche Bedürfnis bei der Aussendung des Astralkörpers eine Rolle gespielt hatte; ich machte daher Versuche in dieser Richtung und fand heraus, daß es sich so verhielt. Man darf nicht glauben, daß ein unterdrücktes Bedürfnis kein Bedürfnis mehr ist, denn die Unterdrückung geschieht lediglich im Bewußtsein und das wirkliche Bedürfnis besteht im Unterbewußtsein fort. Ein unterdrücktes Bedürfnis ist in Wirklichkeit ein im Unterbewußtsein verstärktes Bedürfnis, kommt so an die Oberfläche und wirkt als Suggestion, während wir schlafen.

Einen gewöhnlichen Wunsch können wir vielleicht viele Tage, ja Monate, unterdrücken, bevor der Druck im Unterbewußtsein so stark würde, daß er übermächtig wird, wenn wir schlafen; aber im Falle eines Bedürfnisses, das eine Notwendigkeit ist, wie der Durst, wird sogar eine einzige Stunde, die ein solches Bedürfnis besteht, im Unterbewußtsein einen starken Eindruck hinterlassen.

Der Leser weiß dies, ohne daß ich dies sage. Wenn nicht, so möge er das nächste Mal, wenn er durstig wird, versuchen, den Durst zu unterdrücken und beobachten, wie das Bedürfnis zu trinken in ihm immer stärker wird, bis er es schließlich nicht mehr ertragen kann. Er wird bemerken, mit welcher Kraft das Bedürfnis zu trinken sich schließlich befriedigt. Das ist genau das, was während des Schlafes geschieht; das Bedürfnis suggeriert sehr stark, daß wir Wasser trinken müssen, und der unterbewußte Wille wird gezwungen, den Astralkörper auszusenden, denn wir können das Bedürfnis jetzt, da wir nicht länger bei Bewußtsein sind, nicht mehr unterdrücken.

Daher, wenn unser physischer Körper regungslos ist (in einem Zustand, in dem er nicht sofort reagieren kann, wenn der unterbewußte Wille angewandt wird), wird unser Astralkörper vom physischen Körper abgespalten werden. Durst ist der stärktste und am schnellsten erzeugte innere Drang, der zur Abspaltung des Astralkörpers benutzt werden kann.

Nach dem Durst kommt der Hunger, die Begierde, etwas zu essen. Fasten wirkt in doppelter Hinsicht günstig bei der Aussendung des Astralkörpers. Der Leser wird sich an den ersten Grund erinnern: Wir erörterten ihn, als wir von der kosmischen Kraft sprachen und lernten, daß während des Fastens eine Kraftquelle von untergeordneter Bedeutung unterbrochen wird und daß dementsprechend der Astralkörper während des Schlafes in seinem Zusammenhalt mit dem physischen Körper gelockert wird, so daß er sich leichter mit kosmischer Kraft aufladen kann.

Der zweite Grund, warum der Mangel an Nahrung für die Aussendung des Astralkörpers ein positiver Faktor ist, besteht darin, daß das Verlangen nach Nahrung gewöhnlich vorhanden ist, besonders bei Beginn eines Fastens, und dieses Verlangen, das durch das Bewußtsein verstärkt wird, wird im Unterbewußtsein erhöht, der Drang, dem Verlangen nachzugeben, wird so stark, daß er an die Oberfläche kommt und sich suggiert, während wir schlafen. Der unterbewußte Wille wird von der Suggestion beherrscht, genau wie bei Durst. So kann man den Vorteil des Fastens leicht erkennen, wenn wir versuchen, die Aussendung des Astralkörpers zu fördern. Ich werde später einige besondere Anweisungen geben, um die verschiedenen Arten des inneren Dranges absichtlich hervorzurufen.

Die Handlungen des bewußtlosen Astralkörpers werden durch den inneren Drang gelenkt

Wenn die Suggestion der mechanischen Handlung an die Oberfläche des Unterbewußtseins kommt, während wir schlafen, und wir den Astralkörper aussenden, so wiederholt er die mechanischen Handlungen des physischen Körpers, falls wir nicht unser Bewußtsein wiedererlangen und unsere Bewegungen selbst lenken.

Wenn die Suggestion einer tiefverwurzelten Gewohnheit an die Oberfläche des Unterbewußtseins kommt, während wir schlafen, und wir dann den Astralkörper abspalten, so wiederholt dieser die Gewohnheit, falls wir nicht das Bewußtsein erlangen und unsere Bewegungen selbst lenken.

Wenn der Traum (die Suggestion) einer Aufwärtsbewegung durch die Luft an die Oberfläche des Unterbewußtseins kommt, während wir schlafen, und wir nicht genügend bei Bewußtsein sind, um unsere Bewegungen zu lenken, so wird der Astralkörper dem Traum entsprechend handeln.

Wenn die Suggestion eines starken Bedürfnisses an die Oberfläche des Unterbewußtseins kommt, während wir schlafen und unseren Astralkörper abspalten, aber nicht das Bewußtsein erlangen und unsere Bewegungen lenken, so wird der Astralkörper versuchen, das Bedürfnis zu befriedigen.

Der Astralkörper gehorcht dem beherrschenden Eindruck, den er durch das Bewußtsein erhält — durch das Unterbewußtsein oder durch das Oberbewußtsein —, wenn er sich vom physischen Körper abgespalten hat. Obwohl ich die Faktoren aufgezählt habe, die sich dem unterbewußten Willen suggerieren, wenn sie dem Unterbewußtsein aufgedrängt werden und während des Schlafes an die Oberfläche kommen, wird nicht jeder Faktor sich in derselben Weise auswirken, und wie wir sehen werden, sind alle drei Arten des inneren Dranges miteinander verwandt, — der Traum, die Gewohnheit und das Bedürfnis.

Wir können z. B. die Gewohnheit haben, etwas Bestimmtes zu tun, wir können auch ein Bedürfnis dafür haben, wir können schließlich auch davon träumen. Der leidenschaftliche Golfspieler wird die Wahrheit dieser Feststellung verstehen. Ein Traum kann eine Gewohnheit verursachen. Eine Gewohnheit kann einen Traum verursachen. Ein Bedürfnis kann eine Gewohnheit verursachen. Eine Gewohnheit kann ein Bedürfnis verursachen. Ein Bedürfnis kann einen Traum verursachen. Ein Traum kann einen Wunsch verursachen usw.

Die Suggestion, die sich während unseres Schlafes auswirken soll, muß von der Art sein, daß sie eine Bewegung des Körpers, des Ichs, bewirkt, — ob sie nun von einer Gewohnheit, einem Bedürfnis oder einem Traum herrührt oder von einer Verbindung aller dieser Faktoren. Wenn die Gewohnheit, die „hervorbricht", von der Art ist, daß sie eine Bewegung des Ichs zur Folge hat, so muß die Suggestion von gleicher Art sein. Falls das Bedürfnis, das „hervorbricht", von der Art ist, daß dabei das Ich bewegt werden muß, um das Bedürfnis zu befriedigen, so wird die Suggestion von entsprechender Art sein.

Man braucht wenig Überlegung, um zu zeigen, daß die stärkste Suggestion, die „hervorbrechen" kann, von einem Einfluß herrührt, der von mehr als einem der dabei wirkenden Faktoren stammt. Die „Spur" des „Eindrucks" bestimmt die Art und Weise, in welcher der unterbewußte Wille handelt. Er kann auf mancherlei Weise reagieren: entschlossen, widerstrebend, schwach, aktiv usw.; dies hängt von der Stärke der Suggestion ab, die den unterbewußten Willen beherrscht, und von dem Grad der Bewegungslosigkeit des physischen Körpers, der Kraft in dem „Kondensator" usw.

Man stelle sich den unterbewußten Willen noch einmal als Lokomotive vor und die Suggestion als Lokomotivführer. Die

Lokomotive gehorcht dem Handgriff des Lokomotivführers, und der unterbewußte Wille gehorcht in ähnlicher Weise jeder Suggestion des Unterbewußtseins. Der Astralkörper kann außerhalb des physischen Körpers das Bewußtsein haben, kann es teilweise haben oder kann bewußtlos sein. Wenn er bewußtlos ist, führt er die gewohnten Bewegungen aus oder versucht, ein Bedürfnis zu befriedigen (welcher Art es auch sein mag), und wir wissen nichts davon.

Wenn der Astralwanderer das völlige Bewußtsein erlangt, reagiert er gewöhnlich auf eine bewußte Suggestion, die er erhält. Wenn er jedoch nur teilweise bei Bewußtsein ist, führt er die Handlung aus (entsprechend der Suggestion, die er erhält) und träumt dabei, — einen Traum, der seinen Handlungen mehr oder weniger entspricht.

Die Suggestion sowohl von Hunger wie von Durst zwingt, wenn sie während des Schlafes wirksam wird, den unterbewußten Willen nicht nur, „hervorzubrechen" und das Bedürfnis zu befriedigen, sondern verursacht sehr oft einen Traum; auf diese Weise wird eine doppelte positive Kraft wirksam, — ein Bedürfnis und ein Traum. Die Art und Weise, wie Hunger und Durst an die Oberfläche des Bewußtseins kommen, während wir schlafen, wurde schon von den alten Hebräern beobachtet. Sie stellten auch fest, daß das Bedürfnis im Traum befriedigt wird.

So lesen wir Jesaja 29, 8: „Denn gleichwie einem Hungrigen träumt, daß er esse; — wenn er aber aufwacht, so ist seine Seele noch leer; und wie einem Durstigen träumt, daß er trinke; — wenn er aber aufwacht, so ist er matt und hungrig." Der hungernde Baron Trenck, der in einem Verließ gefangengehalten wurde, hatte viele Träume, in denen er üppige Mahlzeiten einnahm.

Wir dürfen nun aber keine Minute denken, daß sich jedesmal, wenn wir träumen, der Astralkörper abtrennt, oder daß wir jedesmal, wenn der Astralkörper sich abtrennt, auch einen Traum haben. Eine starke Begierde kann an die Oberfläche des Bewußtseins gelangen und einen Traum auslösen, bei dem der Astralkörper nicht abgetrennt wird, denn obwohl der unterbewußte Wille das Bestreben hat, den Astralkörper auszusenden, wirken andere Faktoren diesem Bestreben vielleicht entgegen. Das Bewußtsein jedoch muß teilweise wach sein, denn sonst hätte es keinen Traum. Andererseits kann während des Schlafes ein starkes Bedürfnis an die Oberfläche „steigen" und den Astralkörper aussenden, ohne daß wir davon träumen.

Starke Bedürfnisse und Gewohnheiten kommen jede Nacht an die Oberfläche des Bewußtseins; wenn aber das Bewußtsein nicht tätig oder teilweise untätig ist, wird kein Traum verursacht. Es kann jedoch der Astralkörper abgespalten werden, und dies geschieht sehr oft. Mit anderen Worten: Während einer Astralwanderung ohne Bewußtsein schläft der Astralkörper wirklich, kann jedoch, so seltsam es erscheinen mag, umherwandern, stillstehen oder in der Luft schweben. Der Leser wird sich daran erinnern, daß dieses Phänomen als Abspaltung ohne Bewegung und als astraler Schlafwandel erwähnt worden ist.

Geschlechtstrieb ist ein negativer Faktor[15])

Da wir wissen, daß während des Schlafes der Geschlechtstrieb aktiv werden kann, denken wir vielleicht, daß er ein starker positiver Faktor für die Aussendung des Astralkörpers ist, daß er dem Astralkörper hilft, sich vom physischen Körper abzuspalten; doch ist dies ein Trieb, der sich selbst aufhebt, soweit die Abspaltung des Astralkörpers betroffen ist, denn ein solch starker Trieb hätte starke Gemütsbewegung zur Folge, der Blutkreislauf im physischen Körper würde schneller und die notwendige Bewegungslosigkeit des physischen Körpers würde verhindert. Infolgedessen würde sich der Astralkörper nicht abtrennen; er würde enger in den physischen Körper zurückgezogen werden, anstatt sich über die Zone der Ruhe hinauszubewegen.

Der physische Körper würde ruhelos sein. Das Unterbewußtsein denkt nicht daran, solch einen Trieb zu befriedigen, wenn wir nicht im physischen Körper sind, denn es ist daran gewöhnt und daran, daß der Körper sich bei solchen Gelegenheiten in Ruhelage befindet. Die Suggestion wird daher in diesem Falle, wenn sie nachts an die Oberfläche des Unterbewußtseins dringt, den Astralkörper eher in den physischen Körper zurückziehen als ihn aus ihm hinausdrängen.

Der Astralkörper wird leichter zu einem vertrauten Ort ausgesandt

Ein anderer starker Faktor — unterbrochene Gewohnheit —, der eine sehr kräftige Wirkung auf den unterbewußten Willen ausübt, ist das Schlafen an einem unbekannten Ort, d. h. an einem Ort, an dem wir gewöhnlich nicht schlafen. Der Leser hat wahrscheinlich keine Vorstellung davon, wie stark das Bestreben des Unterbewußtseins ist, den Astralkörper an den Platz zurückzuschicken, an dem der Körper während des Schlafes zu liegen gewohnt ist.

Astralwanderung von einem unbekannten zu einem bekannten Ort

Als ich ungefähr sechzehn Jahre alt war, besuchte ich eines Tages meine Tante, die in einem benachbarten Dorf, etwa vierzehn Meilen entfernt, wohnte. Ich verbrachte dort die Nacht und schien vor dem Einschlafen sehr unruhig; ich wünschte, ich wäre zu Haus und schliefe in dem Bett, in dem ich gewöhnlich schlief.

Schließlich schlummerte ich ein, und sogleich träumte ich, daß ich mit Flügeln umherflöge, in der Luft im Zimmer zu Haus, gerade über dem Bett, in dem ich immer geschlafen hatte. Im Astralkörper erlangte ich das Bewußtsein und fand mich waagerecht zu Haus über dem Bett schweben, in dem ich gewöhnlich schlief.

Hier ist ein anderes Erlebnis, bei dem ich zuerst dachte, ich sei tot, als ich aufwachte. Ich sah meinen physischen Körper nicht auf dem Bett liegen, wie ich es gewöhnlich tat, wenn ich im Astralkörper und bei Bewußtsein war in diesem besonderen Zimmer. Mein erster Gedanke, als ich die Abwesenheit meines physischen Körpers feststellte, war, daß ich tot, daß ich einige Zeit bewußtlos gewesen und der physische Körper in diesem Zustand begraben worden sei.

„Wo ist mein Körper?" fragte ich mich. „Ich will ihn finden!" Aber kaum hatte ich beschlossen, meinen physischen Körper zu suchen, als ich zurück war in dem Zimmer — bei meiner Tante —, in dem er sich befand. Aus dem Gesagten kann man sich eine Vorstellung machen, wie langsam das Bewußtsein arbeitet im Vergleich zu der Schnelligkeit des Unterbewußtseins. Bevor ich Zeit hatte, mich (bewußt) zu erinnern, wo ich im Haus meiner Tante geschlafen hatte, war ich zurück im physischen Körper!

Bei diesem Erlebnis waren, wie man sehen wird, die drei Faktoren (Gewohnheit, Bedürfnis und Traum) alle zusammen wirksam. Ferner wünschte ich, an einem bestimmten Ort zu sein, und um diesen Wunsch zu erfüllen, bewegte sich der Astralkörper an diesen Ort.

Bei jeder Astralwanderung wird sich der Astralkörper immer viel leichter an einen gewohnten als einen ungewohnten Ort begeben. In der Tat wird man sehen, daß der Astralkörper bei Aussendung ohne Bewußtsein sich meist an vertrauten Plätzen aufhält und dabei in einer Weise tätig ist, wie sie ihm im physischen Körper vertraut ist. Und dies gilt nicht nur für zeitweilig abgespaltene Astralkörper, sondern auch für dauernd körperlose Wesen (für die „Geister" der Toten).

Geister der Toten werden oft vom inneren Drang des Bedürfnisses oder der Gewohnheit beherrscht

Dies ist eine der Erklärungen für „Spukhäuser" und „Spukorte": Die Astralkörper der Toten können so starke Gewohnheiten und Bedürfnisse mit sich tragen, daß sie hartnäckig an ihren Gewohnheiten und an ihrem Betragen festhalten, auch nachdem sie das Bewußtsein erlangt haben, einfach, weil ein innerer Drang vorhanden ist und sie ihm nachgeben müssen. Es ist dieser gleiche innere Drang oder diese selbe Gewohnheit oder beides, denen der Astralkörper nachzugeben versucht, wenn wir schlafen, und wenn wir dies wissen, sind wir imstande, den unterbewußten Willen zu zwingen, den Astralkörper auszusenden, während wir schlafen, — eben dadurch, daß wir einen starken Drang durch Bedürfnis oder Gewohnheit suggerieren, der dann während der Stunden des Schlafes zur Oberfläche des Bewußtseins gelangt, während unser physischer Körper gewöhnlich bewegungslos ist; der Astralkörper wird ausgesandt, um den Drang der Gewohnheit abzureagieren oder das Bedürfnis zu befriedigen.

Die Astralkörper der Toten verhalten sich eine Zeitlang, nachdem sie in die Astralebene gelangt sind, nicht anders als die ausgesandten Astralkörper der Lebenden.[16]) Einige bleiben eine Weile bewußtlos, andere sind sogar bei Bewußtsein, bevor das Astralband reißt, und wieder andere streifen im Traum oder bei teilweisem Bewußtsein umher.

Während des bewußtlosen oder teilweise bewußten Zustandes steht der Astralkörper unter dem Zwang der Gewohnheit oder des Bedürfnisses und gibt ihm nach, solange die „Suggestion" wirksam bleibt. Wenn er aber das Bewußtsein erlangt hat, kann er, wenn er will, die fortwährende Befriedigung der „Bedürfnisse" und die Macht der Gewohnheit unterbrechen. Der innere Drang ist jedoch tatsächlich so groß, daß der Astralkörper in vielen Fällen sich an den ihm vertrauten Plätzen aufhält und damit dem Druck des inneren Zwanges nachgibt, — auch wenn er bei Bewußtsein ist.

Nach dem Tode sind die Gewohnheiten unterbrochen, die Bedürfnisse unbefriedigt, und ihr innerer Druck ist geblieben. Der Astralkörper befriedigt einen Wunsch, den er im physischen Körper hatte oder folgt einer Gewohnheit, die er angenommen hatte.

Der bewußtlose Astralwanderer bewegt manchmal Gegenstände

Ich habe dem Leser gesagt, daß die Art, in welcher der unterbewußte Wille der Suggestion folgt, auf der Stärke der Suggestion beruht. Unter dem Zwang einer tiefverwurzelten Gewohnheit oder einer mechanischen Tätigkeit faßt der unterbewußte Wille in manchen Fällen wirklich einen Entschluß; er gebraucht bei jeder Handlung eine mächtige Triebkraft und ist viel stärker als sonst, wenn sie der Ausdruck einer Gewohnheit ist.

Das ist der Grund, warum die Toten — solange sie an einem gewohnten Ort unter dem Druck der Gewohnheit stehen — im Astralkörper oft Gegenstände bewegen, die ihr bewußter Wille nicht bewegen konnte. Es ist dieser Druck der Suggestion, der so stark und so tief im Unterbewußtsein verwurzelt ist, daß er heftige Reaktionen des unterbewußten Willens verursacht.

Der im Astralkörper bewußtlose Mensch kann manchmal — unter dem Zwang einer Gewohnheit — Gegenstände bewegen, die ein anderer im Astralkörper bewußt empfindender Mensch nicht bewegen kann, weil der bewußte Wille nicht die „Triebkraft" erzeugen kann, die der unterbewußte Wille hervorzurufen imstande ist, weil eine einzelne bewußte Suggestion nicht so stark ist wie eine tiefverwurzelte unterdrückte Suggestion.

Das Vorhandensein vieler „Spukhäuser" kann auf diese Weise leicht erklärt werden. Das Astralwesen, dessen Tätigkeit dort entdeckt wird, steht unter dem Zwang des Bedürfnisses oder der Gewohnheit, und die „Triebkraft" ist so stark, daß sein Tun von irdischen Wesen, die dort wohnen, beobachtet werden kann; der „Spukende" kann bewußtlos oder teilweise bewußtlos sein oder auch bei vollem Bewußtsein.

Viele Erforscher von Spukhäusern haben festgestellt, daß gewisse Phänomene sich regelmäßig zu gewissen Zeiten ereignen. Der Grund ist, daß der „Spukgeist" unter dem Zwang der Gewohnheit steht. Hier ist ein Beispiel:

Ein „Spukgeist" unter dem Zwang einer liebenswerten Gewohnheit

Ich kannte eine alte Dame, die im ersten Stock eines Hauses lebte, wo sie während der letzten Jahre ihres irdischen Lebens wohnte. Sie hatte in den letzten zehn Jahren ihres Lebens die Gewohnheit angenommen, regelmäßig die Bibel zu lesen. Jeden Morgen zwischen vier und fünf stand sie auf, setzte sich in einen quietschenden alten Schaukelstuhl, der ihr sehr ans

Herz gewachsen war, und las die Bibel, wobei sie vor und zurück schaukelte und mit jeder Schaukelbewegung einen entsprechenden Quietschton erzeugte.

Um fünf Uhr pflegte sie die Bibel zuzuklappen und nach unten zu gehen. Diese Gewohnheit behielt sie zehn Jahre lang bei. Schließlich schied sie aus dem irdischen Leben. Die Leute, die nach dem Tode der alten Dame in dem Haus lebten, wurden jeden Morgen um vier Uhr geweckt und konnten den Stuhl quietschen hören, den die alte Dame benutzt hatte, als ob jemand darin hin und her schaukelte.

Es ging dann das Gerücht, daß es in dem Hause „spuke", und die Leute, die da wohnten, zogen nicht nur unmittelbar nach dem Tode der alten Dame aus, sondern niemand wollte danach in das Haus ziehen. Obwohl die Leute, die auszogen, nicht abergläubisch waren — wie sie sagten — und „nicht an Geister glaubten", bestanden sie trotzdem darauf, daß sie den Stuhl regelmäßig quietschen hörten, jeden Morgen zwischen vier und fünf.

Dieses Beispiel berichte ich nur, um zu zeigen, wie die Macht der Gewohnheit im Unterbewußtsein den Astralkörper lenkt, und ferner, wie stark die „Triebkraft" unter dem Druck einer liebenswerten Gewohnheit ist. Das Astralwesen hatte das Bedürfnis, die Bibel zu lesen, und hatte die Gewohnheit, sie regelmäßig an einem bestimmten Ort zu lesen.

Ein „Spukgeist" am frühen Morgen[17])

Hier ist ein weiteres Beispiel, das uns zeigt, wie der Astralkörper sich seinen regelmäßigen Gewohnheiten zuwendet, wenn er sich außerhalb des physischen Körpers befindet. Ein alter Mann von 75 Jahren wohnte bei seinem Sohn und der Familie seines Sohnes. Er schlief im ersten Stock des Hauses. Der alte Mann hatte ein eigenes Zimmer; das Ehepaar und die Kinder hatten gleichfalls ein Zimmer für sich.

Der alte Herr hatte die Gewohnheit, morgens früh aufzustehen und den Ofen anzustecken. Er tat dies regelmäßig um 6.30 Uhr, nicht weil man ihn genötigt hatte, dies zu tun, sondern weil er es gern tat.

Eines Sonntagmorgens um diese Stunde wachte der Sohn im oberen Stockwerk des Hauses auf und hörte die Ofentür im Erdgeschoß klappern. Er sagte zu seiner Frau, daß sein Vater (der alte Mann) das Feuer anzünde. Daran war nichts Ungewöhnliches, und ungefähr eine halbe Stunde später standen der Sohn und seine Frau auf.

Als sie nach unten kamen, fanden sie, daß der Ofen nicht angesteckt worden war. Sie wußten jedoch, daß sie den alten Mann gehört hatten — oder wenigstens irgend jemand —, wie er sich um 6.30 Uhr am Ofen zu schaffen gemacht hatte. Die Ehefrau ging nach oben in das Kinderzimmer und sagte den Kindern, sie sollten keinen Lärm machen, weil ihr Großvater noch in seinem Zimmer schlafe.

Aber die Kinder waren damit nicht einverstanden, sondern sagten, sie hätten gehört, wie der Großvater durch die Vorhalle nach unten gegangen sei und am Ofen hantiert habe. Als die Kinder so die frühere Annahme der Eheleute bestätigten — daß der alte Mann schon aufgestanden sei —, gingen diese in sein Zimmer.

Er lag noch da, als ob er schliefe, aber eine genauere Prüfung ergab, daß er tot war. Ein Arzt wurde sogleich gerufen; er erklärte, daß der alte Mann schon mindestens fünf Stunden tot sei. Daraus schlossen sie, daß unmöglich er (der alte Herr) es gewesen sein könne, den sie und die Kinder gehört hatten.

Ähnliche Fälle sind zahlreich und verbürgt. Das Astralwesen stand unter dem Zwang der Gewohnheit, und die „Triebkraft" ist in solchen Fällen sehr stark. Ich werde später darauf zurückkommen, d. h. darauf, wie ein Astralwesen physische Gegenstände bewegen kann.

Der Faktor „Erschöpfung"

In der Liste der Faktoren, die den unterbewußten Willen veranlassen, den Astralkörper auszusenden, findet sich die „Erschöpfung". Wir brauchen diese Faktoren nicht näher zu untersuchen, denn wir haben schon gesehen, daß „Erschöpfung" — Mangel an kosmischer Kraft — den Astralkörper dazu bringt, sich während des Schlafes weiter vom physischen

Körper zu trennen, — in den Strom kosmischer Kraft. Wir haben gelernt, daß Menschen von nervöser Wesensart ihren Astralkörper schneller, leichter und weiter aussenden.

Erschöpfung ist wirklich ein Körperzustand. Sie ist eine Hilfe für die Aussendung des Astralkörpers. Wenn man sich nun immer wieder sagt: „Ich habe Kraft, ich habe Kraft, ich habe Kraft", Tag für Tag — wie einige Kenner behaupten, daß man es tun müsse, um die Aussendung des Astralkörpers zu begünstigen —, verbindet man, statt die Aussendung zu erleichtern, den Astralkörper um so enger mit dem physischen Körper, denn je mehr kosmische Kraft wir aufspeichern, um so weniger wird der astrale Kondensator geneigt sein, während der Abspaltung vom physischen Körper sich auf eine größere Entfernung von ihm zu trennen.

Wenn Menschen nervöser Veranlagung sich am besten für die Aussendung des Astralkörpers eignen, ist es dann nicht unlogisch, zu behaupten, die Speicherung von kosmischer Kraft sei das beste Verfahren, um die Abspaltung des Astralkörpers zu verwirklichen? Sicherlich ist das unlogisch! Es ist der *Mangel* an Nervenkraft, welcher der nervösen Wesensart zugrundeliegt; und die Ansammlung von kosmischer Kraft auf irgendeine Weise bedeutet, daß wir uns damit weiter von dem Ziel entfernen, das wir erreichen wollen.

Der Astralkörper trennt sich nachts, während des Schlafes, nicht vom physischen Körper, weil er zu viel kosmische Kraft hat, sondern weil er nicht genug davon hat; aus diesem Grunde legen wir uns zum Schlafen nieder. Wenn es die Stärke des Willens und die Ansammlung der kosmischen Kraft wäre, welche die Aussendung des Astralkörpers verursachen, so wäre ein kranker Mensch außerstande, den Astralkörper abzuspalten, aber gerade das Gegenteil ist richtig. Ich habe zwar die größte Achtung für alle meine Mitforscher auf diesem Gebiet, aber ich glaube, daß ihre Theorien von der „Gesundheit" und „Aufspeicherung kosmischer Kraft" voll unlogischer Behauptungen sind, und ich bin ganz sicher, daß ich mit meiner Theorie vom Zwang im Unterbewußtsein recht habe.

Kapitel 10

WIE BESTIMMT MAN FÜR DIE AUSSENDUNG DES ASTRALKÖRPERS DIE RICHTIGE STÄRKE DES INNEREN ZWANGES?

Da wir jetzt verstehen, was den unterdrückten Willen zwingt, den Astralkörper auszusenden, während wir schlafen, besteht alles, was wir tun müssen, darin, daß wir einen der genannten Faktoren genügend entwickeln, so daß seine Wirkung an der Oberfläche spürbar wird oder an der Oberfläche des Unterbewußtseins wirksam bleibt, wenn wir eingeschlafen sind.

Wenn wir die Art des inneren Zwanges auswählen, den wir anzuwenden wünschen, sollten wir nicht gleich die erste wählen, die uns in den Sinn kommt, sondern uns zunächst alle Möglichkeiten genau überlegen und herausfinden, ob der gewählte innere Zwang für den besonderen Fall der geeignetste ist — einer, den man im Unterbewußtsein entwickeln könnte —, ein innerer Zwang, der den Gesetzen der Astralwanderung entspricht und den man schon stark in sich entwickelt hat, statt einen ganz neuen zu entwickeln usw. Man stelle sich Fragen wie die folgende: Habe ich ein Bedürfnis, das ich häufig im Traum befriedige oder das mich in meinen wachen Stunden oft überwältigt? Wird es eine Wanderung des Astralkörpers notwendig machen, um mein Bedürfnis zu befriedigen? Ist es eine geschlechtliche Begierde? (Wenn ja, mache man davon keinen Gebrauch; sie macht Passivität des physischen Körpers unmöglich.) Ist es Rachsucht, die sich gegen jemand richtet? (Wenn ja, versuche man nicht, sie zu dem genannten Zweck zu benutzen.) Habe ich eine liebgewordene Gewohnheit? Ist sie eine lobenswerte Gewohnheit? Träume ich häufig davon? (Dies zeigt uns nur, daß sie im Unterbewußtsein tief verwurzelt ist und an die Oberfläche dringt, während wir schlafen.) Ist das Bedürfnis ein Teil unserer täglichen mechanischen Tätigkeit? Mißfällt mir meine tägliche Arbeit usw.?

Der Zweck solcher Fragen ist nur, festzustellen, welche innere Triebkraft am besten zu entwickeln ist, um die Aussendung des Astralkörpers zu bewirken, die Kraft, die den besonderen Erfordernissen am besten entspricht. Wenn wir die Bedingungen für die Aussendung des Astralkörpers verstanden haben, werden wir fähig sein, die bewegende Kraft sozusagen wissenschaftlich auszuwählen. Es ist nicht meine Aufgabe, zu bestimmen, welche innere Kraft der Leser für die Aussendung des Astralkörpers auswählen soll, aber ich möchte aus verschiedenen Gründen dazu raten, es zuerst mit „Durst" zu versuchen.

Erstens: Warum sollen wir uns die Mühe machen, an uns die Gewohnheit einer tiefverwurzelten mechanischen Tätigkeit zu entwickeln, wobei wir wahrscheinlich Wochen brauchen, um sie tief ins Unterbewußtsein einzugraben? Wir können mit geringer Anstrengung dem Unterbewußtsein die Empfindung „Durst" in ein paar Stunden aufzwingen! Zweitens: Der Durst *muß* gelöscht werden; das Unterbewußtsein weiß dies und wird zu jedem Mittel greifen, um uns Wasser zu beschaffen; es wird daher den Astralkörper entschlossen aussenden, falls es den physischen Körper nicht bewegen kann. (Das Verfahren dafür werde ich später erwähnen.)

Bewegungsfähigkeit des physischen Körpers, — der grundsätzliche Unterschied zwischen der Astralwanderung und dem physischen Schlafwandel

Bevor ich dem Leser einige besondere Anweisungen gebe, müssen wir eine andere Seite des Vorganges betrachten. Wir wissen, daß der unterbewußte Wille nicht nur von dem „Gedanken" erfüllt sein muß, den Astralkörper auszusenden, sondern daß der physische Körper bewegungslos sein muß.

Wenn wir gelernt haben, den physischen Körper zur Ruhe zu zwingen, sprechen wir über die Anweisungen für eine Verbindung von „innerem Drang“ und „Bewegungslosigkeit“ des physischen Körpers; diese Verbindung ist notwendig, um die gewünschte Wirkung, die Aussendung des Astralkörpers, zu erzielen. Wie man sich erinnern wird, bedeutet Bewegungslosigkeit des physischen Körpers, daß er gewöhnlich passiv, ohne eigene Tätigkeit ist, — so passiv, daß er nicht reagieren wird, wenn der unterbewußte Wille versucht, die beiden miteinander verschmolzenen Körper zu bewegen.

Wenn dies der Fall ist, so reißt sich der Astralkörper vom physischen Körper geradezu los. Wenn der unterbewußte Wille versucht, den Körper zu bewegen, gerade in dem Augenblick, in dem man in den Schlaf „aufsteigt“, wird der Astralkörper sich abtrennen, ohne in der Zone der Ruhe zu verweilen.

Wenn der unterbewußte Wille versucht, den Körper zu bewegen, d. h. wenn eine Suggestion „durchbricht“, während der Astralkörper sich in der Zone der Ruhe befindet, und dann der physische Körper nicht in genügender Weise passiv ist, so gleitet der Astralkörper in den physischen Organismus zurück, und die beiden miteinander verschmolzenen Körper werden sich bewegen. Man kann dabei teilweise das Bewußtsein haben oder bewußtlos sein; man mag Handlungen ausführen, die man träumt (wenn man teilweise bei Bewußtsein ist), mag ein Bedürfnis befriedigen, einer Gewohnheit folgen usw. Dies ist *physischer* Schlafwandel, und dabei kann man das Bewußtsein erlangen, genauso, wie man das beim astralen Schlafwandel kann.

Der einzige Unterschied ist der, daß der physische Körper in dem einen Falle bewegungslos ist und zurückgelassen wird, während er in dem anderen Falle nicht bewegungslos ist und sich ebenfalls bewegt. Eine Untersuchung des Schlafwandels wird uns helfen, die Bedeutung der Abspaltung des Astralkörpers richtig zu verstehen, denn dann können wir die Ähnlichkeit erkennen, können sehen, daß es nur einen Faktor gibt, der bestimmt, ob es der physische Körper ist, der sich bewegt oder nur der Astralkörper. Dieser Faktor ist Bewegungsunfähigkeit des physischen Körpers, und es gibt ein besonderes Verfahren, um sie nach Belieben zu bewirken.

Bevor ich dieses Verfahren erörtere, wollen wir zunächst die Ähnlichkeit feststellen zwischen der Ursache und der Fortdauer des physischen Schlafwandels und der Ursache und der Fortdauer der Astralwanderung. Die Ursache ist, wie ich gezeigt habe, in beiden Fällen, daß ein Eindruck an die Oberfläche des Bewußtseins „steigt", ein Eindruck, der für den unterbewußten Willen eine Suggestion ist; dieser Eindruck kann der Art nach eine Gewohnheit, ein Bedürfnis oder ein Traum sein.

Wenn der Astralkörper ausgesandt ist, oder wenn der Schläfer im physischen Körper umherzuwandern beginnt, ist der Bewußtseinszustand der gleiche. Der körperliche Schlafwandler kann dem Traum folgen, den er im Sinn hat; aber auch der astrale Schlafwandler kann das. Die Bewegung des Schlafwandlers ist eine so sichere, daß man, wenn man sie beobachten kann, über die lenkende Intelligenz erstaunt ist.

Wenn der Schlafwandler auf seinem Wege jemand trifft, beachtet er ihn entweder nicht oder diese Person wird sofort ein Teil des Traumes, falls der Schlafwandler teilweise bei Bewußtsein ist. Sollte der Schlafwandler im Astralkörper bei ähnlichen Bedingungen umhergehen und dabei Menschen begegnen — entweder im Körper oder im Geist —, so werden diese ebenfalls sofort Figuren seines Traumes. Man erinnere sich des Traumes, in dem ich auf Indianer schoß! Man erinnere sich, daß der „Kleine Priester" in der Nähe stand!

Ein Autor hat erklärt, daß er von einem Mann gehört habe, der zu Bett ging und sich dabei fragte, ob er die Tür seines Geschäftes abgeschlossen habe und daß der Mann kurz darauf von einem Polizisten in der Nähe seines Geschäftes angehalten worden sei. Der Mann war im schlafwandlerischen Zustand dorthin gegangen.

Wir sehen, wie dieser Eindruck an der Oberfläche des Bewußtseins geblieben war und den unterbewußten Willen angeregt hatte, während der Mann schlief. Wäre sein physischer Körper unfähig gewesen, sich zu bewegen, hätte sein Astralkörper allein den Weg zum Geschäft zurückgelegt und nicht sein physischer Körper.

Man mag sagen: „Dies ist kein Fall, bei dem der Eindruck im Unterbewußtsein entweder durch Begierde, durch Gewohnheit oder durch einen Traum hinterlassen worden ist." Aber es geschah trotzdem! Soweit das Bewußtsein des Schläfers betroffen war, so war die Gewohnheit, die Ladentür abzuschließen, offensichtlich unterbrochen. Es bestand auch das Bedürfnis, zu wissen, ob die Ladentür unverschlossen war, und wenn ja, sie zu verschließen.

Bei genauer Untersuchung wird man feststellen, daß alle Formen des Schlafwandels und der Astralwanderung durch die gleichen Grundfaktoren verursacht werden: durch Bedürfnisse, Gewohnheiten oder Träume der richtigen Art.

Nun kann eine starke Gewohnheit den Astralkörper aussenden oder den Schlafwandler zum Umherwandeln veranlassen; das kann auch durch eine Traumsuggestion verursacht werden, auch wenn sie uns daran hindert, einer Gewohnheit zu folgen. Dies ist auch, was im allgemeinen geschieht. Wir werden immer von der stärksten Suggestion getrieben, die wir gerade im Unterbewußtsein haben.

Als Erläuterung dazu wollen wir annehmen, wir gingen hungrig zu Bett und das Bedürfnis zu essen käme an die Oberfläche oder bliebe an der Oberfläche des Unterbewußtseins. Wenn das Bedürfnis stark genug wäre, würde dem unterbewußten Willen die Suggestion des Essens gegeben.

Wenn wir nicht physisch bewegungsunfähig wären, würden wir zu schlafwandeln beginnen. Wenn wir unfähig wären, uns körperlich zu bewegen, würden wir den Astralkörper aussenden, — unter der beherrschenden Suggestion des Essens. Wenn keine Traumsuggestion einträte, oder wenn wir einen Traum hätten, in dem wir essen (einen solchen Traum hätten wir wahrscheinlich), so würden wir fortfahren, unter diesem beherrschenden Einfluß zu stehen und würden vielleicht zum Küchenschrank, zu einem Speisehaus, zu einer Bäckerei usw. gehen, je nachdem, welcher damit verbundene Gedanke von der Suggestion des Essens in uns erweckt würde.

Wenn wir, im Begriff, dieses Bedürfnis zu befriedigen, bei teilweisem Bewußtsein (d. h. im Traum) etwas antreffen, was im Bewußtsein einen anderen Eindruck hinterläßt, so vergessen wir vielleicht unser Bedürfnis zu essen und beginnen, etwas anderes zu tun.

Wir wollen einmal annehmen, wir wären mit den Gedanken an Essen im Astralkörper oder schlafwandelten damit körperlich, die entsprechende Gedankenverbindung wäre eine Bäckerei, und wir wären auf dem Wege zu einer Bäckerei. Nun wollen wir annehmen, daß wir unterwegs an der Bank vorbeikämen, wo wir Geschäfte abschließen und unser Geld aufbewahren, und wohin wir oft gehen, um unsere Ersparnisse einzuzahlen. Diese Suggestion wäre stärker als die andere, der wir gerade noch folgten, und wir würden versuchen, in die Bank zu gehen, statt unseren Weg in die Bäckerei fortzusetzen.

Wenn wir im Astralkörper wären, gingen wir geradeswegs durch die Tür der Bank, gingen zum Schalter des Kassierers, machten unsere Einzahlung, gingen dann wieder hinaus und weiter den Weg, den wir gewöhnlich gehen, wenn wir aus der Bank kommen, nachdem wir eine Einzahlung gemacht haben. Wenn wir im physischen Körper wären, im Zustand des Schlafwandels, gingen wir vielleicht zu der Tür der Bank, würden träumen, daß sie geschlossen sei, uns umwenden und auf den Heimweg machen. Wir würden der Suggestion folgen, die wir aus dem Unterbewußtsein erhielten, das unsere Bewegungen lenkt, genauso, wie es ja auch Suggestion ist, die unsere Schritte lenkt, wenn wir bei Bewußtsein sind.

Walsh schreibt: „Bei manchen Menschen ändert sich die Art des Schlafwandels sehr wenig. Jedes Wort, jede Geste oder irgendeine andere Handlung wiederholt sich bei jedem Mal zu genau derselben Zeit, genau wie ein Drama auf der Bühne. Sollte der Schlafwandel plötzlich unterbrochen werden, so wird das Traumdrama beim nächsten Mal an dem Punkt beginnen, an dem es unterbrochen worden ist.

Diese Tatsache wird durch einen Fall bei Charcot erläutert. Sein Patient war Zeitungsmann, der während seines Schlafwandels glaubte, er sei Romanschriftsteller. Wenn er zwei oder drei Seiten geschrieben hatte, nahm man sie ihm ab, und der schlafwandlerische Zustand hörte auf. Beim nächsten Mal fuhr er an der Stelle zu schreiben fort, an der er das letzte Mal aufgehört hatte."

Wieder einmal erkennen wir ein Bedürfnis (zu schreiben) und eine Gewohnheit als aktive Ursachen. So erkennen wir, daß der körperliche Schlafwandel und die Astralwanderung im wesentlichen auf derselben Grundlage beruhen. Der Unterschied besteht lediglich darin, ob der physische Körper tätig genug ist oder nicht, um während des Geschehens mit dem Astralkörper vereinigt zu bleiben.

Eine Astralwanderung, die durch Durst verursacht wurde

Geradeso, wie eine geeignete Person unter der beherrschenden Vorstellung „Hunger" entweder körperlich schlafwandeln oder im Astralkörper abgespalten sein kann, dabei vielleicht zum Küchenschrank, zum Speisehaus oder zur Bäckerei geht, so geht ein Mensch der gleichen Art zum Wasserhahn, zu einem Bach oder zu irgendeinem Ort, wo er sein Bedürfnis befriedigen kann, wenn die Suggestion auf ihn wirkt, daß er Durst habe.

Als ich das erstemal Versuche in dieser Richtung anstellte — d. h. als ich das erstemal absichtlich das Bedürfnis nach Wasser in mir weckte, bevor ich zu Bett ging —, gelang es mir gleich zu Beginn dieser Versuche, den Astralkörper auszusenden. Um den Drang nach Befriedigung meines Bedürfnisses zu verstärken, enthielt ich mich einige Zeit vor dem Versuch des Trinkens, und gleichzeitig erhöhte ich das Bedürfnis, etwas zu trinken, dadurch, daß ich ein Glas Wasser anstarrte, daß ich es fast bis an den Mund hob, dann aber doch nichts daraus trank.

Ehe ich zu Bett ging, brachte ich mich dazu, ungefähr ein Achtel Teelöffel voll Salz zu schlucken. Dies war für mich eine Quälerei, wie man sich gut vorstellen kann. Man bedenke aber, welchen inneren Drang ich dem Unterbewußtsein aufzwang. Man stelle sich das Bedürfnis zu trinken vor, das sich aufstaute, noch nachdem ich eingeschlafen war. Die erste Astralwanderung — mit Hilfe dieses Verfahrens —, bei der ich das Bewußtsein erlangte, war mit einem Traum verbunden. Ich träumte, ich ginge eine staubige Straße entlang. Es war ein glühend heißer Tag. Ich war durstig, konnte aber nirgends etwas zu trinken finden. Ich zog mein Hemd aus und versuchte, mir den Mund mit dem Schweiß anzufeuchten, der sich im Hemd angesammelt hatte.

Mein Durst wurde immer stärker. Mir wurde schwach, und ich wurde von der Sonne geblendet, als ich schließlich einen Bauernhof erreichte. Da war eine Windmühle. Ich eilte so schnell ich konnte zu dem Wasserbehälter darunter, — aber er war trocken! Ich sah zu dem Rad über mir auf und bemerkte, daß es sich nicht drehte, und da ich wußte, daß die Mühle Wasser hochpumpen würde, wenn das Rad sich drehte, begann ich, sie hinaufzuklettern; ich wollte mich auf die Plattform stellen, das Rad mit den Händen drehen und so Wasser in den Tank pumpen, dann hinabsteigen und trinken.

Ich begann, die Leiter zu der Windmühle hinaufzusteigen. Gerade als ich das obere Ende der Leiter erreichte, begann sich das Rad rasch zu drehen; es erfaßte meine Kleidung und schleuderte mich von der Leiter in die Luft. Ich war (im Traum) froh, daß ich durch die Luft flog, denn ich konnte sehen, daß ich mich einem Fluß in der Nähe meines Wohnhauses näherte und daß ich dort wahrscheinlich etwas zu trinken bekäme. Schnell war ich am Fluß, lag auf den Knien und trank. In diesem Augenblick erlangte ich das volle Bewußtsein und fand mich im Astralkörper am Ufer des Flusses — der weniger als hundert Yards von meinem Wohnhaus entfernt ist —, an einer Stelle, an der ich oft sitze, wenn ich angle.

Man wird bei diesem Erlebnis die verschiedenen Faktoren bemerken, welche die Aussendung des Astralkörpers beeinflussen. Da war das Bedürfnis, Wasser zu trinken; da war der Traum, daß ich mich aufwärts bewegte (die Windmühle hinaufstieg), daß ich durch die Luft flog (als das Rad meine Kleidung erfaßte), daß ich an einer Stelle am Fluß erwachte, wo ich die Gewohnheit hatte zu fischen.

Dadurch, daß ich in mir das Bedürfnis zu trinken weckte, verursachte ich, daß sich einiges wiederholte, was ich bei meinem ersten Versuch erlebt hatte, bei dem ich am Wasserhahn in der Küche aufwachte, mit meinen (astralen) Händen auf dem Hahn. Man erinnere sich, daß man, wenn man einmal an einem bestimmten Platz im Astralkörper aufgewacht ist, dann wahrscheinlich immer am gleichen Platz unter ähnlichen Bedingungen das Bewußtsein erlangen wird.

Körperlicher Schlafwandel, der durch Durst erzeugt wurde

Der folgende Vorfall ist mir berichtet worden und zeigt, wie Durst körperlichen ebenso wie astralen Schlafwandel verursachen kann, geradeso, wie es Suggestion ist, die unsere Schritte lenkt, wenn wir bei Bewußtsein sind. Ein Mann mittleren Alters, der nicht die Gewohnheit gehabt hatte, viel Wasser zu trinken, entwickelte langsam ein Bedürfnis, viel zu trinken. Am Tage trank er sehr viel, und schließlich fing er an, im Schlaf aufzustehen und wieder zu trinken.

Er stand im schlafwandlerischen Zustand vom Bett auf, zog sich die Schuhe an, ging nach unten, setzte sich den Hut auf, nahm einen Eimer mit hinaus zum Brunnen, füllte ihn, kam dann zurück und trank. Dies tat er regelmäßig jede Nacht.

Ein Arzt, der bemüht wurde, um den Fall zu beobachten, nannte ihn „Nervenkrankheit“, aber sein Stärkungsmittel für die Nerven hielt den Kranken nicht davon ab, im Schlaf umherzuwandeln. Schließlich wandte man sich an einen anderen Arzt. Der zweite Arzt kam an mehreren Abenden, um das Verhalten des Kranken zu beobachten und machte sich Notizen von allen Einzelheiten.

Er kam zu dem Schluß, daß es des Kranken Bedürfnis zu trinken war, das ihn veranlaßte, in dieser Weise im Schlaf umherzugehen, und nachdem er den Mann sorgfältig untersucht hatte, entdeckte er, daß dieser an einer schweren Magenentzündung litt, die immer einen starken Durst erzeugt. Durch die Heilung der Magenentzündung verschwand das starke Bedürfnis, Wasser zu trinken, und die nächtlichen Wanderungen des Kranken hörten ebenfalls auf.

Wenn jemand ein starkes Bedürfnis hat, Unrecht zu tun, wenn er ein verbrecherisches Bedürfnis hat, das er zu unterdrücken gezwungen ist, und dieses Bedürfnis dann „hervorbricht“, während er schläft, so wird er, wenn er körperlich schlafwandelt oder den Astralkörper abspaltet, versuchen, dieses Bedürfnis zu befriedigen.

Walsh sagt: „In der Regel ist das Tun des Schlafwanderers harmlos und in Übereinstimmung mit seinen Erfahrungen oder seiner inneren Natur. Irgendwo habe ich von einem Geistlichen gelesen, einem am Tage höchst ehrenwerten Menschen, der bei Nacht ein Dieb war, und von einem anderen Menschen, der Mr. Hyde ähnelte, der durch Stevenson[18]) berühmt wurde. Wir können diesen Fall sehr starken Träumen oder sehr starken Impulsen zuschreiben, die der Betreffende bei Tage unterdrücken konnte.“

Und Dr. Walsh hat recht; es ist die Suggestion, die sich während des Schlafes „Bahn bricht“, und ob wir dabei den Astralkörper aussenden oder ob der physische Körper mit dem Astralkörper während unseres nächtlichen Tuns verbunden bleibt, hängt nur von einem Faktor ab, — von der Bewegungsunfähigkeit des physischen Körpers.

Wie ich entdeckte, daß Bewegungsunfähigkeit des physischen Körpers ein wichtiger Faktor ist

Ich möchte von einer anderen Entdeckung berichten, die ich gemacht habe, als ich nach den Ursachen forschte, die meine ersten Astralwanderungen bewirkt hatten, und man wird dadurch einen der Hauptgründe für die Bewegungsunfähigkeit des physischen Körpers kennenlernen. Da ich ein wissensdurstiger Mensch bin, kam ich nach mehreren bewußt erlebten Astralwanderungen zu dem Schluß, daß es dafür eine Ursache gab, daß das scheinbare Wunder sich unmöglich ereignen konnte, wenn dahinter nicht einige Faktoren wirksam waren, die es begünstigten, und ich war ärgerlich, daß ich die Ursache nicht sogleich finden konnte.

Mehrere hervorragende Spiritualisten, denen ich schrieb, teilten mir mit, daß niemand besondere Gründe für die Aussendung des Astralkörpers kenne, daß sie eine *Gabe* sei, daß die Hindus diese Gabe in besonderem Maße besäßen usw.

Wenn ich mich abends zur Ruhe niederlegte, pflegte ich mich

daher zu fragen, ob sich mein Astralkörper im Schlaf wieder von mir trennen werde. Ich blieb stundenlang wach und dachte über diese merkwürdige Erscheinung nach, die mir niemand erklären konnte. Wenn ich in den Grenzzustand zwischen Wachen und Schlafen versank, stellte ich mir die Aussendung des Astralkörpers lebhaft vor, hielt sie mir vor Augen. In der Tat schienen die Erlebnisse, die ich gehabt hatte, jeden einzelnen meiner Gedanken zu beschäftigen, wenn ich abends zu Bett gegangen war.

So etwas zu erleben und doch niemand zu finden, der mir glaubte, — das war das Bedrückende daran! Die Menschen um mich herum, ja, sogar Angehörige meiner eigenen Familie, machten sich über den bloßen Gedanken an eine solche „Unmöglichkeit", wie sie es nannten, lustig. Man nannte mich einen „Träumer" und sagte, ich „sei im Oberstübchen nicht ganz richtig".

Die Ablehnung, die mir von anderen Menschen zuteil wurde, verletzte mich. Oft weinte ich, wenn ich zu Bett gegangen war, wenn ich daran dachte, daß niemand meinen Behauptungen Glauben schenkte. Ich überlegte mir, daß, wenn ich die Ursachen fände und sie den anderen erklären könne, diese dann das Phänomen glauben würden. So wuchs in mir die Entschlossenheit, herauszufinden, wodurch die Aussendung des Astralkörpers bewirkt wurde. Der Leser kennt schon einiges von dem, was ich dabei herausgefunden habe. Auf die folgende Weise entdeckte ich, daß Bewegungsunfähigkeit des physischen Körpers eine große Rolle spielt:

Eines Nachts lag ich wach im Bett und konzentrierte meine Gedanken in ruhiger geistiger Verfassung auf verschiedene Teile meines Körpers. Mein Bewußtsein lenkte sich auf mein Herz. Ich bemerkte, daß es nicht so schnell schlug, wie es in normalem Zustand der Fall sein sollte.

Am nächsten Tag ging ich zum Arzt und ließ mir das Herz untersuchen. Es schlug nur zweiundvierzigmal in der Minute, aber ganz regelmäßig. Er gab mir eine Schachtel Strychnin — ein Herzmittel — und versicherte mir, daß dieses den Herzschlag normalisieren werde. Er fügte jedoch hinzu, daß er in seiner Praxis gelegentlich ähnliche Fälle erlebt habe, daß jemand, dessen Namen er mir nannte, ein Herz habe, das ebenfalls nur etwa vierzigmal in der Minute schlage.

Ungefähr ein Jahr lang vor diesem Erlebnis verging selten eine Woche, in der ich nicht in irgendeiner Form eine Astralwanderung erlebte, und jede Nacht bemerkte ich, wie der Astralkörper im Grenzzustand zwischen Wachen und Schlafen aus dem physischen Körper aufstieg, wobei ich jedesmal zusammenzuckte. Ich glaube, ich habe schon erwähnt, daß Menschen, die von Empfindungen des Sinkens, Gleitens, Aufsteigens und Fallens und von Zusammenzucken (plötzlicher Wiedervereinigung der beiden Körper) geplagt werden, Erleichterung empfinden, wenn ihnen ihre Ärzte ein Mittel zur Regulierung des Herzschlages geben.

Und hier ist der Grund, warum ein Herzmittel den Zustand des Kranken bessert: Das Herz belebt den physischen Körper. Wenn das Herz langsam schlägt, wird der Körper (im Ruhezustand) passiver, als wenn der Herzschlag normal oder schneller ist. Der Astralkörper zieht sich immer in die Zone der Ruhe zurück, wenn wir schlafen. Wenn der physische Körper normales Leben zeigt, kann der Astralkörper ihn nicht eher verlassen, als bis er (der physische Körper) passiv wird. Gewöhnlich tritt Bewußtlosigkeit ein, bevor der Astralkörper aus dem physischen Körper emporsteigt; dieser wird passiv, bevor der Astralkörper aus dem physischen Körper aufsteigt.

Wenn nun der Herzschlag langsamer als normal ist, wird der physische Körper passiv genug, daß der Astralkörper sich von ihm trennen kann, kurz bevor wir das Bewußtsein verlieren, und wir bemerken dann die Bewegung des Astralkörpers. Wenn wir ein Herzmittel nehmen, wird der physische Körper nicht passiv genug, um es dem Astralkörper zu ermöglichen, sich von ihm abzulösen. Dies wird ihm erst lange, nachdem wir das Bewußtsein verloren haben, möglich sein. Ferner bewirkt das Herzmittel, daß der Astralkörper ganz in der Nähe des physischen Körpers bleibt.

Man erinnere sich an das, was ich über Erschöpfung gesagt habe. Wenn der astrale Kondensator keine Kraft mehr enthält, trennt sich der Astralkörper schneller vom physischen Körper, als wenn im Kondensator noch eine große Menge kosmischer Kraft gespeichert ist. Aus diesem Grunde erlebt ein nervöser Mensch (ein Mensch, dem es an Nervenkraft mangelt) Symptome, die denen gleichen, die bei einem Menschen auftreten, dessen Herzschlag langsamer als normal ist, wenn er einschläft.

Der Herzschlag, der langsamer als normal ist, hat dieselbe Wirkung wie Erschöpfung; er ermöglicht es dem Astralkörper, sich vom physischen Körper abzutrennen, bevor wir das Bewußtsein verlieren. Man stelle sich vor, was geschehen würde, wenn es uns an Nervenkraft mangelte und wir dabei gleichzeitig einen Herzschlag hätten, der weit unter dem Normalen läge! Nun, das ist genau der Zustand, in dem ich mich befand!

Ich stellte fest, daß ich, bevor ich das Herzmittel nahm, das mir der Arzt gegeben hatte, fast jede Woche eine Astralwanderung erlebte und ihre erste Stufe sogar jede Nacht. Kaum hatte ich begonnen, das Herzmittel einzunehmen, als jede Spur des Phänomens verschwand, sogar die Vorstufe. Ich untersuchte dies genau, nahm die Pillen zwei Monate lang ein und war schließlich fest überzeugt, daß Passivität des physischen Körpers eine Voraussetzung für die Erzeugung des Phänomens der Astralwanderung ist.

Ich hörte auf, die Pillen zu nehmen. Nach ein paar Tagen stellte ich fest, daß mein Pulsschlag wieder langsamer wurde, und es dauerte nicht lange, bis ich wieder dieselben Erlebnisse hatte wie vorher. Dann machte ich eine weitere Entdeckung. Ich konnte meinen Pulsschlag durch meinen Willen regulieren! Nachdem ich zu Bett gegangen war und mich entspannt hatte, konzentrierte ich meine Gedanken auf mein Herz, und in weniger als zwei Wochen konnte ich den Herzschlag nach Belieben beschleunigen oder vermindern.

Es dauerte nicht lange, bis es mir gelang, den normalen Herzschlag beizubehalten, und zwar ohne Anwendung eines Herzmittels, aber die Fähigkeit, den Herzschlag zu vermindern, befähigte mich auch, völlige Bewegungslosigkeit des physischen Körpers nach Belieben herbeizuführen. Später werde ich dem Leser die dazu erforderlichen Anweisungen geben, damit auch er in den Stand versetzt wird, diesen notwendigen Zustand zu bewirken.

Einige weniger wichtige positive Faktoren

Wenn man auch erkannt hat, daß die beiden Hauptfaktoren für die Aussendung des Astralkörpers der richtige innere Druck der Suggestion und die Bewegungsunfähigkeit des physischen Körpers sind, so wird man darüber hinaus, wenn man sich auf diese beiden wichtigen Faktoren konzentriert, begreifen, daß es zahlreiche weniger wichtige Faktoren gibt, welche die beiden Hauptfaktoren verstärken können, und lernen, von jedem positiven Element Gebrauch zu machen. Ich werde jetzt einige von diesen aufzählen, und der Leser wird zweifellos imstande sein, weitere hinzuzufügen.

Die richtige Temperatur ist für den Versuch außerordentlich wichtig. Wenn die Temperatur, bei der wir eine Aussendung des Astralkörpers zu erreichen versuchen, zu niedrig ist, werden wir eine geistige Unruhe empfinden. Wenn sie zu hoch ist, werden wir uns ebenfalls unbehaglich fühlen und dadurch Passivität und Entspannung unmöglich machen. Ferner wird zu große Wärme des Körpers dem Herzen helfen, das Blut leichter durch den Körper zu pumpen, und dies wird dazu beitragen, die Bewegungsunfähigkeit des physischen Körpers zu verhindern. Die ideale Temperatur ist die, bei der wir sagen: „Es ist kühl, aber behaglich."

Alles, was wir einnehmen und eine anregende Wirkung hat — Alkohol, Medizin, Nahrung —, wird sich negativ auswirken, meist, weil der Reizstoff die Bewegungsunfähigkeit des Körpers verhindert.

Obwohl das Gemüt ruhig sein sollte, darf der Geist nicht untätig sein, wie allgemein geglaubt wird. Unser Geist ist vielleicht sehr unruhig, wenn wir uns schlafen legen, und gerade dieser Zustand erzeugt den richtigen inneren Drang, der an der Oberfläche des Bewußtseins bleibt oder an die Oberfläche steigt, wenn wir eingeschlafen sind.

Natürlich ist bei der Hypnose, wenn die „Suggestion" vom Hypnotiseur herrührt, statt vom Hypnotisierten, geistige Untätigkeit wichtig. Bei der Art der Astralwanderung, von der wir jetzt sprechen, ist das Bewußtsein des Hypnotisierten in derselben Weise tätig wie das Bewußtsein des Hypnotiseurs.

Bei der Aussendung des Astralkörpers durch unseren eigenen Willen rührt die Suggestion aus unserem eigenen Bewußtsein her. Bei der Aussendung, die durch Hypnose verursacht wird, kommt die Suggestion aus dem Bewußtsein des Hypnotiseurs. Wenn nun der Geist untätig wäre, käme während des Schlafes keine Suggestion an die Oberfläche, und infolgedessen käme keine Abspaltung des Astralkörpers zustande. Der entscheidende Faktor bei der Aussendung des Astralkörpers ist der „Drang" im Unterbewußtsein.

Unser Geist ist vor dem Schlafengehen vielleicht sehr unruhig, und die Unruhe des Geistes bleibt an der Oberfläche des Unterbewußtseins. Man erinnere sich an das Erlebnis des Mannes, der mit dem quälenden Gedanken zu Bett ging, ob er wohl die Ladentür unverschlossen gelassen habe. Diese Sorge blieb an der Oberfläche, auch als er eingeschlafen war, nahm von seinem unterbewußten Willen Besitz, und er stand im Schlaf auf und ging zu seinem Laden, um die Tür abzuschließen.

Wenn wir zu der Überzeugung gekommen sind, daß der Geist ruhig sein müsse, wenn wir imstande sein wollen, den Astralkörper abzuspalten, so müssen wir diese Ansicht berichtigen, denn Passivität des Geistes ist ein sicheres Mittel, die Abtrennung des Astralkörpers zu verhindern.

Unser Schlafplatz sollte weit entfernt von allen störenden Geräuschen sein. Geräusche tragen dazu bei, den Astralkörper in den physischen Körper zurückzutreiben und körperliche Beweglichkeit zu verursachen. An dieser Behauptung ist nichts Neues, denn jedermann weiß, daß, wenn ein Schläfer geweckt werden soll, ein Geräusch eines der sichersten Mittel ist, um dies zu erreichen.

Wenn jedoch der Astralkörper sich vom physischen Körper auf größere Entfernung getrennt hat — bis außerhalb der lebendigen Reichweite des Astralbandes —, weckt uns ein Geräusch ebenso im Astralkörper wie im physischen Körper. Wenn wir versuchen, den Astralkörper auszusenden, sind wir jedoch im Anfang nicht imstande, ihn auf größere Entfernung abzuspalten, und deshalb sind Geräusche unerwünscht.

Ich habe festgestellt, daß es das *ungewöhnliche* Geräusch

ist, das den Astralwanderer gewöhnlich weckt. Das Ticken einer Uhr, das Geräusch der Zugluft im Ofen oder in der Heizung — Geräusche, die uns vertraut sind und die wir daher nicht beachten — scheinen den Versuch der Aussendung des Astralkörpers nicht ungünstig zu beeinflussen. Natürlich ist eine ländliche Umgebung für den Versuch geeigneter als eine städtische Umgebung, soweit der Geräuschfaktor dabei eine Rolle spielt.

Alles und jedes, was zur Bequemlichkeit und Entspannung des Körpers beiträgt, während wir den Astralkörper auszusenden versuchen, sollte angewandt werden. Es ist ratsam, so wenige Bettdecken wie möglich zu benutzen, denn manchmal hat ein zusätzliches Gewicht auf dem Körper eigentümliche psychologische Wirkungen während des Schlafes.

Auf dem Körper ruhendes Gewicht kann den Eindruck erwecken — während des Schlafes —, als lägen wir unter einem schweren Bauwerk oder als ob wir dem Ersticken nahe wären, so daß dadurch entsprechende Träume und (selten) Gemütsbewegung verursacht werden. Aber das ist nicht alles, was durch schwere Bettdecken ausgelöst werden kann. Manchmal habe ich, wenn ich mich im lebendigen Bereich des Astralbandes befand und bei Bewußtsein war, bemerkt, daß ein unbeschreibliches Gewicht auf mir zu lasten schien, als wenn irgend etwas wirklich einen Druck auf mich ausübte; es war, als ob meine Atemzüge mein Bedürfnis zu atmen nicht befriedigten.

Ferner habe ich Träume gehabt, in denen ich aufzustehen und zu versuchen schien, umherzugehen, während ein schweres Gewicht auf meinem Kopf lag; ich bin aus diesem Traum erwacht und habe mich im Astralkörper innerhalb der lebendigen Reichweite des Astralbandes befunden, und immer schien das Gewicht mich niederzudrücken. Beobachtung überzeugte mich, daß dieses Gefühl (unter einem großen Gewicht zu liegen, während ich mich im Astralkörper innerhalb der lebendigen Reichweite des Astralbandes befand) durch das Gewicht der Kleider verursacht wurde, mit denen der physische Körper bedeckt war.

So kann durch schwere Bettdecken nicht nur ein Traum ausgelöst werden, der die Suggestion (zur Aussendung des Astralkörpers) unmöglich machen kann, sondern tatsächlich auch im abgespaltenen Astralkörper die Vorstellung geweckt werden, daß man unter einem Gewicht zu Boden sinke.

Man kann diesen Punkt noch anders betrachten. Könnten die schweren Bettdecken nicht im Unterbewußtsein die Vorstellung des Erstickens wachrufen oder einen Erstickungstraum verursachen, der das Bedürfnis nach Luft auslösen könnte, wodurch der unterbewußte Wille veranlaßt würde, den Astralkörper ins Freie auszusenden, damit er das Bedürfnis nach Luft befriedigen kann? Erstens könnte dies geschehen, und wenn der physische Körper bewegungsunfähig wäre, würde sich der Astralkörper von ihm loslösen. Das wäre wieder eine Ursache für die „spontane" Aussendung des Astralkörpers, der in Wirklichkeit immer ein wichtiges Gesetz zugrundeliegt!

Es wäre jedoch für niemand ratsam, eine solche Aussendung des Astralkörpers nach Belieben zu verursachen, — d. h. zu versuchen, durch die Vorstellung des Erstickens in sich ein Bedürfnis nach Luft zu erwecken —, denn wenn wir das tun, so könnte uns die Luft für immer ausgehen!

Die Kleidung des Körpers kann ähnliche Auswirkungen haben wie die eben erwähnten Umstände. Während der Zeit des Versuches ist es ratsam, nichts am Leibe zu tragen, was entbehrlich ist. Nichts anzuhaben ist besser als etwas anzuhaben. Engsitzende Kleidung ist ganz verfehlt, denn sie ist nicht nur unbequem, sondern schränkt auch den Blutkreislauf ein. Während es wünschenswert ist, den Blutkreislauf zu verlangsamen, ist es unklug, den Kreislauf überhaupt zu verhindern.

Je weniger Beschränkungen dieser Art, um so besser! Nicht, weil der Astralkörper etwa nicht durch die Kleidung oder die Bettdecke „gehen" kann, denn er kann leicht eine Backsteinmauer oder ein Stahlgewölbe durchdringen, sondern weil Kleidung und andere derartige Beengung eine psychologische Wirkung hat, die ganz und gar nicht wünschenswert ist. Mit wenig oder gar keiner Kleidung auf dem Leibe während des Versuches wird die psychologische Wirkung eines Gefühls der Freiheit und Leichtigkeit erzielt, die ein starker Faktor bei der

Stärkung der bei einer Astralwanderung eigentümlichen Empfindungen ist.

Man kann leicht verstehen, wie solche Empfindungen den Gefühlen bei der Aussendung des Astralkörpers — Gefühlen der Leichtigkeit und Freiheit — entgegenwirken würden. Die Empfindung, zu Boden gedrückt zu werden, wird den Astralkörper zu Boden drücken; ähnlich wird das Gefühl der Leichtigkeit den Astralkörper in ähnlicher Weise beeinflussen, wird sogar Träume hervorrufen, die auf den Traumkörper die Wirkung der Loslösung vom physischen Körper haben. Soviel über die Bedeutung der Kleidung! Es ist nützlich, sich daran zu erinnern, daß „Gewicht" auf dem Körper — Kleidung oder sonst etwas — für die Aussendung des Astralkörpers kein günstiger Faktor ist.

Die Aussendung des Astralkörpers ist auch möglich, wenn wir in einem Stuhl sitzen, aber waagerecht zu liegen ist viel besser. Die Stunden der Nacht, die man für den Schlaf vorgesehen hat, sind wahrscheinlich die geeignetsten Stunden. Es gibt viele Gründe, warum dies so ist. Wenn wir uns zur Nachtruhe zurückziehen, unterdrücken wir unsere Gedanken an weltliche Tätigkeit bis zum nächsten Tag, wogegen, wenn wir den Astralkörper während des Tages auszusenden versuchen, wir uns sagen werden: „Ich will mich nur ein Weilchen hinlegen und sehen, was ich tun kann, dann will ich wieder an meine Arbeit gehen" usw.

Es gibt so viele Gründe dafür, die Aussendung des Astralkörpers besser bei Nacht als bei Tage zu versuchen, daß es fast Zeitverschwendung wäre, sie alle aufzuzählen, und sie sollten jetzt auch ohne weiteres verständlich sein. In der Nacht gibt es nicht so viele Einflüsse, die unsere Aufmerksamkeit von dem ablenken können, worauf wir uns konzentrieren, und man wird finden, daß man in der Nacht mit viel größerer Leichtigkeit an sich selbst denken kann (was wichtig ist) als während des Tages.

Obwohl die Abspaltung des Astralkörpers zu jeder Tageszeit möglich ist, habe ich festgestellt, daß sie in der Regel einige Stunden nach dem Einschlafen eintritt und gewöhnlich nach Mitternacht. Es ist sehr natürlich, daß dies so ist, denn während des Schlafes ist der physische Körper weniger aktiv; außerdem befindet sich die Außenwelt nach Mitternacht eher im Zustand der Ruhe.

Eines der sichersten Verfahren, die Aussendung des Astralkörpers zu bewirken, und besonders eine Aussendung, die wir von Anfang an mit Bewußtsein erleben, besteht darin, sich zur Ruhe zu legen, einige Stunden zu schlafen und dann die Astralwanderung zu beginnen, gerade, wenn man das Bewußtsein erlangt, d. h. wenn man beim Erwachen im Grenzzustand zwischen Schlafen und Wachen ist.

Dies ist die kurze Zeitspanne, in welcher der Astralkörper gewöhnlich erstarrt ist. Oft dauert es einige Sekunden, bevor man sich bewegen kann (körperlich), wenn man sich in diesem Zustand befindet, weil der physische Körper und auch der Astralkörper erstarrt sind, und schließlich, weil die bewegende Kraft sich noch außerhalb des Körpers befinden kann. Dies ist eine günstige Zeit für die Abspaltung des Astralkörpers bei Bewußtsein, die natürlich durch Suggestion bewirkt werden kann.

Das Liegen auf der rechten Seite oder auf dem Rücken sind die beiden Körperlagen, die für die Abspaltung des Astralkörpers am besten geeignet sind, obwohl sie bei jeder Körperlage möglich ist. Die Rückenlage hat bei mir immer zu den besten Ergebnissen geführt, und man wird wahrscheinlich sehen, daß diese Lage die günstigste ist, wenn wir versuchen, den physischen Körper beim Einschlafen (im Grenzzustand zwischen Wachen und Schlafen) zu verlassen.

Die Empfindungen des Schwebens und Aufsteigens werden durch die Rückenlage leichter erzeugt. Einer der Gründe dafür ist, daß das Blut daran gehindert wird, sich das Rückgrat entlang — mit seinen vielen Nerven — frei zu bewegen und daß wir so das Gefühl der Berührung mit dem Bett verlieren. Die Empfindung des Schwebens, ganz gleich, woher sie rührt, ist gerade das, was für das Aufsteigen des Astralkörpers notwendig ist, vorausgesetzt, daß diese Empfindung uns Freude bereitet.

Man wird auch feststellen, daß es, wenn man auf dem Rücken liegt, leichter ist, die Empfindung zu bemerken, die hervorgerufen wird, wenn der Astralkörper in die Zone der Ruhe gelangt. Viele Menschen können gerade aus dem folgenden Grunde nicht einschlafen: Sie haben das Gefühl des Schwebens, wenn sie im Begriff sind, das Bewußtsein zu verlieren und werden dadurch immer wieder ein wenig in den physischen Körper zurückgezogen.

Viele Menschen äußern zu diesem Zeitpunkt ein mehr oder weniger deutliches Wort oder mehr oder weniger deutliche Silben gleichzeitig mit teilweiser Rückkehr in den physischen Körper und haben in der Magengrube ein beklemmendes Gefühl. So schrecklich uns diese Erfahrung im ersten Augenblick erscheinen mag, so belustigend ist sie gewöhnlich später, wenn wir darüber nachdenken. Manche Menschen erschrecken so sehr, daß sie aus dem Bett springen, ohne es zu wollen.

Es ist der Fall einer Frau berichtet worden, welche die Bewegung des Astralkörpers erlebte, als sie in den Schlaf „aufstieg" und mit einem leichten Aufschrei in den physischen Körper zurückkehrte. Sie sprang aus dem Bett und lief hinaus, bevor sie ihren Schreck überwunden hatte. Im Augenblick der teilweisen Wiedervereinigung des Astralkörpers mit dem physischen Körper pflegte sie einen Schrei auszustoßen. Sie sagte, daß, wenn sie im Begriff sei, einzuschlafen, sich „etwas" unter sie schiebe, sie in die Luft hebe und dann fallen lasse.

Sie dachte, es sei ihr physischer Körper und bemerkte, daß sich dies nur ereignete, wenn sie auf dem Rücken lag. Was wirklich geschah, war dies: Die Dame empfand die Bewegung des Astralkörpers, als sie im Begriff war, einzuschlafen; dies erschreckte sie, und sie zog dadurch ihren Astralkörper mit einem Aufschrei in den physischen Körper zurück. (Sie lief hinaus, sagte sie, um Luft zu schöpfen.)

Der Astralkörper scheint leichter aufzusteigen, wenn wir auf dem Rücken liegen, und es scheint auch, daß wir dazu neigen, bei einer teilweisen Zurückziehung des Astralkörpers aufzuschreien: „Hei! Ah! Oh! Au!" sind Ausrufe, die man bei solchen Gelegenheiten wahrscheinlich ausstößt. Ein anderes häufiges Geräusch ist das, als erhielte man einen kräftigen Stoß in den Unterleib, so kräftig, daß dadurch die Luft durch die Stimmbänder gepreßt und ein lautes Stöhnen verursacht wird.

Wenn der Leser zu den Menschen gehört, die auf dem Rükken liegend „einfach nicht schlafen können", wegen unangenehmer Empfindungen, wie ich sie erwähnt habe, so hat er gute Aussichten, bewußt empfundene Astralwanderungen zu erleben. Er muß sich aber einreden, daß ihm die Empfindungen bei der Aussendung des Astralkörpers angenehm sind und die Astralwanderung gerade in dem Augenblick verursachen, in dem er einschläft, d. h. mit Hilfe eines „Aufzug"-Traumes. Es ist nicht so leicht, Erfolg zu haben, wenn man auf der linken Seite oder auf dem Bauch liegt.

Geräusche beim Wiedereintritt des Astralkörpers in den physischen Körper

Der teilweise Wiedereintritt des Astralkörpers in den physischen Körper, den wir beim natürlichen Schlaf erleben, oder sogar die vollkommene Rückkehr des Astralkörpers wie diejenige, die wir beim „Falltraum" erleben, wird oft durch ein besonderes Geräusch begleitet, das wir nahe dem Ohr oder im Kopf empfinden. Ein sehr häufiges Geräusch ist ein „Päng!", als ob ein Kinderballon zerplatzt.

Ein anderes Geräusch ist ein lautes Zischen und manchmal ein Geräusch im Gehirn, das dieses Organ sozusagen zittern läßt. Ein weiteres Geräusch ist ein Prasseln, nicht unähnlich dem Geräusch, das durch einen elektrischen Funken verursacht wird, wenn der negative und der positive Pol einer Batterie zusammengepreßt werden. Diesen Laut hört man oft gerade bei Beginn der Astralwanderung, ebenso wie im Augenblick der Wiedervereinigung der beiden Körper, und scheint seinen Ursprung im Kopf zu haben, in der Nähe des Gehirns.

Ein weiteres, bei der Wiedervereinigung der beiden Körper oft gehörtes Geräusch ist ein Schwirren, als ob eine Saite straff durch den Kopf gezogen und dann angeschlagen würde, wie man die Saite einer Gitarre anschlägt. Bei anderen Gelegenheiten hört man deutlich ein Wort; es scheint sehr nahe am Ohr gesprochen zu werden und zuweilen sogar innerhalb des Kopfes.

Das Auffallende an diesen Geräuschen ist die Art und Weise, wie sie *gefühlt* werden können — ja, wirklich gefühlt —, wie sie sich in unserem Kopf bewegen; unser Gehirn scheint wie ein Trommelfell, das geschlagen wird, zu zittern, zu schwingen und zu klingen.[19])

Einmal befand ich mich im Astralkörper und stand ungefähr zehn Fuß von meinem physischen Körper entfernt. Ein Hund begann auf der Straße zu bellen. Ich hörte ihn mit meinen körperlichen Ohren bellen, konnte das Bellen aber in meinem Astralkörper *fühlen!* Dies ist sehr schwer zu erklären, ist aber genau das, was geschah. Es war, als wären meine Ohren außerhalb des Körpers, und ich konnte das Bellen in meinem (astralen) Kopf fühlen.

Der Leser hat vielleicht schon von Menschen gehört, die Farben riechen können. Auch Geräusche können die Vorstellung von Farben erwecken. Carrington hat dieses Gebiet in seinem Buch "Higher Psychical Development" („Höhere psychische Entwicklung“) behandelt. Es ist auch lehrreich, zu erfahren, daß man außerhalb des physischen Körpers manchmal von verschiedenen Teilen des Astralkörpers aus sehen kann, d. h. wir liegen vielleicht auf dem Rücken in der Luft und können sehen, was sich unter uns ereignet, — während die Augen in die entgegengesetzte Richtung blicken!

Gewöhnlich zwingt die Macht der Gewohnheit den Astralwanderer, mit den Augen zu sehen, aber dies ist nicht in allen Fällen notwendig. Ich habe es nie erlebt, daß dies außerhalb der lebendigen Reichweite des Astralbandes geschehen ist, — obwohl dies möglich ist. Es gibt Menschen, die dies im physischen Körper tun können. Ich kenne persönlich einen Mann, der die Fähigkeit zu haben scheint, mit der Stirn zu sehen.

A. J. Davis sagt bei der Erörterung seiner ersten Erfahrungen in dieser Hinsicht: „Nachdem er meine körperlichen Augen mit Taschentüchern fest verbunden hatte, legte er (der Versuchsleiter) ein Buch auf einen Platz in gleicher Höhe mit meiner Stirn, und ich sah und las den Titel ohne das geringste Zögern. Dieser Versuch und viele andere ähnlicher Art wurden durchgeführt und wiederholt; und der Beweis der Sehfähigkeit unabhängig von der körperlichen Sinnesorganen war klar und nicht zu bezweifeln.“

Lombroso und andere haben viele Fälle berichtet, bei denen Menschen mit Hilfe des Sonnengeflechts sehen konnten, ganz unabhängig von den körperlichen Augen. Es kommt auch vor, daß der ausgesandte Astralkörper Dinge sehen kann, die viele Meilen entfernt sind, aber in der Regel begibt sich der Astralkörper sofort an die betreffende Stelle.

Licht ist ein negativer Faktor

Der Astralkörper trennt sich in völliger Dunkelheit mit viel größerer Leichtigkeit vom physischen Körper. Obwohl Licht die Wirkung hat, den Astralkörper enger an den physischen Körper zu binden, ist es richtig, daß die Aussendung des Astralkörpers auch bei Licht möglich ist, aber in der Regel wird nur der fortgeschrittene Okkultist dazu imstande sein.

Vielleicht glaubt der Leser, der dies weiß, es sei am besten, die Aussendung des Astralkörpers in völliger Dunkelheit zu versuchen, und es ist wahr, daß viele Okkultisten dies anraten. Was mich betrifft, so würde ich niemals einen solchen Rat erteilen, denn es gibt viele Gründe, warum völlige Dunkelheit nicht die beste Bedingung für Anfänger ist.

Vielleicht wird man sagen: „Oh ja, ich weiß, warum. Der Grund ist, daß man dann nichts sehen könnte, wenn man sich außerhalb des Körpers befindet." Nein, das ist nicht der Grund, denn wenn wir uns außerhalb des Körpers befinden und unser Gesichtssinn „arbeitet", ist das Zimmer, das für unsere körperlichen Augen dunkel war, nicht mehr dunkel, denn wir gebrauchen unsere Astralaugen, und dann ist überall ein nebelhaftes Licht, so wie wir es in unseren Träumen sehen; wir könnten es ein zerstreutes Licht nennen, ein Licht, das nicht besonders hell ist, aber auch nicht zu dunkel, ein Licht, das offensichtlich mitten durch die Gegenstände der stofflichen Welt zu sickern scheint.

Hat der Leser sich jemals in völliger Dunkelheit zur Ruhe begeben? Wenn er aufwachte, war er dann außerstande, zu begreifen, wo er sich befand? Erinnert er sich, was für eine unangenehme Wirkung die Verwirrung des Augenblicks auf sein Bewußtsein ausübte? Er wird sich erinnern, daß ihm die

Lage seines Körpers nicht klar war, daß er dachte, sein Kopf sei, wo seine Füße sein sollten, daß das Bett umgedreht worden sei oder daß die Zimmertür sich nicht an der Stelle befinde, wo sie eigentlich sein sollte usw.

Die meisten Menschen haben irgend einmal das Erlebnis gehabt, daß sie in völliger Dunkelheit ihre Orientierungsfähigkeit verloren haben. Ein Freund erzählte mir, er sei eines Nachts in völliger Dunkelheit aufgewacht und habe versucht, die Tür seines Zimmers zu finden; er sei aber so verwirrt gewesen, daß er in einer Richtung ging, die seiner Tür gerade entgegengesetzt war und gegen den Frisiertisch gestoßen sei. Er habe die Schubladen des Frisiertisches geöffnet und versucht, hineinzukriechen, da er dachte, er öffne die Tür! Er gibt jedoch zu, daß er die ganze Zeit bei Bewußtsein gewesen sei. Er begann dann, sich an den Wänden nach der Tür zu tasten, bis er sie schließlich fand.

Wir wollen einmal annehmen, wir gingen zu Bett mit dem Kopf am Kopfende des Bettes, mit den Füßen am Fußende des Bettes, mit dem Fenster an der rechten, dem Frisiertisch an der linken Seite usw., d. h. wir legen uns bewußt so ins Bett, daß wir genau wissen, wo sich die Gegenstände in unserer Umgebung befinden und wie die Lage unseres Körpers dazu ist. Dann schlafen wir ein. Später erwachen wir und glauben, unser Körper nehme eine andere als die wirkliche Lage ein. Wir haben unsere Orientierungsfähigkeit verloren. Warum?

Man darf nicht glauben, dies sei geschehen, weil wir in völliger Dunkelheit nicht haben sehen können und daß dies zur Folge gehabt hat, daß wir unsere Orientierungsfähigkeit verloren haben. Warum lenkt uns unser Bewußtsein, das uns vor dem Einschlafen die richtige Lage der Gegenstände lehrte, nicht zu der Tür, die sich links von uns befindet? Etwa aus Mangel an Sehfähigkeit? Wenn dies der Grund wäre, warum wird man dann nicht ganz verwirrt, wenn man in einen dunklen Raum geht? Hier ist die Lösung dieses Problems:

Wir gehen zu Bett und sind uns dabei der Lage unseres Körpers zu den Dingen um uns herum genau bewußt; wir könnten vor dem Einschlafen sogar wieder aufstehen und aus dem Zimmer gehen, einfach weil wir unseren „Standort“

kennen und daher nicht zu sehen brauchen. Wie kommt es, daß man, nachdem man eine Weile geschlafen hat, manchmal glaubt, daß die Körperlage anders sei, als sie in Wirklichkeit ist? Wir stehen vielleicht auf und gehen zu der Stelle, wo, wie wir glauben, sich die Tür befindet, wo wir aber statt dessen den Frisiertisch finden. Was ist aus dem Bewußtsein geworden, das vorher wußte, wo wir uns befanden, und das uns befähigte, mit geschlossenen Augen aus dem Raum zu gehen. Nun, was oft geschieht, ist das folgende:

Wenn wir einschlafen, steigt der Astralkörper aus dem physischen Körper auf und kann in einer anderen Richtung liegen als dieser. Die Sinne sind während des Schlafes tätig und hinterlassen im Bewußtsein den Eindruck, daß der Körper in einer anderen Richtung liegt. Wenn wir im physischen Körper erwachen, so ist in unserem Bewußtsein noch ein Eindruck, der dadurch entstanden ist, daß der Astralkörper in einem Winkel zum physischen Körper gelegen hat, und dann denken wir natürlich, daß wir in einer anderen Richtung liegen, als es wirklich der Fall ist, und da wir nicht sehen können, sind wir nicht imstande, die Empfindung als richtig oder falsch zu überprüfen.

Daher stehen wir auf und gehen zu der Stelle, wo, wie wir glauben, sich die Tür befindet, und stoßen gegen den Frisiertisch usw. Und die Täuschung wird anhalten, bis wir durch Gesicht oder Gefühl feststellen können, daß wir uns geirrt haben.

Eine andere Möglichkeit, dies zu erklären, ist die folgende: Man stelle jemand in die Mitte einer Straße, verbinde ihm die Augen, und doch wird er wissen, in welche Richtung er geht, weil er sie kannte, bevor ihm die Augen verbunden wurden. Er braucht sich nicht auf seine Augen zu verlassen; — er *weiß*. Wenn man ihm aber die Augen verbindet und ihn schnell um seine Achse dreht, wird er seine Orientierungsfähigkeit verlieren. Und auf diese Weise kann die Bewegung des Astralkörpers bei uns bewirken, daß wir glauben, wir seien im physischen Körper, während wir in Wirklichkeit uns im Astralkörper befinden.

Wenn wir in völliger Dunkelheit schlafen, so können wir

beim Erwachen leicht denken, daß unser Körper sich in einer anderen als der wirklichen Lage befinde. Wir denken vielleicht nicht weiter darüber nach und schlafen wieder ein. Wenn man in diesem Bewußtseinszustand — daß man glaubt, sich in einer anderen Körperlage als in der wirklichen zu befinden — seinen Astralkörper weit vom physischen Körper aussendet und plötzlich etwas geschieht, was den Astralkörper veranlaßt, sich schnell zum physischen Körper zurückzuziehen, so führt ihn das Unterbewußtsein zu einer Stelle, von der man *glaubte,* daß sich dort der physische Körper befand, und nicht unmittelbar in den physischen Organismus zurück.

Wenn ein „Falltraum" den Fall des Astralkörpers begleitet, so glaubt man, daß man in Stücke zerschmettert werde und hat einen schrecklichen Traum, bevor das Unterbewußtsein die Suggestion überwindet, die es aus dem Bewußtsein empfangen hat, und (in sich selbst) die Tatsache erkennen kann, daß die bewußte Suggestion ein Fehler war und daß der physische Körper nicht an dieser bestimmten Stelle lag. Natürlich ist dies ungewöhnlich, aber das Bewußtsein kann sich tatsächlich täuschen und kann sozusagen in sich selbst tätig sein. Niemand weiß genau, was das Bewußtsein alles vermag. Ich glaube, daß nur wenige Fälle berichtet worden sind, in denen die Menschen Fallträume hatten, in welchen sie in Stücke zerschmettert wurden, als sie auf den Boden oder auf eine andere Stelle fielen. Ich selbst habe einige von diesen sonderbaren Träumen erlebt und schreibe die Ursachen den Verhältnissen zu, auf die ich gerade hingewiesen habe.

Ein weiteres unerwünschtes Ergebnis bei den Versuchen, den Astralkörper auszusenden, ist eine Art Widerwillen in unserem Bewußtsein, und dies gilt ganz besonders für den Fall, daß wir einmal die schreckliche Erfahrung einer heftigen Wiedervereinigung der beiden Körper in völliger Dunkelheit gemacht und dabei die Orientierungsfähigkeit verloren haben. Wenn es etwas gibt, was wirklich viel Nervenkraft kostet, so ist dies das Erlebnis einer heftigen Wiedervereinigung der beiden Körper zusammen mit einem erschreckenden Traum, bei dem man nicht imstande ist, seinen wirklichen Schlafplatz zu erkennen, nachdem man das Bewußtsein erlangt hat.

Mein Rat, besonders für Anfänger und für Menschen von nervöser Art, ist immer, genug Licht ins Schlafzimmer dringen zu lassen, so daß man seine wahre Körperlage im Verhältnis zu den Gegenständen im Raum sofort erkennen kann, wenn man erwacht. Wenn es irgend etwas gibt, was wir nicht erleben möchten, so ist es, daß wir nicht unsere Orientierungsfähigkeit verlieren wollen, denn dies hat nicht nur körperliche Wirkungen, sondern wirkt oft auch auf den Astralkörper und kann sogar das Unterbewußtsein beeinflussen. Ich bin sicher, daß man erkennen wird, daß ein schwaches Dämmerlicht das beste Licht für die Versuche zur Aussendung des Astralkörpers ist.

Wiedervereinigung der beiden Körper durch zu starkes Licht

Ich machte einmal eine lehrreiche kleine Erfahrung hinsichtlich der Rolle, die das Licht spielt, und will sie hier berichten. Das Zimmer, in dem ich gewöhnlich schlafe, hat ein Fenster, das sich gerade vor der Straßenlampe befindet. Wenn ich im Bett liege, kann ich das Licht durch das Fenster sehen, und die Lampe scheint ins Schlafzimmer. Manchmal werden die Lampen von der Elektrizitätsgesellschaft der Stadt später als sonst eingeschaltet, je nachdem, welche Jahreszeit es ist usw.

Eines Abends ging ich zu Bett, als die Lampe noch nicht brannte, und es gelang mir, bei Bewußtsein den Astralkörper auszusenden. Ich war im Astralkörper aus dem physischen Körper aufgestiegen bis zu einer Entfernung von zehn Fuß. Gerade in diesem Augenblick wurde die Lampe eingeschaltet und füllte das Zimmer mit Licht. Und sofort fiel der Astralkörper wieder in den physischen Körper hinein, und zwar mit einem scharfen Laut und einem schmerzhaften Gefühl. Ich glaube, es war der längste derartige Laut, den ich bei der Rückkehr in den physischen Körper jemals gehört habe, und ich hatte das Gefühl, als ob das Gehirn in meinem Schädel erzitterte, als ob ich den Laut *fühlen* könnte.

Hat der Leser schon einmal gehört, wie jemand mit einem Stahlstäbchen die Saiten einer Hawaigitarre gestrichen hat? Es ist genau der Laut, der oft die Rückkehr in den physischen Körper begleitet. Daraus kann man den schädlichen

Einfluß des Lichtes ersehen. Es ist vielleicht lehrreich, hinzuzufügen, daß viele Menschen, die an bedrückenden Träumen leiden, herausgefunden haben, daß sie diese vermeiden konnten, wenn sie in einem Zimmer schliefen, in dem Licht brannte. Soviel über das Lichtproblem!

Carrington führt, als er von Lancelin spricht, diese zusätzlichen Faktoren auf, welche die Aussendung des Astralkörpers beeinflussen; und da ich selbst darin keine Erfahrung habe, wiederhole ich sie hier, da sie dem Leser, der sich mit der Aussendung des Astralkörpers befassen will, von Nutzen sein können:

Feuchtigkeit: Die Luft sollte trocken und rein, der Luftdruck hoch sein.

Atmosphärische Elektrizität: Falls sie stark ist, beeinträchtigt sie den Versuch.

Geschlecht: Die Person, die den Astralkörper auszusenden versucht, sollte vorzugsweise männlich sein; weiblich sollte die beobachtende Person sein, die den Astralkörper sehen soll.

Sitzungsteilnehmer: Wenn möglich, sollten die Person, die den Astralkörper aussenden will, und die beobachtende Person allein sein.

Was von den „Sitzungteilnehmern" gesagt worden ist, hat nur Bedeutung, wenn der Versuch in Zusammenarbeit mit anderen durchgeführt wird, d. h. wenn jemand versucht, einem anderen zu erscheinen, oder wenn man glaubt, daß die Gegenwart eines verständnisvollen Freundes zum Erfolg beitragen könne.

Man wird finden, glaube ich, daß es in der Regel nicht gut ist, anderen mitzuteilen, was man zu tun versuchen will. Fast der einzige Fall, in dem andere Menschen von Nutzen sein können — wofern sie nicht medial veranlagt sind —, ist, wenn sie schlafen! Das erinnert uns an die Redensart: „Du bist ein braver Junge, Hänschen, wenn du schläfst."

Ich will nicht versuchen, zu erklären, warum die Gegenwart anderer Menschen, die in der Nähe des Experimentators schlafen, diesem Kraft zu verleihen scheint, aber ich weiß bestimmt, daß es Tatsache ist. Und ich weiß auch bestimmt, daß die Gegenwart anderer, wenn sie wach und in der Nähe des

Experimentators sind (es sei denn, sie sind medial veranlagt), dazu beiträgt, der Aussendung des Astralkörpers entgegenzuwirken, einerlei, ob sie sich ruhig verhalten oder nicht.

Telepathische Rücksendung des Astralkörpers in den physischen Körper

Hier ist ein kleiner Versuch, den ich das erstemal nur zufällig „machte", den ich dann aber an zwei verschiedenen Personen durchführte, wobei ich dieselben Ergebnisse erzielte. An einem ruhigen Nachmittag lag mein Bruder, der damals zwölf Jahre alt war, auf dem Bett und versuchte, ein Nachmittagsschläfchen zu halten. Ich dachte, ich könne seinem Beispiel folgen und legte mich neben ihn.

Zwischen uns war eine Entfernung von etwa einem Fuß, und wir waren beide im Begriff, einzuschlafen, wobei ich, ohne es wollen, an die Aussendung des Astralkörpers dachte. Ich beabsichtigte sie nicht, sondern dachte nur bei entspanntem Geist an dieses offenbare Wunder, das ich so oft erlebt hatte.

Mein Bewußtsein war weit davon entfernt, angespannt zu sein, weit davon entfernt, an meinen Bruder zu denken, der neben mir lag. Ich erinnere mich, daß ich gerade daran dachte, in was für einer unberechenbaren Weise der Astralkörper sich vom physischen Körper trennt. Es folgten in natürlicher Weise Gedanken über dieses Phänomen, einer nach dem anderen. Dann dachte ich daran, wie der Astralkörper ruckartig in den physischen Körper zurückkehrt. Und kaum hatte ich diesen Gedanken, als mein Bruder mit einem Ruck aufwachte.

Wenn dies nur einmal geschehen wäre, hätte man es Zufall nennen können, aber wenn es mehrfach geschieht, gibt es einige Berechtigung für die Annahme, daß das Bewußtsein eines anderen Menschen die Bewegung des Astralkörpers beeinflussen kann. Um herauszufinden, ob dieses Geschehen nur Zufall war, versuchte ich dasselbe noch einmal, mit demselben Erfolg.

Dann führte ich den Versuch in veränderter Form durch: Ich gebrauchte geistige Anstrengung. Ich legte mich neben meinen Bruder, ungefähr um die Zeit, da ich im Begriff war, einzuschlafen, und durch eine Willensanstrengung versuchte ich, den Astralkörper in den physischen Körper zurückzu„schleudern“, nachdem ich eine Zeitlang in meinem Bewußtsein darauf hingewirkt hatte, daß der Astralkörper meines Bruders sich vom physischen Körper trennen solle. Aber damit hatte ich keinen Erfolg. Die starken, bewußten Gedanken hatten nicht dieselbe Wirkung wie die zufälligen und ruhigen — man könnte sagen, gleichgültigen — Gedanken an Aussendung und Wiedereintritt des Astralkörpers.

Ich habe inzwischen denselben Versuch mit zwei Freunden gemacht und festgestellt, daß das Ergebnis das gleiche war. Zufällige und ruhige Gedanken an Abtrennung und Zurückziehung des Astralkörpers hatten dessen Rückkehr in den physischen Körper zur Folge, während absichtliche und angespannte Gedanken darauf offensichtlich keine Wirkung hatten.

Es ist möglich, daß mein Bruder, als er sich schlafen legte, in einer aufnahmebereiten Gemütsverfassung war, und daß das Aufsteigen des Astralkörpers in die Zone der Ruhe, da es den Gedanken entsprach, die ich dazu aus meinem Bewußtsein aussandte, eine Harmonie bewirkten, in der sein Bewußtsein im Astralkörper (durch Gedankenübertragung) die Eindrücke meines Bewußtseins empfing, und daß, als ich in Gedanken die Rückkehr in den physischen Körper wünschte, sein Astralkörper in den physischen Körper zurückgezogen wurde.

Ich bin meinerseits fest überzeugt, daß fast immer zwei Menschen diese Rücksendung in den physischen Körper versuchen können, wenn sie genau das tun, was ich gesagt habe; und wenn jemand, der die Aussendung des Astralkörpers versuchen will, die Hilfe eines verständnisvollen Freundes wünscht, so glaube ich, würde dies die bestmögliche Übung sein, die er zuerst versuchen sollte, da dabei eine Wirkung ausgelöst wird, wenn das Bewußtsein der beiden Personen aufeinander eingestimmt ist, und so können die beiden einen Weg für weiterführende Versuche finden. Ich will die Übung noch einmal angeben, und zwar genauso, wie sie ausgeführt werden sollte:

Der Experimentator und sein Helfer sollten nebeneinander auf dem Bett (oder wo sonst der Versuch durchgeführt werden soll) liegen. Es ist am besten, ihn des Nachts auszuführen, wenn man wirklich beabsichtigt, einzuschlafen. Man darf nicht an das denken, was geschehen soll, sondern sollte sich in natürlicher Weise schlafen legen. Der Helfer richtet seine Gedanken auf die Tatsache, daß der Astralkörper des Experimentators aus dem physischen Körper aufsteigt.

Das Bewußtsein des Helfers darf nicht angespannt sein; er darf sich nur in einer ruhigen Weise vorstellen, wie der Astralkörper des Experimentators sich bis zu einer Entfernung von drei oder vier Zoll aus dem physischen Körper erhebt — gerade wenn dieser zum Schlafen „aufsteigt" —, und er darf nicht versuchen, die Gedanken zu erzwingen, sondern muß es seiner Vorstellung überlassen, selbst diesbezügliche Gedanken zu erzeugen, die den Astralkörper betreffen, und schließlich Gedanken an die Wiederverschmelzung der beiden Körper. Bei diesen letzteren Gedanken müßte der Astralkörper des Experimentators in dessen physischen Körper zurückkehren.

Diese beiden Personen, die sich für okkulte Dinge interessieren, werden feststellen, daß sie geringe Schwierigkeiten haben werden, um dies zustande zu bringen. Die Harmonie zwischen dem Experimentator und seinem Helfer kommt zustande, wenn der erstere zum Schlaf „aufsteigt" und damit genau das tut, woran sein Helfer gerade denkt.

Von da an kommt es für die Ergebnisse auf die geistige Verfassung des Helfers an; er muß daran denken, wie der Astralkörper des anderen in die Zone der Ruhe aufsteigt und muß sich dies lebhaft vorstellen; dann muß er seine Gedanken darauf richten, wie die beiden Körper sich wieder vereinigen. Es wird sich herausstellen, daß die Wiedervereinigung nicht so heftig ist, daß sie für mehr als einen Augenblick Unbehagen verursacht.

Ich rate jedoch dazu, die Aussendung des Astralkörpers ohne irgend jemandes Hilfe zu versuchen, wenn man erst einmal genau weiß, was man zu tun hat. Wenn man dies tut, entwickelt man eine stärkere Selbstkontrolle, eine Art Selbstbeherrschung der Lage und wird nicht durch die bewußten oder unbewußten Gedanken beeindruckt werden, die von dem Bewußtsein anderer ausgehen.

Ich habe immer festgestellt, daß es schwer war, den Astralkörper auszusenden, wenn andere Menschen in der Nähe waren. Einer der ersten Gedanken, die man hat, wenn man im abgetrennten Astralkörper das Bewußtsein erlangt, ist der an den physischen Körper. Wenn der Astralkörper abgespalten ist, so ist das allererste, was man tut, wenn man bemerkt, daß sich jemand zu dem Ort begibt, wo der physische Körper liegt, daß man in den physischen Körper zurückkehrt.

In der Tat habe ich dies immer getan, und ich glaube, daß jeder ehrliche Astralwanderer zugeben wird, daß er Mißtrauen gegen jeden empfindet, der sich seinem physischen Körper nähert, während er sich im Astralkörper befindet. Viele Jahre lang versuchte ich eine Aussendung des Astralkörpers nur, wenn ich mich in einem abgeschlossenen Raum befand, und ich habe festgestellt, daß ich dann ein inneres Gefühl der Sicherheit in mir entwickelte.

Man wird finden, daß es ein Vorteil ist, es so zu versuchen. Wenn es notwendig ist, daß wir einen „Seher" am Versuch teilnehmen lassen, so möge sich der Seher im nächsten Raum aufhalten, und jeder muß dann wissen, daß für ihn die Losung „Hände weg!" gilt. Man kann sogar so weit gehen wie Christus, als er zu Maria sagte: „Rühr' mich nicht an!" Vielleicht hat man bislang die Bedeutung dieses Wortes nicht verstanden und auch nicht, warum man so weit gehen soll; wenn man aber jemals eine bewußte Abtrennung des Astralkörpers erlebt hat, werden alle diese scheinbaren Belanglosigkeiten selbstverständlich erscheinen.

Man spreche nicht mit anderen über das, was man zu tun beabsichtigt. Dies ist ein wichtiger Hinweis. Vielleicht ist man sich dieser Notwendigkeit nicht richtig bewußt; wenn man aber ernsthaft wünscht, den Astralkörper auszusenden, so muß man dieses Vorhaben für sich behalten; dadurch wird es verstärkt, und der innere Drang fördert die Abspaltung des Astralkörpers. Wenn man darüber spricht, so wird dadurch irgendwie der innere Drang zur Aussendung des Astralkörpers geschwächt.

Kapitel 11

WIE KANN MAN BEWEGUNGSUNFÄHIGKEIT DES PHYSISCHEN KÖRPERS ERREICHEN?

Wir wissen, daß der physische Körper während des natürlichen Schlafes mehr oder weniger bewegungsunfähig ist; aber um diese Bewegungsunfähigkeit zu erhöhen, muß der Herzschlag herabgesetzt werden. Ich habe schon erklärt, wie ich zufällig diese Tatsache entdeckt und daß ich ein Verfahren ersonnen habe, wie man absichtlich den Pulsschlag vermindern kann. Übrigens verursacht die Übung zur Herabsetzung des Pulsschlages auch Konzentration und Entspannung und macht auf diese Weise besondere Übungen zur Wirksammachung dieser Faktoren unnötig.

Das erste, was man tun muß, wenn man sich abends (oder zu irgendeiner anderen Tageszeit) zur Ruhe legt, ist, eine bequeme waagerechte Lage einzunehmen, am besten auf dem Rücken. Wenn man es nicht fertigbringt, auf dem Rücken zu liegen, dann lege man sich auf die rechte Seite. Ich nehme also jetzt an, daß der Experimentator waagerecht auf dem Rücken liegt, mit den Händen an den Seiten.

Man hole zuerst tief Atem. Dann halte man den Atem eine Sekunde an, versuche, den Atem in die Magengrube zu drükken, so daß das Zwerchfell sich an dieser Stelle vorwölbt. Dann atme man aus und drücke die ganze Luft aus den Lungen. Dies wiederhole man sechs- bis achtmal. Das geschieht, um das Sonnengeflecht zu entspannen. Ein guter Rat aus Mr. Carringtons Buch über Yoga wird in diesem Zusammenhang nützlich sein:

„Es ist von größter Bedeutung, die Entspannung des Sonnengeflechts zu fühlen, und zwar so, daß man die Empfindung hat, es öffne sich wie eine Blume, gerade unter der Stelle, wo sich die Rippen teilen. Wenn diese Stelle sich „angespannt" anfühlt, wird das die Aussendung des Astralkörpers so lange verhindern, bis man sie „entspannen" kann. Man muß sich konzentrieren und so viel Selbstbeherrschung erlangen, daß man dies fühlen kann, und dann kann man sich auch wirklich entspannen.

Das Sonnengeflecht ist wie ein großer Tintenfisch; es ist, abgesehen vom Gehirn, das größte Nervenzentrum des Körpers, und ist der „Beherrscher" des sympathischen Nervensystems, der Verdauungs- und anderer vegetativer Funktionen. Aus diesem Grunde sollte der Magen nicht zu voll sein, wenn man diese Yoga-Übungen durchführt; er würde sonst gegen das Sonnengeflecht und das Herz drücken. Das ist einer der Gründe, warum es sehr wichtig ist, daß der Magen leer und die Nahrung leicht ist."

Als nächstes schließe man die Augen und mache sich von sich selbst ein geistiges Bild. Jetzt denke man angestrengt an seine Kopfhaut, beginne dabei mit dem Scheitelpunkt und versuche, die Kopfhaut dadurch zu bewegen, daß man die entsprechenden Muskeln anspannt. Dann denke man ebenso angestrengt an das Kinn, spanne es an und entspanne es ein paarmal. Dann konzentriere man sich auf den Hals, spanne seine Muskeln ein paarmal an und entspanne sie wieder. Dann mache man dasselbe mit dem Oberarm, dann balle man die Fäuste und öffne sie wieder. Dann gehe man in Gedanken langsam am Körper nach unten, beginne mit dem Genick und denke nacheinander an jeden Körperteil und versuche, die Muskeln an jeder einzelnen Stelle anzuspannen, bis man schließlich die Zehen anspannt und wieder lockert, wie eine Katze, welche die Krallen einzieht und wieder ausstreckt, wenn sie schnurrt.

Nun konzentriere man sich auf das Herz, aber ohne Anspannung des Willens; man denke vielmehr an das Herz mit einem Gefühl des Gelockertseins. Man wird plötzlich die Herzschläge bemerken und imstande sein, sie an der Stelle des Herzens in der Brust zu fühlen. Man richte seine Gedanken angestrengt auf diese Herzschläge, bis sie so stark spürbar werden, daß man sie deutlich fühlen und hören kann.[20])

Dies sind dieselben Herzschläge, die man im Genick fühlt, wenn man innerhalb der lebendigen Reichweite des Astralbandes im Astralkörper ist, und sie sind in der Tat das einzige echte körperliche Gefühl, das man bei der Abspaltung des Astralkörpers hat, sofern man nicht das Gewicht des Bettzeugs usw. auf sich fühlt. Das geschieht, wenn innerhalb der lebendigen Reichweite des Astralbandes eine doppelte Empfindungsfähigkeit es ermöglicht, die Herzschläge zu fühlen, so, wie das Herz im physischen Körper schlägt, und wie wir sie jetzt durch Konzentration auf unseren Herzschlag fühlen können. (Der einfachste Weg ist, sich auf die linke Seite zu legen; es ist aber nicht das beste Verfahren.)

Nachdem man die Fähigkeit erworben hat, ganz ruhig zu liegen und dabei den Herzschlag in der Brust sowohl zu fühlen wie zu hören (wozu man zweifellos, nach ein oder zwei Versuchen, imstande sein wird), ist es der nächste Schritt, zu lernen, die Herzschläge in *jedem* Teil des Körpers zu fühlen und zu hören, indem man sich auf den einzelnen Körperteil konzentriert. Ich will jetzt annehmen, daß der Experimentator sich nach meinen Anweisungen hingelegt hat und daß er in einem entspannten Zustand seines Geistes seine Herzschläge sowohl fühlen wie hören kann.

Man lausche aufmerksam auf sie (die Herzschläge); sie gehen bum-bum-bum. Jetzt konzentriere man sich auf den Hals! Man fühlt dann sein Herz im Halse schlagen, bum-bum-bum. Jetzt, da man seine Herzschläge im Hals fühlt, richte man seine Gedanken auf die Wangen, und man wird die Herzschläge sogleich dort fühlen. Sobald man in den Wangen deutlich das Herz klopfen fühlt, konzentriere man sich auf den Scheitel des Kopfes: bum-bum-bum! Jetzt fühlt man die Herzschläge dort.

Jetzt, da man die Herzschläge in der Kopfhaut fühlt, richte man seine Gedanken zurück auf jeden Körperteil, auf die Wangen, den Hals, die Brust bis zu dem untersten Teil des Körpers. Jetzt fühlt man die Herzschläge in der Magengrube. Man konzentriere seine Gedanken weiterhin darauf, bis die Herzschläge stark spürbar werden. Da sind sie, bum-bum-bum. Jetzt konzentriere man sich auf einen etwas tieferen Körperteil im tieferen Teil des Unterleibes. Da fühlt man die Herzschläge sehr leicht, fast ebenso leicht wie im Hals.

Jetzt, da man sie deutlich spürt, konzentriere man sich auf die Schenkel, auf beide zusammen! Man fühlt wieder das Klopfen, bum-bum-bum. Jetzt konzentriere man sich auf die Waden; sobald man die Herztöne dort regelmäßig und deutlich fühlt, konzentriere man sich auf die Füße, ja sogar auf die Fußsohle, und wird dann imstande sein, die Herztöne sehr deutlich in den Füßen zu spüren, einfach dadurch, daß man daran denkt.

Jetzt kehre man zu den Waden zurück! Da fühlen wir wieder das Klopfen unseres Herzens. Nun denken wir wieder angestrengt an unsere Waden und fühlen dort unser Herzklopfen. Dann konzentriere man sich auf den rechten Schenkel und denke gar nicht an den linken! Man wird sehen, daß man den Herzschlag an jeder Stelle fühlen kann, auf die man sich in Gedanken konzentriert. Das nächste Mal, wenn wir kalte Füße haben (wörtlich), versuchen wir, den Blutkreislauf in den Füßen zu stärken, indem wir tun, was wir jetzt gerade getan haben.[21])

Wenn wir uns auf die Gegend des verlängerten Marks konzentrieren und dadurch bewirken, daß wir dort den Herzschlag fühlen, wissen wir genau, wie der ausgesandte Astralkörper (durch das astrale Kabel) die Herztöne an jener Stelle fühlt.

Ein guter Rat, bevor ich hier fortfahre: Wenn man an einer Herzkrankheit leidet, soll man nicht versuchen, den Astralkörper auszusenden, denn das Herz ist ein lebenswichtiger Faktor und schlägt während der Abspaltung des Astralkörpers oft sehr langsam, und wie man weiß, hängt das gesunde Arbeiten des physischen Organismus während der Abspaltung des Astralkörpers von der Arbeitsweise der Atemorgane ab. Andererseits ist, wenn das Herz einigermaßen gesund ist, in dieser Hinsicht nichts zu befürchten.

Jetzt, wenn man gelernt hat, das Klopfen des Herzens in jedem Teil des Körpers zu fühlen (durch Gedankenkonzentration), ist der nächste Schritt, zu lernen, die Zahl der Herzschläge herabzusetzen, was nicht schwer zu erreichen ist. Was bei der Aussendung des Astralkörpers wünschenswert ist, ist ein langsamer und stetiger Herzschlag. Bei der Konzentration auf ein Körperorgan müssen wir annehmen, daß *wir eine* Intelligenz und das *Organ* die andere Intelligenz ist und daß es unsere Gedanken versteht und ihnen Folge leistet, denn das ist in Wirklichkeit ungefähr die richtige Sachlage. Das Herz wird durch eine hinter ihm verborgene Intelligenz gelenkt, d. h. durch die unterbewußte Intelligenz. Unsere Gedanken, unsere Konzentration können als die andere Intelligenz angesehen werden. Wenn wir versuchen, den Herzschlag zunehmen oder abnehmen zu lassen, müssen wir daher annehmen, daß er durch eine Intelligenz überwacht wird.

Vielleicht hat man schon versucht, dem Unterbewußtsein Gedanken oder Gedankenrichtungen aufzuzwingen und hat sich später gesagt: „Wie kann ich wissen, ob meine Suggestion die innewohnende Intelligenz überzeugt hat?" Nun, mit Hilfe des Herzens kann man das wirklich feststellen.

Wenn man sich auf das Herz konzentriert, wenn man sich vorstellt, daß es immer langsamer schlägt oder immer schneller — je nachdem — und es der Suggestion folgt, dann weiß man, daß die Suggestion die lenkende Intelligenz erreicht hat. Und ferner, wenn man die „Stimmung" kennt, von welcher das Bewußtsein erfüllt ist, wenn es imstande ist, das Herz zu lenken, dann weiß man, in welcher „Stimmung" es sich zu einer anderen Zeit befinden sollte, wenn wir beabsichtigen, dem Unterbewußtsein unsere Gedanken aufzuzwingen.

Viele Leute sind verärgert, wenn sie glauben, daß ihr Unterbewußtsein der ersten ihm gegebenen Anweisung nicht folgt. Viele Menschen lieben es nicht, einen Wunsch ständig zu wiederholen, bis das Unterbewußtsein ihn endlich erfüllt. Man denke aber einmal eine Minute darüber nach! Was würde geschehen, wenn die überwachende Intelligenz der allerersten Anweisung Folge leisten würde?

Wir wollen einmal annehmen, wir stellten uns vor, unser Herz sei stehengeblieben und die innewohnende Intelligenz würde diese Vorstellung sogleich in die Wirklichkeit umsetzen. Wäre das nicht eine Katastrophe? Glücklicherweise ist das Unterbewußtsein nicht so leicht zu lenken; es ist jedoch nicht sehr schwer, es zu überreden, den Herzschlag zu beschleunigen oder zu verlangsamen.

Noch einmal: Wir nehmen an, wir lägen auf dem Rücken, entspannt, die Arme an den Seiten, und hätten die Fähigkeit erworben, unseren Herzschlag in jedem Teil unseres Körpers zu fühlen. Jetzt konzentrieren wir uns wieder auf unser Herz, und wenn es nicht ruhig schlägt, müssen wir ihm in unserem Bewußtsein sagen, daß es *doch* ruhig schlägt. Wir folgen dabei dem richtigen Herzschlag und „schlagen" in Gedanken den „Takt", wobei wir uns darauf konzentrieren, daß das Herz im richtigen Takt schlagen soll. Diese Übung setzen wir fort, bis unser Herz ruhig und regelmäßig schlägt.

Wenn es nun vorher unregelmäßig geschlagen hat und wir es jetzt zu einem regelmäßigen Pulsschlag gezwungen haben, oder wenn es von Natur aus regelmäßig und gesund schlägt, sind wir jetzt so weit, daß wir uns auf einen langsameren Herzschlag konzentrieren können. Wir denken jetzt nur an diesen Herzschlag. Wir konzentrieren uns auf diesen Herzschlag, den wir in der Brust, im Herzen usw. fühlen. Wir schlagen dazu im Geiste den Takt, wobei wir den Kopf sogar bei jedem Herzschlag leicht bewegen, wenn er dazu Neigung hat. Nachdem wir diesen echten Rhythmus für eine Minute beibehalten haben, beginnen wir — im Geist — den Takt ein wenig langsamer zu schlagen und stellen uns dabei vor, daß das Herz etwas langsamer schlägt.

Wir dürfen dabei nicht aufhören, uns zu konzentrieren, um festzustellen, ob das Herz unserer Anweisung folgt, denn wir können dies in unserem Bewußtsein wahrnehmen. Wir müssen auf diese Weise mit unserer Konzentration fortfahren, bis das Herz in dem Rhythmus schlägt, in dem es nach unserem Wunsch schlagen soll. Dies ist bei weitem nicht so schwer, wie wir vielleicht denken, und die meisten Menschen werden zweifellos dazu nach sehr wenigen Versuchen imstande sein.

Man kann nicht genau sagen, wie langsam das Herz schlagen sollte, um einen hinreichenden Grad der Bewegungsunfähigkeit des physischen Körpers zu erreichen. Man wird sich erinnern, daß mein eigenes Herz, als ich regelmäßig die Aussendung des Astralkörpers erlebte, zweiundvierzigmal in der

Minute schlug. Dieser Herzschlag konnte niemals als gefährlich langsam angesehen werden, und dennoch hatte er zu einem ungewöhnlichen Grade Passivität des physischen Körpers zur Folge.

Natürlich schlägt das Herz während des Schlafes langsamer, als wenn wir wach sind. Da mein Herz vierundvierzigmal in der Minute schlug, wenn ich wach war, muß es während des Schlafes noch beträchtlich langsamer geschlagen haben. Man muß verstehen, daß es der Blutkreislauf ist, der den physischen Körper belebt oder aber eine Starre in ihm hervorruft, d. h. mit anderen Worten den Grad seiner Bewegungsfähigkeit.

Der normale Herzschlag kann bei verschiedenen Menschen natürlich mehr oder weniger schwanken, und während der physische Körper während des Schlafes natürlicherweise in einem gewissen Ausmaß bewegungsunfähig bleibt, ist es offensichtlich, daß eine Verlangsamung der Herztätigkeit um zehn bis fünfzehn Schläge den physischen Organismus noch weiter bewegungsunfähig macht.

Man kann den eigenen Zustand der Passivität weit besser bestimmen, als es irgend jemand für uns tun könnte. Man kann den Herzschlag sehr stark herabsetzen, und zwar so weit, daß er kaum noch festzustellen ist. Wenn uns kalt wird, bevor wir zu Bett gehen und wir dieses Gefühl gar nicht haben sollten, oder wenn wir glauben, über den Beinen oder Armen einen leichten Luftzug zu spüren, so ist das ein erstes Anzeichen für die Bewegungsunfähigkeit, die während des Schlafes sich noch außerordentlich verstärken wird. Man darf jedoch kein so starkes Kältegefühl haben, daß man sich unbehaglich fühlt. Man muß versuchen, ein Verfahren zu finden, das es ermöglicht, daß man gleichzeitig ein Gefühl der Kühle und der Behaglichkeit hat.

Andererseits, wenn einem der Gedanke der Verlangsamung des Herzschlages nicht gefällt, sondern wenn man den Versuch lieber bei dem gewöhnlichen Grad der Bewegungsunfähigkeit ausführen möchte, in der man sich (bei normalem Herzschlag) während des Schlafes befindet, so kann man das tun und dennoch Erfolg haben, denn, wie wir wissen, wird der Astralkörper oft in diesem Zustand der körperlichen Ruhe ausgesandt. Die Aussicht auf Erfolg ist natürlich um so größer, je größer die Bewegungsunfähigkeit ist; und aus diesem Grunde habe ich Anweisungen zur Erzielung größerer Bewegungsunfähigkeit gegeben.

Die Zone der Ruhe wird während des Schlafes sehr stark von dem Zustand des physischen Körpers beeinflußt. Je lebhafter der physische Körper ist, um so enger wird der Astralkörper mit ihm verbunden bleiben, geradeso, wie er von der Kraft abhängt, die in dem Kondensator, dem Astralkörper, angesammelt worden ist. Bei völliger Bewegungsunfähigkeit zusammen mit starker Erschöpfung kann der Astralkörper sich zwei Fuß vom physischen Körper trennen, wenn wir einschlafen.

Andererseits, wenn wir uns zu Bett legen, ohne müde zu sein, noch voller Energie — und dabei körperlich angeregt werden —, so können wir wahrscheinlich nicht einschlafen, und wenn wir es doch tun, so trennt sich der Astralkörper vielleicht nur den Bruchteil eines Zolls von dem physischen Körper. Wenn wir erschöpft, aber ohne körperliche Passivität zu Bett gehen, verläßt der Astralkörper den physischen Körper etwa um sechs Zoll, je nach den dabei wirksam werdenden Faktoren.

In der Regel steigt der Astralkörper immer weiter auf, je tiefer der Schlaf wird. Wenn man in den Schlaf „steigt", ist der Astralkörper vielleicht nur zwei Zoll vom physischen Körper entfernt; nachdem wir aber einige Stunden geschlafen haben, ist er vielleicht einen Fuß von ihm entfernt, weil der physische Körper allmählich immer passiver geworden ist. Aus diesem Grunde wird der Astralkörper gewöhnlich erst ganz abgespalten, wenn wir einige Stunden geschlafen haben.

Wenn wir gelernt haben, den Herzschlag zu verlangsamen, werden wir über die Art erstaunt sein, wie das Herz unsere Anweisungen befolgt, und es wird uns möglich sein, unseren Pulsschlag in wenigen Augenblicken herabzusetzen. Wenn man dies einmal geübt hat und das Herz nach Belieben lenken kann, dann tue man folgendes: Man spreche zu seinem Herzen! Man sage zum Beispiel: „Herz, du sollst jetzt fünfzigmal in der Minute schlagen, und zwar bis auf weiteres!"

Man wird überrascht sein, festzustellen, wie beharrlich jetzt das Herz mit dieser Geschwindigkeit schlägt, bis man es anweist, anders zu schlagen. Es ist, als hypnotisierte man eine das Herz lenkende Intelligenz. Aber gib deinem Herzen nicht diese Anweisung, um dann zur Uhr zu greifen und zu sagen: „Ich glaube nicht, daß das Herz so schlägt, wie ich es will" und den Pulsschlag zu messen, denn dies wirkt der Suggestion entgegen, die du ihm gerade gegeben hast. Wenn man darauf besteht, den Pulsschlag zu messen, dann soll man es in der Überzeugung tun, daß das Herz wirklich fünfzigmal in der Minute schlägt.

Die Lenkung des Herzschlages ist, soviel ich weiß, das einzige sichere Verfahren, durch das man Bewegungsunfähigkeit erreichen kann, und wenn man es übt, so steigert man unwillkürlich das Eigenbewußtsein, und das ist eine der wesentlichen Voraussetzungen für die Aussendung des Astralkörpers.

Man muß immer daran denken, nach Möglichkeit alle Faktoren zusammenwirken zu lassen, durch welche die Bewegungsunfähigkeit des Körpers gesteigert wird, — kurze Zeit vor dem Versuch, das Ich auszusenden, um dem unterbewußten Willen Anweisungen zu geben. Soviel über die Bewegungsunfähigkeit des physischen Körpers.

Die Entwicklung des Eigenbewußtseins

Wenn man den Astralkörper erfolgreich aussenden will, muß man seine Gedanken auf sich selbst richten; man muß sich beobachten, muß wißbegierig in bezug auf sich selbst sein, muß versuchen, sich zu kennen. In der ganzen Welt gibt es nur einen Menschen wie man selbst einer ist. Man achte eine Zeitlang nicht auf andere Leute, sondern beginne, sich selbst zu beobachten! Wir brauchen nicht 92 Millionen Meilen weit nach der Sonne zu sehen, um etwas zu finden, was uns mit Verwunderung erfüllt; die Sonne ist nicht geheimnisvoller als wir selbst!

Wenn wir anfangen, uns auf diese Weise selbst zu erforschen, werden wir uns fragen, warum wir so wenig über uns selbst wissen. Vor einigen Jahren — ich glaube, es war in einer

Zeitschrift für Körperkultur — las ich einen Artikel von einem bekannten Autor, der erklärte, daß die meisten Menschen keine Ahnung hätten, wie ihr Rücken aussehe. Sie hätten ihr eigenes Rückgrat niemals in einem Spiegel gesehen! Aber diese gleichen Menschen glauben, daß sie sich selbst kennen.

Bei der Aussendung des Astralkörpers ist das Eigenbewußtsein sehr wichtig; wir müssen daher beginnen, uns selbst zu beobachten. Hier ist eine Übung, die mir, wie ich glaube, erfolgreiche Ergebnisse lieferte, und man wird sie als Hilfe für die Aussendung des Astralkörpers sehr wertvoll finden:

Stelle einen Stuhl vor einen Spiegel, denn jetzt bist du im Begriff, dich über dich selbst zu wundern! Bei dieser Übung solltest du dich so genau beobachten, daß du dabei beinahe einschläfst und fast gar nicht weißt, was das eigentliche Du ist.

Ich nehme an, daß du jetzt bequem in einem Sessel sitzt und dein eigenes Spiegelbild ansiehst. Denke nicht an den Spiegel und glaube nicht, daß du ein Spiegelbild ansiehst; versuche vielmehr, dich zu überzeugen, daß dein Spiegelbild in Wirklichkeit dein Selbst ist, daß du durchaus nicht in deinem wirklichen Körper bist!

Jetzt beginne, dich genau zu beobachten und versuche, Dinge über dich herauszufinden, von denen du bisher nichts wußtest! Erkenne die wahre Farbe deines Haares, den wahren Ausdruck deiner Augen, die wahre Form deiner Nase! Beachte deine Backenknochen, die wenigen Barthaare an deinem Kinn, die Verdickungen an deiner Stirn, die kleinen Falten um deine Nase! Ja, es gibt genug, was dich beschäftigt, wenn du dich selbst betrachtetst und dich selbst eine Weile beobachtest. Führe deine Selbstbeobachtung daher eine Weile fort!

Jetzt, da du dich genau betrachtet hast, stelle dich vor einen Spiegel und sieh dir scharf in die Augen! Halte deine Augen fest auf die Augen des Spiegelbildes gerichtet! Zwinkere, wenn du dazu neigst, aber halte deine Augen auf die Augen des Spiegelbildes gerichtet! Wirst du jetzt langsam unsicher auf den Beinen? Schwankst du ein wenig von einer Seite auf die andere? Das solltest du nämlich jetzt tun.

Nun setze dich wieder in deinen Stuhl und starre in die Augen deines Spiegelbildes; halte deinen Blick auf diese Augen konzentriert! Während du dies tust, wiederhole immer wieder deinen Namen deutlich und eintönig! Dies hat auf das Bewußtsein eine verborgene Wirkung. Wenn dein Blick nach einer Weile sich zu trüben oder zu verschleiern scheint, so laß deine Aufmerksamkeit dadurch nicht ablenken, sondern fahre beharrlich fort, dir in die Augen zu schauen!

In deinem Bewußtsein mußt du glauben, daß dein Spiegelbild dein wirkliches Ich ist. Du darfst dich nicht daran erinnern, daß du im Stuhl sitzt. Du sollst vielmehr glauben, dein Spiegelbild sei dein wahres Ich! Du siehst dich, aber dein wahres Ich ist in dem Spiegel! Versuche jetzt, mit dieser Vorstellung und mit deinen Augen auf die Augen im Spiegelbild gerichtet einzuschlafen!

Diese Täuschung des Ichs lockert den Astralkörper, denn sie erfüllt das Unterbewußtsein mit dem Gedanken, daß das Spiegelbild das wirkliche Ich sei; und wenn man sich zur Ruhe niedergelegt hat, ist diese Suggestion oft stark genug, um den unterbewußten Willen mit dem Wunsch zu erfüllen, den Astralkörper zu dem Ort auszusenden, an dem man sich nach dem Glauben des Bewußtseins wirklich befindet.

Man bedenke, daß es gleichgültig ist, wie stark die Suggestion, die aus dem Bewußtsein kommt, wirklich ist; wenn das Bewußtsein durch den Glauben getäuscht wird, daß man sich an der im Spiegelbild gezeigten Stelle befindet, so beeinflußt es den unterbewußten Willen in dieser Richtung. Wenn man will, kann man dies am Abend versuchen, wenn man im Lehnstuhl einschlafen will, oder man kann die Übung so lange fortsetzen, bis man „hundemüde" ist, dann ins Bett springen und sofort einschlafen, wobei man immer das Spiegelbild im Sinn behält.

Es ist unnötig, zu sagen, daß man bei dieser Übung die eigenen Augen im Spiegelbild gebrauchen soll, wie man eine Kristallkugel benutzen würde. Es wäre auch ein guter Gedanke, einmal nachzulesen, wie man lernt, richtig in eine Kristallkugel zu schauen, und dann diese Kenntnis bei dieser Übung anzuwenden, denn ich kann diesem Thema hier keinen Raum widmen. Dies ist eine ausgezeichnete Übung, durch welche die besonderen Bedingungen für die Aussendung des Astralkörpers geschaffen werden.

Erfüllung des Bewußtseins mit dem starken Wunsch nach Aussendung des Astralkörpers

Eines der stärksten Hilfsmittel bei der Aussendung des Astralkörpers ist die Kenntnis der Phänomene des Astralkörpers, d. h. das Verständnis der Vorgänge, — der Bewegungen des Astralkörpers, der Ursachen für diese Bewegungen usw. Diese muß man sich fest vor Augen halten. Manchmal bricht die Erkenntnis geradezu über uns herein, und wir fragen uns dann, wie es möglich war, daß wir diese Dinge vorher nicht verstanden haben. Einige Leser dieses Buches erschließen sich vielleicht diese Phänomene des Ichs, wenn sie dieses Buch gelesen haben, und werden dann sogleich beginnen, Anzeichen für die Tätigkeit des Astralkörpers zu bemerken, die ihnen bislang entgangen waren, ohne daß sie darüber nachgedacht hatten.

Man lese alles über diese Phänomene, denke an sie, erzeuge sie möglichst intensiv, wenn man den Astralkörper aussenden will. Man verwurzele das Verständnis dieser Phänomene so tief im Bewußtsein, daß es ein Teil unseres Lebens wird. Man befasse sich so eingehend mit der Erforschung der Astralwanderung, daß man fast verärgert ist, falls man unterbrochen wird, wenn man gerade über das Phänomen nachdenkt, es studiert oder darüber Neues lernt.

Das ist das große Geheimnis dabei, wenn man das Phänomen selbst hervorbringen will. Man mache sich klar, daß ich jetzt von einem anderen Verfahren zur Aussendung des Astralkörpers spreche, d. h. zur Aussendung durch ständige Vorstellung des Phänomens im Bewußtsein. Das ist das unmittelbare Verfahren, und wenn es ein Teil des Unterbewußtseins ist, erlangt dieses die Kenntnis, daß der Astralkörper außerhalb des physischen Körpers sein kann und nicht nur mit dem physischen Körper verschmolzen, und das Bewußtsein sieht daher keinen Grund, warum sich der Astralkörper nicht außerhalb des physischen Körpers befinden sollte.

Erkennt der Leser die Bedeutung des Gesagten? Wir müssen unser Unterbewußtsein so gründlich mit dem Gedanken der Abspaltung des Astralkörpers erfüllen, daß es im Bewußtsein den Drang dazu hervorruft. Man erzielt die Aussendung des Astralkörpers durch das Bewußtsein, durch ausdauerndes Studium des Verfahrens, durch häufige Anwendung des Verfahrens und durch dauernde geistige Beschäftigung mit dem Verfahren. Man muß den einen großen Ehrgeiz haben, den Astralkörper auszusenden. Von diesem Ehrgeiz muß man ganz erfüllt sein, und dann erzeugt man nicht nur ein starkes Bedürfnis — welches das Unterbewußtsein (das jetzt alles über die Aussendung des Astralkörpers weiß) zu befriedigen versucht —, sondern auch eine tiefverwurzelte Gewohnheit und wird oft von dem Phänomen träumen.

Dies wird besonders der Fall sein, wenn wir zu Bett gehen und darüber lesen und dann mit dem Gedanken daran einschlafen. Man beachte wohl: Wenn man jemals beginnt, von der Abspaltung des Astralkörpers zu träumen (d. h. daß der Astralkörper dazu fähig ist und sich vom physischen Körper trennt), dann kann man ganz sicher sein, daß man eine Abtrennung des Astralkörpers erleben wird. Bislang konnten wir von dem wirklichen Phänomen nicht träumen, denn wir hatten es ja noch nicht richtig verstanden. Vielleicht wußten wir gar nicht, daß wir einen Astralkörper haben. Aber jetzt können wir unser Bewußtsein so gründlich mit dem Verständnis dieses Phänomens erfüllen, daß wir es uns klar vorstellen können und daran solchen Anteil nehmen, daß es ein Teil unseres Lebens wird und wir davon träumen können.

Ich weiß bestimmt, daß ein Traum von der Aussendung des Astralkörpers dieses Phänomen verursachen wird. Sogar ein solcher Traum, der aus Furcht davor bewirkt worden ist, wird den Traumkörper vom physischen Körper trennen. Ich werde jetzt erklären, wie Furcht auf die Abtrennung des Astralkörpers sowohl eine positive wie eine negative Wirkung ausübt, je nach den Umständen, unter denen die Furcht zum „Ausbruch“ kommt.

Ich gebe zu, daß ich anfangs, wenn ich bewußt eine Abspaltung des Astralkörpers erlebte, Furcht empfand, nicht während der Aussendung des Astralkörpers — das ist das Seltsame daran —, sondern bevor ich einschlief. Das Geheimnisvolle daran erfüllte mein Bewußtsein mehr, als ich mit Worten sagen kann, fesselte mich mehr, als mich sonst irgend etwas jemals gefesselt hatte.

Irgendwie hatte sich in mir die Vorstellung gebildet (hauptsächlich, weil ich andere Menschen darüber reden hörte), daß Bösewichter, Mörder und alle Arten von Verbrechern die Astralebene bevölkern und nur darauf warten, von den Menschen Besitz zu ergreifen. Ein hervorragender Spiritualist teilte mir mit, daß mich ein böser Geist bedrängen könne, während ich im Astralkörper sei, oder daß er in meinen physischen Körper eindringen und mich daran hindern könne, in ihn zurückzukehren.

Ich gebe zu, daß ich erschreckt war, so erschreckt im Anfang, daß ich mich fürchtete, mich am Abend schlafen zu legen. Ich hatte das ganze Phänomen fest im Sinn und begann, immer daran zu denken und es mir vor Augen zu halten, gerade, wenn ich zu Bett ging, — wegen meiner Furcht, daß ich im Astralkörper durch irgendein astrales Scheusal gepackt werden könne.

Und was hatte diese Furcht zur Folge? Sie bewirkte eine um so häufigere Abspaltung des Astralkörpers, denn mein Bewußtsein war so von der Kenntnis dessen, was da geschah, erfüllt, und dieses geistige Bild war durch die Furcht so verstärkt worden — durch Furcht, die meine Nervenkraft ausströmen ließ, wie es bei jedem anderen Menschen auch geschieht, und die meine Neigung zu völliger Abspaltung des Astralkörpers nur verstärkte —, daß ich kaum eingeschlafen war, als ich schon davon träumte, im Astralkörper zu sein.

Und jedesmal wurde der Astralkörper durch die Suggestion aus meinem Bewußtsein vom physischen Körper abgetrennt. Viele Male erlangte ich das Bewußtsein, wenn ich aus dem Traumzustand herauskam, und viele Male handelte ich nur im Traum, und der Astralkörper nahm daran teil. Jede Nacht erwachte ich plötzlich. Aber der Umstand, der mich am meisten verwunderte, war dieser: Warum war ich immer so erschreckt, wenn ich mich im physischen Körper befand oder anfangs, wenn ich im lebendigen Bereich des Astralbandes erwachte (wodurch der Astralkörper sofort zum physischen Körper zurückgezogen wurde), während ich, wenn ich mich frei bewegte — d. h., wenn ich außerhalb der lebendigen Reichweite des Astralbandes erwachte —, keinerlei Furcht empfand?

Das folgende ist eine der ersten Beobachtungen, die so starken Eindruck auf mich machte, — zu der Frage, warum ich meine Furcht verlor. Ich war wie ein Fußballspieler vor einem Wettspiel oder wie ein Boxkämpfer vor einem Kampf, außerordentlich ängstlich und nervös, aber plötzlich ganz ohne Furcht und gefaßt. Aber so ist es mir ergangen.[22]) Schon nach einer gewissen Zeit hatte ich mich so an die Aussendung des Astralkörpers gewöhnt, daß ich wirklich anfing, Gefallen daran zu finden; die Teufel und astralen Bösewichter schienen sich überhaupt nicht um mich zu kümmern, und sie waren, soweit ich erkennen konnte (wenn ich wirklich einmal einen von ihnen sah), sehr verschieden von den Menschen, die ich immer gekannt hatte.

Als ich vor der Abtrennung des Astralkörpers keine Furcht mehr hatte, stellte ich fest, daß diese Abtrennung weniger häufig eintrat als zuvor. Und als die Furcht durch das Bedürfnis verdrängt wurde, bemerkte ich, daß sie wieder häufiger wurde. Ich weiß jetzt, daß Furcht und Bedürfnis im Unterbewußtsein dieselben Wirkungen haben, daß sie die Suggestion zur Abtrennung des Astralkörpers mit in den Schlaf nehmen oder im Bewußtsein hervorbrechen lassen, wenn wir schlafen. Mein Unterbewußtsein wußte ziemlich genau, wozu mein Astralkörper imstande war, und zwar durch das Bedürfnis, etwas Bestimmtes zu tun.

Und das ist auch die Art, wie jeder seinen Astralkörper aussenden kann. Man muß nur das Unterbewußtsein mit der Kenntnis der Vorgänge bei der Abtrennung des Astralkörpers und dem Verlangen danach erfüllen. Mit dem so erfüllten Bewußtsein legt man sich schlafen. Man kann das Unterbewußtsein mit dieser Kenntnis und diesem Bedürfnis durch das

Bewußtsein erfüllen; man denke und übe die Aussendung des Astralkörpers und lese immer wieder darüber!

Man lege sich zu Bett mit einem Buch über Astralwanderung! Beim Einschlafen konzentriere man sich auf den Weg, den der ausgesandte Astralkörper zurücklegen wird! Dies ist sehr wichtig, und ich habe festgestellt, daß, wenn das Bewußtsein erst einmal mit dem Wunsch zur Aussendung des Astralkörpers erfüllt ist, dies einer der besten Wege zum Erfolg ist. Man hätte dies aber vorher nicht tun können, denn niemand hat dem Leser bislang etwas über den Weg mitgeteilt, den der Astralkörper unterschiedslos jedesmal nimmt, wenn er sich vom physischen Körper abtrennt, bevor er (der Leser) davon in diesem Buch erfahren hat.

Daher, wenn ich später von der Erfüllung des Bewußtseins mit dem Wunsch, den Astralkörper auszusenden, spreche, so bedeutet das einfach, daß das Unterbewußtsein eine genaue Kenntnis der Vorgänge bei der Aussendung des Astralkörpers und den Drang dazu haben muß. Und die Kenntnis davon vermittelt man dem Unterbewußtsein durch das Bewußtsein, durch den bewußten Willen.

Was ist „Wille"?

Der Leser fragt vielleicht: „Was ist der Wille?" Er gestatte mir, C. Franklin Leavitt dazu anzuführen:

„Viel Unsinn ist über die Entwicklung des Willens geschrieben worden. Die meisten Bücher über dieses Thema nützen uns gar nichts, denn sie erklären nicht den Vorgang bei der Anwendung des Willens.

Wir denken gewöhnlich, daß „Wille" bedeutet, daß man sich selbst veranlaßt, etwas zu tun, zu handeln, eine Anstrengung zu machen.

Es bedeutet aber nicht, daß man sich dazu bringt, etwas zu tun. Es bedeutet, daß man *geistig* handelt. Es bedeutet eine Anstrengung zur geistigen Konzentration. William James weist darauf hin, und das ist, worauf der Wille hinausläuft, auf geistige Konzentration, einfach dadurch, daß man sich auf einen gewissen Gedanken oder eine Vorstellung konzentriert, bis sie das Unterbewußtsein erfüllen und alle anderen Gedanken daraus verdrängen.

Man hat keine große Mühe, sich zu veranlassen, etwas Bestimmtes zu tun, wenn das Bewußtsein von keinem anderen Wunsch erfüllt ist, denn die Gedanken, die uns zu einer Handlung zwingen, sind diejenigen, die das Bewußtsein beherrschen, diejenigen, auf die wir uns geistig konzentriert haben ... Aber diese Gedanken müssen entschlossen und bestimmt sein. Man muß Pläne machen, die Gedanken in die Tat umzusetzen. Man konzentriere sich! Man unterdrücke alle anderen Gedanken! Mit der Zeit wird man sehen, daß man seinen Gedanken gemäß handelt."

Wenn man das Unterbewußtsein mit dem Wunsch nach einer Aussendung des Astralkörpers, wenn man es völlig mit der Kenntnis der Aussendung des Astralkörpers und dem Verlangen danach erfüllt hat, dann hat man das Schwierigste hinter sich. Man vergesse vor allem aber nicht, daß unser Bewußtsein von dieser Kenntnis und von dem Wunsch nach Erreichung unseres Zieles beherrscht sein muß; dann bleibt der Drang nach Erfüllung unseres Wunsches an der Oberfläche des Bewußtseins, wenn wir schlafen. Man kennt das Verfahren, und der Wunsch zur Aussendung des Astralkörpers regt den unterbewußten Willen an, der dann die Aussendung bewirkt.

Typische Träume bei einer Astralwanderung

Die Erfüllung des Bewußtseins mit dem Wunsch nach Aussendung des Astralkörpers sollte einen entsprechenden Traum hervorrufen. Dies geschieht auch, wenn der Astralkörper sich in einem teilweise bewußten Zustand befindet, und der innere Drang (der Drang, den Astralkörper auszusenden) wirkt sich während des Schlafes aus. Die Art eines Traumes von der Aussendung des Astralkörpers hängt von dem Grad ab, in dem unser Bewußtsein das Phänomen erfaßt hat. Es ist daher von besonderer Bedeutung, die Bewegung des Astralkörpers genau zu kennen, ebenso wie den Weg, den er nach der Loslösung vom physischen Körper nimmt.

Versteht der Leser jetzt das Grundgesetz der Traumlenkung, daß er versuchen muß, einen Traum zu träumen, der „wahr“ ist, in dem der Astralkörper das tut, was man träumt? Das einfachste Verfahren, einen solchen Traum auszulösen, besteht darin, daß wir unser Bewußtsein so mit dem Verständnis des Phänomens und dem Wunsch danach erfüllen, daß wir uns nicht schlafen legen können, ohne daran zu denken. Wenn wir dann zu Bett gehen, haben wir den inneren Drang, den Astralkörper auszusenden. Es ist dieser innere Drang, der den Astralkörper vom physischen Körper abtrennt. Dieser innere Drang suggeriert uns genau das, was wir zu tun beabsichtigen. Man wird sich erinnern, daß ich gesagt habe, Traumlenkung sei das einfachste Verfahren zur Aussendung des Astralkörpers. Jetzt sage ich, daß die Erfüllung des Bewußtseins mit dem Wunsch nach Aussendung des Astralkörpers das leichteste Verfahren zur Traumlenkung ist, denn die Erfüllung unseres Bewußtseins mit dem Bedürfnis nach Aussendung des Astralkörpers und der Kenntnis der Bewegung des Astralkörpers wird einen geeigneten Traum bewirken. Viele Jahre lang war ich von dem Wunsch erfüllt, meinen Astralkörper auszusenden; ja, ich dachte an nichts anderes als an dieses Phänomen, und ich hatte Nacht für Nacht Traum um Traum, daß ich mich im Astralkörper befände, und in vielen dieser Träume erlangte ich das Bewußtsein, während ich außerhalb des Körpers war.

In diesem Traum (dem Traum, ich sei außerhalb des Körpers) träumte ich oft, daß ich genau waagerecht über meinem Körper läge (ich wußte sogar im Traum, daß ich träumte; das ist dabei schwierig zu verstehen), und dann träumte ich, ich bewegte mich auf dem Wege, den der Astralkörper während seiner Aussendung tatsächlich zurücklegt. Man ist dem wahren Bewußtsein so nahe, wenn man träumt, daß man träumt, und in einem Traum von der Aussendung des Astralkörpers kann man offenbar das Bewußtsein nicht daran hindern zu erwachen. Und auf diese Weise kommt die Aussendung des Astralkörpers bei mir meistens zustande.

Bei anderen Gelegenheiten war der Traum anders. Statt zu träumen, daß ich im Astralkörper aufstiege, schien ich neben meinem Körper zu stehen, zu beobachten, wie mein Astralkörper sich abspaltete, und dann, nach einer Weile, schlüpfte ich in den Astralkörper. Zuweilen fuhr ich fort, zu träumen, daß ich mich da befände, und zuweilen wachte ich tatsächlich auf.

Es gibt mehrere Möglichkeiten, wenn auch rein theoretische, diese Vorgänge zu erklären. So bemerkte ich einmal, daß ich in dem Augenblick, in dem ich träumte, ich schlüpfte in den (bereits abgespaltenen) Astralkörper hinein, in jenem Körper das Bewußtsein erlangte. Man erinnere sich, daß das Bewußtsein sich aus dem Astralkörper zurückzieht, wenn Bewußtlosigkeit verursacht wird. Es ist nicht die Abtrennung des Astralkörpers vom physischen Körper, welche die Bewußtlosigkeit bewirkt. Niemals! Denn der Astralkörper kann außerhalb des physischen Körpers das Bewußtsein haben, kann aber auch bewußtlos sein und kann schließlich auch innerhalb des physischen Körpers bewußtlos sein.

Daß der Astralkörper sich im Schlaf in die Zone der Ruhe begibt, bedeutet in keiner Weise, daß die Abspaltung des Astralkörpers die Ursache der Bewußtlosigkeit ist. Die Bewußtlosigkeit stellt sich lediglich bei diesem Vorgang ein, scheint dabei einzutreten, aber die Aussendung des Astralkörpers aus dem physischen Körper und der Eintritt der Bewußtlosigkeit — wenn beides auch gewöhnlich gleichzeitig geschieht — sind zwei ganz verschiedene Vorgänge.

Falls wir jedesmal das Bewußtsein verlören, wenn der Astralkörper sich vom physischen Körpeer ablöst, gäbe es keine bewußt empfundene Aussendung des Astralkörpers. Tatsächlich können viele Menschen im Grenzzustand zwischen Wachen und Schlafen ihren Astralkörper in die Zone der Ruhe abspalten — vielleicht sind die beiden Körper nur einen Viertelzoll voneinander getrennt — und doch noch das Bewußtsein haben, wobei sie nicht verstehen, was vorgegangen ist, und plötzlich im physischen Körper wieder erwachen.

Dies geschieht sehr häufig. Da die Bewußtlosigkeit oft eintritt, wenn wir im Begriff sind, einzuschlafen — gerade in dem Augenblick, in dem wir in die Zone der Ruhe eindringen —, haben viele Okkultisten die Vorstellung gewonnen, daß die Abtrennung des Astralkörpers die *Ursache* der Bewußtlosigkeit sei. Aber das ist ein Irrtum.

Und es ist wahr, daß wir im physischen Körper einige Zeit bewußtlos sein können, bevor der Astralkörper in die Zone der Ruhe eindringt. Dies gilt besonders dann, wenn er unter der Wirkung eines Reizmittels steht. Es gibt dann auch Ausnahmen von der Regel über den Zeitpunkt, zu dem der Astralkörper sich in die Zone der Ruhe begibt. Die Regel lautet, er tue das unmittelbar, nachdem die Bewußtlosigkeit eingetreten ist.

Bei einigen Menschen trennt der Astralkörper sich früher, bei anderen später ab, je nach der körperlichen Verfassung zu der betreffenden Zeit. Man kann leicht erkennen, daß man, um die Aussendung des Astralkörpers bewußt zu erleben — bewußt von Anfang an —, von dem Typ oder der Art sein sollte, bei dem der Astralkörper in die Zone der Ruhe eindringt, bevor der Astralwanderer das Bewußtsein verliert. Dieser Körperzustand hängt von verschiedenen Faktoren ab: von der Gemütsart, der Bewegungsunfähigkeit usw., wie wir schon gesehen haben.

Da wir wissen, daß es die Abtrennung des Bewußtseins vom *Astral*körper ist, welche die Bewußtlosigkeit verursacht, so könnte dies den Traum erklären, in dem man träumt, daß man sich im Astralkörper befinde, von ihm aber doch getrennt ist als Zuschauer, da das wirkliche Bewußtsein ihm nicht innewohnt. Und diese Theorie wird noch in dem Falle wahrscheinlicher, in dem man einen Traum von einer Aussendung des Astralkörpers hat (in dem man sich aber nicht befindet, sondern ihn in seinen Bewegungen beobachtet) und dann in den Körper zurückkehrt und das Bewußtsein in ihm erlangt, sobald man davon träumt, daß man sich mit ihm vereinigt.

Wenn nun das Vollbewußtsein sich aus dem Körper zurückzieht, wenn der Astralkörper bewußtlos ist, so muß das Bewußtsein den Körper teilweise verlassen, wenn der Astralkörper teilweise bei Bewußtsein ist. Und in einem Traum dieser Art — wenn man träumt, daß man die Bewegung des Astralkörpers beobachtet und sich dann mit ihm vereinigt — ist es möglich, daß ein Teil des Bewußtseins, das aus dem

Körper zurückgezogen wurde, tatsächlich die Vorgänge verstand. Oder vielleicht könnte sich sogar ein Körper von noch feinerer Stofflichkeit, der sonst mit dem Astralkörper verbunden ist, in einem solchen Traum absondern und zusehen, wie der Astralkörper seinen Weg verfolgt, dann sich zu ihm begeben und sich wieder mit ihm vereinigen.[23])

Auf alle Fälle sind dies zwei typische Träume während einer Astralwanderung, bei der ich also träumte, ich befände mich auf einer Astralwanderung. Zuerst träumte ich, ich sei im Astralkörper. Dann träumte ich, daß ich neben dem Astralkörper stände und zusähe, wie er sich auf seinen Weg begab, und daß ich mich dann wieder mit ihm vereinigte.

Wenn wir uns an das früher Gesagte erinnern, so wird uns einfallen, daß ich einmal erwähnte, man könne manchmal den physischen Körper mit physischen Augen sehen, weil die Empfindung des Sehens über das astrale Kabel übertragen wurde. Wenn man nun sehen kann, während man bei Bewußtsein ist, warum soll dies nicht möglich sein, wenn man nur teilweise bei Bewußtsein ist und auf diese Weise träumen, daß man neben dem Astralkörper stehe und seine Bewegung beobachte? Ich meinerseits glaube, daß dies eine einleuchtende Erklärung eines solchen Traumes von der Abspaltung eines (inneren) Körpers ist, eines Traumes, in dem wir träumen, daß wir die Abtrennung des Astralkörpers beobachten.

Das schnellste und gewiß vernünftigste Verfahren, im Unterbewußtsein den richtigen inneren Drang zur Abspaltung des Astralkörpers zu erzeugen, einen Drang, der dann im Schlaf an die Oberfläche kommt, ist das Verfahren, auf das ich gerade hingewiesen habe, nämlich, das Unterbewußtsein mit dem Wunsch nach Aussendung des Astralkörpers zu erfüllen. Warum, frage ich, soll man das Bewußtsein mit einer Gewohnheit „erfüllen", die zu der Aussendung des Astralkörpers keine Beziehung hat, nur, weil der durch diese Gewohnheit erzeugte innere Drang sich auf den unterbewußten Willen auswirken wird, da man doch das Bewußtsein auf dieselbe Weise mit dem Bedürfnis für die Aussendung des Astralkörpers und der Kenntnis des dafür anzuwendenden Verfahrens erfüllen und so unmittelbar von dem träumen kann, was vorgeht, anstatt von irgendeiner Gewohnheit zu träumen, z. B. einer andauernden mechanischen Tätigkeit?

Wie man das Bewußtsein durch andauernde mechanische Tätigkeit mit einem inneren Drang erfüllt

Wenn man jedoch sein Unterbewußtsein mit einem inneren Drang erfüllen will, der aus einer langdauernden mechanischen Tätigkeit entsteht, und der „zum Ausbruch kommt", während wir schlafen, so müssen wir unsere ganze bewußte Willenskraft auf diese mechanische Tätigkeit richten. Man muß entschlossen den ganzen Tag über den gewöhnlichen Verlauf seines Tuns beibehalten, darf unter keinen Umständen davon abweichen.

Man gehe zur üblichen Zeit ins Bett, stehe zur üblichen Zeit auf, nehme seine Mahlzeiten zur üblichen Zeit ein und erfülle seine Pflichten regelmäßig und gewissenhaft Tag für Tag, bis die mechanischen Tätigkeiten ein Teil des Lebens selbst werden, bis das Bewußtsein alle anderen Eindrücke zurückgedrängt hat und bis die täglich wiederkehrenden Arbeiten fast automatisch geworden sind. Wenn wir unser Bewußtsein mit dem inneren Drang der Gewohnheit auf diese Weise „gesättigt" haben, müssen wir uns unser Ich vor Augen halten, wie es seinen täglichen Pflichten nachkommt, müssen daran denken, wenn wir in den Schlaf „steigen". Dabei müssen wir, bevor wir in Gedanken den mechanischen Tätigkeiten nachgehen, uns zur völligen Bewegungslosigkeit des physischen Körpers zwingen.

Der unterbewußte Wille handelt entsprechend der Stärke der Suggestion. Wir folgen unseren Gewohnheiten aus einem von zwei Gründen oder vielleicht in einigen Fällen aus beiden Gründen. Diese Gründe sind: 1. weil wir eine Pflicht erfüllen *wollen* und 2. weil uns die Notwendigkeit zwingt, diese Pflicht zu erfüllen.

Wenn wir dies als richtig annehmen, so wird der durch mechanische Tätigkeit im Bewußtsein erzeugte innere Drang sich entsprechend auf den unterbewußten Willen auswirken. Wenn man die mechanische Tätigkeit selbst wünscht, wird der unterbewußte Wille den Astralkörper leichter aussenden, als wenn wir uns zu der mechanischen Tätigkeit zwingen, infolge einer Notwendigkeit. Das bedeutet einfach, daß Bedürfnis *und* Gewohnheit den unterbewußten Willen besser beherrschen als die Gewohnheit allein.

Der innere Drang zur Aussendung des Astralkörpers kann dem unterbewußten Willen leichter aufgezwungen werden als der innere Drang zu einer mechanischen Tätigkeit, denn diese ist etwas zu Gewöhnliches, um das Bewußtsein so erfüllen zu können wie die Aussendung des Astralkörpers, — wie das Ungewöhnliche. Mir erscheint das Verfahren, die Aussendung des Astralkörpers durch tiefverwurzelte Gewohnheiten zu erzielen, ganz entschieden das schwierigste Verfahren überhaupt, und wenn ich die menschliche Natur beurteilen kann, so haben die meisten Menschen keine Neigung, so hartnäckig ihre alltägliche, gewöhnliche Arbeit beizubehalten. Die Erfüllung des Bewußtseins mit dem Wunsch nach Aussendung des Astralkörpers hat weit bessere Erfolge als die Erfüllung des Bewußtseins mit dem Drang, den alltäglichen, mechanischen Pflichten nachzukommen, so wie das Dampfboot viel besser ist als das Segelboot. Aber jedes der beiden Verfahren wird uns schließlich zu dem Ziel führen, das wir zu erreichen suchen.

Man manche es sich zu einer festen Gewohnheit, die Aussendung des Astralkörpers zu studieren, mache es sich zu einer mechanischen Übung, sie zu verwirklichen, man wünsche sich die Fähigkeit dazu so stark, daß das Bewußtsein davon ganz erfüllt ist; man veranlasse den physischen Körper zur völligen Passivität und „steige" in den Schlaf mit der geistigen Vorstellung des Weges, den der Astralkörper nach der Abspaltung vom physischen Körper unabänderlich nimmt. Das ist das Verfahren, um beliebig den Astralkörper vom physischen Körper abzutrennen.

Man hält es nach allem doch vielleicht für ziemlich schwierig, den Astralkörper auszusenden; wenn wir uns aber die Mühe machen, zu bedenken, daß dieselben Ursachen der Abspaltung des Astralkörpers zuweilen auch unbewußt wirksam werden, so sollten wir uns überzeugen, daß die absichtliche

Hervorbringung dieses Phänomens schließlich doch nicht eine so schwere Aufgabe ist.

Wie erfüllt man das Bewußtsein mit dem Bedürfnis zu trinken?

Man wird bei der Erweckung eines inneren Bedürfnisses, das nicht unmittelbar die Aussendung des Astralkörpers bewirken soll, das Bedürfnis zu trinken am leichtesten hervorrufen können und sehen, daß dieses Bedürfnis die stärkste Wirkung auslösen wird. Wenn man etwa glaubt, daß durch Durst kein inneres Bedürfnis geweckt wird, dann braucht man nur zu versuchen, wie lange man ohne Wasser auskommen kann. Trinken ist eine Notwendigkeit. Durst muß gelöscht werden. Das Bewußtsein ist fest entschlossen, das Bedürfnis zu befriedigen, und bei der Aussendung des Astralkörpers handelt der unterbewußte Wille in gleicher Weise.

Ein Verfahren, und zwar eines, das ich bei der Aussendung des Astralkörpers als erfolgreich herausgefunden habe, ist das folgende:

Zunächst enthält man sich für längere Zeit des Trinkens, bevor man sich zur Ruhe begibt, unter der Voraussetzung natürlich, daß man beabsichtigt, die Aussendung des Astralkörpers zu versuchen, wenn man zu Bett geht. Die Länge der Zeit, während der wir uns enthalten, dem Körpersystem Flüssigkeit zuzuführen, muß von uns selbst bestimmt werden, da die benötigte Flüssigkeitsmenge bei den Menschen ganz verschieden ist.

Es ist ein guter Gedanke, schon am Morgen damit anzufangen, nichts zu trinken, und wenn der Durst im Laufe des Tages zu stark wird, so trinke man gelegentlich einen kleinen Schluck Wasser, um das Bedürfnis zeitweilig zu befriedigen. Gegen Abend, kurz bevor man sich zur Ruhe begibt, trinke man einige Schluck Salzwasser, wenn der Durst zu groß wird. Auf diese Weise löscht man für kurze Zeit zu einem gewissen Grade den Durst, aber später entwickelt er sich wieder stärker als zuvor.

Während des Tages versuche man, den Durst dadurch noch

zu verstärken, daß man *fast* trinkt, daß man immer wieder ans Trinken denkt, daß man in ein Glas Wasser schaut usw. Gerade kurz bevor man zu Bett geht, stelle man ein Glas Wasser an einen Ort, an dem man sich gewöhnlich etwas zu trinken holt, z. B. in den Abfluß in der Küche. Man nehme sich einen Stuhl, schaue in das Glas Wasser und konzentriere sich darauf!

Man schaue das Glas Wasser fest an, und während man das tut, konzentriere man seine Gedanken auf den Astralkörper, stelle sich vor, wie er den physischen Körper verläßt, in dem man schläft, und wie er sich zu dem Abfluß begibt, um das Wasser zu trinken, das im Glas vor uns steht. Man stelle sich genau den Weg vor, den der Astralkörper zurücklegt, wenn er sich zu dem Abfluß begibt, um sich das Wasser zu beschaffen. Man wiederhole dieses Denkverfahren immer wieder und blicke dabei stets fest auf das Glas Wasser.

Jetzt ist man bereit, zu Bett zu gehen und zu schlafen. Man ist durstig, wenn man das tut, soll aber den Durst vergessen und beginnen, an das Herz zu denken, soll den Herzschlag durch Konzentration darauf herabsetzen. Wenn man gar nicht einschläft, nimmt man noch einen kleinen Schluck Wasser zu sich, am besten Salzwasser, und der Durst wird sogar noch stärker werden, wenn man einschläft.

Aber die Tatsache, daß man nicht schnell einschlafen kann, zeigt, daß das durch den Durst erzeugte Bedürfnis in uns sehr stark ist; und dieses Bedürfnis — das uns lange wach hält — ist der innere Drang, der den unterbewußten Willen veranlassen wird, den Astralkörper auszusenden, wenn man endlich doch einschläft.

Während man langsam einschläft, denke man fortwährend an das Glas Wasser, stelle sich dauernd vor, wie der Astralkörper den physischen Körper verläßt und sich zu dem Glas Wasser begibt! Wenn man die notwendige Bewegungslosigkeit des physischen Körpers bewirkt hat, wird sich der Astralkörper während des Schlafes vom physischen Körper abtrennen und wird versuchen, den Durst zu löschen. Der Weg, den er dabei zurücklegt, und den man sich vorher genau vor Augen geführt hat, wird sofort Wirklichkeit, indem der Astralkörper diesem Weg wirklich folgt.

Ich möchte sagen, daß dies eine sehr wirkungsvolle Übung ist und den Astralkörper leicht abspaltet, denn schon das Bedürfnis nach Wasser wird den Astralkörper abtrennen, und das Unterbewußtsein wird den Astralkörper an einen Ort schicken, wo man trinken kann, ohne daß man Weg und Ziel des Astralkörpers vorher plant. Wenn man dies jedoch tut, ist man des Erfolges sicher.

Wenn man dies eine Weile getan hat, denke man genau über seine Träume nach und überlege, ob ein Traum dabei gewesen ist, der mit den Geschehnissen in Verbindung gestanden hat. Man kann sogar das Bewußtsein erlangen, wenn der Astralkörper abgetrennt ist. Für den Fall aber, daß dies nicht geschieht, konzentriere man sich (während des Versuches) auf die Tatsache, daß man, wenn man zu dem Glas Wasser kommt, aufwacht. Man nimmt dann wahr, wie das Bewußtsein zurückkehrt, gerade, wenn man das Glas Wasser berührt. Wenn dann der Astralkörper abgespalten wird und man das Glas Wasser berührt — wenigstens die Stelle, wo das Glas Wasser steht —, so wird die Suggestion wirksam werden, daß wir jetzt das Bewußtsein erlangen müssen.

Das Bedürfnis zu essen kann in der gleichen Weise geweckt werden, und wir können das Bedürfnis auf dieselbe Art verstärken, wie wir das Bedürfnis zu trinken verstärkt haben, und damit den Astralkörper veranlassen, sich vom physischen Körper abzutrennen, um den Hunger zu stillen. Dies ist nicht ganz so unangenehm wie die Durstmethode. Wenn wir herzhaft zu essen gewohnt sind, so haben wir mit diesem Verfahren Erfolg; wenn wir aber zu den Menschen gehören, denen das Essen nicht wichtig ist, so wird das Bedürfnis, das durch unser Fasten geweckt wird, unser Bewußtsein nicht völlig erfüllen.

Wir können ein eigenes Verfahren entwickeln, wenn wir den Drang zu essen durch Fasten hervorrufen, denn wenn wir immer noch nicht die Regeln für die Abspaltung des Astralkörpers verstehen, sind wir dafür auch noch nicht reif. Carrington sagt in seinem Buch über Yoga, als er über die Aussendung des Astralkörpers spricht:

„Der erste Schritt ist die Enthaltsamkeit von Reizmittel enthaltenden Speisen und Getränken. Der Hirnanhang und die Zirbeldrüse werden, wie oft gesagt wird, dadurch zu sehr angeregt, da diese Dinge den Blutstrom im Gehirn verstärken." Dies ist auch etwas, was wir ständig im Sinn behalten müssen, wenn wir versuchen, die Fähigkeit zur Abspaltung des Astralkörpers zu entwickeln, denn Reizmittel im Essen und Trinken verhindern die Bewegungsunfähigkeit des physischen Körpers.

Ich habe schon die Tatsache erwähnt, daß von gewissen Nahrungsmitteln behauptet wird, sie wirkten auf den Astralkörper, und man wird sich erinnern, daß einige Forscher behauptet haben, daß eine bestimmte Ernährungsweise eine lokkernde Wirkung auf den Astralkörper ausübe, während eine andere eine bindende Wirkung habe. Wie dem auch sei, ich glaube, daß ich mehr verschiedene Ernährungsweisen versucht habe als sonst jemand in der Welt, um den Astralkörper zu lockern (sehr zu meinem Leidwesen), und ich bin schließlich zu dem Schluß gekommen, daß, wenn auch bestimmte Nahrungsmittel dazu neigen, den Astralkörper zu lockern, die Wirkung doch zu unbedeutend ist, um näher untersucht werden zu müssen.

Es ist der innere Drang im Unterbewußtsein, der den Astralkörper abspaltet, und überhaupt nicht zu essen ist der beste Weg, um die richtige Stärke dieses Dranges zu erzeugen. Ich glaube, daß man sich nur täuscht, wenn man denkt, man könne die Abtrennung des Astralkörpers durch bestimmte Ernährungsweisen bewirken, falls eine Ernährungsweise nicht Hunger erzeugt, wie das auch bei Fasten der Fall ist, und falls diese Ernährungsweise nicht die Bewegungsunfähigkeit des physischen Körpers vergrößert und so andere für die Aussendung des Astralkörpers günstige Faktoren verstärkt.

Astralwanderung an einen Ort, an dem sich Wasser befindet

Als ich Versuche mit dem inneren Drang anstellte, der durch Durst hervorgerufen wird, hatte ich das folgende Erlebnis: Unter den Wurzeln eines Baumes, gerade am Fuße eines bewaldeten Hügels, in Sichtweite des Ortes, an dem ich dies schreibe, entspringt eine Quelle. Um zu der Wasserquelle zu gelangen, muß ich die Straße vor diesem Haus überqueren, etwa eine Viertelmeile den Fluß entlang zu einer Brücke gehen, die Brücke überschreiten, eine kurze Strecke an Eisenbahngeleisen entlanggehen bis zu der Stelle, an welcher der Weg sich dem Fuß des Hügels nähert.

Ich war immer gern diesen Weg entlanggeschlendert, und wenn ich die Quelle erreichte, pflegte ich mich daneben hinzusetzen. Ich trank sehr gern von dem Wasser der Quelle (und tue das übrigens noch immer), und von Zeit zu Zeit bin ich zu der Quelle geschlendert, um einen Schluck von ihrem Wasser zu trinken.

Irgendwie trank ich das Quellwasser viel lieber als das Wasser im Dorf. So nahm ich eines Tages den Wasserkrug und ging den Fluß entlang zu der Quelle, füllte den Krug und kam zurück. An jenem Abend stellte ich ein Glas mit diesem Wasser in den Abfluß in der Küche — wo ich immer trinke, wenn ich zu Hause bin — und richtete etwa zwanzig Minuten lang meinen Blick darauf, bevor ich zu Bett ging. Ich erwartete, daß sich mein Astralkörper abtrennen und zu dem Ausguß und dem Wasser hinbewegen würde.

Aber statt daß mein Astralkörper zu dem Ausguß in der Küche ausgesandt wurde, wo das Glas mit dem Quellwasser stand, erwachte ich im Astralkörper neben der Quelle! Der Astralkörper hatte sich am Abfluß vorbeibewegt, dann den Fluß entlang und hatte an der Quelle jenseits des Flusses haltgemacht. Kein Traum ging diesmal dem Erwachen voraus, wie es sonst gewöhnlich der Fall war. Ich erwachte vielmehr ganz plötzlich und fand mich an dem genannten Ort. Ich möchte sagen: Es ist immer wünschenswert, daß dem Erwachen ein Traum vorausgeht, denn wenn das nicht der Fall ist, wird man für eine Weile ganz erregt. Der Traum erlaubt dem Bewußtsein, *langsam* zu erwachen.

Kapitel 12

BEWUSSTE ASTRALWANDERUNGEN SIND SELTEN

Selten erlebt der Astralwanderer eine Aussendung des Astralkörpers, bei der er von Anfang bis Ende *völlig* bei Bewußtsein ist. Ich weiß, daß dies eine Tatsache ist, nicht nur aus eigener Erfahrung, sondern auch dadurch, daß ich von den Erfahrungen anderer gelesen habe. Die meisten Berichte von einer Astralwanderung beginnen damit, daß sich der Astralwanderer in einem neuen Körper fand, außerhalb des physischen Körpers, daß er das Bewußtsein erst erlangte, wenn er im Astralkörper schon eine Strecke vom physischen Körper entfernt war, d. h. über den lebendigen Bereich des Astralbandes hinaus.

Einige Astralwanderer behaupten, sie verständen, wie sie dort hingekommen sind; andere geben ohne weiteres zu, daß sie das nicht verstehen. Aber etwas hat mich dabei immer verwundert: Wenn die Astralwanderer, die angeblich verstehen, wie die Astralwanderung vor sich geht, den Vorgang wirklich begreifen, warum haben sie das dann nicht mitgeteilt? Mir ist dieser Vorgang seit vielen Jahren klar, und ich habe immer angenommen, daß alle anderen Erforscher des Okkulten ihn ebenfalls mehr oder weniger verstehen.

Erst, als ich meine Aufmerksamkeit dem zuwandte, was andere darüber geschrieben haben, wurde ich überzeugt, daß der Vorgang doch nicht allgemein verstanden wird. Es ist leicht, den Leuten zu sagen, was sich ereignet, wenn der Astralkörper erst einmal abgespalten ist, aber ihnen zu sagen, wie diese Abspaltung hervorgerufen werden kann, ist etwas ganz anderes.

Es ist leicht, zu sagen: „Ich will den Vorgang bei der Trennung der beiden Körper nicht zur allgemeinen Kenntnis bringen", wie es die meisten Kenner dieses Vorgangs tun und dabei behaupten, dies würde ein gefährliches Wissen darstellen, das zu „unheilvollen Folgen" führen würde. Ich habe festgestellt, daß der Grund, warum niemand dieser Weisen diesen Vorgang im einzelnen beschrieben hat, nicht der ist, daß sie wegen der möglichen Folgen in Sorge sind, sondern weil sie den Vorgang nicht verstehen.

Sie wissen, daß gewisse Übungen die Aussendung des Astralkörpers bewirken können, aber sie wissen nicht, *warum* durch diese Übungen das gewünschte Ergebnis erzielt wird. Sie wissen, daß sie außerhalb des physischen Körpers erwacht sind, aber da sie nicht wissen, warum, haben sie dies als eine „Gabe" erklärt oder gesagt, die Abspaltung sei „plötzlich" geschehen. Und die Tatsache, daß die meisten Berichte von einer bewußten Aussendung des Astralkörpers beginnen, nachdem der Astralkörper den physischen Körper verlassen hat, läßt uns mit Bestimmtheit darauf schließen, daß eine von Anfang an völlig bewußt empfundene Abtrennung des Astralkörpers sehr selten ist.

Und eine völlig bewußt empfundene Abspaltung des Astralkörpers ist wirklich selten. Ich glaube, ich habe schon gesagt, daß in den meisten Fällen sich das Bewußtsein erst einstellt, nachdem der Astralkörper schon völlig abgetrennt ist. Und dies ist auch die beste Art, wie das Bewußtsein sich einstellen kann, denn das bewußte Empfinden ganz von Anfang an hat zur Folge, daß der Astralkörper zu unerwünschten Tätigkeiten veranlaßt wird, die sich im lebendigen Bereich des Astralbandes abspielen.

Ich habe jedoch eine derartige Aussendung des Astralkörpers (mit Bewußtsein von Anfang an) mehrere Male bewirkt und habe bei anderen Gelegenheiten unbeabsichtigte Astralwanderungen dieser Art erlebt. Man wird sich erinnern, daß ich meine allererste Astralwanderung von Anfang an bewußt empfunden habe.

Immer, wenn der Astralkörper in dieser Weise abgespalten wurde, stellte ich fest, daß dies geschah, nachdem ich einige Stunden geschlafen hatte. Ich pflegte zwischen ein und vier

Uhr morgens aufzuwachen, und der Astralkörper begann gewöhnlich „aufzusteigen“, wenn ich wieder einschlief; bei anderen Gelegenheiten aber (wie bei dem ersten von mir angeführten Beispiel) begann die Aussendung des Astralkörpers im Grenzzustand zwischen Schlafen und Wachen, wenn ich langsam wach wurde.

Ich will erklären, was in jedem dieser Zustände vor sich geht, 1. im Zustand zwischen Schlafen und Wachen, wenn man aufwacht, und 2. im Zustand zwischen Wachen und Schlafen, wenn man langsam einschläft.

Das erste von mir berichtete Erlebnis ist ein Beispiel für das, was vor sich geht, wenn eine bewußte Abspaltung des Astralkörpers im Halbschlaf beim Erwachen geschieht. Man beginnt, langsam zu erwachen, ist nicht imstande, zu verstehen, wo man sich befindet, ist sich aber bewußt, daß man sich irgendwo befindet. Wenn man die Augen zumacht und die Ohren verstopft, bekommt man eine Vorstellung von dem Zustand, in dem man sich einen Augenblick vor dem Aufsteigen des Astralkörpers bei seiner Abtrennung befindet.

Das Bewußtsein wird langsam klarer, und man begreift, daß man auf dem Bett liegt, bevor man sehen oder hören kann; im Genick spürt man dabei sehr deutlich ein Pulsieren. Dies ist der Herzschlag. Oft ist dies das allererste, was man wahrnimmt, sogar, bevor man begreift, daß man auf dem Bett liegt.

Plötzlich versteht man, daß man sich nicht bewegen kann, und wenn man den Astralkörper auszusenden wünscht, darf man den physischen Körper nicht bewegen wollen, sondern muß daran denken, daß man in die Luft aufsteigen will. Man darf aber nicht versuchen, in die Luft aufzusteigen, indem man Gewalt anwendet, denn dies würde der Kraft entgegenwirken, die den Astralkörper wirklich bewegt. Zu diesem Zeitpunkt soll man lediglich ruhig daliegen, ohne Gemütsbewegung, und nur daran denken, daß man im Astralkörper aufwärts schweben will.

Man wird das Gefühl haben, als wäre man an das Bett gefesselt. Schließlich wird man die Empfindung haben, als ob diese Fessel, die uns unten hält, ihre Stärke verloren hätte und daß man einem Ballon gleicht, dessen Anker gelöst worden ist; man beginnt, aufzuschweben. Dann hat man das Gefühl des Schwebens, weil der Astralkörper wirklich schwebt. Man muß dabei völlig stilliegen und das Gefühl des Schwebens regelrecht genießen. Man darf nur den Wunsch haben, sich nach oben und aus dem physischen Körper heraus zu bewegen.

In der Regel wird der Astralkörper erstarrt sein, bis die bewegende Kraft ihn aus der lebendigen Reichweite des Astralbandes hinausgetrieben hat, aber die Erstarrung wird aufhören, — manchmal schon (wenn der Astralkörper sich aufgerichtet hat) noch innerhalb der lebendigen Reichweite des Astralbandes. Aber die Starre löst sich niemals, solange der Astralkörper sich in waagerechter Lage befindet; er könnte sich aus der Starre nicht lösen und gleichzeitig dabei in waagerechter Lage bleiben.

Die ganze Zeit über, im lebendigen Bereich des Astralbandes, fühlt der Astralwanderer den Pulsschlag im Genick, und immer beobachtet man in der einen oder anderen Form ein merkwürdiges Verhalten des Astralkörpers, das man ja erforscht hat und das im lebendigen Bereich des Astralkörpers auftritt. Wenn der Astralkörper sich erst einmal außerhalb der lebendigen Reichweite des Astralbandes befindet, ist er frei und von einer kaum beschreiblichen Beweglichkeit und Lebendigkeit.

In diesem Augenblick erlangen die meisten Menschen, die eine bewußte Abspaltung des Astralkörpers erleben, zuerst das Bewußtsein. Die meisten Berichte beginnen so: „Wieder einmal befand ich mich außerhalb meines Körpers mit einem Gefühl der Freiheit, das ich gar nicht beschreiben kann." Ist dies nicht der beste Zeitpunkt, um das Bewußtsein wiederzuerlangen? Ganz gewiß! Bei der Abspaltung des Astralkörpers gibt es nichts Nachteiliges, wenn man mit einem so lebendigen Gefühl erwachen und sich vollkommen frei fühlen kann.

Man achte darauf, daß man, wenn die bewußte Abtrennung des Astralkörpers während des zweiten Halbschlafs beginnt (wenn man erwacht), die Trennung der beiden Körper empfindet. Wenn aber die Abtrennung während des ersten Halbschlafs beginnt (wenn man einschläft), steigt der Astralkörper mit solcher Leichtigkeit auf, daß man kaum weiß, daß er dies tut, bis man es plötzlich mit den Augen feststellt. Wenn das Gehör zu „arbeiten“ beginnt, scheinen Geräusche zunächst weit entfernt. Wenn die Augen zu sehen beginnen, scheint zuerst alles verwischt und weißlich. Wenn aber die Geräusche deutlicher werden, wird auch das Sehvermögen immer besser. Es gibt eine Stelle ein wenig außerhalb der beiden verschmolzenen Körper, an der, wenn der Astralkörper nach oben schwebt, das Bewußtsein bis zu einem gewissen Grade zu schwinden und dann wieder normale Stärke anzunehmen scheint.

Ich habe dies jedesmal festgestellt. Gerade, wenn der Astralkörper den physischen Körper verläßt, wird das Bewußtsein einen Augenblick unklar und kehrt dann zurück, wie eine elektrische Glühbirne, die einen Augenblick dunkel und dann wieder hell wird. Diese Stelle im Raum ist der Ort, wo es am schönsten ist, das Bewußtsein zu bewahren, und man vergesse nicht, daß diese Stelle sich sehr nahe bei den verschmolzenen Körpern befindet; sie befindet sich in der Zone der Ruhe.

Eine völlig bewußt empfundene Aussendung des Astralkörpers zu erzielen ist eine sehr heikle und schwierige Aufgabe, und gewöhnlich ist der Versuch erfolglos, wenn sich der physische Körper nicht im Zustand der völligen Bewegungslosigkeit befindet und das Gemüt nicht ganz ruhig ist.

Kein unterbewußter Drang ist in einem solchen Falle notwendig, da der unterbewußte Wille die Suggestion, den Astralkörper nach oben auszusenden, unmittelbar aus dem Bewußtsein übernimmt. Der Grund, warum eine völlig bewußt empfundene Abspaltung des Astralkörpers in der Regel nur vorkommt, wenn man einige Stunden geschlafen hat, ist der, daß der physische Körper dann in hohem Maße bewegungsunfähig geworden ist.

Es ist nicht ungewöhnlich, daß wir früh aufwachen, im Zustand sogenannter nächtlicher Starre, die in Wirklichkeit ein Zustand der Starre des Astralkörpers ist, und dies ist die beste Zeit, zu versuchen, den Astralkörper auszusenden, weil dies dann nur eine Sache der geeigneten Suggestion und der richtigen Ruhe des Gemüts ist.

Ich habe festgestellt, daß eine völlig bewußt empfundene Astralwanderung sich immer dann ereignet, wenn ich einige Stunden geschlafen hatte, manchmal sogar erst, wenn ich die ganze Nacht geschlafen hatte, daß dies oft um sechs oder sieben Uhr morgens eintrat. In der Regel wurde ich plötzlich ganz wach, fast immer zu derselben Stunde, jeden Morgen regelmäßig sechs- oder achtmal hintereinander, und dann erwachte ich immer zur gleichen Zeit und erlebte dabei die Abspaltung des Astralkörpers.

Ungefähr sechsmal in der Nacht, um zwei Uhr, wachte ich plötzlich auf, lag etwa fünfzehn Minuten wach und schlief dann wieder ein. Dann kamen Nächte, in denen ich um zwei Uhr erwachte und dabei die Abspaltung des Astralkörpers erlebte, manchmal, wenn ich aufwachte und manchmal, wenn ich einschlief.

Der passive Wille

Hat der Leser jemals den lebhaften Wunsch gehabt, etwas zu besitzen oder etwas zu tun und dann festgestellt, daß er regelmäßig mitten in der Nacht mit dem Wunsch im Bewußtsein aufgewacht ist und daß er dann nichts anderes hat denken können? Und hat er jemals bemerkt, nachdem er dies eine Zeitlang getan hat, daß er das, was er fest gewünscht hat, oft wirklich bekommen hat? Wenn man sich die Mühe macht, darüber nachzudenken, scheint es dann nicht, daß in uns irgendeine Kraft erwacht ist, geradezu für den Zweck, das zu beschaffen, was wir begehrt haben?

Es ist mir immer so erschienen, und ich habe bei drei verschiedenen Gelegenheiten das erlangt, was ich stark gewünscht hatte und was mir in den Tagesstunden meines Bewußtseins völlig außerhalb jeder Möglichkeit zu sein schien. Man wird sehen, falls man dies genau untersucht, daß man durchaus daran denken kann, etwas zu tun oder sich etwas zu beschaffen, was vorher ganz unmöglich erschienen ist, wenn man mitten in der Nacht aufwacht und daran denkt, an Dinge, die man während der Tagesstunden des bewußten Denkens für ganz unmöglich gehalten hat. Dazu das folgende als Beispiel:

Brown wünscht eine Lohnerhöhung. Diesen Wunsch hat er eine Zeitlang, zögert aber, seinen Arbeitgeber um mehr Geld zu bitten. Mitten in der Nacht erwacht Brown mit seinen Gedanken bei „mehr Geld". Völlig bei Bewußtsein liegt er da und sagt sich, daß er zum Chef gehen und ihm seine Meinung sagen werde. Er wird dies und er wird jenes tun. Aber wenn der nächste Tag kommt, wo ist dann sein starker Wille, wo ist seine Entschlossenheit?

Wenn Brown an die Entschlüsse denkt, die er in der letzten Nacht im Halbschlaf, aber bei Bewußtsein, gefaßt hat, wundert er sich, wie er nur an so lächerliche Dinge hat denken können. In der nächsten Nacht erwacht Brown wieder, denkt wieder an dasselbe, — an mehr Geld. Und während er daliegt — bei Bewußtsein, aber ruhig und schläfrig —, hat er wieder den starken Willen, der ihm während des Tages fast lächerlich vorkommt, und seine Absicht, dem Chef seine Meinung zu sagen und mehr Geld zu fordern, scheint ihm wieder ganz normal und vernünftig.

Wir haben dies alle schon erlebt. Wir haben Dinge ausgedacht, zu tun geplant, haben beschlossen, etwas zu kaufen, während wir wach waren mitten in der Nacht, und am Morgen, wenn wir uns an diese Entschlüsse erinnerten, schienen sie uns fast zu weitgehend, fast phantastisch, fast undurchführbar. Wenn wir in Wirklichkeit den Mut hätten, den wir in unserer nächtlichen Phantasie (unserer bewußten Phantasie) hatten, wären wir dann nicht wirklich tapfer?

Wir haben gelernt, daß der Wille uns zum Handeln veranlaßt, daß er uns etwas tun läßt, — im Geist, daß er unsere Aufmerksamkeit auf eine bestimmte Sache richtet, bis diese alle anderen Eindrücke verdrängt. Es gibt einen passiven und einen aktiven Willen, wie wir ihn nennen können. Der passive Wille ist der stärkere, der entschlossenere, den wir haben, wenn wir mitten in der Nacht aufwachen und unsere Luftschlösser bauen. Wir wollen diesen Willen den passiven Willen nennen, weil wir in einem passiven Zustand sind, während wir von ihm Gebrauch machen, wenn wir in der Nacht einen

Entschluß fassen, bei Bewußtsein, aber im Halbschlaf, — passiv.

Den Willen, den wir während des Tages gebrauchen, den wir mehr oder weniger gezwungen sind zu gebrauchen, wollen wir aktiven Willen nennen, weil wir dabei in Körper und Geist aktiv sind. Der Wille, den wir während des Tages gebrauchen, ist der Wille, der auf die Entschlüsse und Überlegungen des passiven Willens von der Nacht zuvor zurückblickt, und der sie jetzt als undurchführbar ansieht.

Der passive Wille ist der schöpferische Wille, der in seinem Wollen entschlossen und kühn ist. Trotzdem ist man fest überzeugt, während der passive Wille wirksam wird, daß seine Entschlüsse unvernünftig sind. Jetzt noch ein Beispiel, das uns den Unterschied zwischen dem passiven Willen und dem aktiven Willen zeigen soll, denn all dies ist wichtig für die Aussendung des Astralkörpers, wie wir gleich sehen werden.

Ich erinnere mich, daß mein älterer Bruder, als ich noch ein kleiner Junge war, ein 10-mm-Gewehr hatte. Ich hatte immer gewünscht, meinen Freunden einmal erzählen zu können, daß ich mit diesem Gewehr geschossen hatte, was es für einen Rückstoß hatte usw. Ein Nachbarsjunge sagte mir eines Tages, daß der Rückstoß beim Abfeuern des Gewehres mich umwerfen würde und forderte mich heraus, trotzdem damit zu schießen. Ich wollte vorgeben, daß ich mit einem Gewehr umgehen könne, aber in meinem Herzen befürchtete ich sehr, daß ich wirklich umgestoßen würde, wenn ich versuchte, mit dem Gewehr zu schießen.

Mehrere Nächte wachte ich mit dem Gedanken auf, das Gewehr abzuschießen, und während ich noch darüber nachdachte, entschloß ich mich, es zu wagen; ich sah mich selbst, wie ich es tat, sah meinen Freund von nebenan neidvoll zusehen usw. Jenes 10-mm-Gewehr abzuschießen schien mir in der Nacht, wenn ich daran dachte, nichts Besonderes, und viele Male sagte ich mir: „Ich will damit schießen."

Aber als der nächste Tag kam und ich nach dem Gewehr sah, schienen mir die Entschlüsse meines passiven Willens, meines schöpferischen Willens — all meine Entschlossenheit, die mir in der Nacht so vernünftig erschien — töricht und sogar phantastisch. Wenn ich jetzt aktiv den gleichen entschlossenen Willen, denselben starken Willen gehabt hätte wie nachts, als ich passiv war, hätte es für mich kein Zögern gegeben, das Gewehr abzuschießen.

Natürlich kann man sagen, daß der aktive und der passive Wille miteinander verschmolzen sind, aber für unseren gegenwärtigen Zweck wollen wir annehmen, daß es einen deutlich passiven Willen, einen schöpferischen Willen, und daß es einen deutlich aktiven Willen gibt und daß wir beide Formen des Willens bewußt empfinden.

Wir werden natürlich verstehen, daß der passive Wille sich keineswegs darauf beschränkt, sich während des Wachseins in der Nacht zu offenbaren, denn der schöpferische Wille kann zu jeder Zeit wirksam sein, wenn wir bei Bewußtsein sind. Der aktive und der passive Wille können gleichzeitig wirksam werden, d. h. man kann eine vom aktiven Willen diktierte Handlung ausführen, und gleichzeitig kann der passive Wille etwas ganz anderes beschließen.

Aussendung des Astralkörpers mit Hilfe des passiven Willens

Wenn wir (im Wachzustand) uns Träumereien hingeben, gebrauchen wir oft den passiven Willen. Wir können unserer Einbildungskraft freies Spiel lassen, können aber nichts verursachen. Wir können etwas verursachen, ohne unserer Einbildung freies Spiel zu lassen. Aber wenn wir uns ganz besondere Dinge vorstellen, wenn wir mitten in der Nacht erwachen und in Gedanken eine Handlung ausführen, die während des Tages töricht schien und die uns jetzt ganz vernünftig vorkommt, wenn wir uns in Gedanken sagen: „Ich will *dies* tun“ oder „ich will *das* tun“, dann erfüllen wir unser Unterbewußtsein mit übermächtigen Eindrücken.

Wenn unsere Suggestion, etwas Bestimmtes zu tun, ernsthaft ist, und wenn das, was wir tun wollen, etwas Außergewöhnliches ist, entsteht im Unterbewußtsein gewöhnlich ein starker Eindruck. Man erinnere sich, daß das Unterbewußtsein diese Suggestionen ernst nimmt, unbekümmert, woher sie rühren. Daher empfängt das Unterbewußtsein, wenn wir unseren passiven Willen auf das richten, was wir stark wünschen, bestimmte, starke Suggestionen, Suggestionen, die es unmöglich vom aktiven Willen hätte bekommen können.

Vielleicht wird man sagen: „Was wollen Sie uns einreden? Daß man den astralen Körper einfach dadurch aussenden kann, daß man sich vorstellt, man sei dazu fähig?"

In gewissem Sinne kommt dies der Wahrheit näher, als man denkt, aber ich will nicht behaupten, daß die Vorstellungskraft allein den Astralkörper abtrennen kann. Ich behaupte jedoch, daß der passive Wille, der schöpferische Wille, die Abtrennung des Astralkörpers verursachen kann. Da das Unterbewußtsein alle Suggestionen ohne Widerstand aufnimmt, werden die Suggestionen, die es vom passiven Willen, dem stärksten Willen, erhält, ohne Einschränkung aufgenommen.

Wir wollen zu jenem Mann — Brown — zurückkehren, der von seinem Arbeitgeber mehr Geld verlangt. Unter dem Einfluß des passiven Willens, während er mitten in der Nacht wach im Bett liegt und an seinen Wunsch denkt, stellt sich Brown vor, wie er zu seinem Arbeitgeber geht und mehr Lohn fordert. Und die ganze Zeit über, unter dem Einfluß dieses passiven Willens, hält Brown seine Forderung für vernünftig und sagt sogar: „Ich will dies und ich will das tun", und es ist ihm damit im Augenblick ganz ernst. Sein Unterbewußtsein wird in ähnlicher Weise beeinflußt, und der durch seine Entschlossenheit erzeugte innere Drang ist sehr stark.

Wenn Brown jetzt fortführe, seinen starken Willen zu gebrauchen, würde er die Dinge tun, die zu tun er sich vorgenommen hatte. Das Unterbewußtsein, das die Suggestion aufgenommen hatte, bewahrt sie, um diese Dinge ausführen zu lassen, und wenn Browns Bewußtsein für eine Weile erlöschen würde, wäre im Unterbewußtsein immer noch der durch den passiven Willen erzeugte innere Drang.

Das ist nun der Grundsatz, nach dem wir handeln, um die Aussendung des Astralkörpers zu bewirken: Wir erwachen in der Nacht mit dem passiven Willen, den Astralkörper auszusenden, und schlafen wieder ein mit diesem starken, entschlossenen Willen immer noch in unserem Unterbewußtsein.

Ich habe berichtet, wie ich jede Nacht um zwei Uhr aufzuwachen pflegte, viele Male hintereinander, kurz bevor ich eine bewußte Astralwanderung erlebte. Jedesmal, wenn ich erwachte, schien es mir, daß irgendeine Kraft in mir mich absichtlich geweckt habe, damit ich an die Abspaltung des Astralkörpers denken und sie wünschen könne. (Ich erdachte für die Astralwanderung scheinbar unmögliche Dinge, und doch schienen sie mir in jenem Zustand der Passivität durchaus nicht unmöglich, und oft sagte ich: „Ich *will* den Astralkörper aussenden und zwar von Anfang an bei vollem Bewußtsein. Ich habe es unabsichtlich getan und kann es wieder tun. Ich will zu dem und dem Ort gehen" usw. und lasse meine Gedanken und Wünsche die ganze Zeit über als völlig vernünftig erscheinen.)

Ich gebe jedoch zu, daß ich bei Tage meinen Willen zu ändern und zu denken pflegte, daß ich *vielleicht* den Astralkörper von Anfang an bei vollem Bewußtsein aussenden und daß ich *vielleicht* an diesem oder jenem Ort erscheinen könne, und obwohl ich das schon vorher getan hatte, zweifelte ich, daß ich das absichtlich noch einmal tun könne. So wurde es mir schließlich langsam klar, daß der passive Wille, der Wille in der Vorstellung doch der stärkere Wille war und daß jene vernünftigen und starken Gedanken, die während der Nacht unvernünftig erschienen, wirklich im Unterbewußtsein verwurzeln würden, genauso stark, wie mein passiver Wille sie ihm eingeprägt hatte. Auf diese Weise wurde die erste bewußte Astralwanderung ausgelöst.

Obwohl ich die Tatsache erwähnt habe, daß ich Nacht für Nacht wochenlang, bevor ich die Aussendung des Astralkörpers erlebte, um zwei Uhr aufwachte, und daß ich während der Stunden des Wachseins an nichts anderes als an die Aussendung des Astralkörpers dachte, ist mir der wirkliche Grund für die Astralwanderung bei vollem Bewußtsein erst mehrere Jahre später klar geworden.

Ich weiß jetzt, daß es während dieser Zeiten des nächtlichen Wachliegens geschah, daß ich den passiven Willen gebrauchte und dadurch den im Unterbewußtsein bereits vorhandenen Wunsch nach Aussendung des Astralkörpers übermäßig verstärkte. Ja, der Wunsch war schon vorhanden; er wurde von meinem Wissen um die Abtrennung des Astralkörpers und meinem Wunsch, sie zu bewirken, nur noch verstärkt, und der dadurch erzeugte innere Drang weckte mich gewöhnlich in der Nacht, und dann pflegte ich den passiven Willen auf diesen inneren Drang, der mich weckte, wirken zu lassen und ihn so übermäßig zu verstärken und dadurch später eine von Anfang an bewußt empfundene Abtrennung des Astralkörpers zu verursachen. Und diese völlig bewußt empfundene Abtrennung begann zu der Stunde, zu der ich jede Nacht wach geworden war.

In der Tat, wenn der durch einen Wunsch oder ein Bedürfnis erzeugte innere Drang stark genug ist, um uns nachts zu wecken, ist er auch stark genug, den Astralkörper auszusenden, ohne den inneren Drang durch den passiven Willen übermäßig zu erhöhen. Wenn wir aber jede Nacht aufwachen und den passiven Willen auf den inneren Drang wirken lassen, so wird dieser durch unseren tiefverwurzelten Wunsch tatsächlich übermäßig verstärkt, und er wird so stark, daß man dann eine von Anfang an bewußt empfundene Aussendung des Astralkörpers bewirken kann, — manchmal beim Erwachen, manchmal beim Einschlafen.

Der im Unterbewußtsein vorhandene innere Drang wird eines von drei Dingen bewirken: Er kann uns wecken, er kann uns veranlassen, körperlich zu schlafwandeln, oder er kann den Astralkörper aussenden. Wenn der innere Drang uns in der Nacht weckt, so können wir dies dazu benutzen, unseren passiven Willen auf ihn wirken zu lassen und ihn so stärker und kraftvoller denn je werden zu lassen, und früher oder später wird eine Nacht kommen, in der das Bewußtsein sich nicht zur gewohnten Stunde einstellt und der unterbewußte Wille im Begriff ist, den Astralkörper abzutrennen und plötzlich das Bewußtsein wieder erwacht; vielleicht geschieht dies gerade in dem Augenblick, in dem der Astralkörper ausgesandt wird, oder vielleicht ist der Astralkörper bereits eine kurze Strecke von dem physischen Körper entfernt.

Ich zögere nicht, zu sagen, daß der passive, planende Wille, den Astralkörper auszusenden, eines der großen Geheimnisse bei der Astralwanderung ist. Wenn man will, kann man dies einen Vorgang reiner Phantasie nennen, aber er ist nicht bloße

Phantasie, sondern Phantasie *und* der Wille, das zu tun, was man sich vorgestellt hat.

Man kann den passiven Willen niemals etwas zu tun zwingen, denn im Augenblick, in dem wir das versuchen, wird er aktiver Wille. Wir brauchen den Wunsch, den Astralkörper auszusenden, nur stark zu empfinden, um dadurch den passiven Willen zu verursachen, der dann seinerseits den inneren Drang dazu entstehen läßt und das Unterbewußtsein überzeugt, daß unsere Vorstellung von der geplanten Abtrennung des Astralkörpers ganz vernünftig und durchaus möglich ist.

Bei Tage, unter der Wirkung des aktiven Willens, beabsichtigt man vielleicht, den Astralkörper auszusenden; man wird aber Zweifel haben, ob dies möglich ist. Bei Nacht aber wachen wir vielleicht auf und stellen uns vor, daß wir im Begriff sind, den Astralkörper auszusenden und haben die feste Überzeugung, daß wir es tun können, gerade wie ich in der Nacht die feste Überzeugung hatte, daß ich das Gewehr abschießen könne, während des Tages aber — unter der Wirkung des aktiven Willens — stark daran zweifelte. Jener entschlossene, übermäßig starke Wille, den wir haben, wenn wir mitten in der Nacht aufwachen, bei Bewußtsein, aber schläfrig, ist der Wille, der die Aussendung des Astralkörpers fördert. Man gebrauche ihn, um positive Ergebnisse zu erzielen!

Man versuche, zu einer bestimmten Stunde aufzuwachen — etwa jede Nacht um drei Uhr —, und wenn unser Bedürfnis, den Astralkörper auszusenden, stark genug ist, wird unser planender Wille auf dieses Bedürfnis einwirken. Man mache dabei keine *Anstrengung*, sondern überlasse den Willen und die Vorstellungskraft, die bei der Abspaltung des Astralkörpers tätig sind, einfach sich selbst und versuche, inzwischen wieder einzuschlafen. Dies tue man mehrere Nächte hintereinander, und schon bald werden seltsame Dinge zu dieser nächtlichen Stunde geschehen!

Ergebnisse, die erzielt werden, wenn der innere Drang zur Aussendung des Astralkörpers verstärkt wird

Wenn man glaubt, den im Unterbewußtsein vorhandenen inneren Drang zur Aussendung des Astralkörpers genügend verstärkt zu haben, und wenn diese Überzeugung richtig ist, müßte einer der folgenden Vorgänge eintreten:

1. Man sollte von einer Astralwanderung träumen.
2. Man sollte körperlich schlafwandeln. (Ein Anzeichen dafür ist, daß man aufwacht und feststellt, daß man im Begriff ist, sich aus dem Bett zu erheben.)
3. Man sollte in der Nacht mit dem starken Wunsch aufwachen, den Astralkörper auszusenden.
4. Man sollte eine bewußte Astralwanderung erleben.

Wenn keines dieser Phänomene eintritt, gibt es dafür nur eine einzige Erklärung. Entweder hat man sich nur eingebildet, daß das Unterbewußtsein von dem Verlangen erfüllt sei, den Astralkörper auszusenden, oder man erlebt eine unbewußte Abspaltung des Astralkörpers. Und man lasse mich das folgende sagen: Die unbewußte Astralwanderung ist ein ganz gewöhnliches Ereignis. Ich glaube, daß niemand eine Vorstellung hat, wie häufig unbewußte Astralwanderungen sind. Es ist meine feste Überzeugung, daß es für jeden Fall eines körperlichen Schlafwandels ein Dutzend Astralwanderungen der unbewußten Art gibt. Ich habe viele bewußte Astralwanderungen erlebt, und ich habe keine Ahnung, wieviele Male ich unbewußt im Astralkörper gewesen bin. Ich habe jedoch, soviel ich weiß, nur zwei- oder dreimal in meinem Leben einen körperlichen Schlafwandel erlebt.

Noch etwas zu den vier verschiedenen Ergebnissen, welche die Verstärkung des Verlangens nach Aussendung des Astralkörpers hat:

1. Wenn man von der Astralwanderung träumt, versuche man sogleich eines der Verfahren anzuwenden, durch die man erzielen will, daß man aufwacht, wenn man einen bestimmten Ort erreicht.

2. Wenn man körperlich schlafwandelt, hat man den richtigen Grad der körperlichen Bewegungslosigkeit noch nicht er-

reicht. Man muß daher den Herzschlag weiter herabsetzen, und dann wird der physische Körper, wenn der unterbewußte Wille sich entschließt, den Astralkörper abzutrennen, sofort reagieren und wird zurückbleiben.

3. Wenn man mitten in der Nacht mit dem Verlangen nach Abspaltung des Astralkörpers erwacht, so lasse man seinen passiven Willen auf dieses Verlangen wirken — den planenden Willen — und „steige" zum Schlaf „auf" unter dem Einfluß dieses planenden Willens. Man versichere sich auch, daß man die völlige körperliche Passivität erzielt, bevor man einschläft, so daß man in astraler Starre erwacht.

4. Sollte man feststellen, daß keines der ersten drei Phänomene eintritt, so ist entweder der durch unser Verlangen erzeugte innere Drang zu gering, oder man erlebt eine unbewußte Astralwanderung. In diesem Falle muß man sich suggerieren, wenn man sich zur Ruhe legt, daß man von jetzt an jede Nacht um drei Uhr aufwachen wird.

Wenn wir dadurch nicht geweckt werden, müssen wir eine Weckuhr verwenden, bis wir uns die Gewohnheit anerzogen haben, zu der gewünschten Zeit aufzuwachen. Wir liegen dann wach, in der Stille der Nacht, bei Bewußtsein, aber schläfrig, und lassen unseren passiven Willen auf das Verlangen nach einer Astralwanderung wirken. Dies müssen wir Nacht für Nacht fortsetzen, bis wir es zu einer Gewohnheit gemacht haben. Dann müssen wir uns zwingen, wenn wir uns schlafen legen, eine größere körperliche Passivität durch Herabsetzung des Herzschlages zu erreichen.

Dies ist eines der Verfahren, die ich mit ziemlich gutem Erfolg angewandt habe, und bei denen ich von Anfang an bei Bewußtsein war. Mit dem vom Verlangen nach einer Astralwanderung erfüllten Bewußtsein legte ich mich abends zur Ruhe nieder und verringerte den Herzschlag beträchtlich, bevor ich einschlief. Oft schlug mein Herz dabei nur dreißigmal in der Minute und es schlug natürlich noch langsamer, wenn ich schließlich einschlief.

Dann pflegte ich zu einer bestimmten Stunde in der Nacht zu erwachen, und wenn ich mich nicht bewegungsunfähig fand, so ließ ich meinem passiven Willen freies Spiel und bewirkte so manchmal eine Astralwanderung, wenn ich wieder einschlief. Wenn ich aber feststellte, daß ich mich nicht nach Belieben bewegen konnte, legte ich mich ganz bequem nieder und dachte an nichts anderes, als nach oben in das Zimmer und aus ihm hinaus zu schweben.

In der Regel stellt man fest, daß der Astralkörper sich vom physischen Körper trennt, bevor man aufwacht, wie es bei mir viele Male der Fall war, wenn ich dieses Verfahren anzuwenden versuchte, — abgesehen von den Fällen, in denen ich von Anfang an bei Bewußtsein war.

Es gibt noch ein anderes Verfahren, das ich als nützlich erkannt habe, sehr nützlich in der Tat und wahrscheinlich wurde das angenehmste Erlebnis, das ich jemals hatte, durch dieses Verfahren erzielt. Wenn mein Bewußtsein mit dem starken Verlangen nach einer Astralwanderung erfüllt war, pflegte ich um zwei Uhr nachts zu erwachen, und während ich wach lag — bei Bewußtsein, aber schläfrig —, dachte ich an die Astralwanderung und wünschte mir, im Zimmer einer meiner Bekannten zu erwachen, die in einiger Entfernung von meinem Elternhaus wohnte. Ich lag ganz passiv da, wobei mein planender Wille auf dieses Verlangen einwirkte, und schlief schließlich mit dem Gedanken daran ein. Und dieses Verfahren war erfolgreich! Ich hatte dieses Verfahren erst etwa eine Woche angewandt, als ich in ihrem (meiner Bekannten) Zimmer erwachte statt in meinem physischen Körper.

Sie schlief in diesem Augenblick, und nachdem ich eine Weile neben ihr gestanden und sie beobachtet hatte, verließ ich ihr Zimmer. Man sagt vielleicht: „Warum haben Sie nicht versucht, sie zu wecken, als Sie in ihrem Zimmer waren?“ Aber ich meinerseits möchte den Leser dies fragen: „Was hätte es genützt, wenn ich denselben alten Versuch gemacht hätte, — den physischen Körper zu berühren?“ Ich habe das so viele Male ohne Erfolg versucht, daß es nach meiner Ansicht nur Zeitverschwendung ist, zumal es so viele andere Dinge zu sehen und zu erleben gibt, während man die Möglichkeit hat, das zu tun?

Ich habe meiner Bekannten so oft von Astralwanderungen erzählt und sie ihr erklärt, aber obwohl sie mir zuhörte, war sie immer voller Zweifel. Nachdem ich dies verhältnismäßig leichte Verfahren, meinen Astralkörper zu ihr auszusenden, entdeckt hatte, dachte ich mir einen Plan aus, von dem ich erhoffte, daß er gute Ergebnisse haben und sie überzeugen würde, daß ich wirklich meinen Astralkörper aussenden könne. Ich wünschte sehr, sie zu überzeugen und kümmerte mich nicht darum, ob sonst jemand mir glaubte oder nicht.

Einige typische Astralwanderungen

Wir einigten uns daher auf das folgende Verfahren: Wir wollten beide um zwei Uhr aufwachen und wachliegen, bei Bewußtsein, aber schläfrig. Ich sollte mir vorstellen, daß ich meinen Astralkörper in ihr Zimmer sandte. Sie sollte sich vorstellen, daß ich das täte. Ich hoffte daher, bei diesem Verfahren nicht nur meine eigenen Kräfte zur Aussendung des Astralkörpers zu verwenden, sondern auch ihre psychische Kraft zu meiner Unterstützung zu benutzen. Ich wollte unserem passiven Willen erlauben, auf unser Verlangen zu wirken, und zwar mitten in der Nacht zu derselben Zeit.

Einige Wochen vergingen, und während dieser Zeit gelang es mir, meinen Astralkörper mehrere Male in ihr Zimmer auszusenden und dort das Bewußtsein zu erlangen. Aber ich konnte mich nicht daran erinnern, die dazwischen liegende Strecke zurückgelegt zu haben; mit anderen Worten: Ich blieb ohne Bewußtsein bis zu der Zeit, da ich erwachte. Bei einer Gelegenheit war meine Bekannte, als ich erwachte, ebenfalls wach, aber sie sah mich nicht.

Es ereignete sich jedoch etwas Seltsames. Ich beschloß, bei der nächsten Gelegenheit bestimmte Dinge zu tun, von denen ich ihr vorher nichts sagen wollte, und zu sehen, ob sie mir später beschreiben könne, was ich getan hatte, vorausgesetzt, sie gab zu, mich gesehen zu haben.

Ich ging infolgedessen zu ihrem Frisiertisch, legte meine Hand auf ihre Haarbürste, ging zu ihr hin und legte meine Hand auf ihre Schulter, stand so einige Augenblicke da, ging dann zurück und legte meine Hand auf die Haarbürste, dann wieder auf ihre Schulter usw. und wiederholte dies etwa ein Dutzend Mal. Die ganze Zeit über schlief sie offenbar.

Am nächsten Tage fragte ich sie, ob sie mich in ihrem Zimmer gesehen habe. „Nein", war die Antwort, „aber ich habe geträumt, du seiest dagewesen." „Was hast du geträumt?", fragte ich sie. Ich träumte, du versuchtest, mir das Haar zu kämmen", antwortete sie, „und daß du hin und her gelaufen seiest und versucht habest, den Kamm zu finden und daß ich dir dauernd gesagt hätte, er sei auf dem Frisiertisch."

Ich schloß daraus, daß dies ein fast völliger Erfolg gewesen sei, obwohl sie nur geträumt hatte; Versuche ihrerseits jedoch, mich zu sehen, schienen erfolglos. Und was denkt man, was dann geschah? Ich hatte einen Traum, ich sei in ihrem Zimmer (offensichtlich eine Astralwanderung bei nur teilweisem Bewußtsein, da ich mich an diesen Traum nicht vor dem nächsten Tag, als ich sie traf, erinnerte), und sie sagte, sie habe mich da gesehen. Nichts konnte sie überzeugen, daß sie mich nicht gesehen habe!

Natürlich kann die Theorie der „Gedankenform" aufgestellt werden, um dies zu erklären; es ist aber kein größeres Wunder, daß der Astralkörper sich an einem bestimmten Ort befindet als das Erschaffen und Gesehenwerden einer Gedankenform. Wenn der Astralkörper sich in der Nacht vom physischen Körper trennen und die Gedanken anderer in großer Entfernung befindlicher Menschen beeinflussen kann, ist es dann nicht möglich, daß viele Menschen Verbrechen begangen haben als Ergebnis des Umstandes, daß ein verbrecherisches Astralwesen sich in der Nähe befunden hat, während sie schliefen, und ihr Unterbewußtsein beeinflußt hat? Es ist gewiß möglich!

Die Vorstellung, daß *alle* Träume durch Dinge ausgelöst werden, die sich im früheren, bewußten täglichen Leben ereignet und sich in das Unterbewußtsein eingegraben haben, ist ein reiner Trugschluß. Die Astralkörper der Toten, Gedanken der Toten und der Lebenden, können Träume bewirken und auch das Unterbewußtsein der Menschen beeinflussen, ohne daß diese sich dieser Tatsache bewußt sind.

Und hier ist noch etwas Wichtiges. Angenommen, wir erleben nachts eine Astralwanderung und betreten dabei ein Haus, das einem anderen Menschen gehört und werden dabei von jemand gesehen, der in diesem Hause wohnt. Könnte man den Durchschnittsmenschen überzeugen, daß er den ausgesandten Astralkörper eines lebenden, irdischen Menschen gesehen habe, eines Menschen wie er selbst, eines Menschen, der irgendwo schlief? Wohl kaum!

Und wenn der Astralwanderer ohne Bewußtsein wäre, würde der hellsichtige Mensch sagen, daß der „Geist", den er sah, genau an ihm vorbeigegangen sei, ohne ihm irgendwelche Beachtung zu schenken. So gibt es viele Möglichkeiten, Spukhausphänomene zu erklären. Und ferner, wenn der Astralwanderer ohne Bewußtsein wäre, warum könnte er dann nicht durch Gedanken von Menschen beeinflußt werden, die in dem Haus wohnen, und das tun, was er nach der Vorstellung dieser Menschen tut? Könnte nicht Gedankenübertragung das Bewußtsein des Astralwanderers beeinflussen? Ich glaube, daß dies durchaus möglich ist. Als ich zum Beispiel träumte, ich sei in dem Zimmer meiner Bekannten und sie mich da zu sehen glaubte, konnten da nicht ihre Gedanken (ich sei in ihrem Zimmer) bei mir den Traum auslösen (ich sei dort wirklich)?

Jedenfalls geschah dies bei einer Gelegenheit, und sie erklärte, daß ich durch die Wand in ihr Zimmer gekommen sei, gerade als sie im Begriff war, einzuschlafen, und daß ich sie nicht beachtet hätte, als ich im Zimmer umherging und es schließlich durch die Wand wieder verließ. Im Laufe der Zeit mit den Sorgen und Pflichten des alltäglichen Lebens wurden unsere Versuche selten, aber seitdem bin ich mehrere Male in ihrem Zimmer aufgewacht, indem ich den passiven Willen, den planenden Willen, gebrauchte, das zu tun, und bei anderen Gelegenheiten durch unbeabsichtigte Astralwanderungen.

Warum sollte man diesen Versuch daher nicht durchführen, wenn es keinen Grund gibt, warum man es nicht tun sollte? Wir treffen entsprechende Vereinbarungen mit jemand, der uns sympathisch ist und dem wir ebenfalls sympathisch sind. Wir sollten beide zur vereinbarten Zeit nachts aufwachen, wachliegen — bei Bewußtsein, aber schläfrig — und dem passiven Willen erlauben, auf unser Verlangen einzuwirken.

Derjenige, der eine Astralwanderung erleben will, muß wünschen, sich an der Seite des anderen zu befinden, muß sich vorstellen, wie sein Astralkörper aufwärts schwebt, aus dem physischen Körper hinaus und durch die Luft an die Seite des Freundes, und dieser muß sich gleichzeitig vorstellen, wie der Astralwanderer dies tut. Man darf aber nicht vergessen, den passiven Willen, den planenden Willen, zu gebrauchen. Man lege sich zu Bett, indem man dabei den passiven Willen anwendet.

Je größer die Zuneigung zwischen dem Astralwanderer und dem Partner ist, um so größer ist die Harmonie und um so größer ist das Verlangen, den Astralkörper auszusenden. Und man gebrauche als bloßen Versuch einmal nachts, wenn man sich schlafen legt und weit entfernt von jemand ist, den man liebt, den planenden Willen, indem man wünscht, zu ihm oder zu ihr zu kommen; man stelle sich dabei vor, wie der Astralkörper aus dem physischen Körper heraus aufsteigt, gerade in dem Augenblick, in dem man im Begriff ist, einzuschlafen. Ein anderer Faktor, der bei diesem Versuch nützlich ist, besteht darin, daß der Astralkörper die Neigung hat, sich zu dem Ort zu begeben, an dem er sich gewöhnlich befindet, und sich auch viel leichter von einem unbekannten Ort zu einem bekannten Ort zu bewegen.

Die folgenden Berichte, die dem meinen ähneln, habe ich Carringtons Buch "True Ghost Stories" („Wahre Geistergeschichten") entnommen. Hier ist ein Beispiel dieser Art von einem englischen Forscher, dem Reverend William Stainton Moses, der den folgenden Bericht bestätigt, den der dabei Beteiligte lieferte:

„Eines Abends entschloß ich mich, Z. zu erscheinen, der einige Meilen entfernt wohnt. Ich hatte ihn von dem beabsichtigten Versuch vorher nicht in Kenntnis gesetzt, sondern legte mich kurz nach Mitternacht zur Ruhe nieder, mit meinen Gedanken fest auf Z. gerichtet, mit dessen Zimmern und Umgebung ich durchaus vertraut war. Ich schlief bald ein und wachte am nächsten Morgen auf, ohne zu wissen, was sich etwa ereignet hatte.

Als ich Z. einige Tage später sah, fragte ich ihn: „Hat sich

Samstag nacht in Ihrer Wohnung irgend etwas Besonderes ereignet?"

„Ja", antwortete er, „sehr viel hat sich ereignet. Ich hatte mit Herrn M. rauchend und plaudernd am Kamin gesessen. Etwa um halb eins erhob er sich, um fortzugehen, und ich ließ ihn selbst hinaus. Ich wandte mich zum Feuer, um meine Pfeife zu Ende zu rauchen, als ich Sie im Stuhl sitzen sah, aus dem er gerade aufgestanden war. Ich sah Sie scharf an und nahm dann eine Zeitung, um mich zu vergewissern, daß ich nicht träumte; als ich sie aber niederlegte, sah ich, daß Sie immer noch da waren. Als ich Sie ohne zu sprechen anstarrte, löste sich Ihre Gestalt langsam auf."

Einige Okkultisten werden behaupten, daß der eben erzählte Fall leicht durch Gedankenformen erklärt werden kann, d. h. daß der Wille der Person, die sich entschlossen hatte, einem anderen zu erscheinen, so stark war, daß er an dem betreffenden Ort seine Gestalt als Bild entstehen ließ. Was mich betrifft, so habe ich zu viele von diesen Erlebnissen gehabt, bei denen ich bei Bewußtsein war, um die Theorie von den Gedankenformen anzunehmen, obwohl ich zugebe, daß man sie aufstellen kann."

Warum manche Forscher versuchen, ein offenbares Wunder mit einem anderen zu erklären, verstehe ich nicht. Ist die Theorie vom Astralkörper weniger einleuchtend als die Theorie von den Gedankenformen? Hier handelt es sich um eine typische Astralwanderung bei vollem Bewußtsein. Eine andere dafür gegebene Erklärung ist die, daß man durch Gedankenübertragung seine Gedanken dem Bewußtsein eines anderen einprägen kann, der sich an einem entfernten Ort befindet, und zwar so stark, daß der andere eine „telepathische Halluzination" hat und glaubt, daß er den Erzeuger der Halluzination sehe. Wie das Bewußtsein Gedankenformen schaffen kann, werde ich später erörtern. Bei dem Fall, der jetzt folgt, gebrauche ich nur die Anfangsbuchstaben des Namens; der Verfasser des Berichtes war aber den Vertretern der Gesellschaft für psychische Forschung (Society for Psychical Research) bekannt, und diese bürgen für seine allgemeine Vertrauenswürdigkeit:

„An einem gewissen Sonntagabend im November des Jahres 1881, nachdem ich von der großen Kraft gelesen hatte, die der menschliche Wille ausüben kann, entschloß ich mich mit der ganzen Stärke meiner Persönlichkeit, im Geiste im vorderen Schlafzimmer des dritten Stockwerkes eines Hauses anwesend zu sein, das Hogarth Road, Kingston, Nr. 22 gelegen war, in einem Zimmer, in dem zwei junge Damen meiner Bekanntschaft schliefen, nämlich Miss L. S. V. und Miss E. C. V., die 25 bzw. 11 Jahre alt waren.

Ich wohnte damals in Kildare Gardens Nr. 23, in einer Entfernung von etwa drei Meilen von Hogarth Road, und ich hatte in keiner Weise meine Absicht einer der beiden Damen gegenüber geäußert, und zwar aus dem einfachen Grunde, daß ich mich erst Sonntag abend, als ich mich zur Ruhe begab, dazu entschlossen hatte. Die Zeit, zu der ich mich entschlossen hatte, dort zu erscheinen, war ein Uhr nachts, und ich hatte den starken Wunsch, meine Anwesenheit dort bemerkbar zu machen.

Am folgenden Donnerstag besuchte ich die genannten Damen, und im Verlauf unserer Unterhaltung erzählte mir die ältere der beiden Damen, ohne daß ich vorher darauf zu sprechen gekommen war, daß sie zu ihrem großen Schrecken mich in der Nacht vom Samstag zum Sonntag neben ihrem Bett habe stehen sehen und sie geschrien habe, als die Erscheinung auf sie zugekommen sei; sie habe ihre kleine Schwester geweckt, die mich auch gesehen habe. Ich fragte sie, ob sie in der fraglichen Zeit wach gewesen sei, und sie antwortete ganz entschieden mit ja, und als ich noch einmal nach der Zeit des Vorfalls fragte, antwortete sie: „ungefähr ein Uhr nachts."

Diese Dame schrieb auf meine Bitte einen Bericht von dem Vorfall und unterschrieb ihn."

Mr. Gurney (einer der Verfasser von "Phantasms of the Living") („Erscheinungen lebender Menschen") nahm an diesen Versuchen starken Anteil und bat Mr. B., ihm im voraus mitzuteilen, wenn er wieder einmal seine Gegenwart auf diese seltsame Weise bemerkbar machen wolle. Dementsprechend erhielt er am 22. März 1884 den folgenden Brief:

„Sehr geehrter Mr. Gurney!

Ich werde heute nacht um 12 Uhr versuchen, meine Anwesenheit in Morland Square Nr. 44 bemerkbar zu machen. Das Ergebnis werde ich Ihnen in einigen Tagen mitteilen.

Mit freundlichen Grüßen

S. H. B.“

Der nächste Brief, der am 3. April geschrieben wurde, enthielt die folgende, durch die Empfängerin Miss L. S. Verity angeregte Erklärung:

„In der Nacht zum Sonntag, dem 22. März 1884, etwa um Mitternacht, hatte ich das bestimmte Gefühl, daß Mr. S. H. B. in meinem Zimmer anwesend sei, und sah ihn deutlich, wobei ich völlig wach war. Er kam zu mir und strich mir über das Haar. Ich teilte ihm dies von mir aus mit, als er mich am Mittwoch, dem 2. April, besuchte, wobei ich ihn auch die Zeit und die Umstände wissen ließ, ohne daß er mich irgendwie dazu aufgefordert hatte. Die Erscheinung in meinem Zimmer war sehr lebenswahr und ganz unverkennbar.“

Miss A. S. Verity gibt noch diese Bestätigung: „Ich erinnere mich, daß meine Schwester mir sagte, sie habe S. H. B. gesehen und er habe ihr Haar berührt. Sie teilte mir dies mit, bevor er uns am 2. April besuchte.“

Der Bericht der in dieser Angelegenheit aktiven Person lautet folgendermaßen: „Am Samstag, dem 22. März, entschloß ich mich, Miss V. in Notting Hill, Morland Square Nr. 44 meine Anwesenheit um 12 Uhr mitternachts bemerkbar zu machen, und da ich vorher mit Mr. Gurney vereinbart hatte, daß ich ihm einen Brief mit einem Bericht über den Abend schicken würde, an dem ich meinen nächsten Versuch durchführen wollte (unter Angabe der Zeit und anderer Punkte), schickte ich ihm eine kurze Mitteilung, um ihn von den genannten Einzelheiten in Kenntnis zu setzen. Ungefähr zehn Tage danach besuchte ich Miss V., und sie erzählte mir von sich aus, daß sie mich am 22. März um 12 Uhr mitternachts so deutlich in ihrem Zimmer gesehen habe (wobei sie völlig wach war), daß sie einen Nervenschock erlitten und am Morgen zu einem Arzt habe schicken müssen.“

Versuche wie diese werden vielleicht als telepathische Täuschungen abgetan, aber nach meiner Ansicht ist jedes berichtete Beispiel eine typische unbewußte Astralwanderung.

Weiß der Leser, wieviel Zeit der Astralkörper benötigt, um zu einem entfernten Ort zu eilen und in die Zone der Ruhe zurückzukehren, während wir schlafen? Nur ungefähr ein Zehntausendstel der Zeit, die der Leser braucht, um sich diesen Vorgang vorzustellen!

Wenn ein Astralwanderer an einem entfernten Ort bei Bewußtsein ist, wie kann man dies dann erklären? Durch die Theorie von der telepathischen Selbsttäuschung oder durch die Theorie von dem Astralkörper? Die berichteten Beispiele sind alle kennzeichnend für das von mir gerade angegebene Verfahren: das Verfahren der Astralwanderung mit Hilfe des passiven Willens.

Durch den passiven Willen, durch den Willen in unserer Vorstellung, haben viele Menschen, die wir als „Träumer bezeichnen, ganz ungewöhnliche Leistungen vollbracht, — einige positive, einige negative. Die Tatsache, daß sie wirklich Träumer waren, ist nachträglich betont worden. Der Grund, warum sie befähigt gewesen sind, Ungewöhnliches zu leisten, besteht darin, daß sie ihren passiven Willen gerade darauf haben auswirken lassen, was sie zu bewerkstelligen beabsichtigten — auch wenn sie dies ohne Bewußtsein taten —, und ihr passiver Wille ließ in ihnen einen starken inneren Drang entstehen, der, als er „zum Ausbruch kam“, ganz ungewöhnliche Ergebnisse erzielte.

Wenn man verhindern will, daß man während einer Astralwanderung Böses tut, muß man nicht nur seine aktiven Gedanken, sondern auch seine passiven Gedanken lenken und besonders auch den passiven Willen. Und wenn man etwas ganz Ungewöhnliches vollbringen will, muß man nicht nur den aktiven Willen gebrauchen, sondern auch den passiven Willen. Auf diese Weise entwickelt man im Unterbewußtsein einen außerordentlich starken inneren Drang, den Astralkörper zu einem bestimmten Ort oder zu einem bestimmten Menschen zu schicken. Man muß mitten in der Nacht aufwachen und den passiven Willen auf das innere Verlangen wirken lassen, dann wieder einschlafen und dabei das Verlangen des Bewußtseins in dieser außerordentlichen Weise erfüllen lassen.

Wenn man dies jede Nacht tut, während einer Zeitspanne von mehreren Monaten, wird man bald sehen, daß das Unterbewußtsein kein anderes inneres Verlangen braucht als den Wunsch, den Astralkörper abzuspalten, um dies wirklich zu bewerkstelligen, und daß man zu einer Astralwanderung einfach dadurch befähigt wird, daß man den Herzschlag herabsetzt, wenn man sich abends zur Ruhe legt, und daß man dabei an den Ort und an den Menschen denken muß, zu dem man den Astralkörper auszusenden wünscht. Ich habe dies viele Male getan, d. h. ich habe mir, wenn ich zu Bett ging, einfach suggeriert, den Astralkörper an einem bestimmten Ort auszusenden, und in der Nacht fand ich mich wirklich an jenem Ort im Astralkörper.

Kapitel 13

DAS VERBORGENE BEWUSSTSEIN

Wenn man das Verfahren mit dem passiven Willen anwendet, dann muß man sich natürlich darüber klar sein, daß es nicht der bewußte Wille ist, der den Astralkörper vom physischen Körper abtrennt, sondern der unterbewußte Wille. Der Grund, warum der passive, der bewußte Wille, ein so mächtiger Faktor ist, besteht darin, daß er bis zum äußersten etwas begehrt, daß er im Unterbewußtsein einen außerordentlich starken inneren Drang entstehen läßt; dann ist der unterbewußte oder bewußtlose Geist in sich selbst tätig, um die Astralwanderung zu bewirken.

Das gewöhnliche Unterbewußtsein ist auch nicht die lenkende Intelligenz, denn es kann nicht vernünftig denken. Die lenkende Intelligenz ist vielmehr ein Teil des Unterbewußtseins, der wirklich denken, untersuchen und Weisungen geben kann. Für einige Forscher ist dies der höhere menschliche Geist, oder wenigstens halten sie die lenkende Intelligenz für diesen höheren menschlichen Geist.

Dieser Teil des Unterbewußtseins hat einen eigenen Willen, gerade wie das Bewußtsein einen eigenen Willen hat. Da dieser Teil des Unterbewußtseins einen eigenen Willen hat wie das Bewußtsein, werde ich ihn das „verborgene Bewußtsein" nennen. Und von diesem Willen haben wir als dem unterbewußten Willen gesprochen (um die Erklärung auf einige einfache Ausdrücke zu beschränken).

Bislang ist es nicht notwendig gewesen, auf verschiedene Abteilungen des Bewußtseins hinzuweisen, und ich habe im allgemeinen vom Unterbewußtsein und vom unterbewußten

Willen gesprochen; jetzt aber, um einige lehrreiche Eigenschaften dieser Phänomene zu erklären, ist es nötig, daß wir diesen Unterschied verstehen. Man denke daher daran, daß die Intelligenz, welche die Aussendung des Astralkörpers überwacht, das „verborgene Bewußtsein“ ist.

Wenn man einmal beginnt, die Astralwanderung zu studieren und auszuüben, ist das „verborgene Bewußtsein“ imstande, die ganze Angelegenheit „in die Hand zu nehmen“, d. h. eine Astralwanderung im einzelnen zu planen (scheinbar aus überhaupt keinem bestimmten Grund) und seinen eigenen Willen zu gebrauchen, der von jeder anderen Abteilung des Bewußtseins unabhängig ist. So entdecken wir plötzlich, daß wir uns im Astralkörper befinden und daß uns die innere Intelligenz lenkt, anstatt daß wir die innere Intelligenz lenken!

Wenn eine solche automatische Astralwanderung vor sich geht, können wir wenig tun, um sie zu vermeiden. Ein Okkultist hat die Bedeutung dieses Geschehens verstanden, denn er schreibt dazu: „Während der Abspaltung vom physischen Körper scheint der Astralkörper einen eigenen Willen zu haben und sich schnell vom physischen Körper abzulösen, ohne daß wir es wissen.“

Hier ist eine weitere Ursache für die sogenannte spontane Aussendung des Astralkörpers, die so gut wie automatisch vor sich geht. Wenn das „verborgene Bewußtsein“ den Astralkörper automatisch aussendet, scheinen die Gesetze, die für die gewöhnliche Astralwanderung gelten — innerer Drang, Bewegungsunfähigkeit usw. — von geringer Bedeutung zu sein; die auf den Astralkörper wirkende Kraft ist sehr stark. Ich habe diese Art Astralwanderung erlebt, bei der keine körperliche Bewegungsunfähigkeit vorhanden war, und zwar bei hellem Tageslicht, ohne daß es in meiner Umgebung ruhig war, und wobei ich auf dem Bauch lag!

Schon mehrere Male habe ich gesagt, daß die lenkende Intelligenz während einer Astralwanderung in der Luft, im Astralband, irgendwo, ich weiß nicht wo, zu sein scheint. (Vgl. meinen Bericht von meiner ersten Astralwanderung.)

Obwohl man oft das Bewußtsein behält, hat man keine Herrschaft über die Intelligenz, die den Astralkörper nach Belieben vom physischen Körper abspaltet.

Das verborgene Bewußtsein ist die Intelligenz, die den Astralkörper nach oben schweben läßt, die ihn in Starre versetzt und wieder daraus befreit, ihn in der Luft umdreht, ihn weiter wegschickt, ihn in eine aufrechte Lage dreht und noch andere Handlungen wie diese vollführt. Das verborgene Bewußtsein kann mit dem Astralkörper eine unendliche Anzahl geschicktester und erstaunlich kluger Bewegungen ausführen, kann ihn lenken, wie ein Hypnotiseur den Hypnotisierten lenken kann; aber das Seltsame daran ist, daß man während der ganzen Zeit, in der man sich unter dem Einfluß des verborgenen Bewußtseins befindet, das Bewußtsein haben kann.

Das verborgene Bewußtsein wirkt auf eine starke und doch feine Kraft und lenkt sie, um all dies zu bewerkstelligen. Diese Kraft, diese bewegende Kraft, die von der Intelligenz gelenkt wird, ist der Faktor, von dem wir am wenigsten wissen, und sie ist zweifellos in uns allen vorhanden. Wenn wir sie einmal entdecken, erklären, ihre Natur und ihre Art verstehen könnten, würden wir einen großen Fortschritt verzeichnen bei dem Verständnis vieler ungewöhnlicher physikalischer Phänomene, z. B. der Klopfzeichen, der Fernbewegung von Gegenständen usw.

Äußerungen des verborgenen Bewußtseins werden häufig den Geistern der Toten zugeschrieben

Bei manchen Medien vollführt das verborgene Bewußtsein, das auf die geheime Kraft wirkt, seltsame Dinge, erzeugt zum Beispiel physikalische Wirkungen. Die Kraft ist im Medium und wird durch das verborgene Bewußtsein gelenkt, während man es „Geistern" im Jenseits zuschreibt, daß sie diese Phänomene hervorbringen. Sogar das Medium selbst erkennt nicht, daß die Intelligenz hinter den physikalischen Äußerungen das verborgene Bewußtsein ist.

Ich kenne nichts, was schlauer handelt als das verborgene Bewußtsein, wenn es uns lenkt; es vollbringt sogar außerordentlich erheiternde Taten. Es ist meine Ansicht, daß das verborgene Bewußtsein oft Wirkungen hervorbringt, welche die Sitzungsteilnehmer belustigen, geradeso wie sie sich gern belustigen lassen, und daß sie einen Ort mit Spukerscheinungen wie Klopflauten usw. heimsucht usw., nur, weil menschliche Wesen, die dort wohnen, erwarten, Phänomene zu hören oder zu sehen. All dies wäre, wie man verstehen muß, keine reine Selbsttäuschung.

Irdische Wesen können in einem Haus, in dem sie wohnen, spuken; — sie können physikalische Phänomene hören und sehen, die sie Geistern zuschreiben, die aber nur von ihrem eigenen verborgenen Bewußtsein erzeugt werden, auf das diese innere Kraft wirkt. Und sie sagen dann: „Wir haben nichts getan, um diese Phänomene hervorzurufen, darum müssen sie von Geistern erzeugt worden sein." Man lasse sich jedoch nicht täuschen: Auch Geister können ähnliche Phänomene erzeugen, können in Häusern spuken usw., aber wir dürfen die Geister der Verstorbenen nicht für alles verantwortlich machen!

Ich glaube, es ist auch wahrscheinlich, daß manche Botschaften, die von einem kontrollierten Medium gegeben werden und von denen man annimmt, sie stammten unmittelbar von „Freunden" in der Geisterwelt, vom verborgenen Bewußtsein des Mediums herrühren. Wir gehen nicht zu weit, wenn wir sagen, daß das verborgene Bewußtsein sogar einen verstorbenen Freund darstellen kann, wenn es eine Botschaft gibt.

Die meisten erfahrenen Okkultisten sind sich einig, daß viele psychische Phänomene durch die innere Intelligenz des Mediums hervorgerufen werden, die auf irgendeine lebenswichtige Kraft wirkt, während viele auch von Geistern ausgelöst werden. Und diese verborgene Intelligenz, die so klug handelt, ist das verborgene Bewußtsein. Dieses Bewußtsein ist die lenkende Intelligenz; sie wirkt auf eine innere Kraft und lenkt den Astralkörper nach Belieben.

In der Tat ist diese geschickte Lenkung des Astralkörpers einer der stärksten —, ja, erstaunlichsten — Eindrücke, die man hat, wenn man zum erstenmal eine Astralwanderung bei vollem Bewußtsein erlebt. Ich möchte nicht sagen, daß dies die erste erstaunliche Wahrnehmung ist, aber doch die zweite. Die erste fast verwirrende Wahrnehmung ist die, daß man lebt, wie man immer gelebt hat, nur diesmal außerhalb des physischen Körpers.

Diese Erkenntnis, wenn man im Astralkörper bei Bewußtsein ist und auf seine leblose physische Hülle hinabschaut, ist fast zu erstaunlich, um als wahr angesehen zu werden und versetzt den Astralwanderer in einen fast exstatischen Zustand. Nachdem man sich von dieser ersten verwirrenden Erkenntnis erholt hat, ist es das zweite sichtbare Wunder, das geschickte Wirken der lenkenden Intelligenz zu beobachten.

Die verschiedenen Arbeitsweisen des Bewußtseins

Wir werden jetzt die verschiedenen Arbeitsweisen des Bewußtseins untersuchen, vom Beginn der Aussendung des Astralkörpers an bis an die Grenze der lebendigen Reichweite des Astralbandes und dann über diese Reichweite hinaus:

Zuerst untersuchen wir eine absichtliche oder unabsichtliche Astralwanderung, die während des Schlafes stattfindet, wenn ein innerer Drang — durch Verlangen oder Gewohnheit — an der Oberfläche des gewöhnlichen Unterbewußtseins vorhanden ist. Auf dieses Verlangen wird durch einen Teil des Unterbewußtseins eingewirkt, den wir das verborgene Bewußtsein nennen, d. h. das Unterbewußtsein wirkt in sich selbst.

Das verborgene Bewußtsein beginnt damit, diesen inneren Drang, dieses Problem, zu überprüfen und entscheidet durch einen Denkvorgang, daß das Verfahren, diesen inneren Drang, der in dem gewöhnlichen Unterbewußtsein vorhanden ist, zu erleichtern oder zu überwinden, die Aussendung des Astralkörpers und das Sichauswirkenlassen dieses Dranges ist.

Es ist möglich, daß das verborgene Bewußtsein diese Dinge nachts tut, wenn wir schlafen, weil es weiß, daß wir sie während des Tages nicht tun, da wir dann unser Bewußtsein dagegen wirken lassen können, d. h. das verborgene Bewußtsein erkennt, daß das Wachbewußtsein in vielen Fällen gehemmt oder gehindert wird, diesem inneren Drang nachzugeben und ihn daher nicht auswirken läßt, wenn wir nicht bei Bewußtsein sind. Auf alle Fälle übernimmt das verborgene Bewußtsein die Lenkung des Astralkörpers, wendet die innere „Kraft" an und bewirkt die Aussendung des Astralkörpers.

Wenn jemand im Begriff ist, den Astralkörper auszusenden, bestehen folgende Möglichkeiten:

1. Der Astralwanderer kann bewußtlos sein. — Wenn dies der Fall ist, leitet das verborgene Bewußtsein die gesamte Bewegung des Astralkörpers, schickt ihn auf der Astralebene hierhin und dorthin, veranlaßt ihn, sich seinen Gewohnheiten hinzugeben, Bedürfnisse zu befriedigen usw.

2. Der Astralwanderer kann das Bewußtsein behalten und durch seinen bewußten Willen die Aussendung und Zurückziehung des Astralkörpers beeinflussen. Man kann aber die lenkende Intelligenz niemals dazu bringen, den Weg der Astralwanderung und der Rückkehr in den physischen Körper zu ändern. Das ist etwas, was immer dasselbe bleibt, — der Weg, den der Astralkörper bei der Abspaltung nimmt.

Man kann sich zum Beispiel (wenn man bei Bewußtsein ist und in der Luft liegt) suggerieren, der Astralkörper solle aufschweben; dann wird die lenkende Intelligenz darauf reagieren, indem sie den Astralkörper weiter aufwärts schweben läßt. Oder wenn der Astralkörper in stehende Haltung aufgerichtet wird, kann man sich wünschen, daß er waagerecht bleibt, und dies wird dann auch geschehen.

So hat man zuweilen die Fähigkeit, das verborgene Bewußtsein zu lenken, sogar im lebendigen Bereich des Astralbandes; in der Tat gilt dies für die meisten Fälle.

3. Es gibt aber andere Gelegenheiten, bei denen man vielleicht bei Bewußtsein ist und doch durchaus unfähig, das verborgene Bewußtsein durch bewußte Suggestion zu beeinflussen. Dies ist der Fall, wenn das verborgene Bewußtsein einen sehr entschiedenen eigenen Willen hat. Wenn dies so ist, ist es das beste, das verborgene Bewußtsein tun zu lassen, was es will, denn tatsächlich könnte man doch nichts tun, um es daran zu hindern. Wenn das verborgene Bewußtsein von sich aus eine Astralwanderung beschließt, unabhängig von einem an-

deren Bewußtsein — eine fast automatische Aussendung des Astralkörpers —, so kann man sich bei Bewußtsein befinden, aber völlig unter der Herrschaft des verborgenen Bewußtseins, bis zum Ende der lebendigen Reichweite des Astralbandes und manchmal sogar noch darüber hinaus.

In der Regel jedoch erlangt man, wenn man das Ende der lebendigen Reichweite des Astralbandes erreicht, seine Willensfreiheit zurück und kann tun, was einem gefällt; die innere Kraft kann sich jedoch zu jeder Zeit wieder bemerkbar machen, wie wir noch sehen werden, denn wir werden jetzt untersuchen, wie das Bewußtsein jenseits der lebendigen Reichweite des Astralbandes wirksam wird.

Wir wollen jetzt annehmen, daß wir bei Bewußtsein und außerhalb der lebendigen Reichweite des Kabels sind, mit anderen Worten, daß wir im Astralkörper bei normalem Bewußtsein sind, daß unser Astralkörper völlig von dem Bewußtsein gelenkt wird und daß wir umhergehen können, wie wir es immer im physischen Körper getan haben. (Dies ist, wie man sich erinnern wird, die normale Fortbewegungsgeschwindigkeit.) Jetzt wünschen wir, uns zum Haus des Nachbarn zu begeben, machen aber keine Anstrengung, den Wunsch in die Tat umzusetzen. Sofort beginnen wir, uns zu bewegen, — scheinbar kommt alles auf uns zu, durch uns hindurch und an uns vorbei. Wir sind bei Bewußtsein, wir wissen genau, was wir tun, aber wir gebrauchen nicht unsere eigene bewegende Kraft. Dies ist die mittlere Fortbewegungsgeschwindigkeit und entspricht dem Zustand innerhalb der lebendigen Reichweite des Kabels, in dem man der lenkenden Intelligenz Anweisungen geben kann und sie diese Anweisungen befolgt.

Nun wünschen wir, uns im Hause eines zehn Meilen entfernt wohnenden Freundes zu befinden, und sofort sind wir dort. Dies ist die übernormale Fortbewegungsgeschwindigkeit, die wir fast immer gar nicht empfinden. Im Hause unseres Freundes können wir normal umhergehen oder uns mit mittlerer Geschwindigkeit bewegen, ganz, wie wir wollen. Ich erwähne dies nur, um zu zeigen, wie die verschiedenen Teile unseres inneren Bewußtseins sich gegenseitig zu jeder Zeit während einer Astralwanderung beeinflussen können. Dies gilt auch für Geister, die auf der Astralebene leben. Ein Erlebnis, das ich einmal hatte, ist dafür ein Beispiel; ich könnte auch sagen, daß das folgende Erlebnis eines der ungewöhnlichsten ist, die ich jemals hatte:

Eine im Wachbewußtsein empfundene Astralwanderung

Ich nenne dieses Erlebnis eine im Wachbewußtsein empfundene Astralwanderung aus einem Grunde, der uns klar sein wird, wenn wir es gelesen haben. Es war einer jener merkwürdigen Mondscheinabende, an denen schon die Luft von einer seltsamen Stille erfüllt zu sein scheint; es war im Sommer 1924. Ich hatte das Haus kurz nach dem Abendessen verlassen und war nach dem Dorf hinuntergegangen. An nichts schien ich an diesem Abend Anteil zu nehmen, und ich schien im Banne eines unbeschreiblichen Einsamkeitsgefühls.

Ich ging die eine Straßenseite hinauf und die andere wieder hinunter und ruhte mich schließlich auf einer Bank aus, die vor einer der Garagen stand. Da saß ich eine Weile und dachte über das Warum und Weshalb des Lebens nach, und ich erinnere mich, daß ich viele Male zu dem hellen, strahlenden Mond über mir emporsah und über mich selbst ärgerlich war, weil ich nicht alle diese Fragen beantworten konnte. Schließlich ging ich sehr mißmutig nach Hause, betrat mein Zimmer, verschloß die Tür und warf mich auf mein Bett.

Ich hatte erst kurze Zeit da gelegen, als meine Aufmerksamkeit durch den Umstand geweckt wurde, daß eine Art kühle Welle über mich dahinzufließen schien und daß meine Arme und Beine gefühllos zu werden schienen.[24]) Ich griff nach unten und kniff mir in die Hüfte, hatte aber kein Gefühl. Dann tat ich dasselbe mit meinen Armen, aber auch sie schienen gefühllos zu sein. Ich bin sicher, daß man mir eine Nadel ins Fleisch hätte stecken können, und daß ich sie damals nicht gefühlt hätte.

Nach ein paar Minuten war ich außerstande, mich zu bewegen. Meine Bewegungskraft hatte mich jetzt verlassen, und ich lag (bei Bewußtsein) einige Minuten in diesem Zustand. Es war zweifellos ein sehr unangenehmer Zustand: Ich war bei

Bewußtsein, aber unfähig, zu sehen, zu fühlen, zu hören oder mich zu bewegen; ich hatte das Gefühl, als ob es in mir nur das Bewußtsein gäbe. Es war jedoch für mich kein so ungewöhnliches Erlebnis, und da ich wußte, was geschehen würde, blieb ich innerlich ruhig, bereit zu einer weiteren bewußt empfundenen Astralwanderung.

Ich wurde in die Luft emporgehoben, dann eine Entfernung von etwa zehn Fuß von meinem physischen Körper fortgetragen, und dort begann mein Gesichtssinn wieder zu arbeiten. Wie es oft der Fall ist, schien alles um mich herum zuerst verschwommen, als ob das Zimmer von Dämpfen oder halb durchsichtigen weißen Wolken erfüllt wäre, als ob man durch schmutzige Fensterscheiben auf undeutliche Gegenstände sähe. Dieser Zustand geht jedoch schnell vorüber; er dauert in der Regel bei fast allen bewußt empfundenen Astralwanderungen nur eine Minute.

Plötzlich konnte ich daher im Astralkörper normal sehen. Von dieser Stelle wurde ich durch die lenkende Intelligenz in aufrechte Haltung gebracht und auf dem Fußboden des Zimmers auf die Füße gestellt, wo ich infolge der Eigentätigkeit des Astralbandes umherschwankte; dies ist, wie ich schon gesagt habe, oft der Fall. Als ich über die lebendige Reichweite des Astralbandes hinausgelangte, war ich wieder frei und normal und ging für kurze Zeit durch das Haus, verließ es dann und trat auf die Straße.

Kaum war ich auf der Straße, als ich um mich herum ein fast verwirrendes Bild sah und feststellte, daß ich mich in einem fremden Hause befand, ich weiß nicht, in welchem. Ich begriff sofort, daß ich mit übernormaler Geschwindigkeit dorthin gelangt war, aber wie das geschehen war, verstand ich nicht. Ich sah mich daher um, ob die innere Intelligenz mich vielleicht zu einem bestimmten Zweck dorthin gesandt hatte. Vier Menschen waren in dem Zimmer, unter ihnen ein Mädchen von etwa siebzehn Jahren.

Ich sah jedoch keinen Grund, weshalb ich mich dort befinden sollte. Da ich aus Erfahrung wußte, daß wir im Astralkörper, wenn wir nicht unseren bewußten Willen gebrauchen, vom unterbewußten Willen gelenkt werden, stellte ich folgende Überlegung an: „Ich will nicht zu sehen oder zu begreifen versuchen, warum ich hier bin. Ich will dem verborgenen Bewußtsein erlauben, mich fortzubewegen.“ Ich entspannte daher mein Bewußtsein und richtete meine Gedanken auf den Wunsch, es solle mir gezeigt werden, warum ich an diesen Ort, unter diese fremden Menschen gebracht worden war.

Kaum hatte ich das getan, als mein Astralkörper ohne Anstrengung bis unmittelbar vor die junge Dame schwebte, die, nebenbei bemerkt, ein schwarzes Kleid nähte. Ich konnte jedoch noch immer keinen Grund sehen, warum ich mich hier befinden sollte; so ging ich im Zimmer umher und sah mir einige Gegenstände an. Es schien für mich weiter nichts zu tun zu geben, als mich wieder nach Hause zu begeben — wo mein Elternhaus sich auch befinden mochte —, denn der Flug hierher war, soweit mir bekannt war, sinnlos gewesen.

Gerade bevor ich den Entschluß faßte, in den physischen Körper zurückzukehren, warf ich einen letzten Blick auf den Ort, außen und innen, und sah, daß es ein Bauernhaus war. Sogleich war ich wieder in meinem eigenen Zimmer, sah auf meinen physischen Körper hinab, der noch immer auf meinem Bett lag. Da ich bei ausgedehnten Astralwanderungen immer ein wenig vorsichtig gewesen bin, entschloß ich mich, in den physischen Körper zurückzukehren und tat dies einfach dadurch, daß ich stark wünschte, mich wieder mit meinem Körper zu vereinigen und mich ihm wieder näherte. (Es ist übrigens schwer, die Wiedervereinigung der beiden Körper zu verhindern, wenn man sich dem physischen Körper zu sehr nähert.)

Sechs Wochen vergingen; ich hatte das Erlebnis fast vergessen, denn es war vielen anderen Astralwanderungen nicht unähnlich. Dann sah ich eines Nachmittags, als ich nach Hause kam, ein Mädchen aus einem Kraftwagen steigen, den es selbst fuhr, und eines der Nachbarhäuser betreten. Sofort erkannte ich es als die junge Dame, die ich in jener Nacht vor sechs Wochen in dem Bauernhaus gesehen hatte, als ich mich im Astralkörper befand.

Meine Neugier war sofort geweckt. Ich ging umher und

wartete darauf, daß sie aus dem Haus kam, denn ich wußte, daß sie hier nicht wohnte. Schließlich kam sie heraus und ging zu ihrem Wagen. Ich verlor keine Zeit, sie anzusprechen, wobei ich fast unhöflich sagte: „Entschuldigen Sie, aber wo wohnen Sie?“

Darauf erhielt ich die Antwort: „Das geht Sie nichts an“, da sie natürlich dachte, ich sei vorwitzig und aufdringlich.

Es gelang mir jedoch, mit ihr zu sprechen. Dabei erzählte ich ihr, daß ich sie schon gesehen hätte und wisse, wie ihr Wohnhaus aussehe. Ich beschrieb es ihr sogar, um sie zu überzeugen, daß ich es wirklich gesehen hatte. Meine Beschreibung war so genau, daß sie beim Zuhören nicht mehr so abweisend war und offener zu sprechen begann. Sie wunderte sich, wer mir dies alles erzählt habe und fragte mich, woher ich das alles wisse, da mir doch unbekannt sei, wo sie wohnte.

Unser Gespräch führt zu vielen anderen Gesprächen. Ich begann, sie gern zu haben. Ich habe sie seitdem viele Male gesehen, habe ihr Wohnhaus gesehen (genauso, wie ich es während meiner bewußt empfundenen Astralwanderung gesehen hatte). Es ist in Luftlinie fünfzehn Meilen von meinem eigenen Wohnhaus entfernt. Ich habe sie sogar überzeugt, daß Astralwanderungen möglich sind, denn sie hat mich seitdem im Astralkörper in ihrem Zimmer gesehen. Sie ist gegenwärtig in der Tat sehr eng mit mir befreundet und ist die junge Dame, mit der zusammen ich seit jener Zeit viele Versuche durchgeführt habe.

Automatische Aussendung des Astralkörpers

Obwohl ich gesagt habe, daß es keine spontane Aussendung des Astralkörpers gibt, ist es dennoch richtig, daß das verborgene Bewußtsein eine Astralwanderung bewirken kann, ohne dazu angetrieben zu werden. Und obwohl wir diese Astralwanderung eine geheimnisvolle automatische Astralwanderung nennen können, kann sie trotzdem eigentlich nicht spontan genannt werden, mit nicht mehr Berechtigung, als wenn wir eine Handlung ausführen, die wir erst im Bewußtsein ausgedacht haben und dann ohne äußere Suggestion ausführen.

Wenn eine solche Astralwanderung stattfindet, ist es lehrreich, zu beobachten, wie die verborgene Intelligenz in uns ganz ähnlich handelt wie das Bewußtsein während einer absichtlichen Astralwanderung. Wenn wir absichtlich eine Astralwanderung herbeiführen, wissen wir, daß Bewegungslosigkeit des Körpers ein sehr wichtiger Faktor ist und wir diesen Zustand durch Überwachung des Herzschlages bewirken können. Wir wissen auch, daß wir dabei „kühle Wellen" über uns hinweggehen fühlen und bemerken, daß wir ganz erstarrt sind.

Wenn wir zu Beginn einer automatischen, durch das verborgene Bewußtsein verursachten Astralwanderung bei Bewußtsein sind, ist eines der ersten fühlbaren Anzeichen diese „kühle Welle" und dann eine Empfindungslosigkeit der Arme und Beine (Abspaltung der Empfindungsfähigkeit), und zwar oft bis zu einem solchen Grade, daß wir keinen Schmerz empfinden können.

Als nächstes stellen wir fest, daß die innere Kraft uns der Bewegungsfähigkeit beraubt hat. Ist dies nicht der absichtlich herbeigeführten Bewegungsunfähigkeit ähnlich? Absichtlich führen wir einen völlig passiven Zustand des physischen Körpers herbei, der dem nicht unähnlich ist, den das verborgene Bewußtsein bewirkt, wenn es im Begriff ist, den Astralkörper auszusenden.

Ungeachtet alles dessen, was ich über die Bewußtseinszustände während des Vorganges der Astralwanderung gesagt habe, ist nichts von allem, was ich gesagt habe, unabänderlich gültig, denn in der Regel beeinflussen sich die einzelnen Arten des Bewußtseins alle mehr oder minder gegenseitig und wirken sowohl unabhängig voneinander wie auch zusammen.

Es ist uns fast unmöglich, ganz genau zu sehen, wie die einzelnen Arten des Bewußtseins wirken, obwohl wir durch Beobachtung und Erfahrung viele wichtige Vorgänge feststellen können, die sich auf diesem unergründlichen Gebiete abspielen.

Wenn man nur eine einzige bewußt empfundene Astralwanderung erlebt hat, ist man von der Überlegenheit des verborgenen Bewußtseins überzeugt. Man wird jedoch auch feststellen, daß dieses Bewußtsein, während es uns bei manchen Gelegenheiten völlig lenkt, durch Eindrücke beeinflußt wird, die es bei anderen Gelegenheiten von den anderen Arten des Bewußtseins empfängt. Ich will dies näher erläutern:

1. Das verborgene Bewußtsein kann eine nicht bewußt empfundene automatische Astralwanderung bewirken und der Astralwanderer kann dabei bewußtlos sein. Dabei verfährt die lenkende Kraft mit dem Astralkörper nach Belieben, unabhängig von jedem äußeren Eindruck.

2. Das verborgene Bewußtsein reagiert auf einen inneren Drang im gewöhnlichen Unterbewußtsein; es kann den Astralkörper aussenden und durch die Eindrücke des gewöhnlichen Bewußtseins beeinflußt werden. Dies ist häufig der Fall.

3. Das verborgene Bewußtsein kann eine Anweisung unmittelbar aus dem Bewußtsein übernehmen und dann eine Aussendung des Astralkörpers bewirken. Dieses Phänomen ist nicht so häufig, kommt aber gelegentlich vor, besonders, wenn wir den passiven bewußten Willen gebrauchen.

4. Das verborgene Bewußtsein kann den Astralkörper lenken (der Astralwanderer ist bei Bewußtsein) und Weisungen des Wachbewußtseins entweder befolgen oder unbeachtet lassen.

5. Das verborgene Bewußtsein kann den Astralkörper lenken (der Astralwanderer ist bei Bewußtsein) und Weisungen des gewöhnlichen Bewußtseins befolgen, z. B. solche, die durch den inneren Drang der Gewohnheit verursacht werden. Wenn daher das verborgene Bewußtsein sich weigert, Weisungen des Wachbewußtseins zu befolgen, aber diejenigen beachtet, die von dem gewöhnlichen Unterbewußtsein herrühren, so ist der Astralwanderer gezwungen, einer Gewohnheit zu folgen oder ein Bedürfnis zu befriedigen — wodurch ein inneres Verlangen entstanden ist —, auch wenn er bei Bewußtsein ist. (Spukgeister befinden sich oft in diesem Zustand.)

Das Gesagte vermittelt uns eine Vorstellung von den vielen verschiedenen Wirkungsweisen, in denen die einzelnen Abarten des Bewußtseins tätig sind; es ist jedoch eine Regel, daß man die lenkende Kraft während der ganzen Zeit einer bewußt empfundenen Astralwanderung durch den bewußten Willen beeinflussen kann; in der Tat macht die lenkende Kraft in der Regel den Astralkörper frei, nachdem er den physischen Körper verlassen hat. Was die unbewußte Astralwanderung betrifft, — was für ein Unterschied besteht da angesichts dessen, daß wir dabei auf keinen Fall begreifen, was vor sich geht? Das verborgene Bewußtsein ist zweifellos für viele psychische Phänomene verantwortlich, auf die ich bald zurückkommen werde. Man erlaube mir, vorher noch ein weiteres Erlebnis zu berichten:

Ein schreckliches Erlebnis

Eines Tages im Sommer 1916 suchte ein heftiger Wind mit starkem Regen die Ortschaft heim, in der ich wohne, und obwohl der Sturm nur kurze Zeit wütete, war der angerichtete Schaden beträchtlich. Häuser wurden zerstört, Bäume entwurzelt, Starkstromleitungen beschädigt, und große Wasserpfützen hatten sich an den tieferen Stellen des Bodens angesammelt.

Nach dem Sturm gingen der Junge von nebenan, mein Bruder und ich die Straße hinab, um die Folgen der Katastrophe zu sehen. Wir gingen auf dem Bürgersteig und sprachen über den Sturm, als ich etwa drei Häuserblocks von unserem Wohnhaus entfernt an eine Stelle kam, wo die Starkstromleitungen gerissen waren; eines der Kabel hing von einem Mast genau vor uns über die Straße herab.

Wir blieben stehen und wollten wissen, ob in dem Kabel wohl Strom war. Der Boden war sehr feucht, wie auch der Bürgersteig, auf dem wir standen. Ich griff nach vorn, um das Kabel aus dem Weg zu räumen. Das ist alles, woran ich mich erinnern kann, denn das Kabel führte Strom von hoher Spannung, und da ich keine Gummischuhe trug, nahm mir der elektrische Strom sofort das Bewußtsein.

Die Jungen erzählten mir später, was geschehen war, unmittelbar nachdem ich das Kabel berührt hatte. Ich machte einen Satz nach vorn; ich war gelähmt, und mein Gesicht schwoll an, als ob es im Begriff wäre, durch die Wirkung des Blutdrucks zu platzen. Mein Sprung war so groß, daß ich etwa zehn Fuß vom Bürgersteig entfernt in den Schlamm und das Wasser auf der Straße fiel, immer noch mit dem Kabel auf meinem Körper oder ich auf dem Kabel, als ich den Sprung machte.

Davon wußte ich nichts, aber plötzlich erlangte ich außerhalb meines physischen Körpers das Bewußtsein und sah meinen Körper dort liegen, d. h. ich sah ihn von meinem Astralkörper aus. Ich konnte fühlen, wie der schreckliche elektrische Strom durch mich hindurchging, auch als ich einige Fuß von meinem physischen Körper entfernt stand, der das Kabel berührte.

Welcher Schrecken, welcher Schmerz, welches Gefühl bei diesem Unglück! Noch jetzt, wenn ich daran denke, frage ich mich, wie ich es überstehen konnte. Ich kenne keine Worte, mit denen ich die schrecklichen Empfindungen beschreiben könnte; ich war ja im Astralkörper bei Bewußtsein, und mein physischer Körper berührte noch immer das Kabel! Obwohl ich vom physischen Körper getrennt und sozusagen Zuschauer war, obwohl ich einen starken Schmerz fühlte, konnte ich nichts tun. Ich konnte mich nicht aus eigener Kraft bewegen.

Meine Arme im Astralkörper waren ganz steif — als ob sie ein Kabel umklammerten, das gar nicht da war —, geradeso, wie meine Arme im physischen Körper ein Kabel umklammerten, das wirklich da war; und ich konnte meine Arme nicht aus ihrer Erstarrung lösen. Mein Astralkörper, in dem ich bei Bewußtsein war, war aufgerichtet, aber sonst in genau derselben Haltung wie mein physischer Körper, der lang hingestreckt war. Ein Bein jedes Körpers war angezogen; jeder Körper war in der Mitte ein wenig zusammengebogen; beide Hände jedes Körpers nahmen eine Lage ein, die sich ähnelte und als ob auch die astralen Hände ein Kabel umklammerten.

Bei all dieser Qual konnte ich die Jungen neben mir stehen sehen, sprachlos vor Schrecken, aber zu ängstlich, um mich zu berühren (meinen physischen Körper), damit ihnen nicht dasselbe zustieße. Vergeblich rief ich ihnen zu, Hilfe zu holen, denn sie konnten mich im Astralkörper weder sehen noch mein Rufen hören. Wieder und wieder schrie ich: „Sagt ihnen, sie sollen den Strom abstellen! Sagt ihnen, sie sollen den Strom abstellen!“ Aber mein Rufen fiel auf taube Ohren, und die beiden Jungen standen da, unfähig, sich zu rühren.

Plötzlich schienen sie aus ihrer Erstarrung zu erwachen. Sie begannen zu schreien und wie wild umherzuspringen. Ich konnte sie beobachten, wie sie hin und her sprangen und mit aller Macht um Hilfe schrien. Nach dem, was sie mir später erzählten, hatte ich auch geschrien, als ich das Kabel berührte und durch den Stromstoß zu Boden geschleudert wurde. Aber ich kann mich nicht daran erinnern und muß geschrien haben, als ich ohnmächtig wurde. Sie erzählten mir, ich hätte mich zweimal aufgerichtet und sei zweimal wieder zusammengefallen, als ich auf den Boden geschleudert worden sei; sie hielten mich dann für tot. Dies muß etwa dann geschehen sein, als mein Astralkörper abgespalten wurde und ich im Astralkörper das Bewußtsein erlangte.

Auf jeden Fall war ich wieder bei Bewußtsein und fand mich im Astralkörper neben meinem physischen Körper stehen. Ich fühlte den heftigen Schmerz beim Durchgang des elektrischen Stromes genauso stark, als ob ich dabei bei Bewußtsein im physischen Körper gewesen wäre. Erst jetzt begriff ich so richtig, daß es keine Worte gibt, mit denen ich die Qual beschreiben kann, die ich damals empfunden habe. Es war, als ob der Schmerz wie Dampf aus allen Zellen meines Körpers herausquölle, und ich zitterte im Astralkörper genauso, wie der physische Körper unter der Wirkung des elektrischen Stromes zitterte.

Da stand ich einige Minuten lang ganz hilflos, Minuten, die mir wie ebenso viele Jahre erschienen. Dann sah ich Gott sei Dank Leute aus der Nachbarschaft herbeilaufen, und ich schien zu wissen, daß jemand mich von meiner Qual erlösen werde. Da war M., der fast einen Häuserblock von mir entfernt über einen Zaun kletterte; er war einer meiner besten Freunde. Ich sah ihn über den Zaun kommen und zu uns herbeistürzen.

Es kamen auch zwei Damen aus Nachbarhäusern. Ich kannte sie auch. Und da kam auch ein Mann mit seinem Sohn herbeigerannt; der Mann trug eine Axt und hatte Gummischuhe an. Dieser Mann bückte sich, um meinen physischen Körper aufzuheben, und während er das tat, schien ich mit einem Satz in diesen zurückzufliegen und war wieder bei Bewußtsein, während alle Nachbarn dabeistanden und zusahen.

Alle, die ich in diesem Bericht erwähnt habe, sind noch am Leben und wären bereit, die Wahrheit zu bestätigen, soweit mein physischer Körper dabei betroffen war. Ich habe ihre Namen ausgelassen, weil es ihnen vielleicht nicht recht wäre, wenn sie in einem Buch dieser Art erwähnt würden.

Alle waren, wie sie sagten, über die Tatsache erstaunt, daß ich wieder zum Leben erwachte, und der untersuchende Arzt, der herbeigerufen worden war, war ebenfalls erstaunt angesichts der Länge der Zeit, während der ich den Draht berührt hatte und während welcher der Strom durch meinen Körper floß. Die Zuschauer hatten in der Tat angenommen, ich sei schon einige Zeit tot. Die Jungen erklärten, daß etwa zehn Minuten vergangen seien seit dem Augenblick, da ich zum erstenmal das Kabel berührte bis zu dem Augenblick, da man mich von ihm trennte. Da ich wenigstens fünf Minuten bei Bewußtsein war, muß ich etwa fünf Minuten bewußtlos gewesen sein, bevor ich im Astralkörper aufwachte.

Warum Menschen, die einen gewaltsamen Tod erlitten haben, ihn im Astralkörper immer wieder erleben

Fast jede Nacht nach diesem schrecklichen Erlebnis träumte ich, daß ich durch elektrischen Strom hingerichtet würde, und im Traum erlebte ich das ganze Geschehen noch einmal, genau, wie es sich abgespielt hatte. Manchmal erlangte ich dabei das Bewußtsein und erkannte, daß es nur ein Traum war, aber wenn dies geschah, fand ich mich im Astralkörper und stand gewöhnlich neben meinem physischen Körper, der auf dem Bett lag. Selbst dann brauchte ich manchmal mehrere Minuten, um zu begreifen, daß ich bei Bewußtsein und im Astralkörper, und daß das Erlebnis ein Ereignis der Vergangenheit war.

Einmal wachte ich aus diesem furchtbaren Traum auf und fand mich im Astralkörper, in dem ich das schreckliche Erlebnis noch einmal hatte, und zwar an genau derselben Stelle, an der ich es gehabt hatte, d. h. einige Häuserblocks von meinem Wohnhaus entfernt. Ich glaube, ich habe schon erwähnt, daß Menschen, die einen gewaltsamen Tod erlitten haben, ihn im Astralkörper immer wieder erleben, und wenn wir darüber nachdenken, scheint es wirklich grausam, daß dies so ist.

Warum das Opfer eines gewaltsamen Todes seinen Tod immer wieder durchlebt, ist nicht sicher zu erklären. Es ist nicht so sehr der wirkliche Schmerz, der anhält, sondern der Schreck im Gemüt, den der Schmerz so sehr im Bewußtsein eingegraben hat (die innere Qual), der (die) von dem Opfer Besitz ergriffen hat, bis sein Bewußtsein wieder normal tätig ist.

Um die Erklärung dieser Vorfälle recht zu verstehen, wollen wir für einen Augenblick annehmen, ich wäre an dem Kabel gestorben, statt daß ich wieder zum körperlichen Leben zurückgekehrt wäre. Mehr als eine Bedingung wäre dann erfüllt worden, die mich, wenn ich dauernd im Astralkörper geblieben wäre, veranlaßt hätte, die Todesszene zu wiederholen.

Wir haben gesehen, daß dies genau das ist, was ich tat, als ich körperlich am Leben war und im Astralkörper nachts das Geschehen neu erlebte. Hätte ich nicht dasselbe im Schlaf getan, auch wenn ich für immer im Astralkörper geblieben wäre? Oh ja, Astralwesen schlafen und träumen genau wie wir; der Astralkörper ist der Traumkörper; das dürfen wir nicht vergessen.

Ich wäre daher, wenn ich ein Dauerbewohner der unsichtbaren Welt geworden wäre, dem Menschen nicht unähnlich, der ich jetzt in Fleisch und Blut bin, und in der Nacht oder immer dann, wenn ich das Bewußtsein verlöre oder träumte, würde sich die Todesszene im Astralkörper wiederholen, genau wie ich das Vorkommnis im Astralkörper erlebte, während ich noch körperlich am Leben war.

Der in meinem Bewußtsein vorherrschende Eindruck (der innere Drang) hätte mich beherrscht, geradeso, wie die Macht der Gewohnheit den Astralwanderer zwingt, der Gewohnheit nachzugehen. Man kann sich gut den Eindruck vorstellen, der durch den Schrecken eines gewaltsamen Todes im Bewußtsein hinterlassen wird. Dieser Schrecken kann sogar den Geist des Opfers verwirren, und es wird in der Astralwelt eine Weile krank sein; der in seinem Geist vorherrschende Eindruck wird ihn beständig zwingen, die Szene zu wiederholen.

Er ist dann natürlich „erdgebunden" und kann durch irdische Wesen bei der Wiederholung der Szene beobachtet werden; der Ort würde „Spukort" genannt. Es ist viel über Spukgeister geschrieben worden, aber die meisten Autoren erklären nicht, warum die Astralwesen in diesem Zustand sind; einige behaupten sogar, daß der „Spukgeist" ein schlechtes Leben geführt haben muß, als er noch im Körper war, und deshalb im Astralkörper „an die Erde gebunden" bleibe.

Dies ist so ziemlich die am meisten einleuchtende Erklärung, die sachliches Nachdenken uns liefern kann, aber die bei Astralwanderungen gewonnene Erfahrung läßt uns die Gründe erkennen, die ich jetzt angeben werde. Das rechtschaffenste irdische Wesen kann genausogut das Opfer eines erdgebundenen Gemütszustandes werden wie derböseste Mensch. Er ist nicht wegen seiner Moral erdgebunden, sondern wegen seiner seelischen Verfassung.

Ich bin bei verschiedenen Gelegenheiten von Spiritualisten wegen dieser Behauptung getadelt worden, d. h. für meine Meinung, daß ein höchst rechtschaffenes irdisches Wesen genausogut das Opfer eines erdgebundenen Gemütszustandes werden kann wie der Bösewicht. Es ist dennoch wahr, daß ein völlig schuldloser Mensch erdgebunden werden kann. Es ist immer das *Opfer* eines Mörders, das seinen Tod immer wieder erlebt und an der Stätte seines Todes spukt. Wie oft hören wir von einem Mörder, der an einem Ort spukt? Nein, es ist immer das Opfer — der unschuldige Teil —, das in Spukphänomenen eine Rolle spielt. In der Tat beruht der ganze moderne Spiritualismus auf Spukerscheinungen.

Es gibt vier und nur vier Gründe, warum Geister erdgebunden sind, und seltsam genug, wir haben drei davon schon bei der Verwirklichung einer Astralwanderung kennengelernt. Sie sind alle Bewußtseinszustände und Arbeitsvorgänge des Bewußtseins: 1. Verlangen, 2. Gewohnheit, 3. Träume, 4. Geisteskrankheit. Es mag unvernünftig erscheinen — besonders den Menschen, die glauben, daß der erdgebundene Zustand nur dadurch verursacht wird, daß man ein böses Erdenleben führt —, daß Rachsucht den Zustand des Erdgebundenseins verursacht und das betreffende Wesen dazu bringt, an einem Ort oder bei einem Menschen zu spuken, und daß Liebe dieselbe Wirkung hat.

Eine Mutter, die sich stark danach sehnt, ihr Kind noch einmal an die Brust zu drücken, wird eine ganze Weile nach ihrem Tode immer wieder einen bestimmten Ort aufsuchen, wird dort „spuken" mit anderen Worten. Der Verbrecher, der Rache üben will, wird dasselbe tun! Beide stehen unter dem Einfluß eines inneren Dranges im Bewußtsein und werden nicht nur „spuken", wenn sie bei Bewußtsein sind (d. h. wenn das verborgene Bewußtsein dem inneren Verlangen nachgibt und die Wünsche des Wachbewußtseins unberücksichtigt läßt, wie es manchmal geschieht), sondern auch, wenn sie nicht bei Bewußtsein oder im Traumzustand sind.

Ich kenne einen Fall, bei dem eine Großmutter gestorben war, die ihre Kinder innig geliebt hatte, und die dann viele Monate lang nach ihrem Tode an dem Ort spukte. Sie war außerdem eine Weile vor ihrem Tode geistesgestört gewesen. Nach vielen Monaten des Spukens konnte ein Familienmitglied mit ihr Verbindung aufnehmen und ihr sagen: „Warum um Himmelswillen bleibst du dabei, um uns herumzuspuken? Willst du uns ärgern?"

Darauf antwortete die alte Dame: „Ich weiß nicht, daß ich schon eine ganze Weile hier bin. Ich komme nur hierher, um zu sehen, wie es meinen Kindern geht, und dann gehe ich wieder fort."

Ihr irdischer Gesprächspartner belehrte sie dann. Er sagte ihr, daß ihr Kommen nichts Gutes für die Familie bedeute und daß sie ihre irdischen Wünsche und Gewohnheiten überwinden müsse. Von jener Zeit an wurde das Haus durch die Gegenwart der alten Dame nicht länger gestört. Dies ist ein Fall, wo Liebe (Begehren) durch ein dabei erzeugtes inneres Verlangen ein Astralwesen auf der Erde zurückhält.

Was die Tatsache betrifft, daß der Tod im Astralkörper

immer neu erlebt werden kann, so ist ein Fall verbürgt worden, bei dem zwei Männer auf einer Straße zu einer Mühle nach Bristol in einen Streit verwickelt waren. Ein verzweifelter Kampf der beiden Männer folgte. Sie rangen miteinander, wälzten sich auf dem Boden, schlugen sich und stießen sich, bis schließlich der eine von ihnen den anderen tötete.

Viele Monate lang danach, jeden Abend zu selben Zeit (zu der Zeit, als wirklich der Tod eingetreten war), wurde das Opfer wiederholt gesehen, wie es immer wieder den Kampf und seinen Tod „durchlebte" (geradeso, wie ich nachts immer wieder meinen elektrischen Schock erlebte). Eine Zeitlang kämpfte und schlug er sich immer wieder mit seinem eingebildeten Gegner, um dann zu verschwinden.

Okkulte Forscher, welche die Szene beobachteten, erklärten, daß er wie im Traum schien, daß er jedoch gelegentlich so logisch mit ihnen gesprochen habe, wie es jeder denkende Mensch getan hätte. Dies verwundert viele Forscher, denn sie sagen, daß ein erdgebundenes Astralwesen, wenn es bewußt genug empfindet, um zu verstehen und zu sprechen, unmöglich träumen kann. Aber das ist ein großer Irrtum!

Es ist das verborgene Bewußtsein, welches das Astralwesen bei solchen Gelegenheiten lenkt, und es ist dieses Bewußtsein, das durch das Astralwesen spricht, die Fragen beantwortet usw., während das Oberbewußtsein im Zustand des Träumens ist. Andererseits kann das Astralwesen bewußt empfinden und trotzdem von dem verborgenen Bewußtsein aus gelenkt werden, das die bewußte Suggestion nicht beachtet und dem inneren Drang des Unterbewußtseins folgt. Aber dies geschieht nicht oft.

Ich habe gesagt, daß das verborgene Bewußtsein den Astralwanderer — den zeitweilig abgetrennten Astralkörper oder den Geist eines Verstorbenen — immer lenkt, wenn er bewußtlos ist, obwohl es Suggestionen des Traumbewußtseins aufnehmen kann. Im Zustand der Erdgebundenheit haben wir einen Zustand, in dem das Bewußtsein des Astralwanderers nicht normal tätig, d. h. stark genug ist, und das verborgene Bewußtsein lenkt den Astralwanderer.

Vielleicht glaubt man dies nicht? Nun, wir brauchen nicht

vom Astralkörper zu sprechen, um dies zu beweisen. Ich habe erklärt, daß der einzige Unterschied zwischen dem astralen Schlafwandel und dem körperlichen Schlafwandel darin besteht, daß im letzteren Falle der physische Körper mit dem astralen Körper verbunden bleibt; der Astralkörper wird dabei von dem Unterbewußtsein, dem verborgenen Willen, beherrscht.

Das nächste Mal also, wenn man einem Schlafwandler begegnet, der logisch zu uns sprechen kann — während seines Schlafwandels —, spreche man mit ihm, dann wecke man ihn und frage ihn, ob er sich an das erinnere, was er gesagt hat. Er wird fast immer nein sagen. Er hat jedoch logisch gesprochen und mit instinktiver Genauigkeit gehandelt (der Instinkt kommt aus dem verborgenen Bewußtsein). Es war daher gar nicht das Wachbewußtsein, mit dem wir gesprochen haben. Es ist auch nicht immer das Wachbewußtsein eines Spukgeistes, das uns antwortet, wenn er seine Todesszene oder im Traum Ereignisse wiederholt, die damit zusammenhängen.

Es ist der Eindruck — der innere Drang, der durch den Schrecken eines gewaltsamen Todes im Unterbewußtsein entstanden ist — (wenn er „an die Oberfläche kommt" in einem Augenblick, in dem das Wachbewußtsein nicht achtgibt oder nicht stark genug ist, den inneren Drang zu unterdrücken), der auf das verborgene Bewußtsein wirkt. Wäre ich körperlich im Schlaf gewandelt, als ich träumte, ich sei dem elektrischen Starkstrom ausgesetzt, so hätte ich den tragischen Vorfall neu erlebt, und zwar so, daß mein physischer Körper mit dem Astralkörper vereinigt geblieben wäre, geradeso, wie ich es im Astralkörper allein erlebt hätte. Es war während des Weltkrieges ein ganz gewöhnliches Geschehnis, Soldaten zu sehen, die im Traum von ihren Betten aufsprangen und schreckliche Erlebnisse neu erlebten, die sie gehabt und die in ihrem Unterbewußtsein tiefe „Spuren" hinterlassen hatten.

Nein, wir brauchen nicht die Welt des Unsichtbaren aufzusuchen, um zu zeigen, warum ein Astralwanderer oder ein Geist an einem Ort „spukt" oder warum er ein tragisches Ereignis immer wieder erlebt. Janet hat viele lehrreiche Fälle des Schlafwandels aufgezeichnet, unter ihnen den Fall des

Mädchens Irene, 20 Jahre alt, das sechzig Nächte hintereinander seine Mutter beobachtete, wie sie immer wieder an Tuberkulose starb. Dieser Fall zeigt sehr deutlich das Wesentliche dessen, was ich in meiner Erklärung habe sagen wollen.

Der Fall des Mädchens Irene

Nach dem Tode der Mutter versuchte sie, den Leichnam zum Leben zu erwecken, die Mutter ins Leben zurückzurufen. Als sie die Beine aufgerichtet hatte, fiel der Körper jedoch auf den Boden, und es war eine große Anstrengung nötig, um sie wieder auf das Bett zu heben. Man kann sich diese schreckliche Szene gut vorstellen. Einige Zeit nach dem Begräbnis begannen seltsame und beunruhigende Dinge. Es war einer der beispielhaftesten Fälle von Schlafwandel, die ich je erlebt habe. Die Szene dauerte jedesmal zwei Stunden und war eine großartige dramatische Leistung, denn keine Schauspieler könnten diese düstere Szene mit solcher Vollendung spielen.

Das junge Mädchen hatte die seltsame Gewohnheit, alle Ereignisse neu zu „spielen", die sich beim Tode der Mutter zugetragen hatten, ohne daß sie dabei die geringste Einzelheit vergaß. Manchmal sprach sie nur und erzählte dabei das ganze Geschehen mit der größten Beredsamkeit, fragte und antwortete abwechselnd oder fragte nur und lauschte dann scheinbar der Antwort. Manchmal *sah* sie nur die Ereignisse; mit erschrecktem Gesicht starrte sie darauf und handelte entsprechend den Dingen, die sie sah.

Bei anderen Gelegenheiten schien sie alles, was sie erlebte, zu verbinden, Worte und Handlungen, und ein ganz eigenartiges Drama zu spielen. Wenn in ihrem Drama der Tod eingetreten war, griff sie immer wieder denselben Gedanken auf: Sie bereitete ihren Selbstmord vor.[25]) Sie sprach laut darüber, schien darüber mit ihrer Mutter zu sprechen, von ihr Rat zu erhalten; sie stellte sich vor, sie werde versuchen, sich von einer Lokomotive überfahren zu lassen. Diese Einzelheit war auch eine Erinnerung an ein wirkliches Erlebnis. Sie bildete sich ein, sie sei unterwegs und legte sich dabei auf den Fußboden des Zimmers und erwartete den Tod mit einem Gemisch von Furcht und Ungeduld.[26])

Sie „spielte" wie eine Schauspielerin und hatte dabei einen wechselnden Gesichtsausdruck, der bewundernswert war und der manchmal mehrere Minuten anhielt. Der Zug näherte sich vor ihren starr blickenden Augen, sie stieß einen schrecklichen Schrei aus und fiel bewegungslos zu Boden, als ob sie tot wäre. Sie stand bald wieder auf und begann, eine der vorhergehenden Szenen zu wiederholen. In der Tat ist es eines der wesentlichen Kennzeichen dieser Art von Schlafwandel, daß sich solche Szenen endlos wiederholen.

Die verschiedenen Anfälle glichen sich nicht immer genau; es wiederholten sich dabei nicht nur immer die gleichen Bewegungen, die gleichen Formen des Gesichtsausdrucks, die gleichen Worte, sondern im Verlauf des gleichen Anfalls, wenn er schon eine gewisse Zeit gedauert hatte, konnte die Szene wiederholt werden, und zwar in genau derselben Art fünf- oder zehnmal. Schließlich schien die Erregung abzuklingen, der Traum wurde undeutlicher, und allmählich oder plötzlich, je nach den Ursachen, erlangte die Kranke wieder ihr normales Bewußtsein und nahm ihre gewöhnliche Arbeit wieder auf, ganz unberührt von dem, was geschehen war.

Kapitel 14

DAS VERBORGENE BEWUSSTSEIN UND DIE FERNBEWEGUNG VON GEGENSTÄNDEN

Es ist außerordentlich schwierig, Astralwanderungen sachlich zu beweisen, viel schwieriger, als die meisten Menschen zu glauben scheinen. Die Vorstellung, daß ein Astralwanderer, wenn er erst einmal den physischen Körper verlassen hat, physische Gegenstände durch eine Willensanstrengung bewegen kann, ist in der Theorie richtig, aber in der Praxis etwas ganz anderes.

Bevor ich versuche, eine kurze Erklärung zu geben, wie physische Gegenstände durch den Astralwanderer bewegt werden können, will ich mich an die Vernunft der Leser wenden. Wieviele Menschen sind im letzten Jahr gestorben? Sehr viele! Tausende! Ist irgend jemand so völlig unlogisch, daß er sagt, diese Tausende, die hinübergegangen und jetzt Astralwesen sind, gebrauchten nicht ihre bewußte Willenskraft in ihrem Bemühen, mit ihren geliebten irdischen Freunden in Verbindung zu treten?

Das ist das allererste, was man tut, wenn man im Astralkörper erwacht! Wieviele Berichte gibt es jedes Jahr von Astralwesen, die mit Erfolg physische Gegenstände handhaben? Sehr wenige im Vergleich zu der Anzahl der Menschen, die gestorben sind und versuchen, ihre Gegenwart zu beweisen. Nein, der bewußte Wille ist kein wesentlicher Faktor bei der Hervorbringung von physikalischen Phänomenen.

Wenn wir dies wissen, ist es dann nicht unvernünftig, alle Arten von physikalischen Äußerungen von dem bewußten Empfinden der Astralwanderer zu erwarten? Wenige Menschen haben eine Vorstellung von der Unfähigkeit der Astralwesen, physische Gegenstände zu berühren. Auch viele Forscher scheinen nicht zu wissen, daß der Astralkörper höhere Schwingungen hat, wenn er zwei Fuß vom physischen Körper entfernt ist, als wenn er sich nur auf zwei Zoll von ihm getrennt hat. Das ist jedoch die Wahrheit, und der Astralkörper hat noch höhere Schwingungen, wenn er drei Zoll vom physischen Körper entfernt ist. Wäre das nicht der Fall, wäre der Astralkörper nicht imstande, durch ein irdisches Wesen hindurchzugehen. „Aber“, wird man sagen, „ein Astralkörper kann durch einen physischen Körper hindurchgehen.“

Aber einen Augenblick! Hat der Leser jemals daran gedacht, daß, wenn der Astralkörper innerhalb des physischen Körpers dieselbe Schwingungszahl hätte wie außerhalb, daß die beiden Körper dann zusammenprallen würden, da der Astralkörper versuchen würde, durch die miteinander verschmolzenen Körper des irdischen Wesens hindurchzugehen? Wenn ein Astralwesen seine Schwingungszahl nicht erhöhen würde, könnte es nicht einen physischen Körper durchdringen, mit dem er verschmolzen ist.

Es ist jedoch richtig, daß die Willenskraft die bewegende Kraft hinter der Handhabung physischer Gegenstände ist. Es ist jedoch nicht der bewußte Wille, es ist der unbewußte Wille, der Wille des verborgenen Bewußtseins. Es ist vielleicht möglich, daß ein Geist, nachdem er fortgeschritten ist, lernen kann, sein verborgenes Bewußtsein besser zu lenken. Für den Astralwanderer jedoch, der sich nur vorübergehend im Astralkörper befindet, ist das etwas ganz anderes. Sein verborgenes Bewußtsein lenkt ihn die meiste Zeit, — wie ich schon gesagt habe.

Warum erzeugt das verborgene Bewußtsein nicht öfter physikalische Wirkungen? Nicht alle physikalischen Wirkungen werden allerdings von dem verborgenen Bewußtsein hervorgerufen, aber wenn dies geschieht, muß dieser Wille auf eine bestimmte Kraft einwirken, um dazu fähig zu sein. Der Wille allein könnte keine physischen Gegenstände bewegen; es ist die „Kraft“, auf die der Wille wirkt und die er lenkt. Der Wille ist etwas Geistiges, und dieser Vorgang, daß das verborgene Bewußtsein auf diese „Kraft“ in bestimmter Weise wirkt (mit Entschlossenheit), bringt die bewegende Kraft zum Handeln, von der wir so wenig wissen, jedoch wissen, daß sie vorhanden ist.

Wenn wir bei Bewußtsein sind und unsere bewegende Kraft lenken können, so können wir uns zum Beispiel entschließen, ein Wasserglas vom Tisch herunterzustoßen, und durch Gebrauch unserer bewegenden Kraft können wir das Wasserglas mit der Faust treffen und es herunterschlagen, wie wir beschlossen hatten. Man muß aber „Kraft" anwenden; — der Wille allein kann die gewünschte Handlung nicht verursachen, auch der Arm oder die Faust können das nicht allein. Durch einen inneren geistigen Vorgang muß Kraft angewandt werden.

So ist es auch mit dem verborgenen Bewußtsein. Sein Wille muß sich der „Kraft" bedienen, bevor es Gegenstände bewegen kann. Wie jedoch das Bewußtsein (jedes Bewußtsein) dies zustandebringt, ist unbekannt. Es ist leicht zu sagen, daß unser Arm im physischen Körper zustößt und das Wasserglas vom Tisch herabwirft, weil vom Gehirn her eine Anweisung die Nervenbahn entlangläuft und die Muskeln in einer bestimmten Weise zusammenzieht. Aber zu erklären, woher diese Anweisung rührt und worin sie besteht, ist immer noch unmöglich. Diese sogenannte Anweisung ist natürlich eine Kraft.

Es gibt mehrere Formen des Willens — des verborgenen Willens —, welche auf diese Kraft auf verschiedene Weise wirken. Dies gilt auch für den bewußten Willen. Wenn man nur mit halbem Herzen beschließt, das Wasserglas auf den Boden zu stoßen, so wirkt der Wille nur schwach auf die „Kraft", und man stößt das Wasserglas nur zögernd herunter, ähnlich der Art, in der wir den Entschluß dazu gefaßt haben.

Wenn man entschlossen gewünscht hätte, das Wasserglas auf den Boden zu werfen, so hätte man auch kräftig dagegen geschlagen. Es würde daher die Kraft, die notwendig wäre, um fest gegen das Glas zu schlagen, durch den entschlossenen Willen erzeugt. Der Wille muß daher fester, entschlossener auf die „Kraft" wirken. Und das ist genau die Art, in der die verschiedenen Formen des Willens im verborgenen Bewußtsein auf die „Kraft" einwirken.

Wenn also das verborgene Bewußtsein, auf das der Astralwanderer oder der Astralgeist wenig Einfluß hat, nur einen schwachen Entschluß faßt, so wird die „Kraft" auch schwach sein. Wenn es dagegen einen ganz festen Entschluß faßt, so wird die „Kraft", die dadurch ausgelöst wird, so zusammengeballt (so „fest"), daß sie auf feste Körper wirkt, und das ist die Kraft, die physische Gegenstände bewegt.[27])

Ich vermute, daß es einigen Menschen möglich ist, genügend bewußten Willen zu entwickeln, um dazu imstande zu sein, aber der verborgene Wille ist gewöhnlich viel stärker als der bewußte Wille. Natürlich nimmt der bewußte Wille mit dem verborgenen Willen Beziehung auf, weckt ihn sehr oft.

Es ergibt sich die Frage, wie diese „Kraft" „fest" werden (auf Gegenstände wirken) kann. Wir wissen es nicht genau. Wenn wir uns vorstellen könnten, daß diese Kraft aus Atomen und Elektronen besteht, so könnte man die Theorie aufstellen, daß in der Atomstruktur der Kraft eine Veränderung vor sich gehen kann, wodurch die Kraft „fester" und so in den Stand gesetzt würde, Gegenstände zu berühren.

Eine andere Möglichkeit (in einem Falle, in dem der Astralkörper selbst Gegenstände bewegt) ist, daß die Atomstruktur des Astralkörpers infolge einer gewissen Handlung des verborgenen Bewußtseins fester wird. Meine eigenen Beobachtungen lassen mich glauben, daß ein entschlossener Wille des verborgenen Bewußtseins wirklich darauf hinwirkt, den Astralkörper „fester" werden zu lassen; das zeigt ein Erlebnis, das ich sehr bald berichten werde.

Wir wollen jedoch erst kurz die Überlegung untersuchen, die Professor Flournoy zu der Natur einer Fernbewegung von Gegenständen anstellt. Professor Flournoy schreibt:

„Man könnte sich vorstellen, daß, da das Atom und das Molekül die Mittelpunkte eines sich strahlenförmig ausbreitenden Kraftfeldes sind, auch das Lebewesen, die Einzelzellen, die Zellgruppen ursprünglich einen Wirkungsbereich haben, in dem zuweilen alle Anstrengungen konzentriert werden, erst auf den einen, dann auf den anderen Punkt, ganz nach Wunsch.

Durch Gewohnheit, Wiederholung, Auswahl, Vererbung

und andere Grundgesetze, die von den Biologen immer angeführt werden, könnten sich gewisse festere Kraftlinien in diesem einheitlichen ursprünglichen Kraftfeld bilden und allmählich bewegende Organe entstehen lassen.

Zum Beispiel: Unsere vier Glieder aus Fleisch und Blut, die sich in dem Raum um uns bewegen, wären nur ein durch die Natur erfundenes wirkungsvolles Mittel, eine Maschine, die im Laufe einer entsprechenden Entwicklung entstanden wäre, um mit einem möglichst geringen Aufwand dieser unbestimmten, im Raum vorhandenen Grundkraft dieselben nützlichen Wirkungen zu erzielen.

Diese Kraft, ersetzt oder umgeformt, würde sich danach nur ganz ausnahmsweise äußern in einem bestimmten Zustand oder bei abnormen Menschen, als eine atavistische Neuentstehung eines Verfahrens, das schon seit langer Zeit nicht mehr angewandt wird, da es in der Tat sehr unvollkommen ist und ohne Vorteil einen Verbrauch an Lebenskraft erforderlich macht, der weit größer ist als bei dem gewöhnlichen Gebrauch der Arme und Beine.

Vielleicht ist es die kosmische Kraft selbst, die amoralische und dumpfe „Weltseele", das Nichtbewußtsein von Max Hartmann, das unmittelbar wirken kann, wenn es mit einem geschwächten Nervensystem in Berührung kommt, und die verschiedenen Träume des Kranken in Wirklichkeit umsetzt, ohne die gewöhnlichen Kanäle der Muskelbewegungen zu durchlaufen."

Professor Flournoys Theorie ist sehr lehrreich. Viele Phänomene der Fernbewegung werden durch die bewegende Kraft des Mediums selbst hervorgerufen, die über eine astrale „Kraftlinie" wirkt. Wir haben in einem früheren Abschnitt gesehen, wie diese bewegende Kraft aus dem Körper hinaus und zu ihm zurück übertragen wurde, ein freies Kabel entlang, auch dann, wenn der Astralwanderer sich noch innerhalb der lebendigen Reichweite des Astralbandes befand.

Was den Astralwanderer betrifft, so besteht nur eine sehr geringe Möglichkeit, daß er durch seinen bewußten Willen Gegenstände bewegen kann, sofern er nicht gleichzeitig von dem verborgenen Bewußtsein in entschlossener Weise gelenkt wird. Aber wenn das verborgene Bewußtsein fest zu etwas entschlossen ist, kann der bewußte Wille selten darauf einwirken. Und sogar während der Zeit, in der das verborgene Bewußtsein nicht zu etwas entschlossen ist, wird es gewöhnlich bewußt gegebene Anweisungen nicht befolgen.

Ich habe so oft versucht, Gegenstände zu bewegen, wenn ich bei Bewußtsein im Astralkörper war, daß ich den Versuch schließlich verärgert aufgegeben habe. Dieser Mißerfolg (bei dem Versuch, Gegenstände zu bewegen), ist eines der ärgerlichsten Dinge, von denen ich weiß. Man wird verbittert, empfindet fast seelische Qualen, wenn man versucht, stoffliche Dinge zu berühren. Dieser Zustand ist sicherlich eine wahre „Hölle" für den Unglücklichen, der weder in seinen physischen Körper zurückkehren noch das Joch seiner irdischen Gewohnheiten und Begierden abwerfen kann.

Der Leser kann sich nicht vorstellen, was für ein unangenehmes Erlebnis das ist. Ich war im Astralkörper und bei Bewußtsein, und ich habe immer wieder versucht, stoffliche Dinge zu berühren; tatsächlich habe ich dies so angestrengt versucht, daß ich ganz außer mir war; und als ich wieder in meinem physischen Körper erwachte und alle mir vertrauten Gegenstände betasten konnte, hatte ich das Gefühl, ich müsse ausrufen: „Was für eine großartige und glorreiche Empfindung!"

Ich gebe ohne weiteres zu, daß ich durch meinen bewußten Willen bei all meinen Astralwanderungen niemals einen physischen Gegenstand bewegen konnte. Aber kürzlich hatte ich ein Erlebnis, bei dem ich mit Hilfe meines verborgenen Bewußtseins offensichtlich einen Gegenstand von erheblichem Gewicht bewegte. (Dieses Erlebnis werde ich sogleich erzählen.)

Ich behaupte, daß Astralwanderer, irdische Medien und erdgebundene Astralwesen physische Gegenstände mit Hilfe des verborgenen Willens — des Willens, der sie lenkt — bewegen können und dies auch tun, ob sie sich dessen bewußt sind oder nicht. Im Traum werden Gegenstände bewegt, die der Träumende im Astralkörper mit Hilfe des bewußten Willens nicht bewegen könnte; dies geschieht nur, weil das verborgene Bewußtsein bei solchen Gelegenheiten den Astralkörper völlig beherrscht. Wenn das verborgene Bewußtsein — aus dem Traum — eine Anweisung aufnimmt, etwas zu bewegen und sich dann dazu entschließt, so wird die dazu angewandte Kraft „fest“ und wirkt wie ein fester Gegenstand auf den zu bewegenden Gegenstand.

Bei zwei verschiedenen Gelegenheiten habe ich geträumt, ich hätte zu Haus Gegenstände bewegt und habe beim Erwachen festgestellt, daß die betreffenden Gegenstände tatsächlich bewegt worden waren. Dr. Burns berichtet von einem Herrn, der im Traum so stark gegen die Tür eines entfernten Hauses drückte, daß die Menschen, die sich im Zimmer aufhielten, kaum imstande waren, dem Druck standzuhalten. Dies war die Auswirkung eines entschlossenen verborgenen Willens!

Und dies ist auch der Grund, warum das erdgebundene Astralwesen, der „Spukgeist“, physische Gegenstände bewegen kann, wenigstens warum er dies in vielen Fällen kann. Wir erinnern uns, daß wir durch Wiederholung einer Handlung (durch Gewohnheit oder Verlangen) den inneren Drang im Unterbewußtsein verstärken können. Astralwesen, die als Spukgeister umherschweben, tun dies ebenfalls infolge Auswirkung eines oder mehrerer der genannten Faktoren, d. h. durch Verlangen, Gewohnheit, Traum oder Geisteskrankheit. Was wir Geisteskrankheit nennen, ist übrigens nichts gänzlich anderes als der Traumzustand!

In jenem Falle, in dem ein Astralwesen mit der Erde in Verbindung tritt, während es geistesgestört ist oder sich im Traumzustand befindet, wird es *immer* von dem verborgenen Bewußtsein gelenkt; und wenn sich dieses Bewußtsein ohne äußeren Antrieb zu etwas entschließt — aus Gründen, die wir nicht kennen — wird die Kraft, auf die es wirkt, „fest“ (gegenständlich), d. h. sie kann Gegenstände bewegen. Ein einzelnes, erdgebundenes Astralwesen kann physikalische Phänomene erzeugen, die ein fortgeschrittenes Geistwesen nicht ohne einen „Zirkel“ erzeugen könnte. Dazu ist das Astralwesen aus dem einfachen Grunde fähig, den ich gerade genannt habe, nämlich mit Hilfe des verborgenen Willens, der in übermächtiger Weise auf die „Kraft“ einwirkt.

Es sei mir gestattet, auf den Unterschied zwischen der „Kraft“ des verborgenen Willens und dem bewußten Willen selbst aufmerksam zu machen. Ich brauche auch nicht in das Reich des „Unsichtbaren“ zu gehen, um dies klarzumachen. Man stelle sich einen Geisteskranken vor, — hier im irdischen Körper! Wenn er unter dem Einfluß des bewußten Willens steht, ist er an Stärke niemand überlegen. Aber wenn sein Bewußtsein das Gleichgewicht verliert und seine innere Intelligenz ihn beherrschen kann, so wird zwischen dem unterbewußten Willen und dem bewußten Willen eine Beziehung hergestellt, und seine Kraft wird im Nu vervielfacht, fast in einem unglaublichen Grade.

Ich kenne einen jungen Mann, der alles andere als stark ist; jeder normale Mann könnte mit ihm fertigwerden, wenn seine geistige Verfassung ausgeglichen ist. Wenn er aber einen Anfall von Geistesgestörtheit hat, wird er ein Riese; bei einer Gelegenheit konnten ihn fünf Männer, die ihre ganze Kraft aufboten, kaum halten. Alle derartigen Anfälle von Geistesgestörtheit sind zweifellos Fälle, bei denen das verborgene Bewußtsein die Herrschaft übernommen hat. Die Ursache ist dieselbe wie bei den Fällen, die wir jetzt untersuchen: die durch das verborgene Bewußtsein erzeugte „Kraft“, die physikalische Phänomene verursacht.

Wenn der „Spukgeist“ ein inneres Verlangen hat, das durch Begierde oder Gewohnheit erzeugt worden ist, wenn dieser Drang übermächtig wird, wirkt der verborgene Wille gewöhnlich übermächtig auf die „Kraft“. Das ist der Grund, warum viele erdgebundene Geister nach dem Tode von sterblichen Menschen gesehen werden: Die Geister wiederholen ihre Gewohnheiten und versuchen, ihre Begierden zu befriedigen und bewegen dabei oft physische Gegenstände.

Und ich möchte versichern, daß die Begierde ungeheuer verstärkt wird, wenn ein Wesen sie nicht befriedigen kann — der durch die Begierde erzeugte innere Drang wird im Unterbewußtsein des Astralwanderers übermächtig —, und daß sie das verborgene Bewußtsein veranlaßt, ganz entschlossen zu handeln, was zur Folge hat, daß die „Kraft“ „fest“ (gegenständlich) wird und physikalische Phänomene hervorbringt.

Wir sehen jetzt den Grund, warum ein einzelner „Spukgeist“ oft physische Gegenstände bewegen kann, wogegen ein höher entwickeltes Astralwesen — dessen Wünsche und Gewohnheiten abgeklungen sind und dessen Geist Frieden gefunden hat — das nicht kann. Wenn wir all dies als richtig ansehen und der „Spukgeist“ unter Anfällen von Geistesgestörtheit leidet (in welchem Zustand sein verborgener Wille voller Kraft ist), so sollte er verhältnismäßig leicht imstande sein, sein, physische Gegenstände zu bewegen.

Der „Spukgeist“, der bei dem großen Geheimnis von Amherst[28]) die Hauptrolle spielte, scheint von dieser Art gewesen zu sein, und wie die meisten Menschen, die einem Anfall von Geistesgestörtheit ausgesetzt sind, war er von dem Gedanken besessen, töten zu müssen! Fortgeschrittene Geister können dieselbe „Kraft“ zweifellos wissenschaftlich anwenden, die der „Spukgeist“ unbewußt angewandt hat (bei der Erzeugung physikalischer Phänomene), wie durch die Tatsache gezeigt wird, daß in vielen spiritistischen Sitzungen „Geisterfreunde“ mitwirken. Da wir jetzt einige der geheimnisvollen Ausdrucksformen des verborgenen Bewußtseins kennen, sowie die Art, wie sie die „Kraft“ handhaben, sollten „Poltergeist“-Phänomene nicht mehr schwer zu verstehen sein.

Eine Astralwanderung, bei der ich einen physischen Gegenstand bewegte

Der Vorfall, den ich jetzt beschreiben werde, ereignete sich in der Nacht zum 26. Februar 1928. Für einige Zeit hatte ich an ernsthaften Magenbeschwerden gelitten. Ich schlief allein im unteren Stockwerk des Hauses, während meine Mutter und meine kleine Schwester im oberen Stockwerk schliefen.

Zwischen 11.30 Uhr und 12.00 Uhr in jener Nacht wurde ich plötzlich von ungewöhnlich heftigen Magenschmerzen befallen. Da ich nicht imstande war, mir selbst zu helfen, rief ich mehrere Male nach meiner Mutter. Da sie aber fest schlief, hörte sie mich nicht. Ich fuhr einige Minuten fort, vergeblich nach ihr zu rufen, dann entschloß ich mich, aufzustehen und auf dem Fußboden zum Vorplatz zu kriechen, der zu der

Treppe führte, da ich hoffte, daß sie von da aus meine Stimme hören könnte.

Es gelang mir, mich aus dem Bett zu erheben. Ich machte mich auf den Weg nach der Tür, aber der Schmerz wurde so stark, daß ich sie nicht erreichen konnte, sondern vornüber in Ohnmacht fiel. Ich war bald wieder bei Bewußtsein und brachte es durch Anspannung aller meiner Kräfte fertig, ein paar Fuß weiter vorwärts zu kriechen; da ich aber länger als einen Monat bettlägerig gewesen war, war die Anstrengung zu viel für mich, und ich fiel wieder in Ohnmacht.

Dieses Mal wachte ich außerhalb meines Körpers auf und fand, daß ich, gelenkt von meinem verborgenen Bewußtsein, mich die Treppe hinaufbewegte, allerdings ohne eine bestimmte Richtung oder Anstrengung meinerseits. Hier, wenn je, war das verborgene Bewußtsein fest zu etwas entschlossen, denn ich erinnere mich nicht, jemals zuvor so völlig und planvoll von ihm gelenkt worden zu sein.[29]) Natürlich wollte ich meinen physischen Körper sehen — das ist immer das erste, was man dabei tut —, aber mein diesbezüglicher Gedanke hatte diesmal keine Wirkung auf die lenkende Kraft.

Ich ging die Treppe hinauf und durch die Wand des Zimmers meiner Mutter. Dort sah ich sie und meinen kleinen Bruder auf dem Bett liegen und fest schlafen. Dieser Eindruck war sehr deutlich, aber in diesem Augenblick entstand in meinem Bewußtsein eine Gedächtnislücke. Als ich das Bewußtsein wiedererlangt hatte, stand ich am Fußende des Bettes. Ich kann nicht genau sagen, was ich während dieser Lücke in meinem Bewußtsein getan habe, aber als ich aufwachte, sah ich sie beide (meine Mutter und meinen Bruder) ganz verwirrt. Meine Mutter stand auf dem Fußboden in der Nähe des Bettes und mein Bruder neben dem Bett; sie sprachen aufgeregt darüber, daß die Matratze aufgehoben worden sei, so daß sie während des Schlafes aus dem Bett gerollt seien.

All dies konnte ich deutlich sehen und hören. Ich war so klar bei Bewußtsein, wie ich nur je im Körper gewesen war. Sofort entfernte ich mich aus dem Zimmer; ich wurde zu meinem physischen Körper und mit einer Spiralbewegung in ihn hineingezogen; die Wiedervereinigung der beiden Körper geschah mit einiger Heftigkeit und bei vollem Bewußtsein meinerseits.

Ich rief wieder laut nach meiner Mutter, und sie eilte die Treppe herunter, sehr erregt, — so erregt, in der Tat, daß sie ganz übersah, daß ich das Bett verlassen hatte und auf dem Boden lag. Sie begann mir zu erzählen, wie „Geister" die Matratze aufgehoben und sie und meinen Bruder aus dem Bett gerollt hätten! Sie sagte, die „Geister" hätten die Matratze nicht einmal, sondern mehrere Male hochgehoben, und sie gestand, daß sie im ersten Augenblick sehr erschreckt gewesen sei.

Wenn derartige Vorfälle während der Nachtstunden möglich sind (wenn der Astralkörper wirklich daran beteiligt ist), so frage ich mich, wieviele ähnliche Vorfälle den Toten zugeschrieben werden, in Wirklichkeit aber auf die Tätigkeit des Astralkörpers zurückzuführen sind, der dabei von dem übermächtigen verborgenen Bewußtsein gelenkt wurde, während der Astralwanderer nicht bei Bewußtsein war. Zweifellos viele!

Während eines Traumes erzeugte „Klopfzeichen"

Am Abend des 17. März 1928 hatte ich über D. D. Home und seine Fähigkeit gelesen, seinen physischen Körper in der Luft schweben zu lassen. Mit dem Gedanken daran schlief ich ein und träumte an frühen Morgen, ich hätte Home getroffen, sei mit ihm die Straße entlanggegangen und hätte mit ihm über das Schweben des physischen Körpers gesprochen. Es schien mir, wir seien sehr gute Freunde und sprächen miteinander, wie es gute Freunde zu tun pflegen.

Ich sagte zu ihm: „Wahrhaftig, Home, die Levitation ist dir famos gelungen. Sag' mir, wie du das gemacht hast, damit ich es den Leuten zeigen kann!"

Jetzt träumte ich, Home zeige mir, wie er es gemacht habe: Er erhob sich in die Luft und kam schließlich wieder auf die Erde zurück. Er erklärte mir, was ich tun müsse. Leider erinnere ich mich nicht an das, was er sagte. Jedenfalls versuchte ich es ebenfalls, und der erste Versuch endete damit, daß ich mit dem Gesicht nach unten auf den Bürgersteig fiel.

Ich stand auf, und er belehrte mich noch einmal; dabei wurde mir plötzlich klar, daß ich mich nach oben durch die Luft bewegte. Es war ein Gefühl des wirklichen Schwebens, und sofort erlangte ich das Bewußtsein und fand mich im Astralkörper; — der Traum (von der Art des „Flugtraumes") hatte die Aussendung des Astralkörpers verursacht. Da lag mein physischer Körper auf dem Bett, aber ich lag nicht auf dem Bürgersteig, und Home war auch nicht da noch sonst jemand.

Ich ging die Treppe hinauf, durch die Zimmer im ersten Stock und sah nach der Familie, die im Schlaf lag. Dann entschloß ich mich, wieder nach unten zu gehen und zu versuchen, meinen physischen Körper mit meiner astralen Hand zu berühren. Dies war mir von einem Freund empfohlen worden, um herauszufinden, welcher Art die Wiedervereinigung der beiden Körper sein würde. Aber dieser Versuch mißlang, denn als ich mich bis zu einer Entfernung von etwa vier Fuß meinem physischen Körper genähert hatte, verlor ich die Herrschaft über mich und „fiel" in den physischen Körper zurück.

Ich lag einige Zeit wach, hörte die Uhr drei schlagen und schlief schließlich langsam wieder ein. Später begann ich wieder zu träumen. Dieses Mal träumte ich, daß ich mich auf dem Hinterhof des Wohnhauses befände und dort umherginge. Im Traum wurde mir klar, daß ich träumte. (Dies geschieht häufig, wenn man sich in der Traumlenkung geübt hat.)

Neben dem Haus befindet sich ein großer Öltank, der 800 Gallonen[30]) faßt. Ich ging zu diesem Tank, nahm einen Universalschraubenschlüssel, der darauf lag, und begann, damit heftig gegen den Tank zu schlagen. (Man erinnere sich, daß dies ein Traum war!) Der Lärm des Hämmerns schien mich zu erschrecken — er war so laut —, und ich erinnere mich, daß ich durch die Wand des Hauses ging und in meinem physischen Körper erwachte. Ich hörte, während ich bei vollem Bewußtsein war, noch immer die Schläge gegen den Tank. Auch drei andere Personen bestätigten, daß sie das Hämmern gegen den Tank gehört hätten. Jeder von ihnen sagte, es habe sich genauso angehört, als wenn jemand mit einem Hammer dagegen geschlagen hätte, und war überrascht, niemand in der Nähe des Tanks zu sehen.

Wenn man den verborgenen Willen mit Hilfe des bewußten Willens weckt, wird man herausfinden, wie schwer es ist — wie sehr man sich anstrengen muß —, um den bewußten Willen an einem bestimmten Punkt sich auswirken zu lassen. Oft gelingt dies erst, wenn man im Begriff ist, den Versuch aufzugeben. Aus diesem Grunde erreicht man sein Ziel oft erst, wenn man seine Bemühung aufgibt und den Versuch einstellt. Dann wird dem verborgenen Bewußtsein — dem überlegenen Willen — die Möglichkeit gegeben, dem inneren Drang nachzugeben, und das, was man zu versuchen gerade aufgegeben hatte, verwirklicht sich.

Das Verfahren mit Hilfe des passiven Willens weckt den verborgenen Willen viel leichter; daher gelingt dieses Verfahren der Aussendung des Astralkörpers oft, wenn die Methode mit dem aktiven Willen keinen Erfolg hat. Natürlich ist die Wiederholung (z. B. die Entwicklung einer Gewohnheit) eine weitere Möglichkeit, den verborgenen Willen wirksam werden zu lassen.

Die Art und Weise aber, wie die „Kraft“ vom verborgenen Willen gelenkt wird, ist uns unbekannt. Wie der verborgene Wille übermächtig wird, während er in sich selbst wirkt, ist ein weiteres Geheimnis. Wenn dies aber geschieht, oder wenn der innere Drang übermächtig wird dadurch, daß er einer Anweisung aus einem anderen Teil des Bewußtseins folgt, so wird die von ihm gelenkte „Kraft“ sozusagen „fest“ (stofflich).

In mancherlei Hinsicht wirkt unser Bewußtsein, unser Wille, unsere „Kraft“ und unsere „Kontrolle“ in derselben Art, wenn die beiden Körper miteinander verschmolzen sind, wie wenn sie getrennt sind. Man erinnere sich, daß astraler Schlafwandel und körperlicher Schlafwandel ähnlich sind; es gibt dabei Levitation des Astralkörpers und Levitation des physischen Körpers, — beide Male in waagerechter Lage, wobei der Körper in der Luft schwebt.

Die Levitation geschieht senkrecht, wenn der Astralkörper aufrecht nach oben schwebt. Von Home wird berichtet, daß er im physischen Körper aus dem einen Fenster hinaus und zu einem anderen Fenster wieder hereingeschwebt sei, siebzehn Fuß vom Boden entfernt in Gegenwart von drei Augenzeugen, dem Earl of Durravan, Lord Lindsay und Captain Wyne, — alle drei ernsthafte und angesehene Bürger. Wallace nannte dies ein modernes Wunder. Sir Arthur Conan Doyle hat erklärt, daß Homes Erlebnis viel dazu beigetragen habe, ihn für okkulte Dinge zu interessieren. Sir William Crookes sah viele von Homes sonderbaren Levitationen. Schrenck-Notzing hielt auf dem letzten psychischen Kongreß einen Vortrag über einen jungen Mann in Deutschland, der sich in Yoga geübt hatte und dabei etwa siebenundzwanzigmal — körperlich — eine Levitation erlebt hatte.

Man stelle sich die Kraft vor, die das verborgene Bewußtsein anwenden muß, um die Masse des physischen Körpers in der Luft schweben zu lassen! Man gebrauche dieselbe Kraft und vergegenwärtige sich, wie leicht sie den Astralkörper lenken könnte, der wahrscheinlich tausendmal weniger wiegt als der physische Körper.

Wenn das verborgene Bewußtsein in einen Zustand gerät, in dem es zu handeln gewillt und in dem der Astralwanderer von seinem physischen Körper befreit ist, so wird er sich bewegen, wie er von jenem Willen gelenkt wird, und es ist nicht ungewöhnlich, daß der Astralkörper hierhin und dorthin „geworfen" wird, da er nicht imstande ist, die lenkende Kraft zu bremsen. Die „Bremse" ist natürlich der bewußte Wille.

Das Geschlecht des Astralkörpers

Bei verschiedenen Gelegenheiten bin ich gefragt worden, sogar von Spiritisten, die es wissen müßten, ob man im Astralkörper die Geschlechtsorgane behält oder nicht. Gewiß! Nach allem, was ich über das genaue Ebenbild des physischen Körpers gesagt habe, scheint es fast Zeitverschwendung, sich mit diesem Thema zu befassen, aber ich will wiederholen: Der Astralkörper ist das genaue Ebenbild des physischen Körpers, in jedem lebenswichtigen Punkt und in jeder Zelle.

Wechselseitige Beziehungen zwischen physischem und astralem Körper

Wir wissen, daß der physische Körper nach Gesetzen gebildet und gelenkt wird, denen wir entsprechen müssen. Da dies der Fall (und der Astralkörper ein genaues Ebenbild des physischen Körpers) ist, erscheint es klar, daß der physische Körper dem Astralkörper seine wahre Gestalt verleiht. Soviel wir wissen, mag dies der Zweck des physischen Körpers sein, — unseren Geist zu formen. Christus sagte: „Der Körper ist das Ebenbild der Seele.“ Andrew Jackson Davies scheint eine ähnliche Vorstellung gehabt zu haben, denn in "The Harmonial Philosophy" schreibt er:

„Der Körper des Menschen ist das Ergebnis der Wirkung der gesamten organischen Natur, und der Geistkörper wird durch den äußeren Körper geformt. Der physische Körper ist die Konzentration aller Stoffe im Mittelpunkt aller Wirkungen; der Geist ist die organische Verbindung aller Kräfte. Die Form jedes Stoffteilchens wird letztlich durch den Menschen bestimmt. Der Geistkörper ist das Ergebnis der Formung durch den physischen Körper. Ich will nicht sagen, daß der Geist von ihm geschaffen, sondern daß seine Form mit Hilfe des äußeren Körpers gebildet wurde.

Der Geist selbst ist nicht eine Schöpfung oder eine letzte, feinste Form des Stoffes, aber die geistige Struktur ist das Ergebnis stofflicher Verfeinerung. Der Zweck eines körperlichen Knochens ist es, einen geistigen Knochen zu bilden, des körperlichen Muskels, einen geistigen Muskel zu schaffen, — nicht seine wesentlichen Eigenschaften, sondern seine Form . . . das körperliche Ohr wird durch ein geistiges Ohr belebt. Mit einem Wort, der ganze äußere Körper ist eine Darstellung dessen, was unvergänglich ist.“

Ferner sagt Davies: „Der Geistkörper ist Substanz, und da er dem Stoff nicht unähnlich ist, gehorcht er dem Gesetz der Schwerkraft. Die Erfahrung jedes Menschen ist ein vollkommener Beweis dafür, daß der Geistkörper Substanz ist, weil er in jedem von uns den Körper von einem Ort zu einem anderen bewegt. Er kann dies sogar tun, ohne zu denken, weil die verborgene Grundenergie des Geistes aus allen Lebenskräften des Menschen besteht. Der Geistkörper des Menschen beweist seine eigene Stofflichkeit durch seine normale Wirkungsweise.

Obwohl der Geistkörper des Menschen Substanz und Gewicht, die Fähigkeit, sich auszudehnen, zu teilen und andere Grundeigenschaften und Besonderheiten des Stoffes hat, gehorcht er — wie gerade gezeigt — Gesetzen, die stärker sind als die gewöhnliche Schwerkraft. Die Wahrheit ist, daß das Wesen des Menschen ein doppeltes ist. Er hat zwei Augen, zwei Hände, zwei Füße, zwei Lungenflügel; das menschliche Herz ist doppelt genau wie jeder andere Teil des Körpersystems.

Die doppelte sichtbare Körperform rührt von doppelten unsichtbaren Grundgesetzen her, und diese sind das Männliche und das Weibliche. Sie wirken wechselseitig und regeln alles Tun und jeden Antrieb. Das eine Grundgesetz zieht zusammen, das ander dehnt aus. Diese Grundgesetze bilden zusammen eine Einheit und veranlassen eine einheitliche Handlung im zweifachen Körpersystem ... Der Geist — hierin unbelebten Körpern unähnlich — wirkt durch ein positives und ein negatives Grundgesetz, wodurch der Geist den Körper und der Körper den Geist stützt ...

Wenn der Organismus eines Geistkörpers stofflich ist, dann hat er — als Stoff — auch ein Gewicht. Wenn er sich vom stofflichen Körper trennt, wiegt der Geistkörper mehr als der sechzehnte Teil eines Pfundes, aber er fährt fort, die Elemente der unsichtbaren Luft in sich aufzunehmen, bis er verhältnismäßig schwer wird und dabei nicht nur eigene Schwerkraft, sondern auch die Fähigkeit annimmt, sie zu überwinden ... Die Lehre vom Geistkörper des Menschen zeigt uns, daß der innerste Mensch Geist ist, der durch das Nervensystem fließt ... der denkt und urteilt, besser, edler und reiner empfindet als die Formen, Kräfte und Wesen um ihn herum, der Verstand und Herz lehrt, etwas Höheres zu erkennen als die flüchtigen Dinge um ihn herum, mit denen er verbunden ist. Er ist die unsichtbare Gegenwart des Göttlichen in dem sichtbaren Menschen."

Das ist Davies' Vorstellung von den wechselseitigen Beziehungen zwischen dem physischen und dem astralen Körper. Der physische Körper ist in seiner Gestalt physikalischen Gesetzen unterworfen. Wenn der Astralkörper sein genaues Abbild ist, muß er hinsichtlich seiner Form daher auch diesen physikalischen Gesetzen unterliegen. Wie dem auch sei, diese Theorie erklärt nicht die Gestalt und Form eines Wesens, das vor der Reife gestorben ist; wir müssen daher die Theorie aufstellen, daß ein Wesen auch im astralen Körper, unabhängig vom physischen Körper, geformt werden kann.

Zusammensetzung des Astralkörpers

Eine andere Frage, die mir von vielen Leuten gestellt wird, die von meinen Astralwanderungen gehört haben, ist die folgende: „Woraus besteht der Astralkörper?" und wenn ich gestehe, daß ich es nicht weiß, so versäumen sie nie, höhnisch zu lachen.

Die Tatsache jedoch, daß ich die Zusammensetzung meines Astralkörpers nicht kenne, sollte in keiner Weise das an Wert herabmindern, was ich über den Astralkörper gesagt habe. Die Wahrheit ist, daß ich nicht einmal die Zusammensetzung meines physischen Körpers kenne, den zu studieren ich unendlich viel mehr Gelegenheit hatte. Warum jedoch ein Astralwanderer, dessen Wanderungen im Astralkörper von kurzer Dauer sind, imstande sein sollte, jedes Geheimnis zu erklären — alles zu erklären, was unbekannt ist —, ist sicherlich ein noch größeres Geheimnis, besonders, wenn nicht einmal astrale Wissenschaftler, die zur Erde zurückkehren, uns darüber aufklären, selbst wenn sie seit Jahren in der Astralwelt sind.

Nein, wirklich nein! Die Tatsache, daß ich nicht erklären kann, woraus der Astralkörper besteht, sollte nicht einen einzigen Punkt von dem widerlegen, was ich über den Astralkörper gesagt habe. Es ist eine meiner größten Enttäuschungen gewesen, daß ich nicht imstande gewesen bin, festzustellen, woraus der Astralkörper besteht. Aber offensichtlich weiß das auch kein anderer! Einige nennen den Astralkörper einen

„fluidischen Doppelgänger". Lodge sagt, er sei „ätherisch". Die allgemeine Ansicht ist, daß er der Materie nicht unähnlich ist, daß der Unterschied nur in der verschiedenen Anordnung der Atome bestehe. Dies ist auch immer meine eigene Ansicht gewesen. Man lese z. B., was Dr. Henry Lindfahr darüber gesagt hat:

„Diese Lebenskraft ist die Urquelle jeder Kraft überhaupt, die Quelle jeder anderen Art und Form von Energie. Sie ist vom Körper, von Speise und Trank unabhängig, wie der elektrische Strom von der Glühbirne und dem Kohlefaden unabhängig ist, wodurch er sich als Hitze und Licht kundtut. Das Zerbrechen der Glühbirne, obwohl dadurch das Licht ausgelöscht wird, vermindert in keiner Weise die Kraft des elektrischen Stromes, der das Licht verursacht hat.

In ähnlicher Weise fährt die Lebenskraft, wenn der physische Körper stirbt, fort, durch den geistig-stofflichen Körper zu wirken, der ein genaues Ebenbild des physischen Körpers ist, dessen stoffliche Atome und Moleküle jedoch unendlich feiner sind und mit unendlich größerer Geschwindigkeit schwingen als die des physisch-stofflichen Körpers. Dies ist nicht nur eine Sache der Spekulation, sondern eine durch die Naturwissenschaft bewiesene Tatsache.

Wenn der heilige Paulus sagte: „Es gibt einen natürlichen Körper, und es gibt einen geistigen Körper", so hat er diese Tatsache im wesentlichen gekennzeichnet. Tatsächlich wäre es unmöglich, sich die Unsterblichkeit des Menschen nach seinem Tode ohne eine Art stofflichen Körper vorzustellen, der als Träger des Bewußtseins, des Gedächtnisses und der Denkkraft und als Mittel für physikalische Wirkungen gilt.

Wenn daher das Überleben des Menschen nach dem Tode eine Tatsache der Natur ist, und wenn die Erreichung der Unsterblichkeit eine Möglichkeit ist, so ist ein geistig-stofflicher Körper eine Notwendigkeit.

Sir Oliver Lodge sagt, die Substanz des geistigen Körpers sei Äther. Dies ist mir unvorstellbar. Der Äther ist unfühlbar und allgegenwärtig. Er ist, soweit dies der Wissenschaft bis jetzt bekannt ist, das Ursprüngliche, überall Vorhandene, das jeden Stoff durchdringt. Aber der Äther allein kann nicht

Stoffe bilden und tut es auch nicht. Die Atome der verschiedenen Elemente bestehen aus negativen elektrischen Ladungen oder Elektronen, die um positiv geladene Kerne herumwirbeln ... Dies gilt für geistigen Stoff zweifellos ebensosehr wie für physische Stoffe ... Der Unterschied zwischen den beiden Arten des Stoffes ist der, daß die Atome und Moleküle des geistigen Stoffes unendlich viel feiner sind und mit einer höheren Geschwindigkeit schwingen als die Atome des physischen Stoffes.

Die Sinnesorgane des Geistkörpers sind auf diese höheren und feineren Schwingungen eingestellt. Darum ist der geistige Stoff für den geistigen Gesichts- und Tastsinn genauso wirklich und stofflich wie die physische Materie es für unsere körperlichen Sinnesorgane ist.

Aus dem eben Gesagten schließen wir, daß die moderne Naturwissenschaft die Weisheit des Pythagoras bestätigt, der vor 2500 Jahren lehrte, daß jede Materie aus drei Elementen bestehe: aus Stoff, Bewegung und Zahl. Nach der modernen Naturwissenschaft entspricht der „Stoff" des Pythagoras dem überall vorhandenen Äther, die „Bewegung" der Elektrizität und die „Zahl" der Zahl der Elektronen, die im Atom schwingen und der Zahl der Atome im Molekül." Das ist Dr. Lindlahrs Ansicht von der Zusammensetzung des Astralkörpers.

Obwohl gegenwärtig die *genaue* Zusammensetzung des Astralkörpers nicht mit Sicherheit bekannt ist, sind die meisten okkulten Forscher der Meinung, daß die Zeit nicht mehr fern sei, da die Wissenschaft diese wichtige Frage eindeutig beantwortet. Sie wird aber im Laboratorium zu beantworten sein und nicht, wie viele denken, einfach durch einen Astralwanderer, der sie untersucht, während er sich im Astralkörper befindet. Dies wäre ebenso unmöglich, wie es unmöglich gewesen wäre, die Natur des physischen Körpers nur dadurch zu erkennen, daß man ihn beobachtet und befühlt.

Errechnetes Gewicht des Astralkörpers

Vor einigen Jahren wurde während der internationalen Tagung der Spiritualisten in Paris scherzhaft gesagt, der Geist eines Menschen habe ungefähr so viel Gewicht wie der Schnauzbart eines Flohes! Bei den Okkultisten bestehen verschiedene Ansichten über das Gewicht des Astralkörpers. Ich meinerseits glaube nicht, daß das Gewicht des menschlichen Doppelgängers genau bekannt ist.

Andrew Jackson Davies glaubte, der Doppelgänger wiege ungefähr eine Unze.[31]) Andere sagen, daß er gar nichts wiege. Da er jedoch stofflich ist, muß der Astralkörper ein Gewicht haben. In diesem Zusammenhang wollen wir über die Versuche zweier holländischer Physiker, Dr. Malta und Dr. Zaalberg von Zelst in Den Haag, sprechen, die sich bemüht haben, die Zusammensetzung und Gliederung des Astralkörpers festzustellen.

Sie bauten ein Gerät, das in seiner Art außerordentlich kompliziert war und das sie Dynamistograph nannten, und sie behaupteten, mit Hilfe dieses Geräts seien sie imstande gewesen, in unmittelbare Verbindung mit der Geisterwelt zu treten, ohne irgendein Medium! Mit anderen Worten, sie stellten dieses Gerät in einen leeren Raum, beobachteten seine Arbeitsweise durch ein kleines Fenster, das in der Wand angebracht war, und das Gerät wurde daraufhin offensichtlich durch geistige Intelligenzen gehandhabt, und lange Mitteilungen wurden am anderen Ende des Dynamistographen mit Hilfe einer mit Buchstaben versehenen Scheibe durchgegeben.

Es gibt ein französisch geschriebenes Buch mit dem Titel «Le Mystère de la Mort» („Das Geheimnis des Todes"), das einen langen Bericht über diese Versuche enthält. Mr. Carrington hat ihn in seinem Buch "Modern Psychical Phenomena" („Moderne psychische Phänomene") (Abschnitt „Verbindung mit der Geisterwelt mit Hilfe von Geräten") in zusammengefaßter Form wiedergegeben. Diesem Kapitel entnehme ich einige Abschnitte, die sich mit dem Astralkörper befassen, nachdem das Vorhandensein des Astralkörpers durch Versuche bewiesen worden ist.

Sie sagten sich, da sie Physiker waren: „Wir wollen die genaue physikalische und chemische Gliederung und Zusammensetzung dieses Körpers untersuchen — die Anordnung und Bewegung seiner Moleküle — und, wenn möglich, seine genauen Bestandteile herausfinden, genau wie wir dies bei jedem anderen Körper tun würden.“ Ihre Schlußfolgerungen, zu denen sie nach einer langen Reihe von Versuchen gelangten, die ich hier nicht einmal zusammengefaßt wiedergeben kann, sind die folgenden:

„Der Astralkörper ist fähig, sich unter der Wirkung des Willens zusammenzuziehen und auszudehnen — d. h. des Willens des Astralkörpers —; die Ausdehnung beträgt etwa 1,26 mm oder ungefähr ein Viermillionstel seiner eigenen Ausdehnung; seine Zusammenziehung ist viel größer, nämlich ungefähr 8 mm oder ein Sechsmillionenzweihundertfünfzigtausendstel seiner Ausdehnung. Sein spezifisches Gewicht ist ungefähr 12,24 Milligramm geringer als das des Wasserstoffs und 176,5mal geringer als das der Luft.

Der Wille wirkt auf diesen Körper automatisch; er veranlaßt ihn, sich auszudehnen (aufzusteigen) oder zusammenzuziehen (herabzusteigen), während er auf ihn wirkt. Er unterliegt dem Gesetz der Schwerkraft. Es gibt eine x-Kraft (eine unbekannte Kraft), welche die Moleküle dieses Körpers zusammenhält. Die Atome, aus denen dieser Körper besteht, sind außerordentlich klein, weit voneinander entfernt und schwer. Die innere Dichte des Körpers ist etwa die gleiche wie die der äußeren Luft. Wenn der Luftdruck außerhalb des Körpers verstärkt wird, steigt der Druck innerhalb des Körpers in gleicher Weise ... Das Gewicht dieses Körpers wurde von ihnen auch errechnet und zwar mit etwa 69,5 g, — ungefähr $2^1/_4$ Unzen.“

Diese Ergebnisse, darf ich sagen, entsprechen mehr oder weniger gewissen Versuchen, die von Dr. Duncan MacDougall vor einigen Jahren angestellt wurden, bei denen er eine Anzahl Kranker in dem Augenblick wog, in dem sie — an Schwindsucht — starben. Er stellte das Bett mit dem Kranken auf eine Waage mit genauer Skala, so daß der Kranke (mit Bett und allem anderen) gewogen wurde; und im Augenblick des Todes ging der Waagebalken hoch und schlug plötzlich gegen den anderen Arm der Waage.

Das so verlorene Gewicht wurde errechnet, und in vier von fünf Fällen wurde gefunden, daß es zwischen 2 und $2^{1}/_{2}$ Unzen lag. Dies scheint eine recht lehrreiche Bestätigung der holländischen Versuche zu sein. Es scheint uns auch zu zeigen, daß der Astralkörper — in gewissem Sinne — etwas Stoffliches ist, wahrscheinlich etwas sehr Feinstoffliches, aber in bestimmtem Sinne doch stofflich.

Die Kleidung des ausgesandten Astralkörpers

Astralkörper toter und lebender Menschen sind bei vielen Gelegenheiten von sterblichen Wesen gesehen worden. Eines der negativen Argumente, die man oft von Zweiflern hört, ist, daß das Astralwesen bekleidet sei — hellsichtige Menschen beschreiben gewöhnlich die Kleidung des Astralwesens —; deshalb, sagen sie, handelt es sich nur um eine Sinnestäuschung, denn während der physische Körper sein astrales Gegenstück haben mag, könne das bei der physischen Kleidung nicht der Fall sein. Infolgedessen (so behaupten viele Zweifler) müßte das Astralwesen, wenn es erschiene, nackt sein.

Es ist durchaus verständlich, daß die Zweifler dieses Argument vorbringen und dringend um eine Erklärung ersuchen. Und der Wissende könnte zu den Zweiflern sagen: „Woher bekam das neugeborene Kind seine Kleidung, als es ein Bewohner dieser physischen Welt wurde? Wurde es nicht mit Kleidung versehen?" Der Zweifler antwortet bejahend, und der Wissende erklärt nun, daß ein Astralwesen ebenfalls mit Kleidung versehen werden kann.

Ich bin bei verschiedenen Gelegenheiten gefragt worden, was für Erklärungen ich zu der Frage der Kleidung des Astralwanderers geben könne, und ich muß von vornherein zugeben, daß ich dazu nicht viel sagen kann. Ich kann nur sagen, was ich beobachtet habe. Was die Erschaffung der Kleidung betrifft, so weiß ich darüber nicht mehr als über die Erschaffung meines physischen Körpers oder meines Astralkörpers.

Aber etwas ist mir dabei klar: Die Kleidung des Astralwanderers wird wirklich geschaffen und ist kein Gegenstück zu der Kleidung des physischen Körpers. Die quälende Frage dabei ist: *Wie* wird sie geschaffen? Denn immer, wenn ich bei meinen Astralwanderungen bekleidet war, fragte ich mich in immer gleicher Weise, woraus die Kleidung bestehe, woher sie komme, wie sie zu mir komme, wie sie aussehe.

Ich glaube, ich habe schon gesagt, daß ich gewöhnlich mit spärlicher Bekleidung schlafe, um bedrückenden Träumen entgegenzuwirken und damit einer entsprechenden Bedrückung des Astralkörpers, falls er sich vom physischen Körper trennen würde. Andererseits schlief ich, wenn es mir notwendig erschien, mit einem Schlafanzug bekleidet. Es ist sehr seltsam, die Art und Weise zu beobachten, wie die astrale Verdoppelung vor sich geht, und neunmal von zehn Malen erwache ich im Astralkörper so, daß alles so vollkommen doppelt ist, daß ich erkenne, daß ich meine irdische Hülle verlassen habe, — bis ich beginne, mich zu bewegen oder (physische) Gegenstände um mich herum zu berühren.

Man kann getrost sagen, daß, wenn wir das Zeugnis jedes Verstorbenen hätten, die Mehrzahl von ihnen sagen würde, daß sie, als sie im Astralkörper erwachten, glaubten, sie seien im physischen Körper! Dies zeigt uns, wie vollkommen die physische Welt in der astralen Welt verdoppelt ist. Dies muß natürlich alles durch eine höhere Intelligenz innerhalb jedes Menschen gelenkt werden.

Besonderheiten unseres Erdenlebens werden auf der astralen Ebene beibehalten. Das ist eines der schwer verständlichen Dinge bei der Astralwelt. Wenn man sich von der Masse der Menschen immer ferngehalten hat, wird man sich beim Erwachen in der Astralwelt oder zu Anfang unseres dortigen Lebens in ähnlichen Umständen befinden.[32]) Die größte Zeit meines Lebens habe ich abseits der großen Masse verbracht, und ich stelle fest, daß es genauso ist, wenn ich im Astralkörper erwache; — selten treffe ich dann jemand. Dies mag dem Leser seltsam erscheinen, ist aber trotzdem wahr.

Dies ist nur ein einzelnes Beispiel dafür, wie eine lebenslange Gewohnheit in der Astralwelt fortgesetzt werden kann. Außerdem beobachten wir die Verdoppelung alles dessen, was zur Zeit der (zeitweiligen oder dauernden) Astralwanderung fester Besitz usw. gewesen ist, wenn man erwacht und alles doppelt findet. Zu diesem Fall (der Verdoppelung) gehört die Kleidung des Astralkörpers.

Ich habe festgestellt, daß, wenn mein physischer Körper in einer bestimmten Art gekleidet war, der Astralkörper in gleicher Art gekleidet war. Diese Regel hat aber viele Ausnahmen gehabt, was die Unberechenbarkeit der lenkenden Intelligenz zeigt! Manchmal ist der physische Körper bekleidet, und der Astralkörper ist anders bekleidet, z. B. mit einem dünnen, gazeartigen weißen Stoff. Dies ist durchaus nicht ungewöhnlich und ist vielleicht der Grund, warum „Geister" immer wieder in weißer Kleidung erscheinen.

Manchmal wird dieses weiße Gewand von Beobachtern irrtümlich für die „Aura" gehalten, und manchmal wird die Aura fälschlich für das weiße Gewand der Geister gehalten. Es gibt einen Unterschied ... Man kann im Astralkörper nackt sein, und die Aura dient dann als Kleidung. In der Tat glaube ich, daß die Kleidung aus der Aura gebildet wird. Manchmal ist die Aura dichter als zu anderen Zeiten; sie scheint sich auch in einzelnen Fällen dichter zusammenzuballen als in anderen — und verleiht so dem Astralkörper ein fleckiges Aussehen —, was dann wirklich häßlich aussieht. Dies *erscheint* natürlich nur dem Beobachter so; es ist nicht wirklich so.

Niemand braucht sich Sorgen zu machen, er könne im Astralkörper aufwachen und müsse sich dann schämen, weil er nackt sei, denn seine Aura umgibt ihn, und kaum beginnt er, über seine Kleidung nachzudenken, als er schon entdeckt, daß seine Gedanken schon Kleidung für ihn geformt oder gebildet haben. Der Gedanke ist in der Astralwelt schöpferisch, und man erscheint anderen dann so, wie man im Geiste ist. In der Tat wird die ganze Astralwelt durch Gedanken gelenkt.

Bei einer Gelegenheit bemerkte ich, daß sich die Kleidung aus der Ausstrahlung bildete, die meinen Astralkörper umgab, als dieser sich nur einige Fuß von meinem physischen Körper getrennt hatte, und daß diese Kleidung genau derjenigen meines physischen Körpers entsprach. Ein andermal erwachte ich und stellte fest, daß ich mich mit mittlerer Geschwindigkeit fortbewegte. Eine sehr dichte Aura umgab mich; sie war in der Tat so dicht, daß ich kaum meinen eigenen Körper sehen konnte. So blieb sie, bis der Astralkörper in seiner Bewegung einhielt; dann fand ich mich plötzlich in der typischen geisterhaften Kleidung.

Man kann im Astralkörper aus der Bewußtlosigkeit erwachen und sehen, daß man schon bekleidet ist. Es ist daher klar, daß derselbe Teil des Bewußtseins, der die Verdoppelung verursacht, auch die Kleidung aus astraler Substanz erzeugt. Es ist leicht zu erkennen (von jedem, der einmal eine bewußte Astralwanderung erlebt hat), daß das Oberbewußtsein nicht unbedingt die Kleidung des Astralwesens schafft, wie viele zu glauben scheinen.

Die Kleidung wird *geschaffen.* Daran kann kein Zweifel bestehen. Sie wird durch das Unterbewußtsein geschaffen, so wie Gedankenformen durch das Bewußtsein geschaffen werden. Was den Vorgang bei dieser Erzeugung selbst betrifft, so weiß ich darüber nichts, und zwar genausowenig, wie ich weiß, wie der physische Körper geschaffen wurde. Aber, wie ich beobachtet habe, scheint sich die Kleidung aus der bunten Aura zu bilden, die den Astralkörper umgibt, d. h. wenn man sieht, wie sich die Kleidung bildet (und das geschieht sehr schnell, in einem Augenblick), so scheint sie sich dadurch zu bilden, daß die Aura ganz in der Nähe des Körpers sehr dicht zu werden beginnt.

Ich erinnere mich mehrerer Beispiele, bei denen ich im Astralkörper mit Kleidung versehen wurde, als die beiden Körper sich gerade getrennt hatten. Meine Mutter hat mich bei verschiedenen Gelegenheiten außerhalb meines Körpers gesehen. Ein paarmal bin ich zur selben Zeit bei Bewußtsein gewesen und habe sie gesehen, in dem Augenblick, in dem sie mich gesehen hat. Bei anderen Gelegenheiten hat sie mich gesehen, wie ich mitten in der Nacht mich durch das Haus bewegt habe, mir dessen aber nicht bewußt war, d. h. mich ohne Bewußtsein im Astralkörper befand.

Sie beschrieb mir immer die Kleidung, die ich bei diesen Astralwanderungen trug, und obwohl, wie ich schon gesagt habe, der Astralwanderer gewöhnlich eine Kleidung trägt, die der Kleidung des physischen Körpers genau entspricht, wußte sie manchmal nicht, welchen Schlafanzug ich anhatte und pflegte dann später bei mir nachzusehen. Ich kann unmöglich alle die Erlebnisse und Versuche dieser Art berichten, die ich im Hause meiner Eltern gehabt und durchgeführt habe — das meiste davon ereignete sich, wenn ich nichts dergleichen geplant hatte; mit anderen Worten, meistens handelte es sich um unbewußte Astralwanderungen, wenn ich gesehen wurde —, was jede Möglichkeit einer Selbsttäuschung ausschließt, die durch „Erwartung und Suggestion" hätte verursacht werden können.

Einige behaupten, daß es keine nackten Geister gebe. Das ist Torheit. Geister kleiden sich nach der Sitte, und zwar nach der Sitte des Landstriches, in dem sie gelebt haben. Wir haben nackte und wenig bekleidete Menschenrassen hier auf der Erde. Dementsprechend haben wir sie auch auf der Astralebene.

Zu der Kleidung des Astralwanderers hat jemand gesagt: „Woher bekam Christus seine Kleidung, als er nach seinem Tode erschien? Der biblische Bericht sagt klar, daß die Soldaten seine Kleidung unter sich teilten, indem sie das Los darum zogen."

Übrigens stimmen meine eigenen Beobachtungen zur Kleidung des Astralkörpers der Astralwanderer teilweise mit dem überein, was Caroline D. Larson darüber in ihrem Buch "My Travels in the Spirit World" („Meine Wanderungen in der Geisterwelt") sagt:

„Da der Astralkörper ein genaues Gegenstück des physischen Körpers ist, bleiben Männer und Frauen in der Geisterwelt Männer und Frauen. Alle ihre Eigenarten und besonderen männlichen und weiblichen Eigenschaften bleiben unverändert. Die Geister tragen wie die Menschen Kleidung ... Die Bekleidung wird auf folgende Weise bewirkt: Von jedem Geist strahlt eine starke Aura aus, ein phosphoreszierendes Licht. Diese Aura wird durch das Bewußtsein völlig gelenkt. Aus dieser Substanz wird die Kleidung des Astralkörpers gebildet.

Zuerst, gleich nach dem Tode, ist die Bildung dieser Kleidung in den meisten Fällen ein unbewußter Akt. Denn kaum ist ein Geist von seinem physischen Körper getrennt, als er schon in irgendeiner Weise bekleidet ist, wenn auch die Kleidung vielleicht nur eine Art Laken ist. Aber da das Bewußtsein immer klarer wird, wird der Akt der Bekleidung ein bewußter Akt, und die Art des Gewandes wird weitgehend von dem Geschmack des Einzelnen bestimmt.

Daher, kurze Zeit nach dem Tode, wenn das Bewußtsein noch völlig von irdischen Gedanken und Gewohnheiten erfüllt ist, tragen die Geister gewöhnlich eine Kleidung, wie sie von ihnen vor dem Tode getragen wurde. So war das erste, was mir bei meiner ersten Astralwanderung auffiel, eine Menge Geister, die wie irdische Wesen aussahen, da sie in irdischer Kleidung überall umhergingen.

In der Geisterwelt bestimmt die Farbe der Aura die Art des Geistes. Alle dunklen Farben kennzeichnen einen niederen Stand der Entwicklung. Wenn der Geist sich positiv entwickelt, werden die Farben der Aura immer heller. Diese Aurafarben bestimmen natürlich auch die Farbe des geistigen Gewandes. Der Charakter, die Eigenschaften und die Entwicklung des Geistes sind daher an der Farbe der Kleidung zu erkennen."

„Wie der Mensch denkt . . ."

All dies erinnert mich an etwas anderes, an etwas, was vielleicht bei den Phänomenen der Astralwanderung am schwersten zu verstehen ist: Das ist die Tatsache, daß alles auf der Astralebene vom Gedanken gelenkt zu sein scheint, vom Bewußtsein des Astralwanderers. Wie ein Mensch denkt, so ist er! Wenn ich klarzumachen versuche, was dies bedeutet, so muß ich dies fast verzweifelt aufgeben und erkennen, wie gering meine Fähigkeit ist, mich klar auszudrücken. Ich kann daher nur immer wieder sagen: Wie man in seinen Gedanken *ist*, so *wird* man in Wirklichkeit, wenn man sich im Astralkörper befindet.

Wenn man jemals lernt, den Astralkörper bewußt auszusenden, so wird man erstaunt sein, wie dieser auf unsere Gedanken reagiert. Man wird sehen, daß man in vielen Fällen gar nicht schnell genug denken kann. Ich vermute, daß man, wenn man eine Weile auf der Astralebene gelebt hat, diese Schwierigkeit überwindet. Meistens jedoch hat man schon erreicht, was man in Gedanken gewünscht hat, noch bevor man den Gedanken daran zu Ende gedacht hat.

Cora L. V. Richmond sagt, als sie von ihren eigenen Erfahrungen spricht, die sie im Astralkörper gemacht hat: „Ich erkannte immer klarer, daß mein ganzes Ich — von den Fesseln der körperlichen Sinne befreit — die Antwort auf jede Frage erkennen und erhalten konnte, sogar bevor ich noch die ganze Frage im Geiste gestellt hatte."

Es scheint fast unglaublich, daß der unterbewußte Wille die Antwort geben kann, bevor die Frage zu Ende gestellt worden ist. Man möchte sich vielleicht zum Hause eines Freundes begeben, und bevor man diesen Wunsch zu Ende gedacht hat, ist man schon da! Der unterbewußte Wille beherrscht meistens den Astralwanderer, aber je mehr Astralwanderungen man erlebt — was auch heißt: Je länger man in der Astralwelt bleibt —, um so mehr wird der bewußte Wille wieder sein eigener Herr.

Man geht vielleicht im Astralkörper eine Straße entlang und denkt: „Was geht in jenem Haus da vor sich?" Sofort findet man sich in jenem Haus, oder man sieht nur hinein, oder man kann nach Belieben hineingehen. Das zeigt, wie ungewiß alles auf der Astralebene ist; man kann nie sagen, was geschehen wird!

Fegefeuer

So wunderbar die Astralwelt sein mag, so ist sie in anderer Hinsicht eine Welt der „Verwirrung"; daher haben keine zwei Astralwanderer die gleiche Erfahrung, denn dieselben Dinge, die bei einer Gelegenheit in einem bestimmten Bewußtseinszustand richtig beobachtet werden, können bei einer anderen Gelegenheit völlig anders sein, wenn wir uns in einer anderen geistigen Verfassung befinden. Es scheint, daß der Geist sich selbst seine Umgebung schafft, doch diese Umgebung ist dann etwas Wirkliches. Dieser Zustand kann unmöglich für immer andauern; er ist eine Art Fegefeuer, in dem man lernen muß, richtig zu denken.

Aus diesem Zustand kann man durch falsches Denken genausowenig herausgelangen, wie man sich den Weg heraus mit Geld „kaufen“ könnte, denn unser falsches Denken schafft sich seine eigene Umgebung. Dieser „Ort“, von dem wir sprechen (ich habe ihm den allgemeinen Namen „Astralebene“ gegeben), ist hier auf der Erde, in der Atmosphäre der Erde. Vielleicht glaubt man, das, was gewöhnlich „Fegefeuer“ genannt wird, habe keine Bedeutung, aber dieser Ausdruck scheint die niedere Astralwelt sehr gut zu bezeichnen.

Was höhere Astralebenen betrifft, so weiß ich von ihnen nichts. Einige Medien behaupten, sie hätten Astralwanderungen auf verschiedenen Ebenen und Unterebenen der Astralwelt erlebt und berichten uns genau von diesen Ebenen und Unterebenen. Ich habe jedoch niemals eine bewußte Astralwanderung erlebt, bei der ich mich nicht hier auf der Erde befunden habe, genauso, wie ich sie (die Erde) in Fleisch und Blut erlebe; nur konnte ich keine irdischen Dinge berühren. Einige sagen mir, ich sei nicht genügend „entwickelt“; wenn ich es wäre, würde ich mich bei meinen Astralwanderungen in einem anderen Zustand befinden. Wenn man einige Medien erzählen hört, so möchte man meinen, daß sie so vollkommen sind, daß sie bei ihrem Tode sogleich auf der zwanzigsten Ebene erwachen! Ich fürchte, viele von ihnen befinden sich in einem großen Irrtum!

Niemand versteht die Astralwelt ganz! Niemand könnte sie auch verstehen! Sie ist zu vielfältig. Was für eine bestimmte Gelegenheit gilt, gilt für eine andere Gelegenheit nicht. Die Astralwelt ist ein Gebiet der Spekulation und eine Streitfrage, und viele verschiedene Theorien darüber sind von verschiedenen Religionsformen aufgestellt worden.

Die allgemeine Ansicht ist die, daß die Astralwelt aus sieben Ebenen und sieben Unterebenen besteht. Ich will nicht beschönigen, daß ich über die Wahrheit dieser siebenfachen Skala von Astralebenen nichts weiß, von denen gesagt wird, daß aus ihnen die Astralwelt bestehe. Viele Astralwanderer behaupten, daß „Führungsgeister“ ihnen alle diese Dinge zeigen und erklären. Aber diese Führungsgeister scheinen mich nicht zu lieben, denn ich habe noch niemals einen von ihnen gesehen!

Bei keiner bewußt empfundenen Astralwanderung, die ich je erlebt habe, habe ich jemals andere Dinge gesehen als die irdischen Dinge, die ich immer gesehen habe. Ich habe Astralwesen unter den irdischen Menschen gesehen, aber keines darunter, das ich als Führungsgeist haben möchte. Es ist mir gesagt worden, man müsse „hoch entwickelt“ sein, um aus der irdischen Atmosphäre hinauszugelangen; das ist vielleicht der Grund, weshalb ich die wunderbaren Dinge nicht gesehen habe, von denen die anderen berichten, wenn sie im Astralkörper gewesen sind.

Auf alle Fälle haben meine Astralwanderungen immer in der irdischen Atmosphäre stattgefunden, und ich glaube, daß fast jeder Astralwanderer in der irdischen Atmosphäre erwachen wird, die ich „Fegefeuer“ nenne. Was jenseits dieses Fegefeuers vor sich geht, weiß ich nicht; es gibt jedoch verschiedene Bücher darüber von Astralwanderern, und es gibt auch zahllose Bücher über das Leben nach dem Tode, die jeder interessierte Leser sich beschaffen kann.

Es gibt jedoch etwas, was ich wirklich weiß. Das ist die Tatsache, daß die Astralwesen, die auf der Erde „spuken“, sich in dieser irdischen Atmosphäre, in diesem Fegefeuer der Toten, befinden, d. h. es gibt viele Geister von Verstorbenen, die auf der irdischen Ebene leben, die aber mit physischen Dingen nicht in Berührung kommen können.

Der moderne Spiritualismus vertritt die Ansicht, daß der Geist sich nur zeitweilig in der Astralwelt aufhält und daß er immer weiter aufsteigt in immer höhere Sphären. Es gibt eine andere Schule, die behauptet, daß es die Astralwelt zwar gebe, daß aber die Geister der Toten dort (in der Astralwelt) nur darauf warten, daß sie wiedergeboren werden, um wieder im Körper zu leben.

Der Katholizismus hat schon immer die Lehre des „Fegefeuers“ vertreten. In dieser Hinsicht nähert sich die katholische Kirche den Lehren des Spiritualismus mehr als jede andere

Religion. Bei beiden ist das „Fegefeuer" nur ein zeitweiliger, nur ein Zwischenzustand, in dem die „Geister der Toten" für ein ewiges Leben vorbereitet werden. Seltsamerweise behaupten sowohl Katholiken wie Spiritualisten, daß den Seelen in diesem Fegefeuer durch die Gebete der Lebenden geholfen werden kann.

Im Fegefeuer der Toten bestimmt das Bewußtsein des Astralwesens seinen Daseinszustand; Gewohnheiten und Begierden halten es gefangen. Das Astralwesen muß richtig denken lernen, denn die Gedanken des Menschen beherrschen ihn.

Die Gedanken halten den Astralkörper aufrecht

Es sind die Gedanken, die den Astralkörper aufrecht halten! Ist der Leser etwa der Meinung, daß er auf dem Boden eines Hauses gehen kann, weil der Fußboden ihn aufrecht hält! Niemals! Nein! Der Astralwanderer ist von dem Fußboden unabhängig; er berührt den Fußboden überhaupt nicht. Doch kann er auf ihm gehen! Warum? Nur, weil seine Gedanken ihn aufrecht halten.

Im physischen Körper ist er immer auf einem Fußboden gegangen, und durch die Macht einer Gewohnheit, die er im physischen Körper angenommen hat — einer Gewohnheit, die tief im Unterbewußtsein verwurzelt ist —, wird er aufrecht gehalten. Die Gewohnheit, auf einem Fußboden zu gehen, erlaubt einem Astralwanderer, das auch im Astralkörper zu tun; sie hält ihn in der Höhe des Fußbodens. So könnte der Wunsch, in einem oberen Stockwerk umherzugehen, den Astralwanderer aufrecht halten und ihn das tun lassen. Der unterbewußte Wille regelt das Gewicht des Astralkörpers, läßt ihn aufsteigen, fallen oder auf einer bestimmten Höhe bleiben. Der bewußte Wille kann dasselbe bewirken.

All dies kann durch ein sterbliches Wesen niemals erklärt werden, — wie der Gedanke in der Astralwelt eine „Wirklichkeit" schafft oder macht. Man stelle sich vor, man gehe im oberen Stockwerk eines Hauses umher, man werde durch das Gehen auf dem Fußboden aufrecht gehalten, man berühre aber dabei nicht den Boden! Man würde natürlich meinen, dies erzeuge ein seltsames Gefühl. Aber das ist nicht der Fall. In der Tat fühlt der Astralwanderer nichts dergleichen; wenn man aber beginnt, darüber nachzudenken — wie ich es viele Male getan habe —, dann sinkt man sofort durch den Fußboden. Warum? Nur, weil der Astralwanderer denkt, der Fußboden könne ihn nicht tragen, da er ihn ja nicht „berühre".

Man geht unbewußt in dieser Weise umher, weil der unterbewußte Wille durch Gewohnheit den Astralkörper wirklich in seiner aufrechten Haltung läßt. Man denkt auch im physischen Körper nicht daran, daß man gehen will, nicht wahr? Auch im Astralkörper tun wir dies nicht. Es ist eine Gewohnheit, mit anderen Worten, eine Handlung, die durch das Unterbewußtsein verursacht wird. Ähnlich sind wir, wenn wir im Astralkörper eine Treppe hinauf- und hinabgehen, uns nicht bewußt, daß wir nicht wirklich die Stufen betreten. Aber man denke sich das einmal, und sofort sinkt man durch den Fußboden!

All dies hat eine starke Ähnlichkeit mit der biblischen Geschichte, in der Christus auf dem Wasser wandelte ... Seine Gedanken hielten ihn auf der Oberfläche des Wassers. Als aber Petrus, der darüber nachdachte, auch versuchte, auf dem Wasser zu wandeln, versank er! Es gibt nicht den geringsten Zweifel, daß Christus auf dem Wasser wandeln konnte. Er konnte es im physischen Körper durch Levitation. Er konnte es im Astralkörper auf natürliche Weise, lediglich durch seine Gedanken, und seine Gedanken hielten ihn aufrecht, wie der Gedanke jeden von uns aufrecht hält, wenn wir uns von unserem physischen Körper trennen.

Noch ein Beispiel dafür, wie unberechenbar das Bewußtsein im Astralkörper wirken kann. In der Regel weichen wir im physischen Körper einem Kraftwagen aus, wenn wir eine Straße überqueren. Es ist uns zur Gewohnheit geworden, nach links und rechts zu blicken, bevor wir über eine belebte Straße gehen und zu warten, bis herankommende Fahrzeuge an uns vorbeigefahren sind.

Nun erinnere ich mich eines Falles, als ich im Astralkörper eine Straße entlangging. Ich war im Begriff, auf die andere Seite zu gehen, blieb aber einen Augenblick stehen, um zu sehen, ob sich ein Kraftwagen nähere. Gleichzeitig war ich mir aber genau bewußt, daß Kraftwagen mich nicht verletzen konnten, sondern mitten durch mich hindurchfahren würden. Macht der Gewohnheit! Doch bin ich bei anderen Gelegenheiten niemals stehengeblieben, um zu sehen, ob sich Kraftwagen näherten, die mich überfahren könnten, wenn ich die Straße überquerte.

In ähnlicher Weise weicht der Astralwanderer manchmal anderen Menschen aus. Man geht vielleicht eine Straße entlang und geht dann unbewußt zur Seite, wenn man jemand im physischen Körper trifft. Andererseits geht man manchmal mitten durch irdische Menschen hindurch, ohne einen Augenblick daran zu denken, daß man mit ihnen zusammenstoßen könne. All dies zeigt, daß das, was (in der Astralwelt) in einem Falle geschieht, in einem anderen Falle nicht geschieht; es hängt alles von dem im Bewußtsein vorherrschenden Gedanken ab, einerlei, ob er bewußt oder unbewußt ist.

Was das Hindurchgehen durch irdische Wesen betrifft, so erzeugt dies in der Tat ein Gefühl der Erregung, wenn man es zum erstenmal erlebt. Es ist gesagt worden, daß das irdische Wesen, wenn dies geschieht, ein Gefühl der Kälte hat. Ich weiß nicht, ob dies wahr ist oder nicht, aber ich bezweifle es. Der Astralwanderer fühlt in einem solchen Augenblick nichts dergleichen; es ist aber ein erregendes Gefühl, durch materielle Dinge hindurchzugehen.

Es gibt keine Worte, die das Gefühl des Wunderbaren ausdrücken könnten, das den Astralwanderer überwältigt, wenn er im „Fegefeuer" das Bewußtsein erlangt, wenn er dabei erdgebundene Astralwesen sieht, in der Luft schwebt, sich durch seine Gedanken aufrecht hält, durch physische Lebewesen und Gegenstände hindurchgeht (die nicht minder Widerstand bieten als die Luft selbst) und dem „Geplapper" der Menschen zuhört, die seine Gegenwart nicht ahnen.

Und „Geplapper" scheint es wirklich nur zu sein, denn wenn man sich in einem solchen Zustand befindet, mit all dem Wunderbaren um sich herum, wie unbedeutend erscheint einem dann der Gegenstand der alltäglichen Gespräche! Kein

Wunder, daß die Toten bald nicht mehr daran denken, dem beständigen Geplapper der irdischen Wesen zuzuhören.

Und trotzdem, trotz all der wunderbaren Dinge in der Astralwelt, ist es ein schönes Gefühl, in den physischen Körper zurückzukehren und wieder etwas „berühren" zu können. Berühren? Wenn man im „Fegefeuer" nur etwas berühren könnte! Das ist die „Hölle" dabei, ganz im Ernst gesprochen! Es ist mir unbegreiflich, daß einige der gefühllosen, erdgebundenen Geister angesichts des übermäßigen, durch Gewohnheit oder Begierde erzeugten Verlangens, etwas zu „berühren", nicht geisteskrank werden. Es gibt nur ein Mittel dagegen, und das ist, sich von dem Irdischen abzuwenden, ernsthaft zu beschließen, den Zwang der Gewohnheit und des Verlangens zu überwinden, mit den Irdischen Verbindung aufzunehmen.

Erdgebundene Geister sind nicht zahlreich

Erdgebundene Geister sind nicht so zahlreich, wie man vermuten könnte. Einer der größten möglichen Irrtümer ist es, zu glauben, daß man in demselben Augenblick, in dem man sich von seinem irdischen Körper trennt, Tausende von Geistern um sich herum sieht. Dies ist nicht der Fall, denn obwohl einige da sind, sind sie nicht zahlreich. Gewöhnlich sieht man während einer Astralwanderung keinen Geist. Gewöhnlich findet man sich allein, als Fremder in einem fremden und doch wohlbekannten Land. Es wird gesagt, daß auf den Straßen großer Städte Hunderte von Astralwesen sich mit den Menschen aus Fleisch und Blut mischen.

Einige sagen, man könne weit in die Ferne sehen, wenn man sich im Astralkörper befindet. Dies ist wie alles andere nicht immer richtig. In der Tat kann man kaum eine einzige Frage zu der Astralebene beantworten, ohne zu sagen: „Manchmal ist dies so, und manchmal ist dies nicht so."

Man kann vom Körper getrennt sein und einen bestimmten Zustand vorfinden, dann wieder in den physischen Körper zurückkehren und meinen, man wisse jetzt alles über die Astralwelt, aber man weiß dann nur etwas über den einen bestimmten Zustand, den man vorgefunden hat. Wegen der großen Verschiedenheit der astralen Bilder widersprechen sich viele Berichte über die Astralwelt; was das eine Medium sieht und hört und uns berichtet, bestreitet das andere, weil es etwas anderes erlebt hat. Das gilt auch für Geister. Das Bewußtsein des einen Geistes ist von dem eines anderen Geistes ganz verschieden.

Da ich gerade von erdgebundenen Geistern spreche, sei es mir erlaubt, von einem anderen Erlebnis zu berichten, das ich gehabt habe. (Ich könnte so viele Erlebnisse erzählen, daß ich damit ein zweites Buch füllen würde, versuche aber, nur solche zu berichten, die geeignet sind, die verschiedenen Formen der Phänomene verständlich zu machen.) Ich könnte dieses Erlebnis nennen:

Eine Begegnung mit einem astralen Bösewicht

Im Jahre 1923 starb ein Mann, der in meinem Elternhaus gelebt hatte, an Magenkrebs. Die Frau dieses Mannes war mit meiner Mutter gut bekannt und ein paar Tage nach dem Begräbnis kam sie zufällig mit ihr ins Gespräch. Sie (die Frau des Verstorbenen) vertraute meiner Mutter vieles an und berichtete ihr von dem wahren Charakter ihres Ehemannes, F. D. Nach dem, was sie meiner Mutter erzählte, war er ein brutaler, ganz schlechter Mensch gewesen; und einiges von dem, was sie über ihren toten Mann berichtete, erweckte in mir eine starke Abneigung gegen ihn. Ich erinnere mich genau, daß ich etwas im Hintergrund stand und die Unterhaltung zwischen dieser Frau und meiner Mutter mit anhörte und welchen Zorn ich dabei gegen den toten Mann empfand.

Diese Unterhaltung fand etwa um halb acht Uhr abends statt, und bis neun Uhr hatte ich sie vergessen. An jenem Abend erlebte ich, als ich eingeschlafen war, eine bewußte Astralwanderung. Die ersten Stufen der Astralwanderung hatte ich ohne Zwischenfall hinter mir und stand aufrecht knapp außerhalb der lebendigen Reichweite des Astralbandes, wobei ich mich frei bewegen konnte. Ich ging ein paar Schritt geradeaus und blieb dann stehen, um auf meinen physischen Körper zurückzublicken. (Man versäumt selten, dies zu tun.)

Meinen Augen bot sich ein schrecklicher Anblick, — ein scheußliches Bild! Da stand F. D. und starrte mich wie einen Wahnsinnigen an. Solange ich lebe, werde ich seinen wilden Gesichtsausdruck nicht vergessen. Ich wußte gefühlsmäßig, daß er auf Rache sann und war ehrlich erschrocken. Ich wußte nicht, was ich tun sollte, aber ehe ich Zeit hatte, etwas zu tun, sprang er auf mich los. Wir rangen ein paar Augenblicke miteinander, wobei er die Oberhand gewann, dabei fluchte und mit all seiner Kraft auf mich einschlug.

Seine Stärke schien bei diesem Kampf der meinen weit überlegen, aber in einem Augenblick war mir plötzlich klar, daß die mich lenkende Kraft mich zu meinem physischen Körper zurückzog. Als diese Kraft mir zu Hilfe kam, schien F. D. ein bloßer Zwerg an Stärke, denn ich bewegte mich unaufhaltsam zu meinem physischen Körper zurück, wobei F. D. sich an mich klammerte. Als ich innerhalb der lebendigen Reichweite des Astralbandes war, schien eine noch größere Kraft mich zurückzuziehen.

Ich wurde waagerecht in die Luft gehoben, trotz aller Bemühung des Bösewichts, mich zurückzuhalten, wurde in eine Lage unmittelbar über meinem physischen Körper gezogen und fiel in ihn hinein mit einem Fall, der wahrscheinlich die schmerzhafteste Wiedervereinigung der beiden Körper zur Folge hatte, die ich je erlebt habe, wodurch ich wieder körperlich lebendig wurde. Während der ganzen Zeit war ich genauso bei Bewußtsein, wie ich es in diesem Augenblick bin, wie es alle sind, die diesen Bericht lesen. Zweifler mögen sagen, dies sei nur ein schrecklicher Traum gewesen, aber ich weiß, wann ich bei Bewußtsein bin. Es war Wirklichkeit! Es war ein ebenso wirkliches Erlebnis wie eine Balgerei mit einem teuflischen Wesen aus Fleisch und Blut.

War es Luther, der behauptete, er habe einen Kampf mit einem Teufel bestanden? Wer weiß? Vielleicht hat er das wirklich! Obwohl ich sie niemals gelesen habe, ist mir erzählt worden, es gebe im spiritistischen Schrifttum noch weitere Berichte, die dem meinen nicht unähnlich seien.

Kapitel 15

BESESSENHEIT

Und dies bringt uns zum Thema „Besessenheit". Unter den Spiritisten selbst besteht ein Streit, ob erdgebundene Geister — Geister im Fegefeuer — auf lebende Menschen einen üblen Einfluß ausüben können oder nicht. Ich selbst bin fest davon überzeugt, daß dies möglich ist. Es ist in der Tat unlogisch, wenn Spiritisten und Okkultisten behaupten, daß gute Geister irdische Wesen beeinflussen können, wenn deren Gemüt sich in einer geeigneten Verfassung befindet, daß dies bösen Geistern aber nicht möglich sei, wenn das Gemüt des Menschen sich in einem kranken Zustand befindet.

Die moderne Wissenschaft lehnt die Lehre von der Besessenheit durch Geister ab; sie erklärt, daß alle Fälle einer sogenannten Beeinflussung durch Geister in Wirklichkeit Fälle von geistigen oder körperlichen Krankheiten seien, die zu ihrer Heilung einer geeigneten ärztlichen Behandlung bedürften. Erfahrene Spiritualisten wissen jedoch, daß es, wenn auch viele Fälle von Besessenheit auf diese Weise erklärt werden können, auch Fälle wirklicher Besessenheit durch wenig entwickelte, körperlose Wesen gibt, und ein so hervorragender Psychologe wie Professor William James sagte kurz vor seinem Tode:

„Die Weigerung der modernen Aufklärung, die Besessenheit als eine mögliche Hypothese zu betrachten, und dies trotz all der Erfahrung zu ihren Gunsten, welche die Menschen im Laufe der Zeit gemacht haben, ist mir immer als ein seltsames Beispiel für die Macht der jeweiligen Denkweise in „wissenschaftlichen" Dingen erschienen . . . "

Daß die Dämonentheorie (nicht unbedingt eine Teufeltheorie) wieder eine Rolle spielen wird, ist meiner Ansicht nach ganz sicher. Man muß in der Tat „wissenschaftlich" sein, um blind und unwissend genug zu bleiben, eine solche Möglichkeit auszuschließen."

Professor J. H. Hyslop sagt in seinem Buch "Life after Death" („Das Leben nach dem Tode"): „Ich habe gesagt, die Erklärung dieses Falles sei Besessenheit, Besessenheit durch einen Geist oder Dämon, wie es im Neuen Testament genannt wurde. Bevor ich eine solche Lehre als richtig annahm, bekämpfte ich sie zehn Jahre lang, noch nachdem ich überzeugt war, daß das Überleben des Todes bewiesen ist."

Das Beispiel, auf das sich Dr. Hyslop bezieht, ist das folgende:

„ . . . hier ist ein Fall doppelten Bewußtseins, das durch die gewalttätige Handlung eines Vaters erzeugt wurde, deren Folge eine gespaltene Persönlichkeit war, was die Ärzte als unheilbar betrachteten; von einer solchen Krankheit nehmen sie mit Bestimmtheit an, daß sie erst mit dem Tode in einer Irrenanstalt endet. Die Krankheit wurde als Wahnsinn und frühzeitiger Schwachsinn diagnostiziert, wurde aber durch die Geduld eines Geistlichen und seine sorgfältige Behandlungsweise geheilt. Das Mädchen wurde wieder vollkommen gesund und war fähig, ein bedeutendes Geflügelgeschäft zu führen und als Vizepräsidentin der Geflügelhändlergesellschaft ihres Bezirks tätig zu sein, in welcher Eigenschaft sie die Zusammenkünfte der Gesellschaft umsichtig und überlegen leitete.

Als sie geheilt war, schienen Versuche mit einem Medium zu zeigen, daß ihre Krankheit ein Fall von Besessenheit gewesen war, wobei festgestellt werden konnte, wer die Geister waren, unter denen sie zu leiden gehabt hatte. Mediale Fähigkeiten beginnen ihre Entwicklung damit, daß sie als Mittel dienen, die Wiederholung der Besessenheit durch Geister zu verhindern. Diese medialen Fähigkeiten entwickeln sich bei einem normalen und gesunden Leben."

Als er von den Folgen einer solchen Ansicht spricht, sagt der Autor weiter: „Das Wichtigste bei diesen Krankheitsfällen ist ihre revolutionäre Wirkung auf das Gebiet der Medizin.

Es ist möglich, daß Tausende von Fällen, die als Wahnsinn diagnostisiert worden sind, durch die Art Forschung und Behandlung günstig beeinflußt werden können. Es ist höchste Zeit für die medizinische Welt, aufzuwachen und etwas zu lernen."

Im „Fall 89", den ich an einer früheren Stelle in diesem Buch unter dem Titel „Doppelte Empfindungsfähigkeit und Wissenschaft" berichtet habe, haben wir ein höchst ungewöhnliches Beispiel für die Besessenheit eines irdischen Wesens durch ein Astralwesen. Wenn die Bibel richtig berichtet, so scheint es, als hätte Christus selbst den Glauben an Besessenheit durch böse Geister vertreten, denn in nicht wenigen Fällen beweist er seine Fähigkeit, die „Teufel" aus besessenen Menschen „auszutreiben". Auch der heilige Paulus glaubte, daß böse Geister irdische Wesen genauso beeinflussen können wie gute Geister.

Einige Astralwesen ergreifen absichtlich von einem Menschen Besitz; andere tun dies, ohne es zu wissen. Oft ist das Astralwesen selbst besessen wie im „Fall 89". Der durch irdische Begierden erzeugte innere Drang ist so stark im Astralkörper, daß man sich nur wundern kann, daß nicht Tausende von Menschen von solchen erdgebundenen Geistern besessen sind, die versuchen, in physische Körper zurückzugelangen, um ihre Begierden zu befriedigen. Es ist unnötig, zu sagen, daß die Intelligenzen, die als Besessenheitsgeister irdische Wesen plagen, Geister im „Fegefeuer" sind.

Einige sehr bemerkenswerte Fälle von Besessenheit — bei denen die quälenden Geister besondere Beweise für ihre selbständige Existenz lieferten — finden sich in Mr. Godfrey Rauperts Büchern "The Dangers of Spiritualism", "Modern Spiritualism" und "The Supreme Problem" („Die Gefahren des Spiritualismus", „Moderner Spiritualismus" und „Das größte Problem") ebenso wie in Dr. Peebles' "Spirit Obsession: the Demonism of the Ages" („Besessenheit durch Geister: die Geschichte des Dämonenglaubens"). Eine einzigartige Erörterung des Themas findet sich in Dr. C. H. Carsons Büchlein über die Besessenheit. Andere bemerkenswerte Fälle, bei denen die äußeren Anzeichen der historischen Phänomene dargestellt werden, sind von Mr. Carrington geschildert worden.

"Thirty Years among the Dead" („Dreißig Jahre unter den Toten") von Dr. Carl Wickland ist ein Buch über Besessenheit. Es ist lehrreich, zu wissen, daß Dr. Wickland in Los Angelos, Kalifornien, ein Institut hat, in dem Dutzende von „Besessenen" jedes Jahr geheilt werden. Sie werden nach strengen spiritualistischen Grundsätzen geheilt. Eine Anzahl unserer heutigen Autoren und Forscher kommt jetzt zu dem Schluß, daß „Besessenheit" durch Geister eine Tatsache ist.

Der größte Einwand, den ich je gegen absichtliche Astralwanderung gehört habe, ist der, daß, während der Astralkörper vom physischen Körper getrennt ist, ein fremdes Astralwesen imstande sein kann, von dem körperlichen Organismus Besitz zu ergreifen und seinen wirklichen Bewohner (den Astralwanderer) daran zu hindern vermag, in seinen eigenen Körper zurückzugelangen. Was die Möglichkeit einer solchen Besessenheit betrifft, so muß ich zugeben, daß ich dazu nichts sagen kann; es ist jedoch meine Ansicht, daß an der Hypothese einer solchen Möglichkeit, von der die Spiritisten so oft sprechen, etwas Unlogisches ist und daß es einen Grund gibt, warum diese Art von Besessenheit wahrscheinlich nicht vorkommt.

Wenn ein erdgebundener Geist nur in einen körperlichen Organismus einzudringen hätte, während der Astralkörper sich von diesem getrennt hat, so würden tatsächlich jede Nacht Hunderttausende von Menschen besessen sein, denn jede Nacht trennt sich bei Hunderttausenden von Menschen der Astralkörper vom physischen Körper; diese Menschen wandern in ihrem Traumkörper umher, ob sie es wissen oder nicht. Sicherlich können wir nicht behaupten, daß erdgebundene Geister aus dieser Tatsache keinen Nutzen ziehen würden, indem sie von dem verlassenen körperlichen Organismus Besitz ergreifen. Zweifellos werden aber viele der sogenannten Gefahren der Astralwanderung stark übertrieben.

Während die Psychologen alle diese Fälle einer doppelten oder sogar mehrfachen Persönlichkeit doppelten oder mehrfachen Bewußtseinszuständen zuschreiben, behaupten hervorragende Spiritualisten, daß viele Fälle nur Beispiele für Besessenheit durch Geister sind. Nach meiner Ansicht haben die Spiritualisten die besten Gründe für ihre Ansicht; sie haben eine logische Erklärung für den Ursprung des fremden Bewußtseins und können zeigen, wie sich dieses Bewußtsein entwickelt. Die Psychologen jedoch, scheint es, können nicht immer eine befriedigende Erklärung dafür geben, wie sich dieses doppelte Bewußtsein entwickelt, und einige ihrer Erklärungen sind alles andere als einleuchtend.

Wir wissen natürlich, daß nicht jede sogenannte Besessenheit unbedingt eine Besessenheit durch Geister sein muß und daß das Unterbewußtsein des Kranken ihn in sich selbst manchmal in ähnlicher Weise plagen kann.

Die „Aufzeichnungen" in der Astralwelt

Es besteht die weitverbreitete Ansicht, daß, wenn erst einmal jemand eine Astralwanderung in die Ebene der Kräfte oder die Astralebene erlebt, er dann sogleich die Fähigkeit besitzt, sowohl in die Vergangenheit wie in die Zukunft zu sehen. Bei all meinen eigenen Astralwanderungen habe ich jedoch nur die Gegenwart gesehen, genauso, wie ich nur die Gegenwart sehe (mich aber der Vergangenheit erinnere), während ich diesen Bericht schreibe.

Es wird behauptet, daß irgendwo in der Ebene der Kräfte es eine Aufzeichnung von allem gebe, was jemals gesagt oder getan worden ist und daß, unter bestimmten Bedingungen, man diese „Aufzeichnungen" lesen könne. Obwohl ich sie selbst nie gesehen habe — diese Aufzeichnungen im Astralen — und obwohl ich auch niemals in die Zukunft gesehen habe (während ich bei Bewußtsein war), habe ich bei teilweisem Bewußtsein im Astralkörper Ereignisse erlebt, die sich in meinem körperlichen Leben noch nicht zugetragen hatten. Zuerst möge es mir gestattet sein, in knapper Form zu sagen, was andere zu diesen Aufzeichnungen in der Astralwelt gesagt haben.

Die „Aufzeichnungen" in der Astralwelt sind nicht in einem großen Buch enthalten, sondern Eindrücke jedes Wortes, das je gesprochen wurde, jedes Geschehnisses und jeder Handlung, die sich je abgespielt haben, im Weltäther oder Astrallicht. Dies sollte jedoch nichts Wunderbares sein, denn wir haben ein Beispiel dafür in unserem eigenen Gedächtnis. Irgendwo aufgezeichnet ist der Bericht von unserer Vergangenheit. Wenn das Gehirn seziert wird, so findet man keine Spur von dem, was wir „Gedächtnis" nennen, doch jedesmal, wenn wir uns eines vergangenen Ereignisses erinnern, ist das für uns ein Beweis, daß diese „Aufzeichnung" irgendwo verborgen und unsichtbar vorhanden ist. Wo ist dann also das Gedächtnis? Sind die Aufzeichnungen in der Astralwelt viel geheimnisvoller als unser eigenes Gedächtnis?

Die Sternkunde lehrt uns, daß das Licht sich mit einer Geschwindigkeit von mehr als 186 000 Meilen[33]) in der Sekunde fortpflanzt. Es gibt Fixsterne, die so weit von der Erde entfernt sind, daß das Licht, das von ihnen vor Tausenden von Jahren ausgegangen ist, uns erst jetzt erreicht. Wir können einen entfernten Fixstern sehen; wir sehen ihn aber nicht, wie er jetzt ist oder wo er zu sein scheint, sondern wir sehen ihn, wie er vor Hunderten von Jahren war, als diese Lichtstrahlen von ihm ausgingen.

Zu diesem Thema schreibt Mr. Carrington:

„Das Licht braucht eine beträchtliche Zeit, um diese ungeheuren Entfernungen zurückzulegen, sogar bei einer Geschwindigkeit von 186000 Meilen in der Sekunde. (Das ist ungefähr siebeneinhalbmal der Umfang der Erde in einer Sekunde!) Nach solchen Berechnungen braucht das Licht der Sonne etwa acht Minuten, um uns zu erreichen.

Wenn man nun die Sonne ansieht, sieht man sie (scheinbar) im Augenblick unseres Hinsehens, aber wir sehen die Sonne nicht, wie sie in diesem Augenblick ist, sondern wie sie vor acht Minuten gewesen ist, und man sieht die Sonne nicht, wie sie jetzt ist, sondern erst nach acht Minuten. Daher, wenn ein Pferd auf der Sonne galoppieren würde und wir es sehen könnten, würden wir das Pferd erst acht Minuten später galoppieren sehen.

Theoretisch könnte das Licht, wenn die Sonne noch weiter entfernt wäre und wir immer noch sehen könnten, was sich auf ihr abspielt, statt uns in acht Minuten zu erreichen, erst in einem Jahr zu uns dringen und dann würden wir Ereignisse sehen, die sich vor einem Jahr abgespielt haben. Einige Sterne sind nun so weit entfernt, daß das Licht Hunderttausende von Jahren braucht, um zu uns zu gelangen, obwohl es sich mit einer Geschwindigkeit von 186000 Meilen in der Sekunde fortpflanzt! (In der Sternkunde werden Entfernungen in sogenannten „Lichtjahren" gemessen; ein Lichtjahr ist die Entfernung, die das Licht in einem Jahr zurücklegt, und das ist die Berechnungseinheit! Einige Sterne sind eine halbe Million Lichtjahre von uns entfernt!)

Dies alles führt zu folgendem: Wir nehmen an, es geschieht etwas auf unserer Erde und ein Wesen, im Raum, ist weit genug entfernt, um zu sehen, was hier vor einem Jahr geschehen ist. Das bedeutet, daß das Licht, das von der Oberfläche der Erde ausgeht und sich nach außen in den Weltraum fortpflanzt, jenen Punkt im Raum etwa nach einem Jahr erreicht. Nun denn! Wir tun etwas Bestimmtes, und nach einem Jahr sieht der theoretische Zuschauer, was wir jetzt tun — d. h., was wir jetzt tun, wird dort im Raum erst nach einem Jahr berichtet — oder nach hundert oder tausend oder nach einer Million Jahren; es kommt ganz auf die Entfernung an, darauf, wie weit der Beobachter entfernt ist.

Wenn wir also im Weltraum weit genug von der Erde entfernt wären, gäbe es theoretisch immer eine Zeit, da wir jenes im Äther aufgezeichnete Geschehen beobachten könnten, so daß jeder Stein der großen Pyramide, der an seine Stelle gelegt wurde, jetzt dorthin gelegt wird, wenn wir uns in einer bestimmten Etfernung im Weltraum befinden. Die „Erschaffung" der Welt könnte — in einer bestimmten Entfernung — jetzt im Weltraum gesehen werden."

Wir sehen noch immer die „Aufzeichnung" von Sternen, die vor Hunderten von Jahren erloschen sind. Die Lichtschwingungen, die vor langer Zeit verursacht worden sind, pflanzen sich noch immer fort, nachdem ihre Quelle verschwunden ist. Sind die Ätheraufzeichnungen geheimnisvoller? Von dem Weltäther wird gesagt, daß er genaue Aufzeichnungen von allem enthalte, was bisher geschehen ist, und die Hindus sagen, man könne sie lesen, wenn man genügend entwickelt sei.

Swami Panchadis, von dem gesagt wird, er sei ein Meister in der Kunst der Astralwanderung, erklärt:

„Wenn man in der vierten Dimension sich zu einem bestimmten Punkt der Zeit begibt, so kann man zu diesem Zeitpunkt seine Beobachtung beginnen und einen Film von der Geschichte jedes Teiles der Erde sehen, von jener Zeit an bis zur Gegenwart, oder man kann die Folge des Geschehens umkehren, indem man zeitlich „rückwärts" reist.

Man könnte auch, wenn man wollte, in der Astralwelt reisen, in den gewöhnlichen Dimensionen des Raumes, und auf diese Weise gleichzeitig sehen, was in der ganzen Welt geschieht oder zu irgendeiner beliebigen Zeit geschehen ist.

Um aber die genaue Wahrheit zu sagen, muß ich darauf hinweisen, daß die wirklichen Aufzeichnungen der Vergangenheit . . . auf einer viel höheren als der Astralebene vorhanden sind. Das, was wir gesehen haben, ist nur ein Spiegelbild (wenn auch ein fast vollkommenes) der ursprünglichen Aufzeichnungen.

Es ist ein hoher Grad okkulter Entwicklung erforderlich, um auch nur dieses Spiegelbild im Astrallicht zu sehen . . . ein normal hellsichtiger Mensch ist imstande, gelegentlich Bilder dieser astralen Aufzeichnungen zu sehen und kann so ziemlich gut beschreiben, was in der Vergangenheit geschehen ist."

Soviel über die astralen Aufzeichnungen, die zu sehen ich niemals das Vergnügen gehabt habe!

Vorauserleben zukünftiger Ereignisse im Astralkörper

Wie wir schon gesehen haben, kann man im Astralkörper Ereignisse nacherleben (Ereignisse, die sich in der Vergangenheit abgespielt haben), d. h. während eines Traumes bei einer Astralwanderung. Oft wird das auf die Zukunft gerichtete Bewußtsein den (eine Astralwanderung erlebenden)Träumer befähigen, Ereignisse zu durchleben, die in der stofflichen Welt noch gar nicht eingetreten sind.

Man kann natürlich einen Zukunftstraum haben, in dem

der Traumkörper die gesehene Handlung nicht ausführt. Es geschieht aber oft (besonders bei denen, die zu Astralwanderungen neigen), daß man einen Zukunftstraum hat, in dem der Astralkörper die geträumte Handlung ausführt. Ich habe mehrere solcher Erlebnisse gehabt; ich erlangte in einem Traum das Bewußtsein und fand, daß ich die geträumte Handlung im Astralkörper wirklich ausführte. Das folgende ist ein einfacher Fall dieser Art, der sich vor einigen Jahren zugetragen hat:

Ich träumte, ich käme aus der Haustür und finge an, die Straße hinaus zur Schule zu gehen. (Um zur Schule zu kommen, konnte ich einen von zwei Wegen einschlagen; der erste und nächste Weg führte durch einen Wohnbezirk, der andere durch die Geschäftsstraßen. Auf dem Rückweg zur Schule, nach der Mittagspause, ging ich fast immer durch den Wohnbezirk, d. h. den kürzeren und nächsten Weg.)

Im Traum, während ich die Straße entlangging, hörte ich, wie jemand meinen Namen rief, und als ich mich umsah, sah ich einen meiner Freunde, der mehrere Häuserblocks von mir entfernt wohnte und jetzt lief, um mich einzuholen. Er war in meiner Schulklasse; und während wir weitergingen, sprachen wir über Dinge des Nachmittagsunterrichts.

Schließlich kamen wir an die Stelle, wo sich der Weg teilte: Der eine führte durch das Geschäftsviertel der Stadt, der andere durch den Wohnbezirk. Ich schlug den letzteren Weg ein und erwartete, daß mein Freund das auch tun würde. Er sagte jedoch: „Komm, laß uns durch die Stadt gehen, wir haben noch viel Zeit."

Wir schlugen also den Weg ein, der durch das Geschäftsviertel führte, um Schaufenster anzusehen, und als ich ein Paar Socken sah, die mir gefielen, ging ich in das Geschäft und kaufte sie. Dann gingen wir weiter in Richtung Schule. Als wir durch den Park kamen, sah ich einen Jungen, den ich sofort erkannte und der auf uns zukam. Als er uns erreichte, trat er sehr dicht an mich heran und spie mir auf einen Schuh; dann rief er mit einer verächtlichen Handbewegung „haha!" und lief weiter. Dieser Junge war auch tatsächlich ein Bösewicht.

Es war nur eine kurze Strecke von dort bis zum Schulgebäude, und als wir uns ihm näherten, wurde ich immer mehr wach, wie es schien, und erkannte, sogar bevor ich bei vollem Bewußtsein war, daß ich wirklich durch diesen Park ging. Ich erwachte dann im Astralkörper und fand, daß die geträumte Handlung der Wirklichkeit entsprach; nur die Personen verschwanden aus der Szene, und ich war da allein im Astralkörper.

Erst mehrere Wochen später spielte sich dieser Vorgang wirklich ab; alles ereignete sich in derselben Reihenfolge wie im Traum. Ich verließ das Haus meiner Eltern, um zur Schule zu gehen; mein Freund rief mich; wir gingen bis zur Gabelung des Weges, wo er mich überredete, mit ihm durch die Stadt zu gehen; ich sah die Socken im Schaufenster und kaufte sie; wir gingen durch den Park und trafen den kleinen Jungen, den gleichen Jungen, den ich im Traum gesehen hatte; und als er näherkam, sagte ich zu meinem Freund: „Der Junge spuckt mir gleich auf den Schuh." Und das tat er auch, sagte „haha!" und lief fort.

Daraus kann man ersehen, daß der Astralkörper ein Ereignis vorauserlebte, das in der physischen Welt erst einige Wochen später eintrat. Dazu noch ein Beispiel:

Im Frühling 1927 erwachte ich eines Nachts im Astralkörper und fand mich an einem unbekannten Ort. Ich sah mich um, bemerkte die Besonderheiten des Ortes und viele Einzelheiten wie auch sein allgemeines Aussehen. Insbesondere nahm ich eine hohe Felsenwand und zwei Brücken wahr, die über einen Bach führten.

Ich konnte mich nicht erinnern, diesen Ort jemals besucht zu haben und wußte auch nicht, wo er sich befand. Ich konnte mich auch nicht an meine Rückkehr und an meinen physischen Körper erinnern. Zwei Monate später betrat ich, als ich auf einer Reise mit einem Freund war, zufällig einen Park in einer Stadt, die etwa fünfzig Meilen von meinem Wohnort entfernt ist, und entdeckte, daß es derselbe Ort war, den ich zuvor im Astralkörper besucht hatte.

Ich könnte viele ähnliche Erlebnisse berichten; sie böten aber nichts Neues. In der Tat vergeht kaum eine Woche ohne einen Zukunftstraum, und gelegentlich erlange ich im Traum das Bewußtsein, wobei ich dann feststelle, daß ich zukünftige Handlungen in meinem Traumkörper bereits ausführe.

Ich habe beobachtet, daß man, wenn man einen Zukunftstraum mit einer Astralwanderung hat, fast immer mit einer mechanischen Tätigkeit beginnt, d. h. der Traum beginnt mit einer mechanischen Handlung und wendet sich dann etwas anderem zu. Der Träumende kann auch etwas tun, was er gewöhnlich jeden Tag tut, und dann träumt er von einigen neuen Dingen, die mit dieser Handlung zusammenhängen, die aber noch nicht geschehen sind. Zum Beispiel träumte ich bei dem Erlebnis, das ich gerade berichtet habe, zuerst von meiner täglichen Pflicht — daß ich zur Schule ging —, und dann träumte ich von gewissen Vorfällen, die sich noch nicht ereignet hatten, und erlebte sie im Astralkörper.

Gewöhnlich, wenn ich einen solchen Traum gehabt habe, ereignet sich das, was ich geträumt habe, am folgenden Tage; es kam aber auch vor — wie in dem gerade berichteten Falle —, daß die Handlung des Traumes sich in Wirklichkeit erst einige Wochen später ereignete, als ich sie im Astralkörper ausgeführt hatte. Es ist auch möglich, daß mein Astralkörper vielen, vielen Zukunftträumen gemäß gehandelt hat, von denen ich nichts weiß, denn man erinnert sich nicht immer an einen Traum, und ein Astralwanderer wacht nicht immer in einem Traum auf. Es ist schade, daß wir kein Verfahren finden können, mit dessen Hilfe wir nach Belieben zukünftige Dinge träumen können.

Manchmal befindet sich der Astralwanderer bei einem solchen Traum an einem unbekannten Ort und *fast* bei Bewußtsein; dann sieht er, was dort vor sich geht. Wenn er aber im physischen Körper erwacht, weiß er nicht mit Bestimmtheit, daß die Ereignisse sich wirklich abgespielt haben, sondern schreibt sie — wenn er sich ihrer überhaupt erinnert — seiner nächtlichen Phantasie zu. Vielleicht erfährt er nie, daß die geträumten Vorfälle sich wirklich ereignet haben und weiß nicht, daß der Traum mehr als bloße Phantasie war.[34])

Viele hellsichtige Träume werden irrtümlich für Astralwanderungen gehalten

Man darf nicht glauben, daß der Traumkörper jeden Traum aktiv erlebt. Das ist nicht der Fall! Viele glauben, daß der Astralkörper während eines Traumes ausgesandt wird und den Traum wirklich erlebt. Auf einige Träume reagiert der Astralkörper gar nicht, sondern liegt ruhig da, ohne sich zu bewegen. Man kann einen Traum haben, während der Astralkörper noch mit dem physischen Körper verbunden ist und keinerlei Handlung ausführt. Man kann einen anderen Traum haben, bei dem der Astralkörper ebenfalls mit dem physischen Körper verschmolzen ist, wobei dieser aber dann tätig wird, — körperlicher Schlafwandel, mit anderen Worten.

Ferner kann man träumen, während der Astralkörper bewegungslos in der Zone der Ruhe schwebt, oder man kann träumen und den Traum im Astralkörper irgendwo erleben. Außerdem kann man im Traum den Astralkörper so aussenden, daß er den Traum wirklich an dem geträumten Ort erlebt; man kann auch denselben Traum haben, und der Astralkörper handelt ihm entsprechend, aber in der Nähe des physischen Körpers; das Bewußtsein erschafft dann die Umgebung oder die Örtlichkeit genau, wie sie in Wirklichkeit in der Entfernung vorhanden ist. Man kann auch von Ereignissen träumen, die sich an einem entfernten Ort abspielen, ohne daß der Astralkörper dahin ausgesandt wird, geradeso, wie ein hellsichtiger Mensch Dinge sehen kann, die sich an einem entfernten Ort abspielen, ohne daß sein Astralkörper wirklich dorthin ausgesandt worden ist.

Zweifellos gibt es viele Berichte von angeblichen Astralwanderungen, die aber durchaus keine Astralwanderungen sind. Das folgende Beispiel ist ein lehrreiches Erlebnis dieser Art und wird von der Society for Psychical Research) Gesellschaft für psychische Forschung) berichtet. Es wird von einem Mitarbeiter der Gesellschaft erzählt:

„Eines Morgens im Dezember 18 — hatte er [35]) den folgenden Traum oder, wie er es lieber nennt, das folgende Gesicht. Er stand plötzlich an der Haustür von Major N. M., der in einer Allee viele Meilen von ihm entfernt wohnte. In seiner Nähe befand sich eine Gruppe Menschen, unter ihnen eine Frau mit einem Korb am Arm; die übrigen waren Männer, vier von ihnen Mieter seines Hauses, während ihm die anderen unbekannt waren.

Einige der Fremden schienen H. W., einen seiner Mieter, tätlich anzugreifen, und er selbst warf sich dazwischen: „Ich schlug heftig auf den Mann links von mir ein, und dann schlug ich mit noch größerer Gewalt dem Mann rechts von mir ins Gesicht. Zu meiner Überraschung sah ich, daß ich keinen von ihnen getroffen hatte; ich schlug daher immer wieder mit der ganzen Kraft eines Mannes, der völlig von Sinnen war über die Ermordung eines Freundes. Zu meiner großen Verwunderung sah ich, daß meine Arme, obwohl sie meinen Augen sichtbar waren, keine „Substanz“ hatten, und die Körper der Männer, nach denen ich schlug, und mein eigener kamen nach jedem Schlag mit meinen Schattenarmen dicht zusammen. Ich teilte meine Schläge mit größerer Gewalt aus, als ich es je getan habe, überzeugte mich aber zu meiner großen Enttäuschung von der Vergeblichkeit meiner Hiebe. Ich erinnere mich nicht, was geschah, als mich dieses Gefühl der Kraftlosigkeit überkam.“

Am nächsten Morgen empfand A. am ganzen Körper eine Steifheit und Schmerzhaftigkeit wie nach einer großen körperlichen Anstrengung. Seine Frau sagte ihm, er habe sie in der Nacht beunruhigt, weil er immer wieder in schrecklicher Weise um sich geschlagen habe, als ob er um sein Leben kämpfte.

Er seinerseits erzählte ihr von seinem Traum und bat sie, sich der Namen der Personen in seinem Traum zu erinnern, die ihm bekannt waren. Am Morgen des folgenden Tages (Mittwoch) erhielt A. einen Brief von seinem Geschäftvertreter, der in der Stadt in der Nähe der Traumszene lebte und ihm mitteilte, daß sein Mieter am Dienstagmorgen in der Nähe von Major N. M.'s Haustür gefunden worden sei, unfähig zu sprechen und offensichtlich in Gefahr, an einem Schädelbruch zu sterben; von seinem Mörder fehle jede Spur.

Am Abend machte sich A. auf den Weg nach der Stadt und

kam dort am Dienstagmorgen an. Auf seinem Wege zu einer Zusammenkunft traf er den obersten Polizeirichter des Bezirkes und ersuchte ihn, die Verhaftung von drei Männern anzuordnen, die er außer H. W. in seinem Traum erkannt habe, und sie einzeln zu verhören. Dies geschah sofort.

Die drei Männer gaben gleichlautende Berichte von den Geschehnissen, und alle benannten die Frau, die bei ihnen gewesen war. Sie wurde dann auch verhaftet und machte genau dieselbe Aussage. Sie sagte, daß sie am Montagabend zwischen elf und zwölf Uhr sich zusammen auf dem Heimweg befanden, als sie von drei Männern überholt wurden, von denen zwei H. W. tätlich angegriffen, während der andere dessen Freunde daran hinderte, einzugreifen. H. W. starb nicht, war aber niemals mehr derselbe, der er vorher gewesen war; später wanderte er aus."

Obwohl dieser Bericht als gutes Beispiel einer Astralwanderung angesehen werden kann, handelt es sich um alles andere als eine Astralwanderung. In der Tat war der Astralkörper des „Astralwanderers" überhaupt nicht von seinem physischen Körper getrennt, denn am nächsten Morgen litt A. an Schmerzhaftigkeit und Steifheit wie nach einer heftigen körperlichen Anstrengung und wurde von seiner Frau davon in Kenntnis gesetzt, daß er im Schlaf immer wieder um sich geschlagen habe, als ob er um sein Leben kämpfte.

Dies ist ein Fall von körperlichem Schlafwandel, in dem der Betreffende nur träumte, was in großer Entfernung geschah. Der Astralkörper konnte außerhalb des physischen Körpers nicht zu einem entfernten Ort ausgesandt werden, während der letztere noch aktiv war. Ich wiederhole daher, daß man nicht glauben darf, der Traumkörper erlebe handelnd alle Träume außerhalb des physischen Körpers und daß man diese Dinge nicht ohne Astralwanderung beobachten könne, genauso, als wenn der Astralkörper tatsächlich zum Schauplatz des Geschehens ausgesandt worden wäre.

Es gibt nur zwei Möglichkeiten, um zu erkennen, ob man sich im Traum wirklich im Astralkörper befindet. Entweder müßte ein hellsichtiger Mensch den Astralkörper des Träumenden sehen, oder der Astralwanderer müßte an der Stelle, an der er sich befindet, das volle Bewußtsein erlangen. Träume, in denen der Träumende *glaubt*, er befinde sich an einem entfernten Ort, sollten niemals als Träume mit Astralwanderung aufgezeichnet werden, nur, weil sie sehr wirklich zu sein *scheinen*. In vielen Fällen körperlichen Schlafwandels ist der Schlafwandler imstande gewesen, Vorfälle, die sich an einem entfernten Ort abspielten, zu beschreiben und genau anzugeben, was sich dort ereignete. Körperlicher Schlafwandel und Astralwanderung können bei demselben Menschen nicht zu derselben Zeit vorkommen.

Verwandt mit der Schau entfernter Örtlichkeiten ist etwas, was die Schau der Umgebung genannt werden kann, wobei der Träumende Vorfälle sieht, die sich in seiner nächsten Umgebung tatsächlich abspielen und sogar in dem Zimmer, in dem er schläft. Solche Träume hat man gewöhnlich während des Tages bei einem Mittagsschlaf, häufig gerade in dem Augenblick, bevor man aufwacht. Man kann zum Beispiel träumen, eine bestimmte Person stehe vor der Tür und wacht einen Augenblick später auf, um festzustellen, daß die betreffende Person tatsächlich vor der Tür steht usw.

Das Traumbewußtsein ist nicht das wirkliche Bewußtsein

Wir sehen aus dem Gesagten, daß es ein Traumbewußtsein gibt, das nicht das wirkliche Bewußtsein ist. Es gibt Bücher über „Astralwanderungen“, bei denen der „Astralwanderer“ sich lediglich in einem Zustand des Traumbewußtseins befand, und es ist Tatsache, daß viele Menschen — selbst solche, die Astralwanderungen erlebt haben — glauben, dies sei das einzige Bewußtsein, das sie haben. Aus diesem Grunde haben die „Astralwanderungen“ in den meisten Berichten nur mehr oder weniger den Charakter einer inneren Schau.

Der folgende wesentliche Punkt sollte gut verstanden werden: Es gibt ein Traumbewußtsein, in dem der Träumende genauso sieht, wie er sehen würde, wenn er sich bei wirklichem Bewußtsein befände, wobei die Phantasie eine mehr oder weniger große Rolle spielt. Ich könnte ein ganzes Buch über Erlebnisse dieser Art schreiben; wie könnte ich aber sicher sein, daß sie wirklich Astralwanderungen waren?

Daß ein Träumender in hellsichtigem Zustand Örtlichkeiten und Ereignisse sehen kann, die an anderer Stelle auf der Erde sind oder sich abspielen, und dann glaubt, er befinde sich dort im Astralkörper, ist eine Tatsache. Viele Forscher wissen, daß dies wahr ist. Auch ich weiß, daß dies wahr ist. Man kann im Traum Ereignisse und Schauplätze sehen, die sich auf höherer Ebene abspielen und befinden, und kann dabei glauben, man sei im Astralkörper auf jener Ebene, ohne daß dies in Wirklichkeit der Fall ist.

Dies ist tatsächlich die Art und Weise, in der viele Kenntnisse über das Leben der „Geister" von Menschen gesammelt werden, die behaupten, sie seien auf den höheren Ebenen des geistigen Lebens gewesen. Sie sind nicht wirklich in ihrem Astralkörper auf dieser Ebene gewesen; sie glauben nur, daß sie dort gewesen seien — wegen der offenbaren Wirklichkeit des hellsichtigen Traumes —, geradeso, wie viele Menschen glauben, sie seien im Astralkörper an einem entfernten Ort der Erde gewesen, während sie in Wirklichkeit diesen Ort nur in einem hellsichtigen Traum gesehen haben.

Es ist wichtig, sich das Folgende vor Augen zu halten: Während des Schlafes kann man oft entfernte Plätze und Ereignisse auf unserer Erde sehen, ohne daß man sich im Astralkörper dort befindet, und doch *glauben,* man sei dort wirklich im Astralkörper gewesen; man kann im Traum auch Vorkommnisse und Schauplätze im Geisterland sehen und *glauben,* man befinde sich dort im Astralkörper. Aber dies ist keine wirkliche, bewußte Astralwanderung. Dies darf auch ebensowenig mit dem Astralbewußtsein verwechselt werden wie mit dem physischen Bewußtsein; das ist dasselbe Bewußtsein. Es gibt da überhaupt keinen Vergleich; das eine ist ein Traum, das andere ist ein Zustand wirklichen Bewußtseins.

Wahrscheinlich wird niemand, der jemals eine echte, bewußte Astralwanderung erlebt hat, glauben, daß ein hellsichtiger Traum eine bewußte Astralwanderung sei, und ferner weiß jeder, der einmal eine echte, bewußte Astralwanderung erlebt hat, daß das wahre Bewußtsein nicht mit dem Traumbewußtsein verwechselt werden darf. Es genüge der Hinweis, daß man außerhalb des physischen Körpers genauso lebendig und mit vollem Bewußtsein existieren kann wie im physischen Körper.

Der Tod ist lediglich eine dauernde Astralwanderung

Durch unser Studium der Astralwanderung sollten wir jetzt eine ziemlich genaue Vorstellung von dem „Hinscheiden" im Augenblick des Todes haben, denn schließlich ist der Tod nur eine dauernde Astralwanderung, eine Astralwanderung, bei der man nicht zurückkehrt, um den physischen Körper wieder zu beleben.

Die meisten Todesfälle ereignen sich zweifellos ohne Bewußtsein des Sterbenden. Dr. Bailie hat gesagt, daß alle seine Beobachtungen am Sterbebett ihn glauben lassen, daß die Natur beabsichtigt hat, daß wir die Welt ebenso ohne Bewußtsein verlassen, wir wir in sie eingetreten sind.[36]) Und er fährt fort: „Trotz all meiner Erfahrung habe ich bei fünfzig Fällen nicht einen einzigen gegenteiligen Fall erlebt."

Es gibt jedoch Ausnahmefälle, bei denen das Bewußtsein offensichtlich bis zum letzten Augenblick erhalten geblieben ist. Sir Benjamin Brodie und andere haben solche Fälle aufgezeichnet. Professor Hyslop hat in der Zeitschrift der "Society for Psychical Research" („Gesellschaft für psychische Forschung") (Juni 1898) einen wertvollen Artikel über "Consciousness of Dying" (Das Bewußtsein beim Sterben") geschrieben. Er weist besonders darauf hin, daß angesichts der nicht zu bezweifelnden Tatsache, daß der Kranke sich seines nahen Todes bewußt und daß es unmöglich ist, daß das Bewußtsein sich jemals seines eigenen Erlöschens bewußt sein kann, es scheint, daß das Bewußtsein lediglich entfernt, aber nicht ausgelöscht wird.

Man kann sich tatsächlich glücklich schätzen, wenn der Tod während des Schlafes eintritt und nicht gewaltsam verursacht wird. Der gewaltsame Tod ist für das Bewußtsein ein großer Schock und verursacht im Unterbewußtsein einen bleibenden Eindruck; in vielen Fällen bleibt dann das Opfer in einem

Zustand halber Geisteskrankheit in der Erdatmosphäre, wie wir bei einigen in diesem Buch angeführten Beispielen gesehen haben. Die „Spur" eines gewaltsamen Todes, die im Unterbewußtsein bleibt, veranlaßt das Opfer häufig, im Astralkörper seine Todesszene immer neu zu erleben; es ist davon regelrecht besessen und quält damit manchmal auch andere.

Es ist jedoch durchaus wahrscheinlich, daß die dauernde Astralwanderung (der Tod) und die zeitweilige Astralwanderung ihrer Natur nach sehr ähnlich sind und daß keine zwei Menschen bei ihrem „Hinscheiden" dasselbe Erlebnis haben. Einige scheiden von ihrem physischen Körper bei Bewußtsein, die meisten aber zweifellos ohne Bewußtsein. Einige Geister, die zurückgekehrt sind, scheinen ihren „Tod" mit mehr oder weniger klarem Bewußtsein erlebt zu haben. In diesem Zusammenhang möchte ich einige Abschnitte aus einem Bericht über einen Fall anführen, in dem ein einfacher Soldat namens Dowding seinen eigenen Tod mit Hilfe der medialen Kraft von Mr. Tudor-Pole beschreibt:

„ . . . wie ihr seht, berichte ich dieses „wichtige" Ereignis in aller Eile; für mich war es einmal wichtig, aber jetzt ist es von keiner wirklichen Bedeutung. Wie überschätzen wir doch die Bedeutung irdischer Dinge! Ich fürchtete mich davor, daß ich getötet werden könne und war sicher, es würde die Auslöschung meines Lebens bedeuten. Es gibt viele Menschen, die dies immer noch glauben. Da die Auslöschung meines Lebens aber nicht eingetreten ist, möchte ich zu euch sprechen.

Der körperliche Tod ist nichts. Es gibt wirklich keinen Grund zur Furcht. Einige meiner Kameraden waren traurig über meinen Tod. Als ich starb, dachten sie, ich sei für immer tot. Was wirklich geschah, ist jedoch folgendes (ich erinnere mich ganz genau dessen, was geschah): Ich wartete an der Biegung eines Querganges, um auf Wache zu gehen. Es war ein schöner Abend. Ich hatte kein besonderes Gefühl einer drohenden Gefahr, bis ich das Heransausen einer Granate hörte. Dann folgte eine Explosion irgendwo hinter mir. Ich kauerte mich unwillkürlich auf den Boden; es war aber zu spät.

Etwas traf mich sehr hart am Hals. Werde ich diesen harten Schlag jemals vergessen? Es war das einzige Unangenehme dabei, woran ich mich erinnern kann. Ich fiel zu Boden, und als ich das tat, fand ich mich — offenbar ohne eine Zwischenzeit der Bewußtlosigkeit — außerhalb meines Körpers! Ihr seht, ich erzähle euch meine Geschichte in einfacher Form; so versteht ihr sie leichter. Ihr seht daraus, was für ein unwichtiges Ereignis der Tod in Wirklichkeit ist.

Stellt euch nur vor! In dem einen Augenblick war ich im irdischen Sinne am Leben, schaute über die Brustwehr eines Schützengrabens, ganz ruhig und natürlich. Fünf Sekunden später war ich außerhalb meines Körpers und half meinen Kameraden, meinen Körper durch das Gewirr der Schützengräben zu einem Verbandplatz zu tragen ... ich schien zu träumen. Ich träumte, jemand oder etwas habe mich zu Boden geworfen. Jetzt träumte ich, ich sei außerhalb meines Körpers. „Bald", dachte ich, „werde ich aufwachen und mich im Quergang befinden, im Begriff, auf Wache zu ziehen."[37])

Später sagt Soldat Dowding: „Als ich im physischen Körper lebte, dachte ich niemals viel darüber nach. Ich wußte sehr wenig von Physiologie. Jetzt, da ich unter anderen Bedingungen lebe, will ich gar nicht genau wissen, auf welche Weise ich mich eigentlich verständlich machen kann. Damit meine ich, daß ich mich noch offensichtlich in irgendeinem Körper befinde, aber ich kann euch sehr wenig darüber sagen. Er scheint an Gestalt meinem alten Körper ähnlich zu sein. Es gibt einen feinen Unterschied, aber ich kann nicht versuchen, ihn genau zu beschreiben. Jeder von uns schafft sich seine eigenen fegefeuerähnlichen Bedingungen. Wenn ich noch einmal lebte, wie ganz anders würde ich mein Leben gestalten! ... ich lebte weder genug mit meinen Mitmenschen zusammen, noch nahm ich an ihren Angelegenheiten genügend Anteil."

Wir finden in dem Bericht des Soldaten Dowding viele Einzelheiten, die mit dem übereinstimmen, was wir bei der zeitweiligen Astralwanderung gelernt haben. So sagt Caroline D. Larson in ihrem Buch "My Travels in the Spirit World" („Meine Wanderungen in der Geisterwelt"), daß sie bei einer Gelegenheit tatsächlich beobachtet habe, wie der Astralkörper (eines Sterbenden) mehrere Male den physischen Körper verlassen habe und wieder in ihn zurückgekehrt sei und sich schließlich endgültig von ihm getrennt habe. Mrs. Larson berichtet darüber folgendermaßen:

„Mr. G. war meinem Mann und mir gut bekannt, obwohl ich nicht sagen kann, daß wir freundschaftliche Beziehungen zu ihm hatten. Er war ein Mann, der sich dem Trunk ergeben hatte, einem Laster, das ihn immer wieder überkam. In einer besonders schwierigen Lage, die hier zu nennen nicht notwendig ist, verlor er ganz die Selbstbeherrschung und begann, sich so dem Trunk und dem Rauschgift hinzugeben, daß er schließlich daran zugrunde ging.

An dem Abend, an dem er starb, erlebte ich zufällig eine Astralwanderung. Da ich dabei an seinem Wohnhaus vorbeikam, ging ich hinein. Mr. G. lag im Bett in schrecklichen Krämpfen, die durch eine Überdosis an Rauschgift und Alkohol verursacht worden waren. Neben seinem Bett standen zwei Männer, die, wie ich wußte, auch versuchten, etwas für ihn zu tun. (Dies wurde später durch die Nachfrage meines Mannes bestätigt.)

Plötzlich sah ich Mr. G. im Astralkörper aus seinem physischen Körper aufsteigen und diesen völlig verlassen. Sofort begann er eine eifrige und gründliche Suche nach einer halben Flasche Whisky und nach einem Fläschen Rauschgift, die er versteckt hatte. Er fand sie und bemühte sich, sie an den Mund zu heben. Da ihm dies nicht gelang, überzog sich sein Gesicht mit einem Ausdruck des Schmerzes. Dann ging er zu seinem Körper und kehrte schnell noch einmal in ihn zurück.

Nach kurzer Zeit verließ er noch einmal seine irdische Hülle, um das gleiche Verfahren zu wiederholen. Dies tat er mehrere Male, und es war seltsam, zu beobachten, daß jedesmal, wenn er seinen Körper verließ, dieser todesstarr wurde und daß, sobald er in ihn zurückkehrte, dieser sich in furchtbaren Krämpfen wand.

Schließlich trennte er sich von seinem Körper zum letztenmal, und gerade, als er begann, nach den Flaschen zu suchen, erblickte er mich. Er richtete sich auf und sah mir gerade ins Gesicht mit einem Ausdruck dumpfer Überraschung. Dann wandte er sich um und taumelte ganz verwirrt aus dem Haus, sich der Tatsache unbewußt, daß er seine körperliche Form zurückgelassen hatte, die er niemals wieder bewohnen sollte.

Es war bedeutsam, daß jedesmal, wenn er seinen physischen Körper verließ, seine Aura ihn sogleich mit einer Kleidung bedeckte, die einem sackähnlichen Anzug glich, den er immer trug. Der Anzug war von brauner Farbe, die den Mangel an jeder geistigen Entwicklung anzeigte."

Andrew Jackson Davies war infolge seiner Fähigkeit, astral zu sehen, Zeuge mancher Sterbeszenen und sagt, daß keine zwei Todesfälle sich gleichen, weder vom Physischen noch vom Astralen aus gesehen. In seiner "Harmonial Philosophy" gibt er die folgende Beschreibung eines Falles, den er beobachtet hat:

„Ein menschliches Wesen liegt auf seinem Bett und ist im Begriff zu sterben. Es wird ein schneller Tod sein. Der physische Körper wird starr und kalt in dem Maße, wie die Elemente des Geistkörpers warm und lebendig werden. Die Füße werden zuerst kalt. Der Hellsichtige sieht genau über dem Kopf etwas, was man einen magnetischen Lichtschein nennen könnte, eine ätherische Ausströmung von goldener Farbe und pulsierender Bewegung, als ob sie ein Bewußtsein hätte.

Jetzt ist der Körper bis zu den Knien und den Ellbogen kalt. Dann werden die Beine bis zu den Hüften kalt und die Arme bis zu den Schultern. Die Ausströmung wird größer, obwohl sie im Raum noch nicht nach oben schwebt. Die Todeskälte verbreitet sich über die Brust und auf beide Seiten um sie herum. Jetzt hat sie eine Lage nahe der Zimmerdecke erreicht. Der Sterbende hat zu atmen aufgehört, sein Puls schlägt nicht mehr.

Die Ausströmung ist länglich und hat die Gestalt eines menschlichen Körpers. Sie ist mit dem Gehirn verbunden. Im Kopf des Sterbenden ist ein pulsierendes Klopfen, ein langsames tiefes Klopfen, nicht schmerzhaft, sondern wie der Wellenschlag der See. Die Gehirnorgane arbeiten noch, während fast jeder Körperteil des Sterbenden schon tot ist. Die goldene Ausströmung ist mit dem Gehirn durch einen sehr feinen Lebensfaden verbunden.

Am Körper der schwebenden Gestalt erscheint etwas Weißes und Leuchtendes wie ein menschlicher Kopf; dann bildet sich die Form eines schönen Gesichtes; der schlanke Hals und schöne Schultern werden sichtbar und dann in schneller Folge alle Teile des neuen Körpers bis zu den Füßen, — ein helles, leuchtendes Abbild des verstorbenen Menschen, etwas kleiner als der physische Körper, aber in jeder Hinsicht ein vollkommenes Ebenbild . . .[38])

Der feine Lebensfaden ist noch immer mit dem alten Gehirn verbunden. Der nächste Vorgang ist die Abtrennung dieses elektrischen Fadens. Wenn er zerreißt, ist der Geistkörper frei . . . "

Der Tod ist jedoch ein Problem, um das sich die meisten Menschen nur wenig kümmern, und wir haben hier nur so weit darüber gesprochen, als er mit der Aussendung des Astralkörpers verwandt ist. Es scheint dem Durchschnittsmenschen niemals in den Sinn zu kommen, daß er eines Tages stirbt. Wenn ihm der Gedanke (an seinen eigenen Tod) kommt, verdrängt er ihn aus seinem Bewußtsein als etwas Schreckliches. Dies ist wirklich ein seltsamer Widerspruch, wenn wir überlegen, wie stark der Selbsterhaltungstrieb bei allen Menschen ist.

Nur wenige Philosophen haben dem Problem ernsthafte Aufmerksamkeit geschenkt. Mr. Carrington scheint auf diesem Gebiet der wichtigste Autor zu sein, denn er hat mehrere Bücher über das Wesen des Todes geschrieben. Professor Fournier D'Albe sagt in seinem Buch "New Light on Immortality" („Neue Erkenntnisse zur Untserblichkeit"):

„Das zwanzigste Jahrhundert ist zu geschäftig, um sich viel mit dem Problem des Todes und dem, was ihm folgt, zu befassen. Der Mann von Welt macht sein Testament, versichert sein Leben und tut seinen eigenen Tod mit den knappsten Formen der Höflichkeit ab. Die Kirche, die sich einst hauptsächlich mit dem schließlichen Schicksal der Seele nach dem Tode beschäftigte, widmet jetzt ihre Haupttätigkeit der moralischen Belehrung und der Besserung der menschlichen Gesellschaft. Der Tod ist fast tot als drohendes Schicksal und als Hauptthema von Streitgesprächen.

Das Schauspiel von zwei Milliarden Menschen, die auf ihr letztes Schicksal zustürzen, ohne genau zu wissen, was das für ein Schicksal sein wird, und doch das Leben nehmen, wie es kommt, in der Regel recht glücklich und fröhlich, scheint seltsam und fast unerklärlich. Das Schauspiel ähnelt ein wenig dem in einem Gefängnis während der Schreckensherrschaft in Frankreich, als die Gefangenen die Zeit in angeregter und heiterer Unterhaltung verbrachten, ohne zu wissen, wer als nächster aufgerufen würde, um zum Schaffott gekarrt zu werden.

Jedes Jahr werden etwa 40 000 000 Leichen der Erde übergeben. Eine Million Tonnen an menschlichem Fleisch und Blut wird beseitigt, da sie von keinem Nutzen mehr für die Menschheit ist, um dann allmählich in andere Substanzen umgeformt zu werden, vielleicht sogar in andere Lebensformen. Inzwischen lebt und gedeiht die menschliche Rasse in Myriaden Formen ... "

„Der Tod ist ein Thema, über das sich die Philosophen in erstaunlich gleichgültiger Weise geäußert haben ... ", sagt Professor F. C. S. Schiller von der Universität Oxford. „Spinoza hatte recht mit seiner Behauptung, daß es keinen Gegenstand gebe, über den der Weise weniger nachdenke als den Tod, was trotzdem bedauerlich ist, denn der Weise hat unrecht. Es gibt keinen Gegenstand, über den er, wenn er Idealist ist und den Mut hat, seine Meinung zu äußern, mehr nachdenken und lehrreichere Dinge zu sagen haben sollte ... "

Das eine Extrem stellt der Materialist dar, der verkündet, der Tod sei die völlige Auslöschung des Einzelmenschen. Das andere Extrem ist der Spiritualist, der behauptet, der Tod sei nur der Beginn eines größeren Lebens. Und zwischen diesen beiden Anschauungen gibt es zahllose Kulte, Religionen und Glaubensbekenntnisse, von denen die meisten den Tod als einen Fluch ansehen, der über die Menschheit verhängt worden ist. Sicherlich ist es nicht der Tod, der das Verhängnis ist: Es ist das Leben, das „Leben" mit seinen Schmerzen, seinen Verwirrungen und Nöten ist der Fluch, der über die Menschheit verhängt worden ist. Kein zukünftiger Zustand der Glückseligkeit ist wert, daß wir dafür leiden; nichts kann die Qualen und Leiden des Lebens wiedergutmachen.[39]) Man muß tatsächlich Stoiker sein, um auf einer anderen Ebene in Freuden zu leben, da wir doch gleichzeitig wissen, daß andere Menschen auf dieser Daseinsebene leiden. Solche Menschen verdienen nach meiner Meinung nicht, glücklich zu sein. Ist es möglich, daß Geister jene göttliche Wesensart „Mitgefühl" verlieren?

„Oh Tod, wo ist dein Stachel? Oh Hölle, wo ist dein Sieg?" In der Tat stoische Philosophie! Der Tod hat aber wirklich einen Stachel: Die sterbende Mutter umklammert ihr Kind, der sterbende Vater läßt seine halberwachsenen Kinder in Not und Gefahr zurück, der Geliebte weint am Leichnam seiner Geliebten ... Oh Tod, da ist dein Stachel! Oh Hölle, da ist dein Sieg!

Was mich betrifft, so sehe ich das Leben als ein Verhängnis an.

Ich bedaure, daß es das Leben gibt. Kein Sterblicher kann auch nur die schwächsten Gründe für die Verteidigung des Lebens anführen. Ich bedaure, daß der Materialist unrecht hat. Ich bedaure, daß mit dem Tode nicht alles zu Ende ist. Ich möchte, daß der Tod einen langen und traumlosen Schlaf brächte. Aber ach, meine Erfahrungen haben mir überzeugend bewiesen, daß das Wort „Staub bist du, und zu Staub sollst du werden!" nicht für die Seele geschrieben worden ist.

Kapitel 16

Da das Schicksal bestimmt hat, daß wir trotz unseres Pessimismus leben müssen, da es keine Auslöschung des menschlichen Geistes gibt, auch im Tode nicht, können wir ebensogut (und haben zweifellos Vorteile davon) das Leben von seiner besten Seite nehmen und unsere Gedanken optimistischer gestalten in der Hoffnung, daß das Rätsel des Lebens, wenn es gelöst ist, unsere größten Erwartungen weit übertreffen wird und daß die Folgerung unseres Verstandes (daß das Leben tragisch ist) in ferner Zukunft sich als falsch erweisen mag. Wir wollen uns daher wieder der Astralwanderung zuwenden und noch zum Schluß von einigen mehr oder weniger damit verbundenen Gedanken sprechen, die mir dazu gekommen sind und die sich auf unser Thema beziehen.

Abspaltung des Astralkörpers während der durch ein Betäubungsmittel verursachten Bewußtlosigkeit

Wir haben auf den letzten Seiten unsere Aufmerksamkeit hauptsächlich jener Art Astralwanderung zugewandt, die während des natürlichen Schlafes eintritt, und ich denke, wir haben auch die durch Hypnose verursachte Astralwanderung genügend besprochen, um zu wissen, was auf diesem Gebiet geleistet worden ist und wohl noch geleistet werden wird.

Wir haben jedoch nur am Rande die Tatsache erwähnt, daß eine Astralwanderung oft auch während des durch ein Betäubungsmittel verursachten Schlafes möglich ist und daß auch dieses Gebiet der Forschung noch manche Aufgabe stellt. Ein lehrreiches Beispiel für eine solche Astralwanderung wird in dem Buch "Theosophy or Spiritual Dynamics" („Theosophie oder geistige Dynamik") von Dr. George Wyld angeführt.

Er hatte Chloroform eingeatmet, um den durch einen kleinen Nierenstein verursachten Schmerz zu lindern, als er sich zu seinem Erstaunen bekleidet fand — mit normalen Verstandeskräften begabt —, etwa zwei Yards von seinem physischen Körper entfernt, der bewegungslos auf dem Bett lag.

Er war imstande, die Bedeutung dieses Phänomens zu verstehen, während er dastand, und erfuhr später, daß andere seine Erfahrung bestätigen konnten, was ihn zu der Folgerung veranlaßte, daß die Empfindungsfähigkeit in einem feinstofflichen Körper ihren Sitz hat und daß die Wirkung eines Betäubungsmittels darin besteht, daß es diesen Körper aus dem physischen Körper verdrängt, so daß dieser unfähig ist, Schmerz zu empfinden.

H. Ernst Hunt, der die Aussagen einer Anzahl Menschen gesammelt hat, die während des durch ein Betäubungsmittel verursachten Schlafes Astralwanderungen erlebt haben, sagt:

„Was sie erzählen, ist im wesentlichen immer dasselbe, und wenn wir nicht ganz grundlos annehmen, daß sie alle lügen und, was noch seltsamer wäre, daß sie uns alle dieselbe Lüge erzählen, so ist es nur vernünftig, zu glauben, daß sie alle die Wahrheit sagen."

Einige haben dem Verfasser versichert, daß sie die an ihrem Körper vorgenommenen ärztlichen Eingriffe beobachtet haben — als ob der Mieter das Haus verlassen hätte, während es wiederinstandgesetzt wird —, und daß sie auf ihren Körper hinabgesehen und daß sie alles, was geschah, gesehen, gehört und im Gedächtnis behalten hätten.

J. Arthur Hill berichtet in "Man is Spirit" („Der Mensch ist Geist") von einer Miss Hinton, die im Alter von siebzehn Jahren mit Chloroform betäubt wurde, um ihr einige ihrer Zähne ziehen zu können. Ihr Erwachen aus der Bewußtlosigkeit verzögerte sich, was viel Beunruhigung verursachte; als sie aber endlich erwachte, sagte sie, daß sie über ihrem physischen Körper geschwebt habe, um den sich die Anwesenden versammelt hätten, und daß sie erfolglos versucht habe, mit ihnen zu sprechen. Da sie glaubte, sie sei tot, wunderte sie sich, daß nicht Gericht über sie gehalten wurde.

Derartige Erlebnisse zeigen einwandfrei, daß es außer den

Versuchen mit Astralwanderungen während des natürlichen Schlafes für die medizinische Forschung noch ein weites Gebiet für Versuche mit Betäubungsmitteln gibt.

Ein seltsamer Traum

In "Why We Survive" („Warum wir überleben“), einem wertvollen Büchlein von H. Ernest Hunt, den ich gerade erwähnt habe, erzählt ein Londoner Freund dieses Autors einen seltsamen Traum, der in mancherlei Hinsicht ein ganz gewöhnlicher Traum mit Astralwanderung ist.

Sie (die Träumende) fand sich einmal — natürlich im Traum — auf dem Dach eines Gebäudes, und aus irgendeinem Grunde wandte sie ihre Aufmerksamkeit einem Seil zu, das sie ganz einfach für eine Wäscheleine hielt, die in Schlingen auf das Dach gelegt worden war.

Die Neugier veranlaßte sie, der Wäscheleine zu folgen, die über die Dachkante in ein Schlafzimmer führte. Sie führte zu einem Bett, in dem ihr eigener schlafender Körper lag, und kaum hatte sie dies begriffen, als sie aufwachte und sich wieder in ihrem eigenen Körper befand.“

Ich habe derartige Träume viele Male selbst gehabt, und es mag als Zufall erscheinen, daß auch ich die Neigung hatte, einer „Wäscheleine“ zu folgen, die mich immer zu meinem physischen Körper zurückführte. Ich gewöhnte mich so an diesen Traum, daß ich, wenn ich der „Leine“ folgte, im Traum wußte, daß ich an ihrem Ende meinen Körper finden würde.

Ich hatte die Absicht, diesen typischen Traum in dem Abschnitt "Typical Projection Dreams" („Typische Träume während einer Astralwanderung“) zu erwähnen, gab aber wichtigeren Dingen bei diesem Phänomen in meinen Gedanken den Vorzug und vergaß diesen Traum damals. In einem solchen Traum scheint man ganz neugierig zu sein, um was für ein Seil es sich handelt, wohin es führt, und man ist immer darauf bedacht, ihm bis zum physischen Körper zurück zu folgen.

Was man für eine Wäscheleine, für einen abgewickelten Faden oder was sonst im Traum hält, ist natürlich das verlängerte Astralband mit dem kleinsten Durchmesser, und der Wunsch, ihm zu folgen, ist nur eine andere Art, in der das Unterbewußtsein auf den wandernden Traumkörper einwirkt, zu seinem körperlichen Gegenstück zurückzukehren.

Es mag noch andere Verfahren geben

Ich hoffe, daß niemand, nachdem er die in diesem Buch angegebenen Verfahren zur Ermöglichung einer Astralwanderung gelesen hat, glaubt, daß ich zu diesem Thema alles gesagt hätte, was dazu sagen ist, denn das ist nicht der Fall. Ich habe nur von den Verfahren berichtet, die ich selbst kenne. Sicherlich haben andere Menschen noch weitere wertvolle Kenntnisse von derartigen Verfahren. Es soll zum Beispiel einige metaphysische Gesellschaften geben, denen an okkulten Dingen interessierten Menschen sich anschließen können; wenn diese dann bis zu einem Grad vorgeschritten sind, daß sie in den „inneren Kreis" aufgenommen werden, dann erhalten sie (wie gesagt wird) die notwendigen Geheimanweisungen, geistige Reiche zu besuchen, um auf diese Weise unmittelbare Unterweisung zu erhalten. Welche Verfahren von diesen Gesellschaften angewandt werden und was ihre Mitglieder bei ihnen lernen können, weiß ich nicht.

Abgesehen von diesen Gesellschaften gibt es zahlreiche Menschen, die behaupten, daß sie okkulte Kenntnisse besäßen, die sie zu Astralwanderungen befähigten. Ob ihre Verfahren zum Teil mit denen übereinstimmen, die ich angegeben habe — und ich glaube, daß dies der Fall sein muß —, habe ich niemals feststellen können. Ich möchte daher wiederholen, daß ich nicht beanspruche, das letzte Wort über Astralwanderungen gesprochen zu haben; ich habe nur die Tatsachen angegeben, die ich persönlich verstehe.

Eine Voraussage

Wir haben gesehen, wie der Astralkörper fähig ist, durch den Raum zu „wandern", und ich glaube, die Zeit ist nicht fern, da wir alle durch die Kenntnis gewisser verborgener Naturgesetze imstande sein werden, *körperlich,* automatisch und nach Belieben im Raum zu wandern, geradeso, wie der Astralkörper dazu imstande ist. Zwar haben wir Luftschiffe, doch die physischen Bewegungsarten werden nicht vollkommen sein, bevor wir nicht automatisch den Raum durchwandern können. Ich glaube, daß ich in der Zukunft noch eine Entwicklung erleben werde, die dazu führt, daß der physische Körper die Schwerkraft überwindet und mit bewegender Kraft erfüllt wird.

Alle Menschen besitzen die Fähigkeit der Astralwanderung

Astralwanderungen sind keine Gabe für einige auserwählte Menschen; jeder Mensch hat verborgene Kräfte zu seiner Verfügung, die lediglich richtig genutzt werden müssen; eine weitverbreitete Vorstellung ist die, daß jemand, der zu Astralwanderungen befähigt ist, ein Mensch sei, der einen besonderen, ungewöhnlichen Astralkörper hat, der von dem seiner Mitmenschen ganz verschieden ist; aber ich versichere, daß der physische Körper bei der Astralwanderung eine ebenso große Rolle spielt wie der Astralkörper selbst, und die ungewöhnlichen Eigenschaften finden wir gewöhnlich nicht im Astralkörper, sondern im physischen Körper.

Über die Moral

Wenn ich auch nicht wünsche, über das Thema Moral zu sprechen, möchte ich doch einmal darauf hinweisen, daß — was im Laufe der menschlichen Entwicklung immer wieder gesagt worden ist — wir alle versuchen sollten, ein rechtschaffenes und gutes Leben zu führen. Es ist äußerst wichtig, daß wir unsere Gedanken überwachen und von unseren Mitmenschen nichts Böses denken, denn unsere Gedanken erschaffen tatsächlich eine astrale Umgebung für uns, und Rache ist etwas, was den Bewohnern der Astralwelt nicht unbekannt ist.

Ich möchte die Aufmerksamkeit des Lesers noch einmal auf die unangenehme Begegnung mit dem astralen Bösewicht lenken, die ich gehabt habe, und die nur möglich war, weil ich böse Gedanken auf den Mann gerichtet hatte, den ich in dem betreffenden Abschnitt erwähnt habe. Ich bitte den Leser dringend, besonders, wenn er versuchen will, den Astralkörper auszusenden, die Warnung des Konfuzius zu beachten, „Böses nicht zu sprechen, nicht zu hören und nicht zu sehen". Wenn wir das nicht tun, können wir Erlebnisse haben, die uns glauben lassen, daß die ganze Atmosphäre voller Bösewichte sei. Und dies veranlaßt uns zu einer anderen Überlegung, welche die folgende ist:

Die Dämonentheorie

Der häufigste und stärkste Einwand gegen den Okkultismus, besonders gegen Hellsichtigkeit, Hypnose usw. ist die Dämonentheorie, d. h. die Theorie, daß alle diese Phänomene das Werk des Teufels oder böser Geister seien. In den letzten Jahren hat eine mächtige Kirche (die zweifellos allen meinen Lesern bekannt ist) eine Kreuzzug gegen okkulte Versuche begonnen.

Eine gewisse Vorstellung über den Umfang und Erfolg ihres Feldzuges kann man gewinnen, wenn man die Tatsache beachtet, daß die im Jahre 1928 erschienene Ausgabe eines ihrer Bücher 3 500 000 Exemplare überstieg. Und sie hat ein Dutzend und mehr ähnlicher Bücher veröffentlicht! Ihre Hilfsquellen scheinen unerschöpflich. Sie hat mit Hilfe der größten Rundfunk-Ringsendungen der Welt Vorträge halten lassen und hat ihre Freunde in den abgelegensten Dörfern.

Außer dieser Organisation gibt es weitere, die einen ähnlichen Zweck verfolgen, ebenso einzelne Menschen wie O'Donnell, die unerschütterlich behaupten, daß alle okkulten Phänomene das Werk des Teufels seien! Infolgedessen haben sich viele okkulte Forscher von ihren Forschungen und Untersuchungen abgewandt, insbesondere, nachdem sie über die Tatsachen, die Widersprüche der Medien und den Mangel an Kenntnissen nachgedacht hatten, die von wiederkehrenden Geistern vermittelt werden.

All denen, welche die richtige Antwort auf diese Frage suchen, d. h. ob psychische Phänomene aus dem Geist des Menschen oder aus den Launen des Teufels herrühren, möchte ich sagen, daß man, wenn man einmal eine Astralwanderung erlebt hat, nicht länger bezweifeln wird, daß der Mensch außerhalb seines physischen Körpers leben kann. Man wird nicht länger gezwungen sein, Theorien für richtig zu halten, noch wird man fernerhin genötigt sein, seine Überzeugung von der Unsterblichkeit des Menschen auf das Wort des Mediums, des Pastors oder heiliger Bücher zu gründen, denn man wird den Beweis dafür bei sich selbst finden, einen Beweis, der ebenso sicher und selbstverständlich ist wie die Tatsache, daß man körperlich am Leben ist.

Was mich betrifft, so wäre ich fest davon überzeugt, daß ich unsterblich bin, auch wenn nie ein Buch über die Unsterblichkeit geschrieben, wenn niemals ein Vortrag über das „Überleben" gehalten worden wäre, wenn ich niemals eine spiritistische Sitzung oder ein Medium besucht, wenn niemand sonst in der Welt ein „Leben nach dem Tode" für möglich gehalten hätte, — denn ich habe die Aussendung des Astralkörpers erlebt.

ANMERKUNGEN

[1]) („Cock Lane und gesunder Menschenverstand"); Hinweise auf Poltergeist-Spukfall in der Cock Lane in Smithfield (England) im Jahre 1762.
Der Übersetzer.

[2]) Es braucht kaum gesagt zu werden, daß sogenannte „Geisterbotschaften" sich immer wieder als Tatsachen erwiesen haben. So lesen wir in Dr. Hodgkons zweitem Bericht über die Trance-Phänomene von Mrs. Piper: „Die Erklärungen der ‚Geister' zu dem, was auf der physischen Seite geschieht, können allgemein folgendermaßen zusammengefaßt werden: Wir alle haben Körper, die aus ‚leuchtendem Äther' bestehen und in unseren Körpern aus Fleisch und Blut eingeschlossen sind. Die Beziehung von Mrs. Pipers Ätherkörper zur Ätherwelt, in der die „Geister" zu leben vorgeben, ist so, daß in besonderen Menschen eine ungewöhnliche Kraft angesammelt wird, und daß diese ihnen dann als ‚Licht' erscheint ..." (Akten Bd. 13, S. 400).

[3]) Monro-Öffnung: Foramen interventriculare (Verbindung des 3. Hirnventrikels mit dem Seitenventrikel). Der Übersetzer.

[4]) Vgl. die ausführliche Erörterung dieses Phänomens an späterer Stelle in diesem Buch.

[5]) Zu dieser Frage der Geisteskrankheit schreibt der ungenannte Verfasser von "The Maniac" („Der Geisteskranke"), einer äußerst wertvollen psychologischen Schrift, in einer Fußnote:

„... das Ich kann sich gefahrlos aus dem physischen Körper zurückziehen, und der Ätherkörper, der das Verbindungsglied zwischen dem physischen Körper und dem Ich ist, muß als Ganzes abgetrennt werden und bleiben. Dann leidet der psychische Körper keinen Schaden. Die Ursache für den „Wahnsinn" besteht darin, daß zwischen den beiden Körpern (dem physischen und dem Ätherkörper) eine Trennung stattgefunden hat, die während der Lebenszeit des physischen Körpers nicht hätte stattfinden dürfen und die *teilweise* nicht ohne ernsthaften körperlichen Schaden stattfinden kann, und *völlig* nicht ohne den körperlichen Tod des physischen Körpers ... die Ärzte haben in den Betäubungsmitteln schon etwas entdeckt, was unmittelbar auf das ätherische Bindegewebe wirkt und es aus dem physischen Körper vertreibt. Sie sollten jetzt ihre Aufmerksamkeit darauf richten, auf das ätherische Bindeglied in der umgekehrten Weise einzuwirken, es zurückzutreiben oder zurückzuziehen in den physischen Körper, aus dem es verdrängt worden ist. Wenn sie ein Mittel entdeckt haben, das zu bewerkstelligen, haben sie das Mittel entdeckt, alle Fälle von ‚Wahnsinn' zu heilen, die durch solche Teiltrennungen der beiden Körper verursacht werden ..." H. C.

[6]) Es gibt Zeiten, zu denen der Astralwanderer von verschiedenen Teilen seines Körpers aus sehen kann, ohne die Augen zu gebrauchen. Davon später. S. M.

[7]) Sehr viel Material über „Rückwirkung" kann man in Adolphe d'Assiers Buch "Posthumous Humanity" („Der Mensch nach dem Tode") finden, in dem ein Versuch gemacht wird, solche Fälle mit gewissen „Hexenkünsten" in Verbindung zu bringen. Man vergleiche auch meine Erörterung desselben Gegenstandes in "The Problem of Psychical Research" („Das Problem der psychischen Forschung"), Kapitel "Witchcraft: its Facts and Follies" („Hexerei: ihre Tatsachen und Torheiten"). H. C.

[8]) Was diese Theorie betrifft (daß der menschliche Körper während der Stunden der Ruhe und des Schlafes neu mit Kraft aufgeladen wird), so habe ich sie selbst sehr ausführlich dargestellt und vertreten, rein vom physiologischen Standpunkt aus, und zwar in meinem Buch "Vitality, Fasting and Nutrition" („Lebenskraft, Fasten und Ernährung") (S. 225—350) und anderswo ... die dabei aufgestellte Theorie war, daß der menschliche Körper mehr einem elektrischen Motor als einer Dampfmaschiene ähnelt und daß die gewöhnliche Theorie (daß die chemische Verbrennung der Nahrung dem Körper die Lebenskraft zuführt) ein Irrtum ist, daß vielmehr das Nervensystem während der Stunden der Ruhe und des Schlafes mit Lebenskraft neu aufgeladen wird und daß die Nahrung nur das angegriffene Körpergewebe erneuert.

Zur Unterstützung dieser Theorie habe ich dann Beweisgründe angeführt, die ich a) Fastenbeispielen und b) der täglichen Beobachtung entnommen habe, was uns zeigt, daß, einerlei, wieviel Nahrung wir aufnehmen, immer eine Zeit kommt, da wir ruhen und schlafen müssen, um diese Kraft zu erneuern und daß auch noch so viel Nahrung den Schlaf nicht ersetzen kann und daß der menschliche Körper sich in dieser Hinsicht von allen anderen „Maschinen" unterscheidet. Ich habe auch darauf hingewiesen, daß die allgemein anerkannten Tatsachen der Physiologie (Versuche mit Wärmenessern usw.) mit dieser Theorie genausogut erklärt werden können wie mit der allgemein üblichen chemischen Theorie und daß ferner, wenn meine Theorie richtig wäre, sie uns befähigen würde, viele psychische Phänomene zu verstehen und zu begreifen, die durch die gewöhnliche, materialistische Theorie unmöglich erklärt werden können.

(Für die ins einzelne gehende Verteidigung dieser Theorie wird der Leser auf die Beweisführung verwiesen.) Mr. Muldoons Gedanke (daß der Astralkörper ein Kondensator oder Akkumulator dieser Kraft sei) ist eine Erweiterung dieser Ansicht; sie erklärt den Astralköper zum Bindeglied zwischen dem Nervensystem und dem kosmischen Kraftspeicher, aus dem diese Kraft entnommen wird. Unsere Theorien entsprechen sich ganz genau, und ich kann nicht umhin, zu glauben, daß die Lehren der orthodoxen Philosophie schließlich einmal geändert werden müssen, und zwar etwa in der vorgetragenen Weise, um auch übernormale physikalische Erscheinungen zu erfassen, ebenso wie die Wirklichkeit und die vermittelnde Rolle des Astralkörpers. H. C.

[9]) War es Zufall, wodurch der Ausdruck „in den Schlaf fallen" aufkam, oder entstand dieser Ausdruck infolge der Fallempfindung beim Einschlafen? S. M.

[10]) Der Leser muß bedenken, daß diese Ausführungen nur eine Zusammenfassung der Ansichten von Monsieur Lancelin darstellen. H. C.

[11]) Eine Unze = 28,3 Gramm. Der Übersetzer.

[12]) Ich habe einen Freund, dem ich diese Anweisungen gegeben habe. Es gelang ihm durchaus, den richtigen Traum auszulösen; wenn aber die Suggestion (zu erwachen) sich auswirken sollte, pflegte er zu träumen, daß er träume, daß er nicht erwachen könne. S. M.

[13]) Ungefähr 57 Gramm. Der Übersetzer.

[14]) Nach meiner Ansicht ist dies einer der vielen Beweise, daß die Astralwanderung nicht ein bloßer Traum sein kann, denn in einem Traum wäre es für den Träumenden die leichteste Sache der Welt, den Hahn aufzudrehen und den gewünschten Schluck Wasser zu trinken. Doch Mr. Muldoon hat immer wieder die Unmöglichkeit betont, das zu tun, während er sich im Astralkörper befand, — er konnte auf die Materie keine Wirkung ausüben, wie er es in einem Traum leicht könnte. H. C.

[15]) Ich spreche hier nur von dem Trieb zur geschlechtlichen Vereinigung. „Zuneigung" wird später erörtert werden. S. M.

[16]) Die Astralebene ist mit der physischen Ebene verschmolzen, geradeso, wie der Astralkörper mit dem physischen Körper verschmolzen ist. S. M.

[17]) Jede in dem Bericht erwähnte Person ist mir gut bekannt. S. M.

[18]) Mr. Hyde ist eine der beiden Hauptfiguren in der Novelle des schottischen Dichters Robert Louis Stevenson (1850—1894) "The Strange Case of Dr. Jekyll and Mr. Hyde" („Der seltsame Fall des Dr. Jekyll und des Mr. Hyde"). Die Novelle ist die Geschichte einer gespaltenen Persönlichkeit, die bald als guter Mensch (Dr. Jekyll), bald als schlechter Mensch (Mr. Hyde) auftritt. Der Übersetzer.

[19]) Man wird hier natürlich an das Knacken im Kopf erinnert, das Mrs. Piper so oft erlebte, wenn sie aus der tiefen Bewußtlosigkeit erwachte. Dies ist von verschiedenen Forschern ausführlich in den Akten und Blättern der Gesellschaft für psychische Forschung und an anderer Stelle erörtert worden. H. C.

[20]) Man erinnere sich dabei, daß man diese Pulsschläge nicht mit der Hand fühlt. Man halte die Hände an den Seiten des Körpers. Man muß das Herz in sich schlagen fühlen. S. M.

[21]) Durch richtige Konzentration ist es auch möglich, das Blut aus den verschiedenen Teilen des Körpers zurückfließen zu lassen. S. M.

[22]) Der Leser kann mir glauben, daß die wirkliche Aussendung des Astralkörpers etwas ganz anderes ist, als seine Vorstellungskraft ihn denken läßt. Es ist die Unruhe im Bewußtsein, die so unangenehm ist, nicht die Abspaltung des Astralkörpers selbst. Dies gilt zweifellos auch für die dauernde Abtrennung des Astralkörpers (für den Tod). S. M.

[23]) Dies entspräche natürlich dem „Mentalkörper" der Theosophen und wäre dann ein experimenteller Nachweis der Wirklichkeit eines solchen Körpers. H. C.

[24]) Dieses Gefühl geht oft einer unbeabsichtigten Astralwanderung voraus, ebenso wie die kühle Welle und die Gefühllosigkeit, d. h. eine Art verborgenes Bewußtsein verursacht die Bewegungsunfähigkeit. S. M.

[25]) Dies ist ein ausgezeichnetes Beispiel dafür, wie die einzelnen Teile des Bewußtseins getrennt oder zusammen wirken können. Das verborgene Bewußtsein, das die Bewegungen des Körpers lenkt, erhält seine Anweisungen aus dem starken Eindruck (dem inneren Drang) des Gedächtnisses und befolgt sie in guter Ordnung. Die Abteilung des Bewußtseins, die dem verborgenen Bewußtsein die Anweisungen gibt, ist nicht die Abteilung, die den Körper lenkt und ihn veranlaßt, das Drama zu spielen.

Die lenkende Kraft ist das verborgene Bewußtsein. Bei der Vorstellung vom Tode der Mutter wendet sich das Bewußtsein einem anderen Bilde zu, und der Gedanke des Mädchens, von einer Lokomotive überfahren zu werden — ein weiterer starker Drang im Bewußtsein des Mädchens — veranlaßt die lenkende Intelligenz, diesem Gedanken Ausdruck zu geben, dem Gedanken an den eigenen Tod statt an den Tod der Mutter. Dies ähnelt der Art, wie der astrale Schlafwandler von seinem Ziel abgelenkt werden kann, d. h. er begibt sich zuerst vielleicht zu einer Bäckerei, überquert dann einen Weg, der zu der Bank führt, wo er sein Geld hat und zu der er regelmäßig geht; auf diese Weise kann er veranlaßt werden, zu der Bank zu gehen, um Geld einzuzahlen. S. M.

[26]) Wenn sich dies ereignet, sind die Eindrücke, die einen Teil des inneren Dranges ausmachen, stärker als die restlichen Eindrücke im Unterbewußtsein. S. M.

[27]) Eusapia Palladino pflegte zu sagen, daß sie Gegenstände bewegen könne, wenn ihr Wille genügend "solid" (fest, gegenständlich, der Übersetzer.) sei. Diese zufällig gleiche Verwendung derselben Bezeichnung ist gewiß auffällig. H. C.

[28]) Ein „Poltergeist"-Spukfall aus dem Jahre 1878—1879, der sich in Amherst, Nova Scotia (USA) zugetragen tat. Der Übersetzer.

[29]) In diesem Falle übertrug sich der entschlossene bewußte Wille auf den entschlossenen Willen des verborgenen Bewußtseins. S. M.

[30]) Eine amerikanische Gallone = 3,78 Liter. Der Übersetzer.

[31]) 28,3 Gramm. Der Übersetzer.

[32]) Aus den Berichten über Spukäuser und andere Spukorte scheint sich zu ergeben, daß Einsiedler nach ihrem Tode sehr oft erdgebunden sind. S. M.

[33]) 300 000 km. Der Übersetzer.

[34]) Man vergleiche dazu das bemerkenswerte Buch von W. J. Dunne, "An Experiment with Time" („Ein Versuch mit der Zeit"), in dem er nicht nur eine Anzahl Fälle dieser Art berichtet, sondern auch, wie es ihm gelang, nach Wunsch Zukunftsträume zu haben und seinen Lesern sagt, wie sie diese auch erzielen können! H. C.

[35]) Der Vorfall wird in der dritten Person erzählt.

[36]) Es ist lehrreich, zu erfahren, daß es Menschen gibt, die behaupten, bei ihrer Geburt bei Bewußtsein gewesen zu sein, und ich selbst gehöre zu diesen Menschen. Warrington Dawson hat kürzlich in "Health and Life" („Gesundheit und Leben") einen Artikel darüber geschrieben. S. M.

[37]) Offenbar träumte Soldat Dowding von einem wahren Geschehen, d. h. von etwas, was sich wirklich ereignete. Er war sich auch bewußt, daß er träumte und glaubte, daß er bald aufwachen werde. Dies entspräche in auffälliger Weise dem Traum von wirklichen Ereignissen während einer zeitweiligen Astralwanderung. S. M.

[38]) Aus dieser Beschreibung kann man den Eindruck gewinnen, daß Davies den Astralkörper während des Vorgangs seiner *Entstehung* zur Zeit des Todes gesehen hat. Was der Hellsichtige wirklich beobachtete, war der Ätherkörper, wie er den Augen immer besser sichtbar wurde, durch die Aura hindurch, die ihn einhüllte. S. M.

[39]) Reiner Buddhismus! Reines mittelalterliches Christentum! H. C.

Hermann Bauer Verlag · Freiburg im Breisgau

Hermann Bauer Verlag · Freiburg im Breisgau

Franz Bardon

DER WEG ZUM WAHREN ADEPTEN

6. Auflage, 344 Seiten, Frontispiz und Farbtafel, gebunden

Es ist nicht einfach, ein so hohes Gebiet, wie die Magie es ist, in derart schlichte Worte zu fassen, daß sie jedermann verständlich sind. Wir können jedoch mit Fug und Recht behaupten, daß dies dem Autor in vollem Maße gelungen ist.

Vielfach wurde schon darüber geklagt, daß Interessenten und Schülern der Geheimen Wissenschaften keine Möglichkeit geboten sei, von einem persönlichen Meister oder Guru eingeweiht zu werden, und daß infolgedessen das wahre Wissen nur besonders begnadeten und begabten Menschen zugänglich sei. Viele der wahrhaft Suchenden mußten ganze Berge von Büchern durcharbeiten, um wenigstens hin und wieder eine Perle der Wahrheit zu erhaschen. Wem es jedoch ernstlich um seine Entwicklung geht, wer heiliges Wissen nicht nur aus purer Neugier verfolgt, der wird in diesem Werk den richtigen Führer der Einweihung sehen. Kein verkörperter Eingeweihter, und mag er noch so hohen Rang einnehmen, kann dem Schüler für seinen Beginn mehr geben, als ihm in diesem Buch geboten wird.

Das mit großer Sorgfalt aufgebaute System ist keine spekulative Methode, sondern das Ergebnis dreißigjährigen eigenen Erlebens und Forschens, praktischer Übungen und wiederholten Vergleichens mit vielen anderen Systemen der verschiedensten Logen, geheimen Gesellschaften und des orientalischen Wissens, das nur ganz besonders Begabten und einzelnen Auserkorenen zugänglich ist, zu denen der Autor sich zählen darf. DER WEG ZUM WAHREN ADEPTEN stellt das Tor zur wahren Einweihung dar, es ist der Schlüssel zum Gebrauch der Universalgesetze.

Hermann Bauer Verlag · Freiburg im Breisgau

Hermann Bauer Verlag · Freiburg im Breisgau